シリア難民とインドシナ難民

――インドシナ難民受入事業の思い出

大家　重夫　著

青山社

はじめに

私は、文部科学省の前身、文部省に二七年間勤務し、五三歳の時、久留米大学法学部教授に転職し、七五歳まで二二年間、著作権法を中心に知的財産法を講じた者である。

文部省時代の一九七九年（昭和五四年）七月から一九八二年七月までの三年間、内閣官房へ出向、「インドシナ難民対策連絡調整会議」事務局において、難民受入事業に従事した。

最近、シリア難民の流出が報ぜられるため、日本のインドシナ難民受入れについて、憶えている事柄を報告し、シリア難民についての愚見を表明することにした。

本書は、四部からなる。

第一部として、シリア難民のことについて記述した。

第二部として、三七年前のインドシナ難民受入れに関する文章を収録した。雑誌等に掲載した文章の再掲載であり、重複する箇所が多いが、その部分は飛ばしてお読み頂ければ幸いである。

第三部として、私の知る限りの「インドシナ難民の現在」を記した。

第四部として、資料的な年表、法律、判例、参考文献を収録した。

私は、現在、日本に「難民」を含めた外国人について単一の所管庁はない、と思っている。早く所管庁を決めて、日本に有用の人材は入国させ、悪徳外人、悪質な不良外人は、追放すべきであると思う。

私は、次のことを提言したい。

1　一元的に外国人行政を行う、「外国人庁」を設置すべきである。

外国人についての情報を収集し、管理と保護を行う。

王立軍、スノーデンのような亡命者が日本に難民申請することを考えると、外国人庁は総理大臣直轄にするべきである。

外国人庁は、法務省入国管理局を中心に、公益財団法人アジア福祉教育財団難民事業本部を吸収合体するか、外郭団体として傘下におく。

2 数カ所の定住センター及び一〇カ所程度の日本語学校を国内、国外におく。

日本に外国人を定住させるため、入国前に日本語教育を行い、最低限の日本語を習得した者のうちから、外国人庁職員と企業の担当者が面接の上、選抜する。

企業が保証人的地位にたち、就職先、住居を用意する場合には、外国人庁が入国を認めた上で、宿泊施設のある日本の定住促進センターへ入所させる。入国してから、日本語学校で日本語習得を義務づける。

3 外国人庁は、悪質、悪徳の外国人は、排除、追放、送還する。

現行の難民認定制度と別に「一〇年一万人移民計画」（仮案）を策定し、日本語を習得した者から、日本国憲法を守る素行の善良な人、日本国に有用な人材を受け入れ、定住させる。

4 一〇年の間、シリア難民、日本において難民の認定を申請中の者などで、日本語を習得した者のうちからも毎年、五〇〇〇人程度受け入れる。

5 私は、日本文化に多様性を持たせ、日本文化に刺激を与えるため、受け入れようというのである。すでに六〇万人以上の北朝鮮・韓国人、及び中国人がそれぞれ日本に居住しているので、それ以外の国の外国人を対象としたい。

三七年前の一九七九年六月二八日、東京で開かれた「東京サミット」（第五回先進国首脳会議）において、大平正芳首相は、インドシナ難民（ベトナム、ラオス、カンボジア）の定住受入れを表明、同年七月一三日、内閣に「インドシナ難民対策連絡調整会議」及び事務局を設置した。

難民受入事業の実動部隊は、アジア福祉教育財団難民事業本部で、その長は、奥野誠亮元文相であった。奥野誠亮氏は、二〇一六年一一月一六日財団の名誉会長、一〇三歳で急逝された。私は、奥野先生がインドシナ難民の日本受入れと、その後も年一回難民を励ます「日本定住難民とのつどい」を主催され、精神的支援を行うという、「日本人の関心を引かない地味な仕事」を約四〇年続けられたことに敬意を捧げる者である。

インドシナ難民受入れは、最初は、難民五〇〇名であったが、一九八五年七月九日、閣議了解で定住枠を一万人にした。一九九六年に定住許可者は一万人を超えた。

二〇〇二年八月七日、内閣は、「インドシナ難民対策連絡調整会議」を廃止し、内閣に「難民対策連絡調整会議」を設置し、インドシナ難民受入事業は終わった。

二〇一六年五月二七日に、日本で行われた「伊勢志摩サミット」（第四二回先進国首脳会議）で、安倍晋三首相がシリア難民を相当数受け入れるという宣言をするかもしれない、と私は予想していた。

メンバーは、九人であった。

ドイツのメルケル首相、フランスのオランド大統領、イギリスのキャメロン首相、イタリアのレンツイ首相、欧州連合のユンケル委員会委員長、トウスク理事会議長の、欧州四国と欧州連合二人の六人、アメリカ合衆国オバマ大統領とカナダのトルドー首相、それに安倍晋三首相の三人が欧州以外であった。二〇〇五年から首相の地位にあるメルケル氏は、二〇〇六年の洞爺湖サミットから参加され、一番の古参である。

首脳宣言は、要約すると次の五項目である。

1　世界経済に下方リスクがあり、適宜、政策適応を行う。

2　財政出動は各国の状況に応じ、機動的に実施する。

3　東シナ海、南シナ海の状況を懸念し、平和的手段で紛争解決を追求する。

4　北朝鮮の核・ミサイル開発を非難し、北朝鮮に国連安保理事会決議の履行と拉致問題等の懸念への対処を強く求める。

5　地球温暖化に関するパリ協定の二〇一六年中の発効に努力する。

シリア難民については、全く書かれていない。ヨーロッパのメンバーにとって、アジア、日本は遠く、シリア難民を採り上げることを遠慮したのであろうか。

シリア難民の記事を読むと、シリアやイラクの人が多いこと、戦争、内乱、圧政から逃れるため、持てる家財、財産を売って、手にしたユーロ、ドルを密航業者に支払い、欧州を目指している。仕事を得ること、自由、安全を求めている。「移民」といってもいい。お金のある人はドイツ、デンマークなど北欧へ、貧乏人はシリア、アフガニスタンの近隣のトルコ、レバノンなどに移住している。

外国人が、その時の政府と異なる意見をもち、その国で迫害され、投獄されたり、監禁されそうな場合、その者が日本に入国し、保護を求めた場合、「難民条約」に加盟しているから、受け入れなければならない。所謂「亡命者」、政治的難民である。法務省入国管理局は、シリア難民が大勢、難民認定を申請したのに、毎年数名しか認めないと非難されているが、これは法務省の解釈が正しい。シリア難民を受け入れるならば（インドシナ難民のように）、「移民枠」という特別枠を作り、一括して、認定、定住させるべきである。

現実には、航空便で、シリア、パキスタン、中東から日本に到着、日本で難民申請する人が多い。日本には現在、（1）難民条約、「出入国管理及び難民認定法」に基づいて、難民認定された「条約難民」が六三三人、（2）（難民認定を得られず何度も申請している者を含む）難民認定を待っている人が一万三九三一人（二〇一六年三月二六日日経夕刊）、（3）ミャンマーで、イスラム教を信仰し、仏教徒から差別と迫害を受けたロヒンギャ族の人が二三〇人、（4）軍人政権であったミャンマー政府から追われ、マレーシアの収容所に収容されていたミャンマー人、約一〇〇人が、国連難民高等弁務官事務所（ＵＮＨＣＲ）の斡旋で、第三国である日本に居住している。

（５）国際研修協力機構（ＪＩＴＣＯ）により入国し、失踪した外国人実習生が二〇一五年一二月現在、四九三〇人である。（６）このほか観光旅券などで入国し、日本に不法にとどまり居住している者が数万人いる、と思われる。三七年前と現在の大きな違いは、現在は携帯電話とインターネットが普及しており、少しでも日本が受け入れそうであるとなれば瞬時に大挙して、数千人、数万人が日本へ押し寄せるかも知れない。

私たちは近隣諸国の政治状況、諸外国の難民受入状況とその対策について敏感でなければならない、と痛感する。

本書の校正中に、墓田桂「難民問題――イスラム圏の動揺、ＥＵの苦悩、日本の課題」（中公新書）が公刊された。欧州、中東の歴史、現状を概観し、難民問題についていろんな見方を紹介した第一級の学術書である。「日本は難民条約を自発的に脱退することも妥当な選択である」とされる。

シリア難民については、内藤正典「欧州・トルコ思索紀行」（人文書院・二〇一六年）、内藤正典・中田考「イスラームとの講和――文明の共存をめざして」（集英社新書・二〇一六年）は、大いに参考になり、考えさせられた。

本書は、「欧州統合の政治史――ＥＵ誕生の成功と苦悩」（芦書房・二〇一五年）の著者、児玉昌己久留米大学法学部教授の招きで、二〇一六年一月二九日、久留米大学福岡サテライトにおいて、三〇人の市民を対象に「インドシナ難民の受入事業」を述べたことが切っ掛けで出来上がった。三軌会の森田一男画伯には、表紙に「難民漂流」を使わさせて頂き、青山社の野下弘子さんには、「ウルトラマンと著作権」「インターネット判例要約集」に引き続き御世話になった。森永兼一、森田治郎、開原紘、高橋正弐氏には多大の教示にあずかった。感謝いたします。

二〇一六年一二月

久留米大学名誉教授　大家 重夫

目次

第Ⅰ部　シリア難民

一　クルド族、ロヒンギャ族の難民たち（二〇一六年）

1. クルド人

週刊文春二〇一五年九月二四日号一四五頁に、こんな記事がある。

埼玉県のＪＲ蕨（わらび）駅周辺には、現在、二〇〇〇人近くのクルド人が居住し、「ワラビスタン」と呼ばれているという。

クルド人は独自の国家を持たない民族で、ここの多くの者はトルコ国籍らしいが、シリア国籍の者もいるだろう。これらの人は、シリア難民である。

「クルド人は、結束が固く、他国の見知らぬ同胞ともインターネットで連絡を取り合い助け合う」「日本に来ればなんとか働けるのはわかっているため、今後も来日が増えるのではないか（四十代のクルド男性）」。

週刊文春は、「数百名のシリア難民が集団で日本を目指しているとの情報もある」と予告している。

クルド難民二〇〇〇人はどういう仕事をし、稼いで、生活しているのだろうか。

日本語を勉強しているのだろうか、日本語学校に行く者もいるのだろうか。

観光のための旅券で来たのか。学校へ通学目的の資格か知りたい。インターネットに強いとか、特技がある者がいるのだろうか。

クルド人二〇〇〇人については、ほとんど報じられることはなかった。

クルド民族は、トルコ、イラク、イラン、シリア、カフカスと、広い範囲に居住する民族で、人口二五〇〇万から三〇〇〇万人、大半はスンナ派という。トルコは、イスラム国（ＩＳ）との戦闘ではイラクにあるクルド地域政府を応援するが、トルコ国内のクルド人のＰＫＫ（クルデイスタン共産党、あるいはクルド労働党）は壊滅させようとしている。

シリアの内戦をめぐり、イスラム国（ＩＳ）の旧支配地域で、シリアのクルド人民兵組織人民防衛隊（ＹＰＧ）、アサド政権、反体制派の三つどもえの戦いが起こっているらしい。トルコは、ＹＰＧのシリアの支配地域がトルコ内のＰＫＫと結びつき、トルコ内で大きい勢力になることを押さえつけたい。

クルド人は、独立国を作れるだろうか。

2. ミャンマーのロヒンギャ族

二〇一五年一一月二〇日、アウン・サン・スー・チーの国民民主連盟（ＮＬＤ）が、上下院の約六〇％の議席を占めた。

軍事政権は、ロヒンギャ族（イスラム教徒）には国籍を認めず、抑圧した。第三国定住ということで、国連難民高等弁務官事務所の斡旋で、日本に約二三〇人が住み、うち二〇〇人が群馬県の館林市に居住していると読売新聞二〇一五年一一月二二日が伝えている。

国民民主連盟も、特にロヒンギャ族に好意的ではないらしい。

最近、私は、トルコのエルドアンが首相当時、イスラムのロヒンギャ族を激励したという事実を知った。内藤正典教授の著書によれば、二〇一二年、トルコ現大統領エルドアンが、夫人とダウトオウル外相（当時）とともにミャンマーの現地に行って、慰問、激励したという。

「エルドアン夫人はロヒンギャの人々を抱きしめたり、お土産を配ったり」し、「ロヒンギャの女性を抱きしめ」「涙を浮かべ『自分たちがついている』と話しかけ」た。

中田考教授は、あの強固な軍事政権のミャンマーに入国できたこともすごい、現地に行ったこともすごい、と述べている（内藤正典・中田考「イスラームとの講和――文明の共存を目指して」（集英社・二〇一六年）一七九頁）。エルドアン大統領は、二〇〇三年首相、二〇一一年総選挙で、党首である公正発展党（ＡＫＰ）は大勝し、次第に独裁者になっていく、二〇一六年七月一五日のクーデター未遂事件を機に、更に強権的になった。

ロヒンギャ族は、ミャンマーに戻れるのだろうか、日本に留まりたいのだろうか。

日本に住むには、日本語ができなければ日常生活に支障を来すし、楽しい生活がおくれない。国、群馬県、館林市は、日本語学級を作るかボランティア団体の日本語学級に援助し、ロヒンギャ族の人に日本語を教えて欲しい。

ここまで書いたところで、二〇一六年八月一八日付け日経に、「ロヒンギャが国際的な人身売買の犠牲になっている」「タイ国の元軍人幹部を含む約一〇〇人が起訴され、バンコクで裁判が行われている」と小谷洋司記者の記事が掲載された。

組織は、仕事を求めて来た者、誘拐された者に一人当たり四万円から一〇万バーツ（一二万円から三〇万円）の身代金を要求し、払えなければジャングル奥地に幽閉した。五〇〇〇人を乗せた密航船が、食糧なしにアンダマン海を漂流したという。

二〇一六年一一月二八日付け日経夕刊は、ロヒンギャ族が館林市に住んでいること、小中学校に通学する子供たちは、流暢に日本語を話す、「在日ビルマロヒンギャ協会」を結成し、スーチー氏が来日した際、面会を申し入れたが実現しなかったなど報道している。

スーチー国家顧問のミャンマー政府のロヒンギャ族への対応がおかしいとして、インドネシア、マレーシアでは、ミャンマー政府非難の抗議デモが行われたと二〇一六年一一月二八日朝日が報じている。

私は、日本の新聞記者が、館林のロヒンギャ族は、何人が難民条約の難民に認定されたのか、国連難民高等弁務官事務所による第三国定住者は何人か、日本の生活保護の対象になっているのは何人か、何人に難民認定申請中の者に外務省から生活費がでているのか、外務省は、日本にいるロヒンギャ族をどう扱うつもりか、などを明らかにするよう問うべきであったと思う。

3. ベトナム学生の「難民」申請

二〇一六年一月二二日日経夕刊に、こんな記事が載っていた。私なりに補充して述べよう。

ベトナム国籍のグエン・ヴァン・オワン（二四）とその妻（二〇）が、福岡県内の短大、専門学校に通学していたが、出席日数が足りずに、いずれも除籍になっていた。

フェイスブックで知り合った同じベトナム人の男が、「難民申請をすれば、働ける」と、オワンに教えた。

二〇一五年六月中旬、オワンは、法務省の福岡入国管理局に、「（借金があり）帰国すれば命が狙われる」として、「難民に認定してほしい」、「日本に留まりたい」と申請した。

外国人が日本に入国し、活動するためには、その地位・身分を類型化した「在留資格」を取得する必要がある。在留資格によって、就労が禁止されているもの（「留学」「短期滞在」）もあれば、就労に制限がないもの（条約難民、インドシナ難民、日系三世など）ものもある。

新聞記事によると、オワンは二〇一五年六月、難民申請し[注1]、二〇一五年七月から九月、食品製造販売会社や青果店で働いた。

警視庁組織犯罪対策一課は、オワンを「出入国管理及び難民認定法」違反（資格外活動）で逮捕した。「難民申請中に不法就労」の見出しで、「逮捕容疑は、昨年七月～一一月、就労できない『特定活動』の在留資格で、北九州市の食品製造販売会社や青果店でアルバイトをした疑い」という。

オワンの妻は、警察に、「オワンは、嘘の難民申請をした」と述べたという。

4. 難民と亡命者

昭和五六年（一九八一年）に日本は、「難民の地位に関する条約」（難民条約）締結につき国会が承認し、一九八二年一月一日発効した。

この条約は、その者を本国に送り返せば確実に殺されるか、牢獄に入れられる者、「迫害される者」、いわゆる「亡命者」、「政治的難民」を本国に返さず受け入れる、という趣旨のものであった。日本語は、語彙が豊かである。「refugee」を「難民」とも「亡命者」とも訳すことが出来た（本書一六二頁）。ところが、ちょうど、インドシナ難民が日本に押し寄せ、インドシナ難民を受け入れていた時期でもあり、外務省は、「refugee」を「難民」と訳した。

このオワン氏と知り合ったベトナム人は、「ともかく、帰国すれば生命が危ない、と言え」、と指南したようだ。だが、「借金があり、返せなければ帰国すれば殺される」という慣習が実際にあり、日本人にもこれを証明できても、まず無理である。

また、イラン国籍の外国人が、長期間にわたり日本に不法残留し、不法就労行為をしているので、法務大臣が在留特別許可を出さずに日本から追い出すことにした。

裁判になり、このイラン人は、自分は同性愛者である。イランに送還された場合、ソドミー（男性間の性行為）の罪で石打ち刑に処せられる、と主張した。東京地裁平成一六年二月二五日判決は、「そのように信ずるに足りる実質的根拠がない」とし、東京高裁平成一七年一月二〇日判決も法務大臣の判断を是認した。（注2）私も、この判断に賛成である。

中国の王立軍や薄熙来、北朝鮮の金正男、スノーデンであれば、「難民」と認定されようが、スノーデンであれば、同盟国アメリカが許すまい。（注3）

5．難民をいかに遇するか

福岡のベトナム人オワンの記事で、私の目を引いたのは、

1　まず、警視庁組織犯罪対策一課が検挙したことである。どういう資格であれば日本在住が合法か、などについては「出入国管理及び難民認定法」に定めているが、条文が難しく、読めても例外があり、判断が難かしい。警視庁の組織犯罪一課は、他の事件を調べていたと思うが、よくオワンを摘発したと思う。

2　オワンは、母国で反政府の活動をしていた、と主張するとしよう。日本語も堪能になっていれば、また演技力が優れていれば、入国管理局は騙されるかも知れない。入国管理局の者には、こんな若者程度のため、ベトナムに渡航してまで調査する予算はあるまい。大抵、「難民認定申請」は却下になるのである。

3　本当に救済すべき難民である場合、国が審査と並行して、日本政府の管理下の保護施設に、（トロッキーや金玉均のように）暗殺されないよう保護すべきである。

法務省入国管理局に難民と認定された者（＝条約難民）と難民申請中だが、「難民」認定される確率の高い人物について、これを保護（庇護が適切か）する施設を持っているか、借りているのだろうか。その施設を管理し、「難民」を護衛する人員は、確保されているのだろうか。

4　難民認定申請者が明らかに暗殺されるおそれがない場合、難民申請したことを理由に就労を禁止するのは、行き過ぎであろうか。

本来、難民申請した者全員を入国管理局（私の案では外国人庁）が管理施設に収容し、外部との連絡も禁止し、就労禁止し、食事を提供するべきである。日本で働くことを目的に日本に来た者は、逃げ帰るだろう。

ただし、これは、せいぜい五〇人以下の場合である。二〇一六年三月二六日日経夕刊によれば、難民認定された人二七名、難民認定を待っている人一万三九三一人という。

6．大物の外国政治家の亡命

本来、難民条約の「refugee」は、「政治的難民」、「亡命者」の訳が適切であった。ただ、この訳でも一万人の「難民申請者」が出て、一万人を認定することもあり得る。その食費の予算、護衛の職員の予算を、財務省、国会は絶対に認めないだろう。

フジモリ大統領の場合、私は、日本政府がホテルを借り切り護衛するかと思ったが、三浦朱門・曾野綾子夫妻が匿い、警察が護衛した。

先例を作るいい機会であったが、フジモリ氏は帰国し、裁判に服し、牢獄に居る。

中国の胡錦涛の側近だった令計画・元中央弁公庁主任は刑罰に処せられたが、弟の令完成は機密資料をもち、アメリカ合衆国へ「亡命」している。

日本にもし、亡命を持ちかけられ、時の総理がこれを認めた時、外部との連絡ができない場所で匿うことになる。そういう予算、人員は計上されるべきである。

日本では大物の政治家などの「亡命」は認めず、拒絶し、大物ではないが「本国に帰れば牢獄が待っている」者のみを難民認定することになるのでないか。

政治的難民ではないが、難民としての庇護を求める者が多い。難民かもしれないと思われる外国人が船舶、航空機で日本に上陸した場合、「一時庇護のための上陸の許可」という制度があり、（法一八条の二）、平成一六年改正の「出入国管理及び難民認定法」により、不法滞在者が難民認定申請を行った場合、日本に上陸した日から六月以内に難民認定申請を行った時などの要件を備えていれば、仮滞在の許可が与えられ（法六一条の二の四）、退去強制手続きが停止され、いわば、「在留資格」が認められている格好になるが、「六月以内は就労不許可」あるいは「難民認定までは収容所に入れ、認定者」は、そののち就労を認め、不認定の者は、母国あるいは国外へ追放という処置を明文化するのも一案である。

難民認定申請中という形態で、就労を認めることにより日本への一種の「移民」が行われる状態が続いている。

政府・日本国民は、本音としては政治難民である条約難民も大勢は入れたくない。

ただ、難民認定した者のみは、日本での定住を認めたい。

政府は、不合格とした者は早く母国へ帰還させる、そのための法改正を行うべきである。ただ、グレイゾーンの者を送還すれば、その者が母国に足を踏んだ途端、牢獄に送られ、難民条約違反といわれ、「日本は冷たい国」といわれる。

だが、非難を甘受し、この方針を貫けば、申請者は激減する。

7．偽造旅券で入国する難民申請者が多い

法務省は、難民の認定を申請する者は七五八六人で、難民認定された者は二七人と報じている。難民不認定の決定に異議を述べた者は最多の三一〇〇人、審査未処理は一万三〇〇〇人という（二〇一六年三月二六日日経夕刊）。

難民認定申請者には、先のオワン氏のようなケースが多いと思う。

いくつかのケースを見ると、難民であるとして、その認定を申請する者が他人の名義の旅券を持っていたり、偽造旅券である場合が多い。

日本人は法務省の役人も、裁判官も、こういうことに潔癖である。

政治的な理由で追われ、当局の監視下におかれて、他人名義のパスポートを購入しなければ出国できなかった、という事情を我々は理解できない。

いくつかの難民事件では、こういう偽造旅券の事柄は、無視されているが、多くのケースは、このことを重視し、日本から退去を強制させられているのでないだろうか。

「条約難民申請中」の外国人の名前を、警視庁、各県警本部に提供して、このオワンのような場合は、摘発し、母国に帰還させ、真に保護すべき「条約難民」は、保護すべきである。

8. アトキンソン氏の意見

ここまで、書いたところで、日本在住のD・アトキンソン小西美術工藝社社長の、「日本はあまりに無防備」（WiLL 二〇一六年三月号）との論考に接した。

アトキンソン社長は、日本の難民認定制度が杜撰である、として、次のように言う。

「難民申請をすると、半年で可否の結果が出る。それに対して異議申立てをすると、面接まで二年、さらにそこから可否の判断まで半年かかる。つまり、三年間は合法的に日本に滞在することができます。その間に難民たちは働いて稼ぐわけです。しかも、難民申請は何度もすることができる。四回申請を行えば一二年間、合法的に日本で暮らすことができるということです」「これでは半分、難民を無制限に受け入れているようなもの」と言われる。

「三年間は合法的に日本に滞在できる」「難民申請が何回もできる、四回行えば一二年間合法的に暮らせる」、こういう発想、こういう可能性を、「出入国管理及び難民認定法」立法時に、法務省、外務省、内閣法制局の立案者は想定していたのであろうか。

同じ理由での難民申請は却下し、同一人の申請は、せめて二回までとするべきである。

アトキンソン社長の話を聞くと、「難民申請をするという地位」は一種の「利権」になっている。

（注1）「その者の生命、身体又は身体の自由が難民条約第一条A（2）に規定する理由によって害されるおそれのあった領域から直接日本に入った」のだと主張したと思われる。「出入国管理及び難民認定法」第六一条の二の二と

いう規定は、こういう者に「定住者の在留資格の取得を許可する」（一項二号）のである。

警察は、①二人の、「留学」という在留資格はどうなっているか、②難民であれば、定住者として在留資格があるが、難民認定申請中であればどうなのか、問い質したと思われる。

（注2）この控訴審判決によれば、国連難民高等弁務官事務所・日本韓国地域事務所は、条約難民と判断した。この判決は、山神進「我が国と難民問題――最新難民認定判例要旨集」（日本加除出版株式会社・二〇〇七年）一九七頁、二〇〇頁。

（注3）私は、難民認定、受入の所管庁は、法務省入国管理局から、総理大臣の直轄の新設する「外国人庁」へ移管すべきである、と考える。外務省総合外交政策局人権人道課も、難民保護に関係しているらしい。本書一四八頁注22参照。内閣にある「難民対策連絡調整会議」とともに、日本の外国人対策、難民対策は、再検討すべきであると思う。

参考文献

○「週刊新潮」二〇一五年一一月一二日号。
○「WiLL」二〇一六年三月号二一二頁。
○中西優一郎「外国人雇用の実務」同文館出版・二〇一四年。
○山神進「我が国と難民問題　付・最新難民認定判例要旨集」日本加除出版株式会社・二〇〇七年。

二　シリア難民に思う
――内藤正典「欧州・トルコ思索紀行」を読んで（二〇一六年）

1．誇り高きシリア難民

内藤正典「欧州・トルコ思索紀行」（人文書院・二〇一六年）は、内容が豊かで、興味深い紀行文である。単なる思い出話でなく、現実のトルコの田舎に住み、そこでの出来事を描いている点で、私にとって有益な書物である。

ここに、私が興味を持ったシリア難民に関する箇所を紹介したい。

内藤教授は、地域研究のため、定点観測を行うこととし、エーゲ海岸に面したトルコのチェシメに家を購入されており、毎年、夏休みに行かれる。

このチェシメを通過して、ドイツなどを目指すシリア難民と、幾度か遭遇されている。

二〇一五年九月初旬、チェシメのその家で、夜中、犬が吠え、遠方で銃声が聞こえたので家の外に出た。すると、若いシリア難民がいた（一六四頁）。

難民の若者が、「こざっぱりした身なりでTシャツに短パン。トートバッグを肩にかけ、スマホをいじっている姿は、街中で出会えば、ふつうの大学生にしか見えない」。若者がグーグルアースで自分の位置を確かめるのを、内藤教授は手伝った（一六五頁）。

シリア難民は、誇り高い。お茶でも飲みませんかと誘っても、彼らは力をふりしぼるように微笑んで、しかし、結構です、と胸に手を当てて丁寧に断わる人が多い、と内藤教授は言われる。

このときも、内藤教授の隣家の青年が、「サンドイッチを食べるか？ なにか必要なものはないか」と身振り手振りで聞いたのだが、その若者は、「水だけほしい」といったようだ。

2. お金持ちの「難民」もいる

ボートピープルから始まったインドシナ難民（ベトナム、カンボジア、ラオス）は殆ど、着の身、着のままといってよかった。ボートピープルの人々を救助し、受け入れたのが発端だった。日本政府はタイ王国、マレーシア、香港の難民収容施設にいる難民を受け入れることにした。日本企業に勤めたり、日本に留学したり、日本と縁のある人を日本政府は面接し、選んで入国させた。のちに、ベトナム人は華僑系の人が多いと聞いたが、現金を所持しているとは聞かなかった。

一方、シリア難民は「こざっぱりとした身なり」で、お金を持っている人も案外、多かった。それは、「シリアの人は、政権軍や反政府軍の攻撃から逃れた」「どちらも、どこの誰かを識別せずに攻撃していた」「金持ちも貧しい人も一緒に国を離れた」からである（一七〇頁）。

シリア難民について、日本の新聞も報道している。注意して読むと次のような事実があることが分かる。

デンマーク政府は、二〇一六年一月二六日、難民認定を申請する者から財産を没収できる法律を制定したこと、難民申請者が所持しているお金のうち、一万クローネ（約一七万円）を超す現金や所持金を警察が没収できるというのである。デンマーク政府は、このお金を難民らの一時滞在施設の利用料に充てるという（日経二〇一六年二月一五日）。

どうやら、内藤教授の言われるように、ドイツや北欧の国に自助努力で着いた人々は、比較的恵まれている階層のようだった。

内藤教授は、支援事業に携わっている人から聞いた話として、「生活に必要な物資を配っていたところ、高級外車で乗り付ける人がいた」「事情を尋ねると、シリアのアレッポで店を二軒経営していたが、政府軍の空爆で潰されてしまい、やむなく逃げてきた」「高級車に乗り、現金だけを持って、当座必要な衣類や生活用品をもらいにきた」というのである（一七〇頁）。

実は、現在もシリアに残っている人、トルコ、ヨルダン、レバノンなど近隣の難民キャンプに残っている膨大な数の人々こそ、真っ先に救援しなければならない。

個人として見れば、人生というものは、ある程度の財産と共に「才覚」が必要である、ということを痛感する。

3．頭のいい難民もいるのではないか

日本のテレビを見ていると、外国（といっても多くは韓国であるが）出身の二世、三世が多く活躍している。相撲、野球などスポーツ界も外国人やその二世、三世の人々が抜きんでている。

ところが、その他の分野では、日本人は外国人及びその子孫に余り期待していない。

アメリカは、ヨーロッパからのユダヤ系移民というか亡命科学者アインシュタイン、エンリコ・フエルミなどによって、原子爆弾を初めとして恩恵を被っている。

インドシナ難民出身の人々によって多くの民族料理店ができている。私は、難民の子孫からそのうち偉い人が出ると期待している。

今も、難民、あるいは難民認定申請中の列に、才能を持った人、異能の人がいるかもしれない。

4．日本の支援

内藤教授は詳しく触れていないが、トルコ、ギリシャなどからの小型船やゴムボートが海上で破損し、多くの人々が亡くなっている。

二〇一六年五月二〇日、日本政府は、シリア難民について受入れるとはいわなかったが、五年間で最大一五〇人を留学生として受け入れるとした。中東安定、保健拡大（感染症対策）など、総額七一億ドル（約七八〇〇億円）に上るという（日経二〇一六年五月二〇日）。

私は、このお金のうちから、次の二つに支出して欲しいと思った。

一つは、小型の船舶、ボート、ゴムボートなど日本の会社の製品を購入して送るのである。

誰に送るか。これが難しい。そのために二として、シリア難民、近隣諸国出身の難民で、新聞記者、大学、高校の教師など知識人に日本政府が月謝を負担し、三カ月間の日本語教育を施す。できれば、ドイツ、ギリシャ、トルコの日本大使館の近所に日本語学校・日本語学級を設置し、日本から日本語教師を派遣する。

二〇人程度、日本語を習得した方々を、日本政府が出版社、放送局などに就職を斡旋する。

私は、中国や韓国の政治事情について、石平、黄文雄、呉善花、金美齢などの評論家達によって多大の知識を得ているが、中東についても、テレビや新聞、雑誌、書籍によって、日本語で、安倍内閣や我々へ意見を述べて欲しいのである。

石平、黄文雄、呉善花のような中東出身の評論家を歓迎したい。

日本は、インドシナ難民について、約一万人を一〇年間かけて受け入れた実績をもつ。

私は、これから約一〇年間に、中東から難民五〇〇〇人、アジアなどから約五〇〇〇人、ただし、原則、日本国外で、日本語を習得した者から受け入れたらいいと考えている。

もし、日本で難民移民を受け入れよう、という声が出て、しかし移民難民施設の予算がない、と反論が出た時、一〇億円持参してでも日本に在住したいという外国人が現れるとすれば、これを認め、「難民特別会計」を新設し、日本語を習得すること、日本国憲法、日本文化を尊重することを条件に日本定住を認めていいという議論をすべきである。

別稿で論ずるように、日本は外国人庁を新設し、そこでは、日本語を習得した者の中から一年に五〇〇人程度選び入国させ、定住を認めるべきである。悪質不良外国人は、どんどん退去させる。

一年に五〇〇人前後受け入れて、のち、家族を呼び寄せるのを認めること、大抵、日本に住むと子供が生まれる。五〇〇人程度毎年受け入れると、一〇年で一万人になる。これを上限とする。

日本に定住したいと願い、五二六〇人が難民の認定を申請している（二〇一五年九月末現在。日経二〇一五年一二月八日、鳳山太成・木寺もも子記者）。

これらの人々へも日本語教育を施し、その中から、企業と外国人庁の職員が合同で面接し、選抜する。企業が保証人的立場の場合、優先する。

日揮、清水建設、大成建設、鹿島建設、千代田化工など、中東などで現地人を雇用していたし、現在も雇用していると思う。日本人から見て、日本に来て日本語を話せば日本で通用する、という人材を入国させても良いと思う。

外国人庁は、外国人が日本国内の土地を購入することについて、その外国人の国が、日本と同じ条件で土地所有を認めているかどうか審査し、相互主義を貫くべきである。

5．アフガニスタンのハザラ族

二〇一五年八月、トルコにいるシリア難民は一九七万人、そのうち、難民キャンプに収容されている人々が二六万人であった。約一七〇万人が、町に溢れていたことになる。

二〇一六年二月、エルドアン大統領は二七〇万人と発言している。約半年で七〇万人増加した。

二〇一五年八月、西部の大都市イズミールの中心部バスマネは、シリア難民のターミナルとなっていた。夕方、続々と集まるシリア難民は、大きなポリ袋、浮き輪、レジャー用ゴムボートを持つ人もいる。「表情には、憔悴、希望、緊張が入り混じっている。しかし、誰一人として絶望を漂わせていない」「口々にシリアのアサド政権の暴虐を訴え、自分たちの境遇がいかに悲惨なものか訴えるのだが、誰一人、金をくれとか食べ物をくれとか、そういう無心をしない」（内藤正典「欧州・トルコ思索紀行」一六八頁）。

その数日前、内藤教授はチェシメのバスターミナルに行った。朝七時頃、ターミナルには疲れ切ったシリア人達がいた。彼等は密航業者に騙されたか、途中でボートが沈んだか、いずれにしろ、僅か一〇キロ先のキオス島への渡航を果たせなかった人達である。

「そんななかで、日本人によく似た男性が近づいてきた。片言だがトルコ語を話すので、どこから来たかを尋ねると、アフガニスタンだという。ハザラという民族の人で、過去にずいぶん迫害を受けている。遠く、アフガニスタンからタジキスタンに逃れ、イランに逃れ、一時はロシアにも滞在し、その後、トルコ東部の町で三年暮らしたと言う。自分たちが何者であるのかを証明する書類を何一つ持っていない。故郷を離れてから一〇数年になり、イランで知り合った女性と結婚して、三人の子どもと一緒だった。バスターミナルのわきに放置されている古いミニバスの車内で寝泊まりしていると言う。息子の一人も出てきたが、外見はまるで日本人である。何ともいたたまれない思いに襲われた」（前掲書一六六頁）。

「ハザラ族」という民族の名前を見て、私は驚いた。

日本も「難民の地位に関する条約」に加盟し、「出入国管理及び難民認定法」が制定されている。

このため、ハザラ族が何人も日本に来ており、法務省入国管理局に難民認定の申請をし、拒絶されると裁判を起こし、いくつかの判例が残されている。

私は、漫然とハザラ族という名前を憶えていたが、次項で私の知るハザラ族関係の判例を紹介したい。なお、ハザラ族の人が全て日本人に似ているのか、この家族のみが日本人に似ているのか知りたいものである。

また、内藤正典・中田考「イスラームとの講和──文明の共存をめざして」（集英社新書・二〇一六年）一三六頁に、イスラーム学者中田考は、「アフガニスタンの教育省はイランの影響でシーア派のハザラ人が実権を握っている」、と述べている箇所がある。これは、どういうことを意味するのであろうか。

6. アフガニスタン国籍イスラム教シーア派、ハザラ族の人の起こした裁判

（1）東京地裁平成一三年一一月六日決定

日本では、退去強制手続きと難民認定手続きは別個の手続きで、難民の認定を申請していても、申請の時点で「在留資格」がないと、退去強制事由に該当するとして、退去強制処分の対象となる。

申立人は、五人である。

五人は、難民認定の申請をしているのに、退去強制事由に当たるとして（出入国管理及び難民認定法二四条一項）、収容令書が発付され、東京入管収容場に収容され、東京入管入国審査官に引き渡された。

五人のうち、四人はアフガニスタン国籍のハザラ人（族）で、シーア派のイスラム教徒である。アフガニスタンからパキスタンに入国し、第三国へ出国を斡旋する者から、アフガニスタンの旅券ないしパキスタンの偽造旅券を入手し、または第三国への出国を斡旋する者に出国を依頼し、タイ国、韓国等を経由後、平成一三年六月から八月にかけて日本に入国した。あと一人はアフガニスタン国籍のタジク人で、正規の旅券を保持しパキスタンを出国、マレーシアを経由し日本に入国、在留期間が切れた後も日本に滞在した。

この五人が、アフガニスタンを実質的に支配するタリバンによって、人種・宗教等の理由で迫害を受けているとして、平成一三年九月頃、東京入国管理局に難民認定の申請を行った。

同年一〇月三日、東京入国管理局は、「出入国管理及び難民認定法」二四条一項の退去強制事由に当たるとして、収容令書が発付され、東京入管収容場に収容された。

五人は、難民条約に違反するとして、収容令書の執行がなされれば回復しがたい損害が生じるとして、収容令書の発行停止を申し立てた。

東京地裁は平成一三年一一月六日、申立を認容する決定をした。なお、即時抗告審、東京高裁平成一三年一二月一八日決定（東京高裁平成一三年（行ス）第六〇号執行停止決定に関する抗告事件）は、この決定を覆した。

なお、一審の東京地裁平成一三年一一月六日決定については、ジュリスト別冊「平成一三年度重要判例解説」三二〇頁に中青山学院大学助教授の判例解説がある。

ハザラ族の起こした裁判には、次の判決がある。

(1) 広島地裁平成一四年六月二〇日判決（平成一四年（わ）第二二五号、判時一八一四号一六一頁。広島高裁平成一四年九月二〇日判決（平成一四年（う）第一二九号）。

(2) 大阪地裁平成一五年三月二七日判決（平成一二年（行ウ）第一三号、判タ一一三三号一二七頁）。

(3) 東京地裁平成一六年二月二六日判決（平成一四年（行ウ）第二号、難民の認定をしない処分無効確認等請求事件、東京地裁平成一四年（行ウ）第八八号、裁決取消請求（追加的併合）事件、東京地裁平成一四年（行ウ）第九〇号、平成一六年二月二六日民三部判決、一部認容）。

(4) 東京地裁平成一六年五月二七日判決（退去強制令書発付処分無効確認等請求事件（第一事件）、平成一四年（行ウ）第七五号、難民の認定をしない処分取消請求事件（第二事件）、東京地裁平成一四年（行ウ）第八〇号、平成一六年五月二七日民事三部判決、一部却下・一部認容・控訴、判時一八七五号二四頁）。東京高裁平成一七年五月三一日判決（退去強制令書発付処分無効確認等、難民の認定をしない処分取消請求控訴事件、東京高裁平成一六年（行コ）第二二二号、東京高裁平成一七年五月三一日民事一四部判決、原判決変更（公刊物未登載）。

(5) 東京高裁平成一六年八月三一日判決（退去強制令書発付処分取消、難民の認定をしない処分無効確認等、裁決取消請求控訴事件、東京高裁平成一六年（行コ）第一一四号、平成一六年八月三一日民事一〇部、原判決取消、（原審東京地裁平成一四年（行ウ）第二号、第八号、第九〇号）（公刊物未登載）。

三　ヨーロッパ難民事情と日本（二〇一六年）

1．ヨーロッパをめざす難民

●シリアの内戦

二〇一〇年末、チュニジアで長期独裁政権打倒デモがあり、二〇一一年に政権が崩壊した。「アラブの春」と称えられたが、シリアではアサド政権が反政府勢力に対して、強権的な弾圧を行った。ロシア、イラン、ヒズブッラー（レバノンのシーア派組織）はアサド政権を支援した。

二〇一四年六月二九日、「イラクとシャームのイスラム国（ISIS）」と称していた集団が、「イスラム国（IS）」と改名し、指導者アブー・バクル・アル＝バクダデイが、カリフに就任したと宣言した。ISは、イラクからシリア北部へ前進、そこでクルド人のクルド民主統一党（PYD）の武装組織と激しい戦闘を繰り広げた。アメリカとトルコは、シリア領内のイスラム国（IS）と戦うクルドを支援した。アメリカは、二〇一一年末に駐留軍を全面撤退させていたが、イラク政府から要請され、二〇一四年八月イラク北部へ、同年九月シリアへも空爆を開始した。アメリカは、シリアのアサド政権を嫌っていること、自国民の反体制派へ残虐な手法で弾圧を繰り返すことを理由に、支持していないと私は理解していた。内藤正典教授は、アメリカはシリアに対し、不支持の態度を明確にせよ、「アメリカなりNATOなりが政権側の戦闘ヘリと戦闘機を壊滅する攻撃をして、空軍力だけは抑えるべきだった」と述べている（「イスラム戦争」（集英社新書・二〇一五年）一九三頁）。

アサド政府を支援するのはロシアとイランで、アメリカはISとアサド政府双方に反抗する者を支援し、トルコは自国内のクルド人は抑圧するが、シリアにいるクルド人は支援した。シリア政府も、ロシアも、アメリカも空爆をする。

こうした四年半に及ぶシリアの内戦で、シリア人は人口の約五分の一に相当する四〇〇万人が移民、難民となって、国外脱出している。

アサド政府軍、反アサド政権の武装組織、ＩＳの三つ巴の戦いで、国民は、国内に留まっていても殺される事態になった。そこで、流出が始まった。

このうち、ヨーロッパで難民認定を申請しているのは二七万人という（Ｄ・アトキンソン「日本は難民にあまりに無防備」WiLL二〇一六年三月号二一四頁）。

ＥＵ（欧州連合）統計局は、二〇一五年にＥＵ内で初めて保護申請を行った難民の数は一二五万五六四〇人と発表した。前年に比べ一二三％増である。ドイツでの申請者が一五六％増の四四万一八〇〇人、域内最多で全体の三五・二％を占める（日経二〇一六年三月五日付け）。

日経二〇一六年三月一五日太田泰彦記者によれば、人数で見た難民の出身国は、一位アフガニスタン（二五六万人）、二位シリア（二四七万人）、三位ソマリア（一一二万人）という。受け入れ国は、パキスタン、イラン、レバノン、ヨルダン、トルコなど、紛争地域に隣接した国が多い。

●インドシナ難民との違い

インドシナ難民の場合、ボートピープルなど殆どの者が金員を持たなかったが、シリア難民の場合、お金や貴金属を所持する者もいる。インドシナ難民の場合と時代が違って、携帯電話、インターネット、スマートフォンを持つ人も多く、インターネットの交流サイトで情報を共有している。シリア難民、移民は、就職の可能性の高さ、文化的なつながりの強さ、「同胞」のコミュニティの有無などで目的地を決めているようである。

●二つの流れ

難民はヨーロッパ、特にドイツ、北欧を目指す。二つの流れがある。

一つは、トルコからギリシャ、マケドニア、セルビア、ハンガリーなどを経てドイツへ到達する「バルカンの道」である。シリア難民が多い。しかし、欧州連合ＥＵとトルコの合意で、二〇一六年三月下旬以降、激減した。

もう一つは、北アフリカのリビアなどから地中海を渡りイタリアなどに到達する「地中海の道」である。密航船の転覆事故で、二〇一五年、死者行方不明者三〇〇〇人以上という被害者を出した。あのカダフィ大佐のいるリビアからの難民が多いらしい。二〇一六年五月末、国連難民高等弁務官事務所（ＵＮＨＣＲ）によれば、五月末の一週間で、八八〇人が難民船の転覆で死亡した可能性があるという。

二〇一六年三月一八日、先出の「バルカンの道」の始点であるトルコから難民を出させないようにするため、ドイツのメルケル首相は、ＥＵに対してトルコとの間で難民交渉をさせ、「ＥＵとトルコとの合意」が成立した。すなわち、「トルコからギリシャへ不法入国した難民は、一旦、トルコへ送還し、それをトルコが引き受ける。新たな不法入国ルートを生まないようにトルコが監視を強化する」というものである。

二〇一六年五月、シリア難民問題は報道も少なくなり、やや落ち着いた模様である。

二〇一六年六月二三日、英国では欧州連合（ＥＵ）からの離脱の是非を問う国民投票が行われ、離脱が決まった。支配階層に対する怒り、加盟国の主権を制限するＥＵへの反感とともに、ＥＵが労働者の移動の自由を認めていることにより、英国への入国者が増え、移民問題への懸念が増し、これが離脱派の勝利に繋がったといわれている。

●シェンゲン協定とダブリン規則

「シェンゲン協定」

ヨーロッパの多くの国は、「シェンゲン協定」を結んでいる。

ＥＵ加盟の全部の国が加入しているわけではないが、「シェンゲン協定」(注1)に入っている国が二六カ国ある。この協定国の間では、国境検査なしで、国境を越えることができる。英国、デンマーク、アイルランドは、シェンゲン協定に入っていない。ノルウェー領のスヴァールヴァル諸島も除外されている。スイスはＥＵ加盟国でないが、シェンゲン協定国である（二〇一六年三月四日 日経によれば、スイスは移民の受入れを制限するための法案を議会に提出した。二〇一四年二月の決定に従うものであるが、シェンゲン協定を一方的に破棄することになる）。

英国には、欧州諸国で一般的なIDカードがなく、身分証明所持が徹底していない。そのため、非合法の労働市場が大きく、また英語を喋れる難民が多いことから、ドイツの次に難民に人気がある。

EUの執行機関、欧州委員会は、シェンゲン協定の見直しを提案した。すなわち、域外との国境を通過する全てのEU市民にも、治安上の問題がないかをEU共通のデーターベースで検査できるようにする、というものである。現行協定は、「移動の自由」を損ねるとして認めていない。また、欧州国境・沿岸警備隊が、自らの判断でEU対外国境管理に介入し、必要ならば、加盟国の同意なしの出動、人員の即時派遣、物資の確保を行えるように提案した（二〇一五年一二月一六日日経）。

英国では、難民、不法移民がギリシャやハンガリーに入国後、フランスまで国境審査なしに移動し、不法入国するケースが増えた。

英国のEU離脱派は、「シェンゲン協定があるから、テロリストが英国に入国しやすくなっている」と英国民に訴えた。

「ダブリン規則（条約）」

「ダブリン規則」(注2)という条約がある。これは、「最初に到着した国が難民かどうかを審査する。管理する」というもので、その国が難民審査をして受け入れる、という条約（規則）である。

難民として、ヨーロッパの国、あるいはEU加盟国に最初に「入国」した者は、これらのルールによって、希望する国に入国でき、あるいは入国を拒否される。

増田ユリア「揺れる移民大国フランス――難民政策と欧州の未来」によると、二〇一六年九月七日、ドイツのメルケル首相は、ドイツを目指す難民・移民がハンガリーで立ち往生したため、「ダブリン条約を一時的に休止し、九月七日、八〇万人の難民を受け入れる意向を表明した」（一七二頁）とある。

シェンゲン協定は、「欧州統合の大きな果実」であるとされてきた。シェンゲン協定は、「治安などに深刻な脅威がある場合」、原則六カ月まで審査を一時的に復活できる規定があり、二〇一五年九月、これを復活させた。二〇一六年三月に期限が来るというので、欧州委員会は二〇一六年一月二五日の会合で、国境審査を最長二年まで継続できる準備に入った。ＥＵで難民政策を担当するアブラプロス欧州委員は、アムステルダムで開催された非公式内相会合後に、難民移民の流入に危機感を表明した。このことは、シェンゲン協定の「形骸化」「空洞化」を表している。

（注１）ＥＵ加盟国国民と第三国国民を対象として、域内国境でのパスポート・チェック廃止等を定めたシェンゲン条約（一九八五年署名）及びシェンゲン実施協定（一九九〇年署名、一九九五年発効）をいう。ＥＵの枠外で締結されたが、その後、ＥＵの取り極めに吸収された。庄司克宏「欧州連合──統治の論理とゆくえ」（岩波新書・二〇〇七年）一六〇頁。

（注２）難民条約にいう難民とは、「人種、宗教、国籍若しくは特定の社会集団の構成員であること又は政治的意見を理由に迫害を受けるおそれがあるという十分に理由のある恐怖を有するために」国籍国の外にいる者であって、国籍国の保護を受けることができないか、またはそれを望まない者をいう。難民は、難民条約締結国の領域において申請を行えば、当該締約国は、難民を危険な国に送還してはならないという「ノン・ルフールマン（non-refoulement）原則の適用を受ける。これを受けて、ＥＵでは、「欧州共通難民被護制度」（the Common European Asylum System）（CEAS）が確立されている。このＣＥＡＳは、一、難民被護申請の審査に責任を負う加盟国を決定する手続きを定めた「ダブリン規則」、二、庇護申請者を受け入れるための下限基準を設定する「難民受入指令」などからなる（庄司克宏「欧州連合──統治の論理とゆくえ」（岩波新書・二〇〇七年）一六四頁）。なお、後記の増田ユリアは、「ダブリン規則」でなく「ダブリン条約」とする。

参考文献
○児玉昌己「大量難民流入とＥＵへの衝撃」学士會会報（二〇一六年五月）九一八号四四頁。
○長谷川慶太郎・田村秀男『日＆米堅調ＥＵ＆中国消滅』（徳間書店・二〇一六年五月）七一頁。
○内藤正典『欧州・トルコ思索紀行』（人文書院・二〇一六年四月）一六四〜二〇七頁。
○増田ユリヤ『揺れる移民大国フランス──難民政策と欧州の未来』（ポプラ新書・二〇一六年二月）一七二頁以下。

2．ヨーロッパの二〇一五年、二〇一六年

●二〇一五年、二〇一六年の状況

▽二〇一五年

・一月七日

フランス、パリの「シャルリー・エブド」本社で、覆面の武装犯人により、五人の漫画家（八〇歳のジョルジュ・ヴォランスキーを含む）、編集長、コラムニスト、執筆者、警官ら一二人が殺害された（小野耕世・文藝春秋二〇一五年四月号八二頁）。

九日、パリ出身のアルジェリア系フランス人の三四歳と三二歳の兄弟が犯人として射殺された。イスラム教を風刺するイラストを掲載したこと、フランスがアメリカに続き、シリアのイスラム国へ空爆したことに対する報復という。のち同年一一月一三日、パリで、多発テロが起きる。

・五月二七日

ＥＵ欧州委員会は、アフリカから地中海を経て欧州入りする難民、不法移民、当時計四万人を加盟国が受け入れる、その分担案を提案した。

四万人は二〇一四年、イタリアとギリシャに入国した不法移民、難民の約四割。

ドイツ約二二％（八七六三人）、フランス約一七％（六七五二人）。

受け入れた国は、一人当たり六〇〇〇ユーロ（一ユーロ一三〇円とすれば、七八万円）をEUから受け取ることになる。

・八月

メルケル・ドイツ首相は、「ダブリン規則」（最初に到着した国が難民かどうかを審査する）を止めて、他国経由でも入国と難民審査を認める決断をした。

・八月三一日

メルケル・ドイツ首相は、記者会見で「二〇一五年のドイツへの難民申請は、過去最高の八〇万人に達する」という見通しを明らかにした。実際には、一一〇万人ともいわれる。

・九月三日

トルコの海岸で溺死しているシリア領クルド地域コバニ出身のアイラン・クルディ君（三歳）の写真が報道された。

内藤正典「欧州・トルコ思索紀行」一七八頁によると、業者が壊れていたゴムボートをあてがい、そのせいでゴムボートが沈没したらしい。

この写真の威力によって、EU諸国や世界のいくつかの国（日本は除く）が、「人権」の名の下に難民受入を行うようになった（内藤正典・中田考「イスラームとの講和」集英社新書・二〇一六年六六頁）。

・九月七日

日経夕刊によると、オーストラリアは「数百人規模」のシリア難民受入れを発表した。

二〇一四年七月から一五年六月の会計年度に、四五〇〇人のシリア、イラク難民を受け入れた。アボット首相は、四年で一万八七五〇人受入れする方針。

ニュージーランドのキー首相は、難民受入枠を、年七五〇人から倍増するよう求めた野党に対し、数百人規模にとどめる方針を表明した。

・九月七日

ハンガリーのブダペスト駅に、ドイツを目指す移民難民が溢れた。ハンガリーで難民登録申請すべきであるが、ドイツのメルケル首相は、「ダブリン条約を一時的に休止し八〇万人を受け入れると表明した」（増田ユリヤ「揺れる移民大国フランス――難民政策と欧州の未来」ポプラ新書・二〇一六年二月一七二頁）。

・九月一〇日

米・オバマ大統領は、シリアからの難民を少なくとも年間一万人を受け入れ、人道支援として四〇億ドル（約四八〇〇億円）提供することを表明した（日経九月一一日）。

・九月二六日

日経に、ドイル・米国コロンビア大教授が、「シリア難民に関して、欧州だけでなく四〇〇万人もの難民がレバノン、ヨルダン、トルコにいる。世界全体で責任を分担すべきだ。全世界で分担するなら、日本は六〇〇〇人受け入れることになる。現在、難民一人当たり受け入れ費用は年間三五〇〇ドル（約四二万円）、これを各国の負担で二倍に拡充し、難民が教育や医療を受けられるようにすべきだ。安保理改革で日本、ドイツ、インド、ブラジルなどに一〇年の任期を与えるべきだ」と述べている。

・一〇月一六日

クロアチアのオストイッチ内相・副首相は、一カ月弱で一七万人以上が入国したと発表した。クロアチアは二〇一三年ＥＵに加盟、シェンゲン協定に入っていないが、加わる意向を示している。クロアチアは難民受入れに積極的だが、難民の大半は、ドイツなどを目指す。ハンガリーはシリア人のＥＵ入りを閉め出したく、難民を通過させるクロアチアが、シェンゲン協定に参加することに反対している（日経二〇一五年一〇月一六日、ザグレブ＝原克彦記者）。

・一〇月一七日

トルコは、二〇〇万人のシリア難民を受け入れている。

EUはトルコに対し、一、資金援助、二、EU域内への旅行のビザ免除、三、EU加盟交渉の早期再開を約束した。トルコは、EUの援助で難民受入れ施設新設、難民の就労容認、国境管理や不法移民の本国への送還を強化した。

トルコは、EUへ一〇億ユーロから三〇億ユーロへの大幅積み上げを求めている（以上、日経二〇一五年一〇月一七日）。

・一一月一三日

パリで、同時多発的にイスラム国の戦闘員による銃撃、自爆攻撃が行われた。サッカー親善試合の行われていた競技場、その直後、パリ一〇区のレストランで二四人死亡、一一区の二箇所のカフェ、バー、バタクラン劇場で八九人を銃乱射で殺害、合計一三〇人が死亡し、三〇〇人以上が負傷した。のち、犯人のうちにヨーロッパからシリアにいき、難民として戻ってきた者がいたと報ぜられる。

・一二月三日

日経によると、EUが加盟国による難民受入れ分担について、スロバキア政府は、強制的な割当制度は機能しないとして、EU司法裁判所に決定の無効を求める訴えを起こした。ハンガリーも同様の訴訟提起の予定。

・一二月八日

ドイツ南部バイエルン州は、シリアなどからの二〇一五年中にドイツに流入した難民、移民が一〇〇万人に達した、と発表した（日経一二月九日夕刊）。

・一二月一五日

EUの執行機関である欧州委員会は、「欧州国境・沿岸警備隊」の創設を欧州議会や加盟国に提案した。

また、「シェンゲン協定」の一部見直しを提案した。域外との国境を通過する全てのEU市民にも治安上の問題がないか、EU共通のデーターベースで検査できるようにする案である。

・一二月一八日

国連高等弁務官事務所（ＵＮＨＣＲ）は、内戦で母国を追われた難民、国内避難民の数が二〇一五年、計六〇〇〇万人を超え、過去最多との見通しを示した（日経一二月二〇日）。

・一二月一九日

日経によると、ブリュッセルでＥＵ首脳会議が開かれた。英国によるＥＵ改革案を初めて本格的に議論した。二〇一七年末までにＥＵ離脱の是非を問う国民投票実施を公約するキャメロン首相は、英国が残留する条件として四つの改革案を提示している。

最大の争点は、英国内で急増しているＥＵ域内からの移民を制限するため、入国から四年間は社会保障の給付を行わないことを認めること、である。

これに対し、移民を送り出す側のポーランド、チェコを筆頭にほぼ全加盟国が反対を表明した。「移動の自由」を掲げるＥＵの基本理念が損なわれないか、基本条約改定が必要でないか、というのがその理由である。一方、ドイツは、英国のＥＵ残留が全加盟国の利益になると述べた。二〇一六年二月の首脳会議で、移民制限に関する代替案などを審議した。

難民対策の財源として、加盟国が各国予算から総額二八億ユーロ（約三七〇〇億円）を拠出することに各国首脳が合意した。一二月一六日時点で申出のあった金額は、約五・八億ユーロ。ＥＵの対外国境を共同管理する「欧州国境・沿岸警備隊」の創設について、独、仏は賛成、国境管理（権限）の一部を委譲するため、東欧諸国は慎重論。

・一二月二〇日

ＵＮＨＣＲは、地中海を渡って欧州に上陸した中東、アフリカからの難民が、二〇一五年の一年間で一〇〇万五七三人と発表。二〇一四年は約二二万人であった。海で死亡したり、行方不明者三七三五人。上陸地点は、ギリシャが約八四万人、イタリア約一五万人。出身別では、シリアが四九％、アフガニスタン二一％、イラク八％。

・一二月三一日
　ドイツ西部ケルンで、難民保護申請者を含む外国人男性が集団で女性を囲み、性犯罪などに及んだ。ケルン警察によると、一〇人の難民認定申請者、九人の不法滞在者を容疑者として特定。一九人のうち一四人がモロッコ人という（ネット情報）。

▽二〇一六年

・一月一三日
　デンマークでは二〇一五年、約二万人が難民申請した。デンマーク国会では、難民申請者から一万クローネ（約一七万二千円）を超える現金や所持品を政府が押収し、政府の難民保護費に充てる法案の審議が始まった。UNHCRは「難民申請者の尊厳への侮辱で、プライバシー権への恣意的な干渉である」と批判し、法案取り下げを求めている（朝日一月一四日、渡辺志帆記者）。

・一月一六日
　ドイツ西部ボルンハイムの公営プールで、難民保護申請者の男性の利用を一月一四日から禁止するとした。

・一月二二日
　ドイツのメルケル首相とトルコのダウトオール首相が会談した。トルコの難民対策を支えるためEUが資金を提供する、トルコは、難民の渡欧を防ぐ、という内容。

・一月二七日
　EU欧州委員会は、ギリシャの域外との国境管理について、義務をひどく怠っているとの認識を示し、対応を求めた。身元確認やパスポートの検査、指紋採取が十分でない、国境管理に深刻な欠陥があるとの報告書案を纏めた（産経ニュース二〇一六年一月二八日）。

・二月五日

ロンドンで、シリアへの経済支援への会合が開かれた。国連、ドイツ、ノルウェー、クウェートが共同で主催。シリア、周辺国の負担を軽減するため、米欧日など七〇カ国、団体が総額一〇〇億ドル（約一兆一七〇〇億円）超の資金を拠出することを表明、閉幕した。ドイツ二三億ユーロ（約三〇〇〇億円）、米国八億九〇〇〇万ドル（約一〇〇〇億円）、日本は女性、若年層の職業訓練のため三億五〇〇〇万ドルの支援を表明した。

・三月一八日

欧州連合（EU）とトルコは、無秩序な欧州への難民流入を阻止するため、次のような合意に達した。ブリュッセルで、トルコのダウトオール首相、EUのトウスク大統領、ユンケル欧州委員長が記者会見した。

一　三月二〇日以降にトルコからギリシャに密航する移民や難民は、「全てトルコに送り返す」。

二　トルコに送り返す密航者のうち、トルコで正式な手続きを経たシリア難民一人をEUへ正規に移住させる。

三　EUは、トルコに見返りとして支援基金を六〇億ユーロ（約七五〇〇億円）に倍増すると明記した（日経二〇一六年三月一九日夕刊）。

また、EU側は、トルコ国民がEUへ旅行する場合、ビザの免除を六月末に前倒しすることを定めた模様。ただし、EUはビザ免除の条件として、トルコの反テロ法の改正を要求している。トルコは拒否し、ビザ免除は決定していない（日経五月二四日夕刊）。

・四月四日

欧州連合（EU）統計局の発表によると、二月のユーロ圏（一九カ国）の失業率は一〇・三％（一月は一〇・四％）。ドイツは四・三％で一九カ国で最も低い。ギリシャは二四％（二〇一五年一二月）。

・四月五日

三月一八日の、EUとトルコの合意で、四〇人以上のシリア難民がトルコからドイツとフィンランドに空路で運ばれた。ギリシャのレスボス島、ヒオス島のパキスタン人などが、旅客船でトルコのデイキリへ運ばれた

（朝日二〇一六年四月五日）。

・五月二三日

ドイツのメルケル首相とトルコのエルドアン大統領が会談した。

メルケル首相は、エルドアン大統領へ、「司法制度やメディアの独立、強い議会の必要性を強く訴えた」と報道陣に語った。エルドアン大統領は、クルド系野党を標的にした国会議員の不逮捕特権剥奪を意図しているといわれ、メルケル首相はこれに「深い憂慮」を表明した。エルドアン大統領の経済顧問は国営テレビで、難民流入抑制をめぐるEUとの合意撤回を辞さないと表明している。

・五月三一日

国連難民高等弁務官事務所は、五月二三日から一週間のうちに三件の地中海難民船転覆事故があり、生存者の証言から、少なくとも八八〇人が死亡したおそれがあると公表した。

・六月二〇日

国連難民高等弁務官事務所は、紛争や迫害で居住地を離れた世界の難民、避難民が、二〇一五年、六五三〇万人になったと発表した。六五三〇万人の内、四〇八〇万人は国内での避難民である。国外に出た難民の出身地はシリアが最多、アフガニスタン、ソマリアが続く。難民が滞在する国は、トルコが約二五〇万人。受入れ国の上位は、パキスタン、レバノン、イラン、エチオピアである（日経二〇一六年六月二〇日夕刊）。

・六月二三日

英国の国民投票で、英国は、欧州連合（EU）から離脱することが決まった。

・六月二九日

英国を除くEUの首脳会議で、欧州の単一市場に参加するには、労働者の移動の自由を認める必要があるとの原則を確認した。英国が、人の移動の自由は認めないが、EU単一市場へのアクセスは認めて欲しいという、「いいとこどり」を許さない、とした。

3．ヨーロッパ各国の事情

●各国の状況

○は、ＥＵに属していない国。
◎は、ＥＵ加盟国。その順序は、便宜上、児玉昌己「欧州統合の政治史」（芦書房・二〇一五年）一三九頁の掲げる順序に従った。
▲は、ＥＵ加盟国だが、ユーロを導入していない九カ国。

【ロシア・中東・アフリカ諸国の状況】

○シリア：アサド政権は、デモに対し過酷な弾圧をし、反政府運動が武装化、大規模な内戦に入る。武装民兵集団が乱立する。政府は、国土全面積の統治を放棄した。中央政府の弱体化が辺境地帯に「統治されない空間」を生み出した（以上、池内恵「イスラーム国の衝撃」文春新書・二〇一五年）。アサド政権は、ドラム缶に大量の爆薬と共に鉄球、コンクリートなどを詰め込んだ「樽爆弾」を空中から街中に落としている。シリアで空軍力をもつのは、政権軍だけである。シリアの人は、トルコに行かざるを得ない。トルコとシリアの国境は、九〇〇キロである。安保理常任理事国のロシアはシリアに巨大な基地をもち、アサド政権を支援している。

○ロシア：アサド政権を軍事的にも支援し、反アサド勢力、ＩＳを攻撃している。二〇一五年一一月二四日、トルコ空軍のＦ16戦闘機が、ロシア空軍の戦略爆撃機Ｓｕ－24を撃墜し、ロシア、トルコの関係が悪化した。二〇一六年三月、シリアから主要部隊を撤退させる、と発表した。（二〇一六年六月二七日、エルドアン大統領はプーチン大統領に親書を出し、事実上謝罪した）。

ロシアのアサド政権支持は変わらず、またイスラム国（ＩＳ）は、健在である。トルコとは、その後、良好な関係に戻った。

○イスラエル：ネタニヤフ首相は、「イスラエルは小さな国だ」として、難民の受入れ拒否。

○イラン：イスラム教シーア派の大国である。二〇一五年、核問題を巡り、米欧ロなど六カ国と最終合意に達した。地上軍のイスラム革命防衛隊をＩＳとの戦いに投入している。アメリカが経済制裁を解除した。しかし、その効果が表れず、アメリカに対し不満を持っている。ロシアに対しては、ロシア軍のシリア空爆のため、基地の使用を許可した。イランはシリアのアサド政権を支持しており、反アサド政権のＩＳをたたくロシアと利益が一致する（以上、日経二〇一六年八月一八日、久門武史記者）。

○サウジアラビア：これまでアメリカと非常に親密で、裕福であった。ところが、アメリカがイランと核合意をしたことに不満を持っている。また、石油の値段が下落し、インド、フィリピンからの出稼ぎ労働者への解雇、給与不払いが多発している。

また、二〇一五年一〇月、サウジアラビアの王子が、レバノン空港で二トンの麻薬所持で逮捕され、王家の威信が大きく揺らいでいる（内藤正典・中田考「イスラームとの講和」集英社・二〇一六年一六六頁、日経二〇一六年八月二三日）。

サルマン国王の息子のムハマンド・ビン・サルマン副皇太子（国防大臣を兼任）は、「脱・石油依存」を掲げ、産業育成、雇用創出を図っている。二〇一六年八月三一日から九月三日まで来日し、安倍首相、岸田外相と懇談した。

○チュニジニア：二〇一〇年一二月、チュニジアの地方都市で民衆が蜂起し、混乱は全土に及んだ。「アラブの春」「ジャスミン革命」といわれた。二〇一一年一月、軍人出身のベン・アリー大統領（一九三六―）は、二三年間（一九八九―二〇一一）大統領であったが、サウジアラビアへ亡命した。二〇一四年一月、新憲法制定。「チュニジアの声」党が第一党。民主化されたといわれる。

○レバノン：人口約四〇〇万人であるが、すでに一五〇万人以上のシリア難民を受け入れている。レバノン政府は、国連機関が難民の定住キャンプを建設することを認めていない。多くの難民は、自力でシェルターを建てたり、仮住まいの場所を見つけている。一九五一年の難民条約は受入れ国に一定の責任を課すため、加盟していない（ニューズウィーク日本語版二〇一六年四月五日号五二頁、藤井厳喜「世界恐慌二・〇が中国とユーロから始まった」徳間書店・二〇一六年六三頁）。

○エジプト・アラブ共和国：二〇一一年、チュニジアのジャスミン革命の成功で、約三〇年続いたムバラク大統領は二〇一二年二月一一日、辞任した。国防大臣・最高評議会議長のムハマンド・フセイン・タンターウイが元首代行につき、二〇一二年六月三〇日、ムハマンド・ムルシー（イスラム主義系）が大統領に就任した。二〇一三年七月四日、軍はクーデターでムルシー政権を追放した。人口約八三〇〇万人、約九割はイスラム教、アラビア語を母語とするアラブ人である。

○リビア：二〇一一年、カダフィ政権が崩壊した。西部トリポリを拠点とするイスラム勢力と東部トブルクを拠点とする世俗派が内戦を繰り広げ、二つの政府と議会が存在する分裂状態であった。中間のシルトはカダフィ大佐の故郷であったが、イスラム国（ＩＳ）は二〇一五年六月、ここを支配した。日経二〇一六年八月一八日によると、国連が仲介して二〇一五年一二月、「国民合意政権」（ＧＮＡ）ができ、この政権の要請で米軍がシルトへの空爆を行い効果があったと、日経の岐部秀光記者が伝える。国境管理ができていなかったため、リビアからの密航船に乗って、ナイジェリア、ガンビア、ソマリアなどのアフリカ諸国の難民がヨーロッパを目指した。

○アルジェリア：一九六二年、フランスから独立した。人口三八〇〇万人。一九九二年、イスラム原理主義政党が大勝したが、軍部がクーデターを起こし、反発したイスラム教徒によるテロが頻発、約一〇年間にわたって一〇万人の犠牲者を出した。
一九九九年、ブーテフリ大統領が就任し、大幅に治安は改善した。

アルジェリア政府は日本の日揮の協力を得て、天然ガス精製プラントを作り、ガス生産の一〇％以上を賄っていた。二〇一三年一月、アルカイダ系の武装集団「イスラム聖戦士血盟団」が、アルジェリア東部、リビア国境から六〇キロにある天然ガスプラントを襲撃し、三七人の外国人が殺害された。うち一〇人が日揮とその協力会社の派遣社員であった。

○イエメン：サーレハ大統領が退陣した。北部のシーア派（ザイト派）武装集団フーシ派が台頭し、二〇一四年九月、首都サナアを制圧した。

○バーレーン：二〇一一年三月、サウジアラビアとアラブ首長国連邦（ＵＡＥ）を中心とするＧＣＥの部隊により政権を維持する。サウジアラビアの実質的管理下にあるといわれる。

○カタール：イスラムの国の中で安定しており、中田考教授は「国民性が良く、のんびりとした良い国」という。出稼ぎ労働者の待遇も非常に恵まれている。世界中に資金援助し、どこからも攻撃されないようにしている。アルジャジーラというアラビア語と英語による二四時間放送のニュース専門衛星テレビ局は、首長ハマドのポケットマネーで作られ、本社をカタールの首都ドーハに置いている。人口一八〇万人のうち、外国人が一五〇万人といわれる（内藤正典・中田考「イスラームとの講和」集英社・二〇一六年一八〇頁）。

○ヨルダン：二〇一五年一二月、来日したジュデ外相は、シリア難民を約一四〇万人受け入れたこと、これは全人口六五〇万人の二〇％近くにあたり、「日本が難民を三〇〇〇万人受け入れるようなものだ」と日本記者クラブで述べ、資金面での支援を呼びかけた（日経二〇一五年一二月二六日、藤井厳喜「世界恐慌二・〇が中国とユーロから始まった」徳間書店・二〇一六年六四頁）。

日経二〇一六年四月二日付によると、訪米中の安倍晋三首相は、ヨルダンのアブドラ国王とワシントンで会談、テロや難民問題で意見を交換した。

日本とヨルダンは友好関係にある。ヨルダンはアラブ諸国でも有数の情報機関をもっており、イスラム国（ＩＳ）について意見を交わしたとみられる、という。

首都アンマン近郊にある同国最大のパレスチナ難民キャンプ「バカア」で、二〇一六年六月六日、治安当局事務所が何者かに襲われ、職員ら五人が死亡した。バカア難民キャンプは、第三次中東戦争の翌年一九六八年、国連パレスチナ難民救済事業機関（UNRWA= United Nations Relief and Works Agency for Palestine Refugees in the Near East）により設立され、現在約一二万人のパレステナ難民が暮らす。

モマニ・メディア担当相は、「テロリストによる攻撃」と述べた。

二〇一六年一〇月二七日、来日したアブドラ国王に対し、安倍首相は、難民対策資金として、インフラ整備などに約三〇〇億円の円借款を供与し、治安対策について無償資金を供与すると言明した（日経一〇月二八日）。

○マケドニア：アルバニア、モンテネグロ、セルビア、トルコとともにEU加盟の候補国である。

二〇一五年一一月中旬以降、シリア、イラク、アフガニスタンの三カ国以外の移民について入国を拒否している。マケドニア警察の統計に拠れば、マケドニアへ入国を求める難民移民は、五人のうち三人は三カ国以外の国の出身で、不法越境が増えている（日経二〇一六年一月一二日）。

二〇一六年二月二九日、ギリシャ北部イドメニで、移民ら数百人が国境を突破し、マケドニアとの国境沿いに設置された鉄製フェンスの一部を移民らが金属性器具でなぎ倒して、越境を試み、マケドニア警官隊は催涙弾や放水で応戦した。

○トルコ：中東、アフリカからの難民の八割が、トルコを経由して欧州入りしている。シリア難民もトルコに滞留している。難民は二〇〇万人いるらしい。

二〇一六年一月二二日、メルケル首相は、トルコのダウトオール首相に、トルコの難民対策に資金を提供すると表明した。

シリア難民への待遇をよくすると定住に繋がるため、労働許可証の発行を認めなかったが、ドイツの要望に応える形で認めるようになった（日経二〇一六年一月二三日夕刊、赤川省吾記者）。

二〇一六年二月三日、トルコが受け入れているシリア難民支援のため、二〇一五年一一月、約束の三〇億ユーロ（約三九〇〇億円）の拠出の仕方について合意した。

一〇億ユーロをEU予算から、残り二〇億ユーロは各加盟国の予算から拠出する。

二〇一六年三月一八日付日経によると、EUとトルコは「トルコ経由でギリシャへ渡る移民と難民は、すべてトルコへ送り返す」とし、次の合意を見た模様。

1．EUへの新たな密入国者はすべてトルコに強制送還する。

2．1．の強制送還でトルコがシリア難民を一人引き受けるごとに、EUがトルコ国内の難民キャンプからシリア難民をEU域内に受け入れる。

トルコはEUへ、難民支援関連の資金援助の倍増や、EU域内を旅行するトルコ国民へのビザ免除時期の前倒しと、EU加盟交渉の加速化を求めている。

なお、トルコは、強権的な政治運営を行っているとされ、イスタンブールでは、二〇一六年一月一二日、三月一九日、首都アンカラでは二〇一五年一〇月一〇日、二〇一六年二月一七日、三月一三日にテロが発生し、その都度一〇人から一〇〇人以上の死傷者がでている。

トルコには、イラクとアフガニスタンからの難民が二〇万人以上いるという。だが、政府支援の難民キャンプでの生活が許されているのはシリア難民だけで、シリア難民に対しては労働許可を与える動きもある。

トルコでは、シリア難民だけ「特別待遇」がなされている、とアムネスティ・インターナショナルが非難しているという（ニューズウイーク日本語版二〇一六年四月五日号一九頁）。

イギリス、フランス、ドイツは、かつて中国に国民の人権重視を呼び掛けていたが、最近、経済関係が深まると言わなくなった。

同じように、ヨーロッパ諸国は、トルコ国内で人権や言論の自由が侵されても、難民のヨーロッパへの流入数をトルコがコントロールできるため、トルコへ民主主義や司法尊重など説教をしなくなったのではないだろうか。

五月二二日、トルコのイスラム系与党・公正発展党（ＡＫＰ）は党大会を開き、辞意表明したダウトオール首相の後任にユルドゥルム運輸海事通信相を選出した。

七月二日、エルドアン大統領は、シリア国境に近いトルコ南部キリスに滞在する。希望すればシリア難民にトルコ国籍取得の機会を与えると発表した（日経二〇一六年七月四日）。

二〇一六年七月一五日、軍部の一部がクーデターを起こしたが、鎮圧された。

エルドアン大統領は毀誉褒貶半々のカリスマ性のある人物である。内藤正典・中田考「イスラームとの講和」（集英社新書・二〇一六年）において中田教授は、ヨーロッパとの講和で、イスラム・スンニ派の主体になれるのは、トルコ（一六八頁）、シーア派は、イラン（一六五頁）という。

【ＥＵ各国の状況】

◎ベルギー（ＥＵ原加盟国）：ブリュルセル西部にある移民街「モレンベーグ地区」は、二〇一五年一一月一三日、パリ同時テロにより有名になった。以後、武装警官がパトロール、家宅捜査、路上での職務質問が頻繁になった（日経二〇一六年二月七日、森本学記者）。

難民移民がフランスからベルギーへ移動する動きがあり、フランスとの間で国境審査を復活させた（産経二〇一六年三月一日）。二〇一五年一一月一三日のパリ同時テロ実行犯の一人で、同年同月一八日、ベルギーが逮捕していたサラ・アブデスラム容疑者の身柄をフランスへ引き渡した（日経二〇一六年四月二日）。

◎▲デンマーク：ドイツからスウェーデンに向かう難民が通過する国である。

二〇一六年一月四日、ドイツとの国境で、旅券による身元確認を始めた。

ラスムセン首相は、「（スウェーデンによる国境管理の強化で）大量の違法入国者がコペンハーゲンとその周辺に滞留する可能性が高まったため」と述べた。

二〇一六年一月二六日、政府は、難民申請者の財産を没収できる新しい法律を制定した。難民申請者の所持金のうち、一万クローネ（約一七万円）を超す現金や所持品を警察が没収できる。このお金で、難民らの一時滞在施設の利用料に充てるとするものである（日経二〇一六年一月二七日六面）。

難民申請者数一万八三三六人（毎日二〇一六年二月一五日）。

◎ドイツ（EU原加盟国）：経済が好調で、失業率が五％である。そのため難民に仕事があり人気がある。
ドイツの人口は、約八〇〇〇万人。約二割が移民出身。

人口の年齢構成は三五～六四歳が約四割。一八～三四歳が約二割。六五歳以上が約二割。

難民保護申請者は、約五割が一八～三四歳と、若い。ケルン経済研究所によると、専門知識をもつ人材である。大卒の比率は三割を超える。

過去三年間（二〇一二、二〇一三、二〇一四年）で、外国籍の医師が一万人増。

税と社会保障費増。国庫に年二二〇億ユーロ（約三兆一〇〇〇億円）の増収。

以上は二〇一五年一月八日、日経六面、赤川省吾記者。

ドイツは、難民に住宅、食料を提供、子供の通学も認める（日経二〇一五年九月九日）。

二〇一五年に入国した難民で、簡易システムに登録された者は約一〇九万人。同年、一一月だけで一二万七三二〇人。

二〇一五年一一月から、シリアやイラクなどからの難民申請者を対象に、ドイツ語の授業を国が支援して、各地で行っているという（産経二〇一六年三月三日、ハンブルグ、宮下日出男記者）。

二〇一四年一一月まで、ドイツへの難民として到着した難民認定申請者は、到着から「九カ月間」は働くことが許されないという規制があった。

二〇一四年一一月から、その期間が「三カ月」に短縮された。

現在の法律では、「難民申請が受理されるまでの間、二四時間前までの通告で国外退去させられる可能性がある」。

「ドイツには、『ハルツ・フィア』と呼ばれる生活保護があり、難民は職に就けるまで、月々二八七～三五九ユーロを受給できる。子供一人当たりは八四ユーロで、住宅や医療も提供される。無論、原資はドイツ国民の税金である。」（宮下洋一・文藝春秋二〇一五年一一月号一三八、一四四頁）。

二〇一五年九月七日、ガブリエル経済・エネルギー担当大臣は、公共放送で、「ドイツは、この先数年の間、年間五〇万人の難民を受け入れることは可能だ」と述べた（三橋貴明「亡国の新帝国主義」（ヒカルランド・二〇一五年七～九頁）。

二〇一五年九月、シェンゲン協定は、「治安などに深刻な脅威がある場合」原則六カ月まで審査を一時的に復活できる規定があり、復活させた。二〇一六年三月、期限が来る。オーストリア、スウェーデンも同じ。

二〇一五年一〇月一六日、ドイツ連邦参議院（上院）は、バルカン半島のアルバニア、コソボ、モンテネグロの三国を新たに「安全な国」に分類し、この地域から流入する移民らを早期に送り返すための法案を可決し、法成立（下院が可決した）。

二〇一五年一二月三一日、ケルン市で、移民系の若者が集団暴行事件を起こした。ケルン中央駅にある繁華街で、新年を祝う花火を上げていたいた若者が女性らに花火を発射、複数のグループが女性を取り囲み、胸や下半身を触ったり、財布を奪った。被害の届け出は八二一件、うち痴漢などの性犯罪三五九件。少なくとも、二件の強姦事件が含まれる。警察が拘束した容疑者三〇人は全員、モロッコ、アルジェリアなどの移民系。一五人は難民申請中であった（毎日二〇一六年一月二六日）。

二〇一六年一月九日、ケルン市で、一七〇〇人参加の「反難民デモ」が行われた。

二〇一六年一月二七日、犯罪を犯した難民を送還しやすくする法改正案を閣議決定した。議会の承認を経て成立すれば、殺人、傷害、性的暴行などで禁錮一年以上の判決を受けた難民申請者は、原則、強制送還できる。従前は、禁錮三年以上の判決を受けた難民申請者が対象だった（毎日二〇一六年二月一日朝刊）。

二〇一六年一月二八日、ドイツの連立与党は、中東、アフリカから、流入する難民について、「政治的な迫害などは受けないが、人道上の理由などでドイツ滞在が認められた難民について、原則二年間、家族の呼び寄せを禁止する」政策について合意した（朝日一月三〇日ベルリン、玉川透記者）。

また、連立与党は、北アフリカのモロッコ、アルジェリア、チュニジアを政治的な迫害などのおそれのない「安全な国」に指定し、これらの国の出身者は、速やかに本国に送還することで合意した（朝日一月三〇日ベルリン、玉川透記者）。

二〇一六年一月三〇日、メルケル首相は、与党キリスト教民主同盟の会合で演説、シリアから流入した難民への滞在許可は一時的なものだと強調、シリアに平和が訪れイラクでISが敗れれば、難民は故郷に帰ることが期待される。一九九〇年代のユーゴスラビア紛争の際、ドイツへ流入した難民らの七割が帰国した、と述べた。

二〇一六年二月一五日毎日によれば、「スウェーデンなどを目指す難民の入国を拒否する」難民申請者は、四七万六六二〇人。

二〇一六年三月一三日、三つの州議会選挙で、難民を排斥する「ドイツのための選択肢（AFD）」が躍進した。

東部ザクセン・アンハルト州：AFDが約二四・二％の得票率で、第二位。

南西部バーデン・ビュルテンベルク州：AFDが約一五・一％で、第三位。

西部ラインハルト・ブッファルツ州：AFDが約一二・六％で、第三位。

AFDは、二〇一三年、反ユーロなどを掲げ発足、シリア難民の受入れ反対で支持を広げている。

五月二三日、ドイツ内務省の発表。国内の難民施設に対する放火などの襲撃が、二〇一五年の一年間で計一〇三一件、二〇一四年は一九九件で五倍、と発表した。

一〇三一件のうち、九割は極右の犯行と言われる。一〇三一件のうち放火が九四件、爆発物使用が八件である。

デメジエール内相は、難民保護に向けた決意を表明した。

ドイツ連邦統計庁は二〇一六年八月二六日、二〇一五年末時点でのドイツ人口を発表した。総人口は、約八二二〇万人である。前年同期比約九七万八〇〇〇人（一・二％）増で、一九九〇年の東西ドイツ統一後最多（以上、日経二〇一六年八月二七日）。

◎アイルランド：欧州連合（ＥＵ）の欧州委員会は、米アップル社に一三〇億ユーロ（約一兆四八〇〇億円）の違法な税優遇をアイルランド政府が与えていたとして、追徴課税をするよう指示した。米政府は、「アップルが欧州で追加納税すれば、米国ではその分が税控除される可能性がある。今回の措置は、単純に米国の税収がＥＵに移るだけになりかねない」と強く反発し、ＥＵの、この一方的な措置は米欧関係を脅かすと批判した（日経二〇一六年八月三一日夕刊）。アイルランド政府は、欧州司法裁判所に提訴することを決めた。

◎フランス（ＥＵ原加盟国）：北部のカレーでは、二〇一六年二月二九日、当局が、移民キャンプの強制撤去を始めた。これに対し、一部の移民と移民支援の活動家が投石して抵抗、火災も発生、警官隊は、催涙弾などで応じ、移民、活動家計四人を拘束した。

キャンプには、イギリスを目指す移民難民が約三七〇〇人が居住しているが、フランス当局は、一部撤去、代替施設への入居を求めている（産経二〇一六年三月一日）。

オランド大統領は、憲法改正案を断念すると表明した。憲法改正案は、一．テロ関連の罪を犯した二重国籍者からフランス国籍を剥奪できる、二．令状なしに被疑者を捜索できる、など治安当局の権限強化の非常事態宣言を憲法上、位置づけていた。二月、下院は通過したが、上院で難航した。

アフガニスタンの西部へラートの、ハッサンという二〇〇七年当時一三歳の少年が両親を殺害され、アフガニスタンから脱出、イラン、イタリアを経て、三年後、フランス、パリ市の児童養護施設（ＣＥＦＰ）に着くまでの経緯を増田ユリヤ「揺れる移民大国フランス」（ポプラ新書・二〇一六年二月二七頁）が記している。

◎イタリア（ＥＵ原加盟国）：移民、難民の経由地である。景気が悪く、就職口がない。リビアなど北アフリカから地中海を渡り、イタリアへ向かう密航船にイタリア上陸を許さず、摘発を強化している。

二〇一六年五月二一日、ローマの難民センター周辺に、「侵略を阻止せよ、ここはわが家だ」と、難民受入れに反発する数千人のデモ隊が集結した。ネオファシズム集団の「カーサ・パウンド」の呼び掛けである。排外主義が勢いを増している（二〇一六年六月六日）。

二〇一六年一二月四日、レンツィ首相提案の国民投票で上院の権限を縮小する憲法改正案を否決した。反移民、反ＥＵを掲げる新興政党「五つ星運動」らの勝利であった。

◎ルクセンブルグ（ＥＵ原加盟国）：ＥＵ行政府トップのＥＵ欧州委員長にユンケル（一九五四年一二月生）が、二〇一四年一一月に就任した。一九九五年から二〇一三年まで一八年間、ルクセンブルグの首相であった。
ベルギー、オランダ、イタリアとともにルクセンブルグは、フランス、ドイツが欧州石炭鉄鋼共同体（ＥＣＳＣ）を作る際、両国の保証人となり、この六カ国がＥＵの基盤になった。

◎オランダ（ＥＵ原加盟国）：オランダの移民反対を唱える極右政党、自由党の党首ヘルト・ウイルダース氏は、英国国民投票の結果を見て、「次はオランダの番」だと喜んだ。二〇一七年三月、総選挙の予定。ウイルダース氏は、自分が首相になれば、ＥＵ離脱是非の国民投票を実施すると宣言した（岡部伸「イギリス解体・ＥＵ崩落・ロシア台頭」ＰＨＰ新書・二〇一六年一一二頁）。

◎▲イギリス（二〇一六年六月、国民投票でＥＵ離脱派が多数を占め、離脱を決定した）：経済が好調、難民に人気がある。スーダン、アフガニスタンは、イギリスがかつて支配したため英語ができる人が多く、親戚などがいる人もいる。それでも、英語ができない外国人が相当いる。キャメロン首相は、英国社会の統合が進まないのは、移民の英語力が不足しているためだと指摘し、「移民にも責任がある。今後は、上達しなければ在留資格にも影響する」と一月一八日英国新聞に語った（産経二〇一六年一月二三日）。英国内務省のホームページに、移民向けの英語テストを実施し、在留期間を延長するためには、テストを受けて合格する必要がある、と掲示した。
二〇〇四年、ポーランドがＥＵに加盟すると、ポーランド人が英国に移住し、二〇一四年、約八〇万人が英国内に住んでいた（岡部伸「イギリス解体。EU崩落。ロシア台頭」PHP新書・二〇一六年六八頁）。

英紙サンデー・タイムズは、二〇一五年九月六日、キャメロン首相が一万五〇〇〇人の引き受けを検討していると報じた（日経二〇一五年九月七日）。

ただし、二〇一五年一一月、キャメロン首相はロンドンの王立国際問題研究所で演説し、英国へ来る移民に対し、当初の四年間、社会保障の給付対象から外す案を示した。英国は国営の医療制度があり、診療所、病院で治療を受けた時、患者の自己負担がゼロになる。

日本在住のD・アトキンソン氏によると、イギリスで難民認定された者は約一二万六〇〇〇人、申請した難民の七割弱は認定されなかった。認定されるまで就業が禁止され、一日の手当は一〇〇〇円程度。最長一年仕事ができないこともある。

認定されなかった時の異議申立は、一回のみ。

二〇一六年一月三一日、EUのトウスク大統領とキャメロン首相が会談した。英国は、高福祉を目当てにした移民の流入防止のため、入国から四年間は社会保障の対象外とすることを要求、EU側は緊急時に限定した措置として制限を認める対案を提示したという。

英メディアによると、キャメロン首相は、二〇一七年末までに実施する英国がEU残留の賛否を問う英国民投票の直後から限定措置を行使できるよう求め、移民抑制を公約に掲げ、国民投票で残留を勝ち取りたい考えという。

五月二四日付け日経は、六月二三日、国民投票は残留派がやや優勢とした。調査会社ユーカブによれば、三〇歳以下は七割が残留支持、六〇歳以上は六割が離脱を望む、という。

五月二六日付け産経によると、英統計局は二〇一五年一年間の英国移住者数が純増で、推定約三三万三〇〇〇人、前年同期比で約二万人増え、過去二番目に高い数字だった。半数以上の約一八万四〇〇〇人が欧州連合（EU）加盟国の出身者である。EUからの離脱を主張する英独立党のファラージ党首は、「政府は移民問題をコントロールできていない。不法移民らを含めると実際に数はさらに多い。」

六月二三日、国民投票で離脱派が多数を占めた。

前述のように、英国はシェンゲン協定には入っていないが、難民、不法移民がギリシャやハンガリーに入国後、フランスまで国境審査なしに移動し、英国に不法入国するケースが増えた。「移民が急増し、雇用が奪われそうだ」「シェンゲン協定があるから、テロリストが英国に入国しやすくなっている」「密入国者の中にテロリストが混じっている」、などの離脱派の主張を多数の国民が支持した。

岡部伸氏によれば、旧植民地の移民から東欧移民が職を奪ったと考え、国民投票では旧植民地出身の多くが、東欧移民の制限を求めて離脱賛成に票を投じた、とする（岡部伸、前掲書一〇四頁）。

キャメロン首相は退陣し、六年間、キャメロン政権で内相を務めたテリーザ・メイ氏が首相に就任した。

◎ギリシャ：難民の経由地、通過地である。景気が悪く、国民に就職口がない。
二〇一六年一月二七日、欧州連合EU欧州委員会は、欧州へ流入する多数の難民、移民の玄関口となっているギリシャについて、域外との国境管理で、義務をひどく怠っているとの認識を示した。身元確認、パスポート検査、指紋採取が十分でなく、国境管理に深刻な欠陥があるとの報告書を纏めた。

マケドニアとの国境に近いギリシャ北部イドメニで、二〇一六年二月二九日、移民難民ら数百人が国境突破を図り、警官隊が催涙弾などで鎮圧した。子供を含む移民ら約二〇人が治療を受けた。ギリシャに滞在する移民難民は約二万五〇〇〇人、制限が続けば、今後七万人になると予想される（産経二〇一六年三月一日）。

◎スペイン：二〇一五年一二月の総選挙で、与党国民党が過半数を割った。連立交渉が実らず、政治空白が続いた。
二〇一六年六月二七日、総選挙。国民党のマリーア・ラホイ（六一歳）は、またも過半数をとれなかった。

二〇一四年に結党した新興政党ポデモス（党首アブロ・イグレシアス・三七歳）が、長年の二大政党制を打ち破った。

◎ポルトガル：EUから四五〇〇人の難民を受け入れるよう割り当てられたが、最大で五八〇〇人を受け入れる方針と伝えられた（二〇一六年二月）。
◎▲スウェーデン：ドイツの理想主義に共鳴し、難民受入れに積極的。人道国家を標榜する。来日したダンベリ企業・イノベーション相は、難民の急増に関連して、「長期的には経済に恩恵がある」と述べた。人口一〇〇〇万人弱の同国に、毎月数万人の難民が押し寄せた。二〇一五年末まで、一九万人の難民がスウェーデンに到着した。シリア難民の三割程度は、大学など高等教育を受けていると指摘した（以上、日経二〇一六年一月一八日）。
二〇一五年九月、シェンゲン協定は、「治安などに深刻な脅威がある場合」原則六カ月まで審査を一時的に復活できる規定があり、復活させた。二〇一六年三月、期限が来る。ドイツ、オーストリアも同じ（日経二〇一六年一月二七日）。

難民申請者数一六万二五五〇人（毎日二〇一六年二月一五日）。

二〇一六年一月二七日、アンデシュ・イーゲマン内相は、難民申請者八万人を国外退去にすると発表した。行方をくらます人が増加することを想定、警察官一〇〇〇人を増強する。二〇一三年から、シリア等からの難民申請者へ永住許可を与えていた。二〇一五年一一月、受入れ施設の確保が間に合わないとして永住許可を廃止し、三年間の一時滞在に変更、同時に難民審査を厳格化する方針に転じた（毎日二〇一六年二月一五日）。

三橋貴明「日本人のための日本国が消える！移民亡国論」（徳間書店・二〇一四年二一頁以下、三七頁以下）。
◎オーストリア：ドイツの理想に共鳴し、難民受入れに積極的だった。冷戦時代は中立国だった。
二〇一六年年一月二〇日、政府は、難民受入れを制限する政策を導入すると発表。

引き受け人数に上限を設け、二〇一六年の難民申請を二〇一五年の半分以下に抑え込む。寛容な難民政策からの転換である。具体的には、オーストリア人口の一・五％にあたる一二万七五〇〇人にとどめる。二〇一六年の受入れ枠は三万七五〇〇人とする。二〇一五年実績値九万人の半分以下にする。

二月二六日、ヨハンナ・ミクルライトナー内相は、難民の受入制限を発表した。入国許可数を一日五八〇人に制限、ただし、一日当たりの難民申請数は八〇人に制限、残りの五〇〇人はドイツなど他国への移動を条件に通過許可を与える（藤井嚴喜「世界恐慌二・〇が中国とユーロから始まった」徳間書店・二〇一六年五九頁）。

すでに九万人を受け入れているが、二〇一六年、三万七五〇〇人を受け入れようというのである。日経、赤川省吾記者によると、「排外主義に転じた」と見るのは早計で、厳格に適用するつもりはないらしい。オーストリアは政策の転換をアピールし、そのアナウンス効果で難民流入が減少することを期待している（日経二〇一六年一月二一日）。

二〇一五年九月、シェンゲン協定は、「治安などに深刻な脅威がある場合」原則六カ月まで、審査を一時的に復活できる規定があり、復活させた。

二〇一六年三月、期限が来る。ドイツ、スウェーデンも同じ。

難民らに「魅力のない国」と思わせるため、二〇一六年一月二〇日、受入れ数に「上限」を導入した。

二〇一六年二月一五日毎日によれば、「スウェーデンなどを目指す難民の入国を拒否し、スロベニアに送還」、難民申請者は六万八九六五人。

二月一七日、ミクルライトナー内相は、現在一日二〇〇人以上の難民申請の受入れ数を二月一九日から最大八〇人に制限する、またドイツなどに向かう難民については、最大三二〇〇人の入国を許可すると発表した（産経二月一八日）。

五月二四日、大統領選挙が行われ、リベラル系の「緑の党」前党首ファン・デア・ベレン氏が五〇・三％で、反難民を訴えた極右の自由党ホーファー氏の四九・七％を僅差で破った。

この選挙を憲法裁判所が開票手続きに不備があったとして、やり直しとなった。

二〇一六年一二月四日、リベラル系・緑の党のファン・デア・ベレン氏が五三％、「反エスタブリッシュメント・反難民」を掲げる極右政党のホーファー氏が四六％で、ここではリベラル系が極右を破った（日経二〇一六年一二月五日夕刊）。

◎フィンランド：国内総生産（ＧＤＰ）が二〇一二年から三年連続でマイナス成長で、ノキアなど有力企業も衰退し、失業率が高い。仏伊を参考に構造改革を進めている。

ユーロ加盟国。旧通貨マルカを維持していれば、マルカ安で輸出産業は復活していた、との試算がフィンランドで議論を呼んだ（日経二〇一六年七月四日）。

二〇一五年の難民申請者約三万二〇〇〇人のうち、約二万人を国外退去させる方針を示した（毎日二〇一六年二月一五日）

リンドストローム法相は、「賃金労働である必要はない。長く無職の状態にいると、多くの不満を覚える」として、難民に無報酬の労働をさせるなど、難民らに管理強化対策をとると述べた。

オルボ内相は、フィンランド放送協会の取材に対し、重大な罪を犯した難民らの国外退去を可能にする法整備を進める意向を示した（以上、産経二〇一五年一二月九日）。

ノルウェー～ロシア経由で入国した約五〇〇〇人の難民を、ロシア側に送り返す方針。難民申請者数三万一一四五人（毎日二〇一六年二月一五日）。

◎▲チェコ（ＥＵへ二〇〇四年五月加盟）：ゼマン大統領が、「移民は侵略だ。なぜ難民に若者が多く、なぜ彼等はＩＳと戦わないのか」と非難したように、難民に厳しい（宮崎正弘「トランプ熱狂、アメリカの『反知性主義』」（海竜社・二〇一六年）一〇六頁）。一九九三年、チェコスロバキアがチェコとスロバキアに分離し、チェコが生まれた。ＥＵには二〇〇四年加盟したが、「ユーロ」には加盟していない。

「ユーロ」には、加盟したいが、ドイツの反対で加盟できず、「コルナ」である。

長谷川慶太郎「『世界大波乱』でも日本の優位は続く」（ＰＨＰ・二〇一六年）五二頁以下によれば、ドイツとの間に「怨恨」があるという。

◎エストニア（ＥＵへ二〇〇四年五月加盟）：人口一三四万人。難民受入れには、消極的な国である。かつてのソ連邦の一員。人口の約三割は、ソ連邦時代に住み着いたロシア人だという。

◎キプロス（ＥＵへ二〇〇四年五月加盟）：ＥＵに加盟しており、トルコのＥＵ加盟に反対している。トルコは、キプロスを国家として承認していない。トルコと犬猿の仲である。北キプロスの後ろ盾がトルコ。ＥＵがトルコへ難民強制送還を決め合意しても、キプロスは反対する。

◎リトアニア（ＥＵへ二〇〇四年五月加盟）：かつて、ソ連邦の一員であった。一九三九年から一九四〇年の間、駐リトアニア領事代理を務めた杉原千畝（一九〇〇─一九八六年）が、ナチスの迫害から逃れたユダヤ人へビザを発給し数千人の生命を救ったとして、一九七二年、イスラエル政府から表彰された。

◎ラトビア（ＥＵへ二〇〇四年五月加盟）：かつてソ連邦の一員であった。リトアニア、エストニアとともに、ロシアの脅威にどう対処するかに関心がある。

◎▲ハンガリー（ＥＵへ二〇〇四年五月加盟）：オルバーン政権は、「難民は全員ドイツ行きを望んでいるとして、難民が到着しても、「難民登録」をせずに、オーストリアに追い出している。ハンガリーの首都ブダペスト東駅で、ドイツを目指す移民難民が溢れた。ハンガリーの国鉄は人数の多さに対応できず、国際列車を停止した。本来、ハンガリーで難民登録申請すべきであるが、ドイツのメルケル首相は、「ダブリン条約を一時的に休止し、八〇万人を受け入れると表明した」（増田ユリヤ「揺れる移民大国フランス──難民政策と欧州の未来」（ポプラ新書・二〇一六年二月）一七二頁）。この増田ユリア一八四頁に「二〇一五年一月から一〇月の人口一〇万人当たり難民受入数」があり、ハンガリー一位（約一四〇〇人）、二位スウェーデン（約七〇〇人）、三位オーストリア（約五〇〇人）、四位、フィンランド（約三〇〇人）、五位ドイツ（約三〇〇人）というグラフがある。

ドイツとオーストリアは、「人道的措置」ということで、未登録の難民を受け入れている（三橋貴明「亡国の新帝国主義」ヒカルランド・二〇一五年一〇頁）。

エマニュエル・トッド『「ドイツ帝国」が世界を破滅させる』（文春新書・二〇一五年四九頁）は、イギリスとハンガリーが（ＥＵからの）「離脱途上」国とする。

一九五六年一〇月、反政府暴動からソ連軍が武力介入し、ハンガリー事件が起こっている。民族主義が強い。ＥＵ加盟によって、国民所得が増えたことを是としているが、ＥＵ加盟による「主権の制限」に反発がある。

二〇一六年七月五日、アーデル大統領は、中東などからの難民の受入れをめぐり、「欧州連合（ＥＵ）の政策の是非を問う国民投票を一〇月二日に行う」と発表した。

英国のＥＵ離脱国民投票直前に、オルバン・ビクトル首相はデイリー・メール紙に一面で、残留するよう署名入りの意見広告を出した（岡部伸「イギリス解体・ＥＵ崩落・ロシア台頭」ＰＨＰ新書・二〇一六年一〇八頁）。

◎マルタ（ＥＵへ二〇〇四年五月加盟）：イギリス連邦加盟国である。イタリア・シチリア島の南にある。人口約四一万人。福祉に余裕がないと思われる。

◎▲ポーランド（ＥＵへ二〇〇四年五月加盟）：受け入れた難民の半数がドイツに住みたいといい、半数はポーランドからいなくなった。キリスト教系の慈善団体が受入れ事業を行う。アパートを用意し、一人当たり四〇〇ズロチ（一二〇〇〇円）の食費を渡し、語学学校の学費を援助、職探しも約束した。ユーロに加盟していない。

アルバトロス有限会社（本社、ベルリン）は、体育館を改装、一二〇〇人も収容できるようにした。収入源は政府の補助金。支給額は、一日当たり難民一人につき二五ユーロ（約三二〇〇円）。一〇ユーロを食費、一五ユーロを人件費に充てる。難民個人に渡している（日経電子版二〇一五年一二月二日）。アンジェイ・ドウダ大統領、ベアタ・シドウオ首相ともに保守政党「法と正義（Ｐｉｓ）」に属し、議会の上院、下院で、単独過半数をとり、単独支配体制という。

ただ、二〇一六年三月一二日、ワルシャワなどで政府が進める憲法裁判所弱体化等に反対するデモが行われた。

欧州委員会は、「法治主義メカニズム」に基づく調査を始めた（朝日二〇一六年三月二三日、熊谷徹）。なお、ポーランドが二〇〇四年EUに加盟後、ポーランド人約八〇万人（二〇一四年）が英国内に住み着いている（岡部伸「イギリス解体、EU崩落、ロシア台頭」PHP新書・二〇一六年六八頁）。欧州連合の元首に当たる欧州理事会議長を二〇一四年一二月一日からつとめるドナルド・トウスクは、ポーランド首相を経験したポーランド人である。

◎スロベニア（EUへ二〇〇四年五月加盟）：スロベニア当局は、二〇一六年二月二六日、同国に入国させる移民難民について、一日当たり約五八〇人を上限とする方針を明らかにした。

アメリカ共和党の次期トランプ大統領の三人目で現夫人メラニアは、スロベニアからの移民組である（宮崎正弘「トランプ熱狂、アメリカの『反知性主義』」海竜社・二〇一六年一〇四頁）。

オーストリア、セルビア、クロアチア、マケドニアとも上限について合意した。

◎スロバキア（EUへ二〇〇四年五月加盟）：EUが加盟国による難民受入の分担を決めたが、強制的割り当ては機能しない、無効である、としてEU裁判所へ提訴した。ハンガリーも提訴の予定（日経二〇一五年一二月三日）。

◎▲ブルガリア（EUへ二〇〇七年一月加盟）：ブルガリアは、ドイツ、スウェーデンを目指すアフガニスタン難民の通り道になっていた。

二〇一五年一〇月一五日、パスポート不携帯のアフガニスタン難民・移民五四名（二〇代及び三〇代）の集団と、ブルガリア国境警備隊二名と警察官一名がもみあいになり、一名が射殺された。難民・移民の最初の射殺事件として注目を浴びた。

射殺事件後もブルガリアへの移民の流入は止まらない。国内の人権団体は、射殺は非道なものであると非難するが、一方、職務を全うした警察官に勲章を授与せよ、との声もある。

射殺事件当時、難民問題を討議中のEUサミットに出席していたブルガリアのボイコ・ボリソフ首相は、ドナルド・トウスク欧州理事会議長に対し、「我々の国境を守ることが最優先である」と告げて、急遽ブルガリアに帰国した。

ブルガリアは難民・移民の流入に悩まされ、不法移民から国を守るため、国境警備隊とブルガリア軍が国境を守る、としている。国民の多数は、ボイコ首相を支持している。長谷川慶太郎・田原総一朗「二〇二〇年世界はこうなる」（SBクリエイティブ・二〇一六年）において、長谷川は一九六八年、ブルガリア共和国の№2のアンドレ・ポポフ副首相の依頼でブルガリアの工場を見学し、問題点を指摘したこと、当時、農家は豊かであったことを述べている。

◎▲ルーマニア（EUへ二〇〇七年一月加盟）：二〇一五年一〇月二四日、ルーマニア、セルビア、ブルガリアの首相は会談し、ドイツとオーストリアが難民、移民の受け入れを中止すれば、「三カ国とも（難民らの流入阻止のため）国境を閉鎖する用意がある」と述べた。

◎▲クロアチア（EUへ二〇一三年五月加盟）：二〇一五年九月一六日、一三〇〇人がセルビアから入国、二日目一万七〇〇〇人、一〇月一四日までに一七万二九〇〇人を受け付けた。一七万人は、シェンゲン協定国へ移動した（日経二〇一五年一〇月一六日）。ドイツ行きを黙認するクロアチアは二〇一三年、EUに加盟した。シェンゲン協定に加わる意向（日経二〇一五年一〇月一六日）。

【中東、EU、以外の諸国】

○スイス：スイス政府は、二〇一四年二月、国民投票を行い、移民受入れを制限することになった。これに基づき二〇一六年三月四日、法案を議会に提出した。法案はシェンゲン協定の破棄、離脱を意味し、外国人求職者を社会保険の対象外とするものである。

○ブラジル：二〇一四年、シリアを中心に二三二〇人の難民を受け入れた。ルセフ大統領は、欧州各国は難民入国を妨害し、子供が死亡した、と非難し受入れに積極姿勢である（日経二〇一五年九月七日夕刊）。
○カナダ：野党が、保守党ハーパー首相に「難民受入れが不十分である」と対応を迫っている（日経二〇一五年九月七日夕刊）。
中国人の移民が多く、見直しを迫られている（三橋貴明「日本人のための日本国が消える！移民亡国論」徳間書店・二〇一四年六六頁、七一頁）。
○ニュージーランド：シリア難民七五〇人を、今後二年半で受入れを表明（日経二〇一五年九月八日）。ニュージーランドの人口は約四二四万人。
○アメリカ：二〇一三年、ボストン・マラソンでテロが行われた。
二〇一五年九月一〇日、米オバマ大統領は、シリアからの難民を少なくとも一万人、一年間で受け入れるとした。人道支援として四〇億ドル（約四八〇〇億円）提供する（日経九月一一日）。

アーカンソー州のハッチンソン知事は、「国土の安全が最優先事項だ」として、シリア難民にまぎれてＩＳが入国することを理由に反対する。三〇州以上の知事も反対という。同知事は、「欧州やアジア、アフリカの国々が主導的に取り組むべきだ」という（日経九月一一日 Voice 欄）。

ニューズウイーク日本版二〇一五年一二月一日号一八頁「シリア難民を拒否する法案の巧妙な中身――オバマの受け入れ拡大計画にノーを突きつける共和党に民主議員も同調する理由」によると、難民認定の手続きを面倒にする法案が連邦議会下院で通過した。「外敵に対する国家安全保障（ＳＡＦＥ）法案（American Security Against Foreign Enemies Act of 2015 (H.R.4038)）」で、共和党議員二四二人、民主党議員四七人が賛成した。今後、上院で審議される。

この法律は、シリア（あるいはイラク）難民一人一人について身元調査を厳格化し、ＦＢＩ長官と国土安全保障長官が「国家の安全を脅かす存在でない」と証明することを要求する内容である。

同記事によると、「先週発表された世論調査によれば、国民の五三％はシリア難民を『一切受け入れるべきではない』と考えており、オバマ政権の計画を支持しているのは二八％という」（ジム・ニューウエル記者）。

○大韓民国：韓国は二〇一三年、日本の法務省に当たる法務部内に難民業務専門の難民課を設置、同年七月、「難民法」を施行した。難民法は、難民申請中の人の生活費、医療支援、教育の保障が明記されている。

二〇一五年、難民の認定数は一〇五人で、同年、日本は二七人であった。

仁川国際空港に近い永宗島の平地に三階建ての「出入国・外国人支援センター」を建設している。二〇一四年二月から難民のうち幼児、高齢者、障害のある人らを原則六カ月間、収容している。二〇一五年一〇月現在、アジア、中東、アフリカ出身難民二九人、「第三国定住」のミャンマー難民約二〇人が入所していた（朝日二〇一六年八月一六日、鈴木暁子記者）。

ＵＮＨＣＲ（国連難民高等弁務官事務所）への三国の拠出金は、次の通り。

日本　一億七三五〇万ドル（約一九〇億円）。

中国　約九四万ドル。

韓国　約一六〇〇万ドル。

○中華人民共和国：ＵＮＨＣＲのグランディ高等弁務官は、「中国は日本を見習うよう話している」と滞在先のカナダのオタワで話した（産経二〇一六年三月二二日）。

二〇一六年九月一九日、国連本部で移民・難民をテーマに会合が行われた。安倍首相が三年間で二八億ドル（約二八〇〇億円）を拠出すると述べたが、中国の李克強首相は正義ある行動や世界平和と安定のために、一億ドル（約一〇〇億円）を人道支援として追加拠出すると表明した（日経二〇一六年九月二〇日）。

顔伯鈞北京工商大学副教授は、二〇一二年九月、「中国共産党の官僚の財産公開」を求める運動をしたため、追われている。北京からチベット、ミャンマー、タイと逃亡生活の手記が出版されている（顔伯鈞、安田峰俊編訳『「暗黒・中国」からの脱出——逃亡・逮捕・拷問・脱獄』文春新書・二〇一六年）。官僚の財産の公開を要求するビラを配布する程度の行為で迫害を受けるとすれば、問題である。迫害ということで「難民」認定するならば、日本はすぐ一〇〇人、二〇〇人といった政治難民を受け入れることになる。

4. 日本とシリア難民

日本は一九八一年、難民条約に加入し、「出入国管理令」を「出入国管理及び難民認定法」（昭和二六年一〇月四日政令第三一九号）という名称に変え、大改正をした。

二〇一〇年（平成一八年）に難民認定制度が改正されてから、難民認定申請者が増加した。

二〇一〇年　一二〇二人
二〇一一年　一八六七人
二〇一三年　三二六〇人
二〇一四年　五〇〇〇人（D・アトキンソン「日本はあまりに無防備」WiLL二〇一六年三月二二四頁）。

アトキンソンによると、難民認定申請をすると、半年で可否の結果が出る。これに対し異議申立をすれば、面接まで二年、さらにそこから可否の判断までに半年かかる。つまり、三年間は、合法的に日本滞在できる。この間、難民は働いて稼げる。難民申請は何度でも申請できる。四回申請すれば一二年間、合法的に日本で生活できる。日本法の欠点だが、国民、国会議員がもっと関心をもつべきである。

シリア、イラクの難民支援について

外務省は、中東から欧州に難民が流入しているので、UNHCR等の国際機関を通じ、レバノンなどに計四〇〇万ドル（約四億八〇〇〇万円）の緊急無償資金協力を実施すると発表した。レバノンに流入したシリア難民向け二〇〇万ドル、セルビアとマケドニア向けに二〇〇万ドル（日経二〇一五年九月二六日）。

二〇一四年一〇月、約二億七〇〇〇ル（約三二四億円）、二〇一五年、約八億一〇〇〇万ドル（約九七二億円）。

中東、アフリカの平和構築のため、新たに約七億五〇〇〇ドル（約九〇〇億円）を供与すると約束した（以上、二〇一五年一〇月一日日経社説）。

二〇一一年以降の五年間で、六五人のシリア人から難民認定申請があったが、六人を認定し、五一人に人道上の配慮により在留を認めた。二〇一五年、シリア人三人の難民認定をした。

・二〇一六年一月二四日日経

政府は、これまで八億一〇〇〇万ドルの資金援助をするとしていたが、今度、新たに三億五〇〇〇万ドル（三八五億円）の資金援助する。国別の支援額は、シリア七一億円、イラク一一五億円、ヨルダン七一億円、レバノン五一億円、トルコ四三億円など。

・二〇一六年二月一二日日経社説

政府は、国家戦略特区法改正案を今国会に提出する方針という。

日経社説は、農業の担い手となる外国人への就労ビザを政府に求めているが、日経社説はこれに賛成、農業分野にとどまらず広げたい意向である。

また、アニメ・漫画に憧れ、日本の専門学校に留学している学生が、卒業後、日本企業で働けるよう、「在留資格」を見直せと述べている。詳細は不明であるが、「特区で外国人の人材の活躍をさらに進めよ」と述べている。

「外国人の処遇を日本人と同じにして、賃金が全体として下がらないように工夫が要る」という（私は、その工夫を日経社説に求めたい）。

・二〇一六年三月二六日日経

法務省は、二〇一五年の難民認定者数は二七人（前年一一人）、難民認定申請者数は七五八六人。不認定処分に異議申し立てた人数は三一二〇人（前年比五八七人増）。認定の可否の結果を待つ人は、全体で一万三八三一人（二〇一五年末時点）。

「難民」の認定については、「出入国管理及び難民認定法」（昭和二六年一〇月四日政令第三一九号）六一条の2以下に規定されている。難民申請者を母国に返せば、現地政府が非合法としている政治組織で活動し、身柄を拘束された経歴から、帰国すると直ちに入獄されるような迫害を受ける恐れのある人が難民認定され、在留許可などが与えられる。現地政府に対する反対のデモ行進に参加した程度の人や、経済難民は対象にしていない。「refugee」を「亡命者」と訳せば、難民認定者数が少なくても大方の納得が得られた（本書一六二頁）。「インドシナ難民」受入れは、難民条約締結、法改正以前に「閣議決定」という法形式の別枠で定めた。

・二〇一六年五月二六日日経

主要七カ国首脳会議（伊勢志摩サミット）に出席のトウスク大統領は、欧州に流入する難民の受入れについて、「主要七カ国G7とより多くの追加的な行動を議論したい」と述べ、日米を中心に欧州域外国にも難民問題への更なる貢献を求めた。

5. 日本は留学生受入れと七一億ドル援助

二〇一六年五月二〇日、政府は、貧困、飢餓を解決するため、国連が提唱する「持続可能な開発目標（ＳＤＧｓ）」の推進本部を設置した。シリア難民を留学生として、二〇一七年から五年間で最大一五〇人受け入れることを表明した。

国際協力機構（ＪＩＣＡ）による途上国の人材育成を支援する「技術協力制度」で年二〇人、文部科学省の「国費外国人留学生制度」を拡充し年一〇人、一年に計三〇人受入れ、五年間一五〇人という。

中東の安定化、保健増進に総額約七一億ドル（約七八〇〇億円）の支援を決定した。

世界各国の状況を眺めてみると、次のことが言えるようである。

日本と同じく、難民救援について消極的なのは、イスラエル、中華人民共和国である。

イスラエルに対しては、最近、アメリカは昔ほど支援していないと言われる。ユダヤ人を頭がいい、多くのノーベル賞を受賞している、多くの優れた芸術家を輩出している、と親近感を持っている日本人は多い。イスラエルに対してもそうである。

石油を中東に依存しているため、心ならずもイスラエルを無視している。佐藤優氏の著作は、イスラエルとの外交を大事にせよ、と述べている。要するに、日本人は人道主義の気持ちはあるが、怜悧で計算高いといわれても反論できない。

「日本人は難民に冷たい」といわれるが、これはかつて瀬戸山三男法相がいったように、日本社会は国土が狭く、資源がなく、競争が激しく、日本人ですら生きていくのは大変、まして外国人は苦労する、という親切心で言っているのである。

もうひとつ考えられるのは、日本人の殆どは、生まれた日本で一生を過ごしたいと考えている。もし、日本の政治が悪ければ、選挙で政権を執っている多数党をやめさせる。

外国の政治的難民が「日本に入れてくれ」といった場合、なぜ、その母国で抵抗し頑張らないのか、民主国でなければ、なぜ抵抗しないのか、サボタージュなど手段はあるはず、と内心考えていると思う。

チェコのゼマン大統領が、「移民は侵略だ。なぜ難民に若者が多く、なぜ彼等はＩＳと戦わないのか」と述べた（宮崎正弘「トランプ熱狂、アメリカの『反知性主義』」海竜社・二〇一六年一〇六頁）ことと同じであると思う。

6．ヨーロッパ事情を参考に

ヨーロッパ事情を見て、次のような意見を持った。

①数百人、千人それ以上の経済難民が日本に上陸する事態になれば、自衛隊が武力で追い返すことも想定する必要がある。

ギリシャ北部イドメニのキャンプからマケドニアへ越境しようとしたところ、マケドニアの警官隊は催涙弾や放水で追い返している。

オーストリアは、一万人程度は認めるとしても、それ以上来たら武力で追い返すという。

北朝鮮やその他から一〇〇〇人、一万人が押し寄せたらどうするか。

北朝鮮などからの難民のうち、日本人妻とその配偶者、家族は受け入れる。

われわれは、マケドニアやオーストリアのように、一〇〇〇人が押し寄せるならば武力で追い返すか、議論すべきである。

勿論、たとえば北朝鮮から難民が押し寄せる兆候があれば、長谷川慶太郎氏のいうように、まず「北朝鮮二三〇〇万人分の食糧＝米や備蓄している石油を送る」べきである（『今世紀は日本が世界を牽引する』悟空出版・二〇一六年一三三頁）。

②インドシナ難民の場合、ボートピープルなど全く財産を持たない者が殆どであったが、シリア難民の場合は、移民という言葉が相応しい。
デンマークのように、金を持っている難民からは、例えば二〇万円以上（デンマークでは約一七万円）は認め、それ以上は没収し、外国人庁の難民救済に充当する特別会計に計上することも考えられる。一〇億円以上の金員を寄付することになるから、日本定住を希望する者がいる場合、どうするか検討すべきである。

③日本はインドシナ難民受入れの経験があるが、もし、受け入れるとすれば、日本語教育を施すか、日本語教育を受けた者から選ぶ。日本語習得を条件とする。次に、自立して納税者になってくれる可能性の高い者を受け入れる。
われわれは、石平、黄文雄、呉善花、パックン、ギルバート、辺真一などのお蔭で、外国人の思想、感情を知

り、大きい恩恵を被っているが、中東出身の人がいない。日本のイスラム学者、研究者、日本人の新聞記者の知人やその推薦する中東の知識人・新聞記者・大学教授・学生に、日本語教育を学ばせる。日本語を習得した後、入国させ、「日本は中東、欧州のどの国に、どういう援助をしたらよいか」、語らせたい。

安倍総理、政府は、中東の安定化のため、約七一億ドル（約七八〇〇億円）の援助を決定したが、こういう予算をつけ、日本語学校などの経費に充てては、どうであろうか。

④日本には、難民、移民を所管する省庁はない。法務省入管局を中心に「外国人庁」を設置すべきである。アジア福祉教育財団を吸収することも検討すべきである。
「外国人庁」は、外国人の入国、難民受入れ、政治的亡命者の受入れ、不法滞在者の退去、外国人の土地所有の登録制度の検討、外国人情報の収集など、総合的な外国人行政を行う。

外国人庁は、政治難民（難民条約の難民）や、日本が必要とする技能を持ち、日本語を習得した者は、定住させるべきである。優秀な人材を発掘、抜擢し、よき日本人として受け入れるという発想で、難民を含め移民を認める。

政治犯など政治難民を受け入れることを考えると、外国人庁は総理大臣直轄にし、収容施設・宿泊施設を持ち、日本語学校を設置する。

イスラム国（ＩＳ）関係者は入国させず、また、在留資格のない者、犯罪者は追放する。

⑤「一〇年間にシリア難民を含む一万人を受け入れる」。日本語を習得した者を、一年間に上限一〇〇〇人、概ね五〇〇人を入国させる。
政治難民は別にして、中国人と韓国人は現在でも多いので、受け入れない。

シリア難民、親日国の者、難民認定申請中の者で、日本語を習得した者から選ぶ。

四　シリア難民、移民など一万人受入れ表明をしてはどうか（二〇一六年）

1．シリア難民を契機に「日本の移民問題」を考える

二〇一五年、毎日のようにシリア難民が続々と、ヨーロッパへ、ドイツへ、イギリスへ入国したという記事が載っていた。

ドイツのメルケル首相は、八〇万人でも受け入れる、と胸を張り自信をもって宣言し、私はそう言い切る度胸に感嘆したものであった。

日本は観光庁を作り、爆買いの中国人や観光客を歓迎するが、難民、移民を受け入れてはどうかという話題になると沈黙する。

少数の良心的な日本人は、シリア難民を受け入れてはどうか、と思っている。

報ぜられたシリア難民について、私は次の三点を指摘しておきたい。

（1）ドイツは、労働力が不足し、約五〇万人程度までは難民、移民を受け入れたいと思っていた、と推測する。それが思っていた以上に八〇万人、一〇〇万人と増加し、内心困惑しているのではないだろうか。そのため「質のいい人々」はドイツに残し、「質の低い人々」を他のEU国に配分しようとしているのではないか。

われわれは、ドイツ人を尊敬すべきであるが、過度に尊敬する必要はないのである。

内藤正典教授はこう述べている。

「言葉は悪いが、トルコからギリシャ、そしてドイツまでのあいだに、難民たちは篩（ふるい）にかけられている。ド

イツに定住した後、ドイツの社会福祉の世話にならず、自立して納税者となってくれる可能性を持つ難民が大勢いることになる。そうだとすると、ドイツがいち早く手を上げて、しかも八〇万人もの庇護権請求者を受け入れると宣言したのは、難民の中で上昇志向の人たちを掬い取ろうという戦略もあったのではないかと思う」

「他のEU諸国は、軒並み、難民受入れに後ろ向きだから、先に手を挙げたドイツが難民を優先的に選別することができる。先に良い人材を取っておいて、あまり居てほしくない難民を他国に回してしまうということが起きるのではないだろうか」（『欧州・トルコ思索紀行』人文書院、二〇一六年一九二頁）。

（2）シリア難民が、EU諸国の中で、マケドニア、ブルガリア、ギリシャなどでは、国境を越えようとした難民に各国の警察が発砲している。ドイツのケルンでは、難民が強姦事件を起こしている。ヨーロッパ諸国で難民、移民に、過度の同情は寄せられなくなっていることに注目したい。

（3）全員が着の身着のままではなく、多少のお金を持っている者は先にドイツや北欧に行ったようだ。ボートピープルとは違う。だから、デンマークでは一万クローネ（約一七万円）を超す現金や所持品を警察が没収し、このお金を難民一時滞在施設の利用料に充てるという。

2. アジアからの大量の難民の流入はないか

北朝鮮から五〇〇人、一〇〇〇人と、船舶に乗って難民が押し寄せたらどうするか。

人数が問題である。あまりに大勢であることが事前に分かれば、日本は食糧を直ちに送る。代わりに難民は受け入れないと宣言する。予告なしに、急に日本海に出現した場合、状況によっては、発砲をしなければなるまい。

中国人はどうか。約三〇年前、インドシナ難民を日本が受け入れていたとき、福建省から偽装難民が数百人いたことが判明し、送還したことを思い出す。

谷崎光という、二〇〇一年から北京大学経済学部へ留学し、現在、北京在住一五年目になる女性作家は、こういう話を紹介している。

中国人と日中開戦の可能性の話になり、「私（谷崎光）は日本が勝つ、と論破した。すると相手の中国人は、『そうだよ。日本が勝つよ。中国の軍備なんて実力ないよ。でも、そうすると一億人ぐらいの難民が日本へ行くよ。どうだ、怖いだろう！日本の沿岸は中国人だらけだよ』」。

「なぜ日本なの?」「近いし、豊かだし。社会は安定していて、ワーカー層にもできる仕事がありそうだし。あと、薬も医療もいい。中国の周辺国は皆貧しい。あとは韓国ぐらい？でも小さいから」「日本は海岸だらけ。そこへ、亡霊のようにわーっとみんなでいっせいに来る」。

谷崎光氏は「それを機関銃掃射は日本人はできない」と、『国が崩壊しても平気な中国人　会社がヤバいだけで真っ青な日本人』（PHP・二〇一六年八三頁）に書いている。

私は、安倍首相、稲田防衛相が「米、食糧を送るから戻れ、さもないと難民船へ発砲する」と、日本の海上自衛隊へ告げるよう、また、このことを発表せよ、と命令すると信じている。

墓田桂『難民問題』（中公新書・二〇一六年）は、次のように述べる。

「一党独裁体制にある中国での人権侵害は著しい（この体制ゆえに中国は統治できている側面はある）。そこで仮定の話だが、中国難民を日本政府が積極的に認定するとしよう。それが前例を作り、地理的な近さとあいまって、中国の反体制派がこぞって日本に難民申請をしに来る可能性がある。漢人の民主化活動家や宗教団体である法輪功のメンバーばかりか、チベットや新疆ウイグル（東トゥルキスタン）の独立を求める民族系の活動家も考えられる。その流れが定着すれば、日本は中国の反政府運動の一大拠点となるだろう」（一七六頁）。

3. 日本がシリア難民を受け入れる必要はない理由

私は、多くの日本人と同じく、移民受入れに反対ではあった。

第一に、日本の国土は狭いこと、日本は不景気で、人手不足ではないらしいこと。

第二に、シリア難民については、シリアは遠方で、アジアではないから、という理由である。

大東亜戦争で、日本は中国、香港、ベトナム、タイ、インドネシア、フィリピン、ビルマ、マレーシア、シンガポール、インドネシアに大いに迷惑をかけた。

だから、一九七九年、ベトナム、ラオス、カンボジア三カ国のインドシナ難民を約一万人定住させたのであった。

また、現にミャンマー政府の統治から逃れて、東南アジアの難民施設にいるミャンマーのロヒンギャ族（約二〇〇人と思われる）の居住を引き受けているが、これもアジアであるから、政府（外務省）は引き受けたのだ。

第三に、今度のシリア難民も、欧米諸国が中東に対して今まで執ってきた政策とその行動の結果であり、日本はまったく責任はないからである（西尾幹二・川口マーン恵美「膨張するドイツの衝撃」ビジネス社・二〇一五年一四七頁）。

一九一六年（大正五年）、サイクス・ピコ協定（英仏露がオスマン帝国の解体・分割を図って約束した秘密協定）が中東の国境を定めたとされている。

イギリス人マーク・サイクス（Mark Sykes）は中東問題の専門家であり、フランス人の外交官フランソワ・ジョルジュ・ピコ（Fransois Georges Picot）が各国の境界線をとりきめ、ロシアもこれに加わった。

日本は、その時もこのことを知らされず、その後もまったく中東に関与していない。

第四に、日本人は外国人を使用人とし、監督することが下手だし、苦手である。

日本人は受け入れるとなると、同等の人間として扱う。D・アトキンソン小西美術工芸社社長は、「外国人が上の立場になることに対して、日本人は抵抗が強い」、「日本人はプライドが高い」、という意見を述べている（WiLL

二〇一六年三月号二一六頁）。

日本人が使用者になっても部下の外国人の扱いに不馴れで、一方、上司に外国人が来るのは嫌で、結局人材も鎖国の方がいいのである。

安田浩一「ルポ　差別と貧困の外国人労働者」（光文社・二〇一〇年）を読むと、まず、国際研修機構、そして、外国人技能実習生を実際に働かせている農家や企業も、部下として扱うことは下手だという印象を受ける。

第五に、日本は、「世界一治安のよい国」である。日本は司法制度が確立し、人々に表現の自由があり、人権は重んじられている。ヨーロッパ諸国や米国も同じであると考えてよい。その点で中国やロシアは信用がおけない。こういう日本について、多くの国民は難民、移民が流入することによって犯罪が多発し、平穏な生活が脅かされることを怖れている。産経二〇一六年一一月二七日（安里洋輔記者）によれば、二〇一五年に摘発した外国人（永住者を除く）刑法犯の摘発件数九四一七件のうち、一位ベトナム人、二五五六件、二位中国人、二三九〇件、三位ブラジル人、一二八二件とベトナム人刑法犯が初めて中国人を抜いた。

凶悪犯（殺人、強盗、放火、強姦の各罪）に限っても総数一四二件のうち、ベトナム人が最も多く、三四件という。

第六に、日本は激しい競争社会で、難民にとっては就職も不利であり、生活をするのは大変である。入国したい外国人に向けて、日本に生まれた日本人でも、大変な社会であるということを親切心から言うのである。

この意見を、瀬戸山三男法相が一九七八年二月一四日の予算委員会において、奥野誠亮議員に答える中で述べている。

「（日本は）御承知のように非常に人口の多いところで、生存競争が激しいわが国の状況で、ああいう難民の方が安定して生存できるような状況ができるかどうか、そういうところに確信を持てない点が現在あるわけでございまして」とある（衆議院予算委員会昭和五三年二月一四日）。

身勝手といえば身勝手であるが、おおむね以上のような理由で、多くの日本人はシリア難民に限らず、移民受入れに反対であると思う。

4. シリア難民を受け入れてみてはどうかという理由

私は最近、一〇年間に最大限一万人、一年に最大一〇〇〇人以下の、日本語を習得した者の中からシリア難民を含む移民を受入れてみてはどうか、という意見になった。

第一に、私は、主として功利的な理由からである。日本に「異質な人材」を入れて、日本社会に刺激を与える刺激剤として受け入れてみてはどうか、という意味合いである。多様性を得、日本社会を活性化させるためである。

なお、日本には中国人、北朝鮮・韓国人がそれぞれ六〇万人以上おり、この人々は、政治難民の難民認定は別として、受け入れないことにしたい。

インドシナ難民のとき、日本は一万人を定住させた。家族の呼び寄せを認め、子供が生まれている。毎年一〇〇〇人も入国させなくてもよい。

財団法人日本相撲協会は、日本で一定数の外国人を受け入れている団体である。日本語のできる移民を受け入れている唯一の団体といってよい。

日本の相撲界は、力士総数六五九人のうち、五・九％を外国人力士が占める。現在、モンゴル出身力士（白鵬、日馬富士、鶴竜）が横綱である（平成二二年一一月場所当時、一六カ国、百八名の外国人力士がいた。（宮崎里司「外国人力士はなぜ日本語がうまいのか」明治書院・二〇〇六年二〇三頁））。

日系アメリカ人の平賀が、一九三四年に初土俵を踏んだのが最初らしい。その後、一九六四年ハワイ出身の高見山が来日し、以来、小錦、曙、武蔵丸、朝青龍、そして現在は白鵬、日馬富士が活躍している。五六の部屋があり、各部屋一人の外国人枠があるという。一九九二年から一部屋に二人以内、全体で、四〇人までとした。二〇〇二年から各部屋一人まで、二〇一〇年から、「外国人力士枠」を「外国出身力士枠」にしているという（ヤフー・ジャパンによる）。

私は、相撲協会がこの制度を導入した理由は、日本の相撲界の実力を向上させ、日本人力士のための刺激剤としてであったと思う。

ところが、最近、横綱や上位力士に日本人がなかなか現れない。日本人はモンゴル人に比べ、ハングリー精神がない。モンゴルの物価水準は低く、白鵬が一億円の収入があるとすると、モンゴルの一〇億円に当たるため、おのずとハングリー精神は高くなる。また西村安士氏は、「今の日本人の生活様式から、重い物を持たず、交通手段も発達し、足腰が鍛えられてなく、日本人横綱を期待しても無理」と言う（舞の海「なぜ、日本人は横綱になれないのか」ワック・二〇一五年一四〇頁、一七〇頁）。

日本人横綱がいないのは残念であるが、次のような議論がある。

西尾幹二氏は、モンゴル人を筆頭に外国人力士が上位を圧倒的に占有しているため、「若い有能な日本人は、これで他のスポーツに逃げてしまう」と言われる（「日本、この決然たる孤独──国際社会を動かす『平和』という名の脅迫」徳間書店・二〇一六年）。

私は、力士を目指す日本人の若者が減少し、野球、サッカーなど、他のスポーツへ逃げていることが事実であれば、日本相撲協会は外国人出身力士の人数を制限するなど、弾力的に運営すべきであると考える。各部屋一人を、二部屋一人に半減させるということなどを考えるといいのではないかと思う。

もっとも、高位の外国人力士の多くは、日本人女性と結婚し、日本国籍をとり、結果、日本は「優秀な外国人」を受入れているといえる。モンゴルからすれば、海外への頭脳流出かもしれない。

私は相撲界と同じ意味で、多少、日本を多様性のある国とするため、刺激剤としての難民、移民を受入れたいと思う。

私は、難民、移民を入国、定住させる条件として、まず、日本に入国以前に、日本語教育を外国に設置した日本語学校で受けさせ、日本人との会話や意思の疎通ができるようになった者から入国させたい。大手ゼネコンはオリンピックを控え、労働者を欲していようが、体力のある地頭（じあたま）のいい青年、若い夫婦に日本語を教え、そこから選び、入国させたい。はじめから日本の日本語学校に入学させれば不合格者を追い出すことが難しいため、原則として外国に日本語学校を置く。

現代の世界は各国の競争社会である。知力のすぐれた者が政府に助言し、日本は経済力三位の位置から転落しないように心掛けねばならない。

今日、日本の知識人はテレビや雑誌、新聞で、石平、黄文雄、呉善花、辺真一、柯隆、沈才彬、朱建栄（この人は日本国籍になったのに、中国政府の代弁的発言が多い。そのことが公知になっているのが面白い）といった外国出身の流暢な日本語を話す方々の思いもよらぬ視点からの発言で、私はたびたび「蒙を啓く」という経験をしている（なお、日本のジャーナリズムに要望したのは、日本国籍かどうか明記してほしい）。

シリアに限らないが、イスラエル、トルコ、サウジアラビア、イラン、イラクなどの国の知識人、ジャーナリストに日本語を習得させ、日本でテレビや雑誌、書籍で、中東、欧州の実情を語らせたい。

日本の現地の特派員や中東の研究者は、優秀な中東の知識人を知っていると思う。

こういう人に、ドイツやギリシャなどの国の日本大使館横においた日本語学校で、三カ月間学ばせ、日本の放送局、大新聞社、大出版社と契約させたい。とりあえず二〇人程度、三カ月の日本語教育をし、テレビで語らせたい。

安倍総理やわれわれは、七〇〇億円の義援金を送るとしても、これらの人の意見を聞き、有効な方法、適切な送り先へ援助ができる。

石平、黄文雄、呉善花のような人が一人でも見つかれば、大成功である。

なお、相撲の力士が日本語が上手であることについて、早稲田大学の宮崎里司教授の「外国人力士はなぜ日本語がうまいのか」（明治書院・二〇〇一年、新装版二〇〇六年）がある。プロ野球の大リーガーは、日本に来ても通訳がつき、一年ごとの契約で日本語を覚える必要がない。それに比べると、日本に来た力士志望の若者は、稽古場も日本語、自分の部屋でも日本語しかない。宮崎教授によれば、「語学の修得理論から見ると、目標とする言葉しか使えないという理想的な環境で日本語を体得」しているというのだ。飲食店もカラオケも日本語で、一日中、日本語に浸かっているから、しばらくするとモンゴル語が出てこなくなるらしい。

二〇一〇年一〇月二一日付けの毎日新聞八面（小谷守彦記者）は、ドイツは優秀な労働力の確保のため、移民希望者の技能を点数化して、選別の基準とするポイント制を検討中と書いていた。英国、仏国は、常識テスト、語学テスト、語学研修義務がある。

冒頭に述べたが、ドイツのメルケル首相は百万人でも受入れる、と胸を張り自信をもって宣言し、私はそう言い切る度胸に感嘆したものであった。

ここで、私は、内藤正典「欧州・トルコ思索紀行」（人文書院・二〇一六年四月）という本に遭遇した。以下、「内藤〇〇頁」という。

内藤一九〇頁はこういう。「膨大な数のシリア難民の中で、トルコからギリシャに渡り、陸路でマケドニア、セルビア、ハンガリー、オーストリア、ドイツにまでたどり着ける人は、それだけの資金を持っている。つまり、もともとシリアの都市部の中流より上の層の人たちということになる」。

「（シリア人は）徹底した現金主義」「外貨か金（ゴールド）」「金の腕輪をしている女性など歩く銀行そのもの」という。「少数とは思うが、かなりの金を持って、或いは外国の銀行にすでに預金を持っている状態で、ドイツに入国する人たちもいる」「シリア人というのは、商売には並外れた能力を持っている」という（内藤一九一頁）。

「シリア難民の若者でドイツまでたどり着けたとすれば、母国においてそれなりの暮らしをし、教育を受けていた層が多いはず」といわれる。

「言葉は悪いが、トルコからギリシャ、そしてドイツまでのあいだに、難民たちが篩（ふるい）にかけられている。ドイツに定住した後、ドイツの社会福祉の世話にならず、自立して納税者となってくれる可能性をもつ難民が大勢いる」

（一九二頁）。

ここから、内藤教授はこう言われる。

「ドイツが一早く手を上げて、しかも八〇万人もの庇護権請求者を受け入れると宣言したのは、難民の中で上昇志向の人たちを掬い取ろうとという戦略もあったのではないかと思う」（一九二頁）。

「（ドイツは）先に良い人材を取っておいて、あまり居てほしくない難民を他国に回してしまうということが起きるのではないだろうか」（一九二頁）。

私は、ドイツによって選ばれなかった難民の中から「日本にとって有用の難民」を掬い取ろうというのである。許されれば、ドイツの国内に日本政府が日本語学校を作り、三カ月間の日本語教育に耐え、優秀な成績を収めた者のなかから、日本に入国させたいと思う。

功利的理由から、日本に入国させることを第一として先に挙げたが、第二に、日本の会社が海外で活動するに当たり、相当数の外国人を雇用したと思うが、この人々の中で、現在、難民として苦労されている人達がいる筈である。こういう人、日本と「縁」がある人を呼ぼう、というのである。報恩である。

二〇二〇年のオリンピックに向けて、ゼネコンは人手不足という。

日本企業は中東で現地の労働者を雇用し、ビルや港湾整備、橋を架けたり、建設とその整備をしてきた。日本人は現地の労働者を指揮してきた。

今まで、あるいは現在でも、日揮、清水建設、鹿島建設、大成建設、大林組、熊谷組といったゼネコンは、現地で日本人の指揮のもとに、現地人を雇用している。「この人間は日本でも通用する」、という人材を推薦させ、日本語教育を受けさせた上で、会社が保証人的立場で入国させる。

三七年前のインドシナ難民受入の場合、日本はまずボートピープルを受け入れたが、一段落した後、タイ、香港、マレーシアなどの難民収容施設に行き、日本企業に雇用された人、日本に住んだことのある人、日本に留学した人、日本に親戚のいる人は手を挙げて下さいと、日本と何らかの「縁」のある人を選んだ。同じことをしようというのである。

中東情勢に明るい山内昌之、池内恵、内藤正典、高橋和夫、中田考氏などの日本人研究者も、中東出身の知識人で難民になっている人を知っていると思う。もし、日本に定住したいという人がいれば、日本語教育を受けさせたい。日本語のできる者を育て、テレビや新聞、雑誌で、日本語で我々日本人、安倍総理に、適切な助言をして欲しいのだ。

5. 日本語の重要性

日本語ができなければ日本社会では生きていけない。私は日本語を習得した者のみ日本が受け入れることを条件にしたい。犯罪を犯した外国人は、殆ど日本語が不自由であった。

留学生が恩人というべき人を殺したり、技能実習生が雇用主を殺すケースでは、日本語で意思表示ができないケースが多い。犯罪を犯したり、職場から脱走する事件を調べると、双方の意思の疎通がなく、意思表示が正確に伝わっていないケースが殆どである。

インドシナ難民の例であるが、一九八五年三月、妻と三人の子供と来日したカンボジア人ブイ・ムアンは、大和定住促進センターに入り、日本語を学び、就職斡旋を受け、同年七月、プレス板金加工の会社に入社した。一九八六年四月、同じ会社に務めていたカンボジア人が退職した頃から精神的に落ち込み、定住センターに相談、病院精神科に受診させるも、一九八七年二月八日、妻と八歳、六歳、四歳の子供を殺害した。横浜地裁小田原支部は一九九二年一月三一日、懲役一二年の判決を下した。日本語が不自由であったことだけが原因ではないが、日本語が達者であれば日本人の職場の同僚と友人になり、殺害事件にまで至らなかったと思う（渡邊彰悟ほか編「日本における難民訴訟の発展と現在」現代人文社・二〇一〇年二六頁（佐藤安信執筆））。

私はこの一つの事件だけで、インドシナ難民受入事業が失敗だったとは思わない。日本語ができないまま日本に来て、日本で生活することを許さないようにしたい。

英語は世界的に使われている言語であるから、英国への難民、移民は皆、スムーズに英語を使うと思っていたが、そうではないらしい。英国ですら「統合」がなされていないと感じている。

二〇一六年一月二三日の産経新聞ニュースによると、イギリスのキャメロン首相は、英国社会の統合が進まないのは移民の英語力が不足であることを指摘し、「移民にも責任がある。今後は英語が上達しなければ、在留資格にも影響する」と一月一八日、英紙に語った。これを受けてイギリス内務省のホームページでは、移民向けの英語テストを行い、在留期間を延ばすために、テストを受けて合格する必要があると掲示した（産経ニュースは、その掲示の中で、「language（言語）」のつづりを「langauge」と誤ったため「内務省職員も落第だ」と報道された）。

ドイツでも難民、移民向けのドイツ語教育を支援している（産経二〇一六年三月三日、ハンブルグ宮下日出男記者）。約二〇〇人の教室で、二〇一五年一一月から各地で始めている。

6．シリア難民を含む移民受入れの具体策――日本語学校

日本語教育は三カ月のカリキュラムができている。日本文化などを教えることを含め、四カ月が望ましいが、ここでは三カ月間とする。

独立行政法人・国際交流基金は、海外に日本語学校を設置し、外国人の日本語取得者を多数輩出していると聞く。この国際交流基金を中心にし、拡充することも考えられるが、本稿においては国際交流基金とは別に、日本語学校を設置し、日本から日本語教師を派遣する仕組みを提案したい。

（1）日本語学校設置

国外五カ所、国内二カ所、計七カ所の設置をする。月謝は低廉な金額にし、女性は男性より低額にする。

各学校は一クラス二〇人を二クラスおき、三カ月間（一年間で四クール）の日本語教育を行う（ドイツも二〇人教室のようである）。

一学校につき、二〇人×二クラス×四＝一六〇人とし、一年間で一六〇人の卒業生を出す。これが七カ所であるから、一年に一一二〇人の日本語修得者がでる。

私は、この中から年五〇〇人程度、政府の役人（後述する外国人庁の職員）と、経団連事務局職員が選抜するとよいと考える。

高齢の両親を帯同することを認め、子供が産まれることを想定すると、一年に五〇〇人認めても、一〇年で一万人になると思う。

インドシナ難民の場合、三カ月間、朝九時から午後四時過ぎまで（途中で休憩時間をとりながら）、総学習時間四〇〇時間以上であった。のち日本文化を教えるようになり、四カ月間となった。

ギリシャ、ドイツ、トルコ、アジアならばラオス、ベトナム、フィリピン、ミャンマー、バングラデシュなど、日本語学校を置く候補地は政府が決定すべきである。トルコは大成建設が海底鉄道トンネル建設工事を建設したのに一部代金が未払いというから、トルコに土地建物を提供させ、日本語学校を置くといいかもしれない（日経二〇一六年一〇月二八日夕刊）。

日本語学校の教師は、日本から外国人庁の予算で派遣する。日本文化、日本の目に見えないルールを教えるには、月数が多いほどよい。

三カ月後、日本企業（大手ゼネコンなど）の人事採用担当者、外国人庁（後述）が日本語を習得した者を面接する。日本語能力と人柄を熟慮し、複数の面接に合格した者のみを日本に連れて帰る。できれば、ゼネコン各社の者も日本語学習風景を見学、難民に接触、修了時に採用を決定し、連れて帰るのが望ましい。

(2) 日本で、日本語教育

日本へ入国希望のシリア難民のうち、日本企業の支店などに勤務した者、日本の学校に留学した者、その他特に日本と縁故があり日本人の保証人がいる者については、日本企業への就職斡旋を行い、就職先が決まれば日本入国を認める。政府が日本にある日本語学校へ一カ月間でも通学させ、その費用を負担する。東京の外、日本語学習を希望する者の多い都市数カ所におく。

この、外国に日本語学校を置くというアイディアは中国の孔子学院に似ているが、評論家の日下公人氏がかねより公表されていた。

日下公人氏は、海外に日本語だけでなく「日本国憲法の精神を教えるような日本語学校をつくる。そこの日本語学校卒業免状を持っていれば、入国させるとよい」、といわれる。賛成である。日下氏は、「たとえば上海に」といわれるが、中国、韓国の人は既に多いので、ここは止めたい（日下公人・三橋貴明「アメリカ、中国、そして日本経済はこうなる。」ＷＡＣ・二〇一〇年一九二頁）。

(3) 不法滞在者

問題は、次のような者をどうするかである。

日本に観光ビザや偽造旅券で入国し、日本国内で労働して母国の家族に月に五万円程度を送金する就労外国人が警察や法務省入国管理局職員によって摘発されると、実は、「母国に帰れば牢獄に入れられるなど迫害を受ける者＝難民である」と主張する者が多い。その主張が真実である者もいるが、多くは就労目当てである。

私は、日本に住むこのような人々（特に、シリア、アフガニスタン、中東出身者）について、日本語教育を受けさせ、この中からも優秀な人材を選ぶことにしたい。

従来、偽造旅券によって日本に入国したことを責める立場から、そういう「才覚」を評価する立場に変える。ここで選ばれた者を、政府が国内外に設置する「定住促進センター」で日本語教育を実施し、就職を斡旋する。

また、日本には「難民」申請中の人が、二〇一六年三月現在、一万三八三一人おり、難民の認定に当たらないと不認定処分を受け、異議を申立てた人が三一二〇人いる（日経二〇一六年三月二六日夕刊）。

これらの人にアンケート用紙を渡し、①何か特技を持っているか、②どういう学歴か、③日本語はどの程度できるかを書かせ、日本語学校へ通学させるのである。

7．外国人庁の設置

現在、日本政府の中に「難民」を含めた外国人を所管する単一の省庁はない。各省庁が関連する分野を持ち寄るという「難民対策連絡調整会議」という方式である。これでは、機動性のある統一的な行政はできない。難民受入れは旨みがないため、各省庁による「仕事の奪い合い」はなく、「譲り合い」である。

私はそこで、外国人庁を設置し、外国人に対する行政を一元化せよと唱えたい。

内閣総理大臣が直接監督する。現在、法務省にある入国管理局をここに移し、中核にする。内閣直属の外国人庁は、法務省入国管理局を中心に警察庁や他省庁の者を出向させ、難民認定と受入れ、優秀な人材の移民の受入れを所管する。外国政治家の「亡命」のような事例を考えると、内閣総理大臣の直轄が望ましい。巨額の横領をした中国要人は、アメリカ、カナダ、オーストラリアへ移住している。内部告発のアメリカ人スノーデンは、ロシアへ亡命（難民）した。中国の薄熙来の側近だった王立軍はアメリカ領事館に駆け込んだが、もし日本に亡命（難民認定申請）をしたとすれば、法務省入国管理局、法務大臣より首相直轄が望ましい。そのため、外国人庁を総理直轄にしたい。

インドシナ難民の受入れは、「インドシナ難民対策連絡調整会議」として、関係省庁がそれぞれ分担し、単一の省庁が行わなかった。そのため機動性に欠けた。その反省である。外国人庁という外国人のみを対象とした一元的行政が望ましい。

外国人庁は、次の業務を行う。

（1）日本の法律に違反したり、犯罪を犯したり、在留資格のない外国人は、国外に追放する。

（2）外国人が、日本の土地を購入しているということが報ぜられている。対馬では韓国人が、北海道では中国人が、京都では現在訴追されている令計画・前中央弁公庁主任の夫人谷麗萍が京都に邸宅を所有しているなどの報道がなされている（相馬勝「習近平の『反日作戦』」小学館・二〇一五年一四二頁）。日本人は同じ条件で中国の不動産を購入できるのかという法制面も研究し、こういう事情を常時把握しておくべきである。また、外国人土地法（大正一四年三月三一日法律第四二号）の改正を含め、相互主義を貫くべきである。

（3）日本にとって有用であり優秀な人材は、これを受け入れる。前述のように、石平、黄文雄、呉善花、金美齢、関志雄、莫邦富のような評論家、コンピューター、インターネットの達人を受け入れる。

（4）日本国外、国内に「日本語学校」を設置する。日本語教員は、日本語学校（たとえば、インドシナ難民を三カ月間で教育した国際日本語普及協会）などに派遣を要請し、政府が旅費滞在費謝金を予算計上する。

（5）日本語学校を卒業し、日本語を喋り、理解できる能力があり、日本文化を解する者は、外国人庁と経団連などの合同審査の上、入国、定住を認める。サウジアラビア、ドバイなどの出身の人を想定するが、一〇億円以上の恒産を持つ人についても、日本語を習得すれば定住させることも議論すべきである。

（6）日本の都道府県の僻地の農村に、中国、フィリピン、タイなどのアジア人女性が嫁いでいる。日本語を教育されていないため苦労されているという話を、週刊誌などで知る。地方公共団体は日本語学級を設置し、教師への謝金の財政措置を行うべきである。

（7）特定国の外国人が一カ所に固まらず、分散し、定住させる。産経二〇一六年一一月一七日（安里洋輔）によれば、関東近郊の団地にベトナム人が、ベトナムから親族知人を呼び、コミュニティができているという。
（8）外国人庁はできるだけ外国人の住所、動静などを把握する。
日本人にとって外国人受入れ反対の一番の理由は、治安が乱れることである。
（9）安田浩一「ルポ　差別と貧困の外国人労働者」（光文社・二〇一〇年）を読むと、国際研修協力機構（ＪＩＴＣＯ）は、送り出した政府と、その国の民間の仲介機関とが十分に情報交換していない、また、国内受入れ機関、受入れ現場で、「研修生」の保護という観点から問題があると思われる。外国人研修生へ不当・不法な人権侵害が行われないように、外国人庁が国際研修機構を監督すべきである。
（10）いつ、日本の近隣諸国から天災、内乱などの理由で、大勢の避難民が日本に押し寄せてくるかもしれない。短期の日本滞在を認めるにせよ、長期の滞在を認めるにせよ、まず、宿泊させなければならない。外国人庁は、ビジネスホテル、簡易ホテル、国の遊休施設、オリンピック記念青少年センター、青少年自然の家、大企業の宿泊施設のリストとその収容人数を把握し、即座に連絡できる体制を構築しておく事が必要である。

8. 一万人移民の受入れ案の狙い

第一に、安倍内閣の積極的平和主義に合致する。

緒方貞子元国連高等弁務官は、難民の受入れは積極的平和主義の一部だ、と朝日新聞の取材に答えているが、そのとおりであろう。

第二に、日本は、アメリカとは常に連絡しあい、意思の疎通があり、比較的理解し合っているが、ヨーロッパ、特にドイツとは疎遠である。ドイツ人には日本の実像が伝えられていない（三好範英「ドイツリスク」光文社新書・

二〇一五年）。

もっとも、ドイツ人は中国の事柄もよく知らないようである。西尾幹二「日本、この決然たる孤独」（徳間書店・二〇一六年）によると、ドイツに三〇年以上住んでいる方からの話として、中国の新幹線事故の、車両を土の中に埋めたシーンがドイツではほとんど知られていない。ドイツの放送局はテレビで放映しなかったらしい。

「国家官僚の財産の公開を求める運動」を行い、北京の通行人に「官僚の財産公開を！」というスローガンをプリントしたTシャツを着たり、雨傘を配布した程度で拘束され、迫害されるという事実は、日本では新書版でたやすく知ることができる（顔伯鈞『「暗黒・中国」からの脱出』文春新書・二〇一六年）。

日本にとって一番警戒すべき「悪夢」は、米中が手を握ることである。中華人民共和国が崩壊するか、選挙を行い、人権を尊重し、法治国家になり、民主的な国家になれば別であるが、現在の帝国主義的、軍国主義的、共産党国家である限り、我々は警戒しながら国交を続けなければならない。

キッシンジャーと周恩来が「中国人は普遍的視点を持つが、日本の視点は偏狭」で、「日本の社会はとても特異」「ほかの人々に対して感受性が鋭敏でない」として、米軍の日本駐留が日本拡張への「瓶のふた」と説いて意気投合したことを忘れるべきでない。

二番目に警戒すべきことは、ドイツと中国が緊密になり、ドイツが武器などを中国に供与する事態を招かないようにすることである。

二〇〇五年からゲアハルト・シューレダー（一九九八年から二〇〇五年まで連邦首相）のあとの首相にアンゲラ・メルケルが就いている。メルケル首相は、北京を九回も訪問している。

一回目　二〇〇六年五月二一日。

二回目　二〇〇七年八月二七日から二九日まで。

三回目　二〇〇八年一一月四日。

四回目　二〇一〇年七月一五日から一八日まで。

五回目　二〇一二年二月二日から四日まで。
六回目　二〇一二年八月三〇日から三一日まで。
七回目　二〇一四年七月六日から八日まで企業団を引率した。成都、清華大学にいく。
八回目　二〇一五年一〇月二九日。
九回目　二〇一六年六月一三日。

一方、日本へは次のようである。

・二〇〇七年八月二七日、メルケル首相はG８の議長国の引き継ぎのため、当時の安倍首相と会うために訪日している。

・二〇〇八年八月、福田康夫首相が議長となり、洞爺湖サミットが行われた。メルケル首相も出席した。フランスはサルコジ大統領、イギリスはブラウン首相、アメリカはブッシュ大統領である。

・二〇一五年三月九日から一〇日、一泊二日であった。

エルマウ・サミットに向けた事前調整という名目であった。

「日本を軽んじている。そんな思いもあり、日本政府は彼女を国賓待遇にしなかった。ちょっと、へそを曲げたのだ」と川島博之（「データで読み解く中国の未来」東洋経済新報社・二〇一五年八五頁）が批評している。

・二〇一六年、安倍晋三議長の伊勢志摩サミットが行われた。フランスはオランド大統領、イギリスはキャメロン首相、アメリカはオバマ大統領で、メルケル首相のみが二〇〇八年と二〇一六年の二つのサミットに出席している。

サミット出席を除けば、日本訪問は二回である。たしかに少ない。

独中が手を握ることは、米中握手ほどでないとしても、日本にとって面白くない。

二〇一五年、習近平国家主席が英国を訪問、キャメロン首相へ総額七兆円の経済協力を約束し、原子力発電所三カ所の建設に合意した。この三カ所のうち、英国の南西部ヒンクリー・ポイントと東部サイズウエルでの計画に出資するのはいずれもフランスの中小企業で、建設はフランス電力公社（ＥＤＦ）という（日経二〇一五年一〇月二七日、竹内康雄記者）。フランスも英国も中国と接近し、経済を好転させたいのである。

安全保障上の観点から、独、英、仏の三国の重要技術が中国に流出しないよう注視すべきである。幸い二〇一六年イギリスは親中派であるオズボーン蔵相とキャメロン首相が退場し、メイ首相になった。イギリスも武器を中国に売り渡さないよう注意したい。

人権重視の民主主義国であるドイツ、フランス、イギリスとは、交流を密にすべきである。

そのためにはまず、次のことから始めたい。
（１）外国人庁ができれば、ドイツに職員を派遣し、ドイツの難民受入れの状況、日本がドイツにできる援助などを報告させる。
まず、外国人庁長官はドイツへ行き、シリア難民受入れを称賛すべきである。話を聞き、実情を知り、難民引き受け以外で何か役にたつこと、例えば、テント、簡易トイレ、毛布等を送る（見当違いかも知れないが）などを研究すべきである。

気になったのは、エーゲ海や地中海で、劣悪な小船、ゴムボートが沈没し、死亡者が多いことである。国連難民高等弁務官事務所によると、「二〇一四年以降、地中海を渡る船で死亡、行方不明になった者は、一万人を超える」という（ＡＦＰ＝時事）。

日本の会社が作った頑丈な木造船、ゴムボートを、適切な相手に送りたい。
（２）ドイツ人には、日本と日本人の実像が伝えられていない。
宮崎正弘・川口マーン恵美「なぜ、中国人とドイツ人は馬が合うのか？」（ワック・二〇一四年）は、中国の言い分をドイツマスコミが鵜呑みにしている、と指摘する。三好範英「ドイツリスク」（光文社・二〇一五年）と同じく、ドイツマスコミは偏向しているという。安倍首相は、まず、ドイツ・マスコミ関係者を日本に招待すべきである。また、日本の持つ中国に関する情報を提供すべきである。

9. 外国人労働者、技能実習生への「職業」斡旋

東京駅に新幹線が到着し、乗客が降りると制服姿のＪＲ東日本テクノハート、テッセイのスタッフが、七分間という短時間で手際よく清掃を終える。私は当たり前の風景と受け取っていたが、佐藤智恵「ハーバードでいちばん人気の国・日本」（ＰＨＰ新書・二〇一六年）を読むと、ハーバード大学ビジネススクールでは「新幹線お掃除劇場」が「サービスオペレーションのマネジメント」の教材として使われているという。

以前は「皆が喜んで働きたくなる労働条件の職場」ではなかった「職業」を、注目を浴びるスターのような職業に一変させたテッセイの矢部輝夫氏を尊敬する。

矢部氏のやり方に習うならば、外国人労働者を雇用する場合、外国人労働者の身になって彼らの要望を聞き、意思の疎通を図り、彼らが喜んで働くような仕組みを使用者、外国人庁（ができれば）の職員が考えるということであろう。

人間は、褒められれば嬉しいし、喜ぶ。

故奥野誠亮名誉会長のアジア福祉教育財団の優れていることの一つは、一九八〇年以来、毎年一回、「日本定住難民とのつどい」を開催していることである。

以前は品川区民センター、最近は新宿区新宿文化センターで行われているが、日本、ベトナム、カンボジア、ラオス、ミャンマーの民族舞踊のアトラクションがある。実演するのは定住センターの出身者たちが多い。この行事の前に、奥野名誉会長は、模範的な難民定住者を表彰し、また、模範的な難民を雇用している事業所の代表者を招き、表彰している。

この会合に参加すれば、定住促進センター出身者は昔の仲間に会えるし、難民事業本部の職員はインドシナ難民の住所や職業を知ることができるので、お互いに便利である。

公益財団法人アジア福祉教育財団とその難民事業本部成立の経緯については、本書の「インドシナ難民受入事業

の思い出」で述べる。

アジア福祉教育財団の理事は次の通り（括弧の中は前職など）。名誉会長奥野誠亮（文相、法相）（平成二八年一一月一六日逝去）、理事長藤原正寛（東大教授）、井上孝美（文部次官）、原田明夫（検事総長）、藤崎一郎（アメリカ大使）、石崎茂生（事務局長）である。

公益財団法人国際研修協力機構は、一九九一年（平成三年）法務省、外務省、通産省、労働省の外郭団体として設立された公益財団法人である。括弧に役員の前歴を記す。会長・代表理事は下村節宏（三菱電機会長）、理事長・代表理事は鈴木和宏（検事、弁護士）、専務理事・代表理事新島良夫（厚労省）、常務理事・業務執行理事田中秀明（大蔵省、大学教授）、常務理事・業務執行理事都筑健介（カメルーン大使）、常務理事・業務執行理事鷲見良彦（通産省）、常勤理事・業務執行理事竹田静登（法務省仙台入国管理局長）、常勤理事・業務執行理事福島康志（中央労働災害防止協会教育センター所長）である。

住所は、〒一〇八－〇〇二三　東京都港区芝浦一－一－一－五五十嵐ビル一一階、一二階。

安田浩一「ルポ　差別と貧困の外国人労働者」（光文社新書・二〇一〇年）は、国際研修協力機構の当時の状況を調査され、現在は相当改善されていると思うが、国会議員や政府関係者が是非読んでほしい書籍である。

一九三五年生まれのフランス人アンドレ・レノレ神父は、一九七〇年、フライス工の資格を得、労働司祭として日本へ入国し、神奈川県川崎市の零細下請工場で働いた、その記録である「出る杭は打たれる」（岩波現代文庫・二〇〇二年、花田昌宣・斉藤悦則訳）は、すぐれた日本人論である。

解説者鎌田慧の言葉、「この本を読む日本人は日本の末端労働者の状況を、きわめて日本人的なフランス人によってはじめて教えられることになろう」は、まったくその通りである。本書も外国人労働者に関わる者の必読書である。

10. 日本人学校を文化交流の拠点にする

海外の日本語学校において、三カ月の学習期間を終えた時点で、日本語による弁論大会を開くなどして、その成果を日本人に見学させる。簡素なパーティーを開く。

生け花、盆栽、カラオケ、書道、日本舞踊なども考えられる。

その時期に、日本から、一般のツアーの観光客を招くことも考えられる。

日本からは、企業や地方公共団体、教育委員会の人々、市町村の人々を誘い、参加し、その国の人々と交流を図るのである。

そして、日本語学校を設置している国、近隣の国の民族舞踊などを披露してもらう。

勿論、現地の政府の役人、市民を招く。

外国人に気後れし、敬遠する日本人が多いが、日本人ツアーで参加した地方の農村青年も、この日本人学校の卒業期のパーティーで、三カ月間日本語を学んだ外国人へ話しかけてみることは、容易であると思う。

日本人男性・女性、外国人男性・女性が会話をし、一緒に食事する機会を増やしたい。

実は、故奥野誠亮名誉会長のアジア福祉教育財団が毎年一回開催している「定住難民のつどい」は、毎回違った趣向の出し物で、定住難民、日本人関係者も楽しみにしている。

そのことを念頭においている。

むすび

日本の総人口は約一億二七〇四万三〇〇〇人である（二〇一六年一月一日、総務省）。在留外国人数は二二三万二一八九人である（以下、法務省「在留外国人統計」二〇一五年一二月末）。外国人の割合は一・七六％である。

内訳は、一位：中国人六六・六万人、二位：韓国・朝鮮籍約六〇万人、三位：フィリピン二三万人、四位：ブラジル一七・三万人、五位：ベトナム一四・七万人、六位：ネパール五・五万人、七位：米国五・二万人、八位：台湾四・九万人、九位：ペルー四・八万人、一〇位：タイ四・五万人。

われわれは約一〇年かけて、インドシナ難民一万人を受け入れた。

シリア難民を含む難民、移民を、一〇年間で一万人受け入れてみてはどうであろうか。

ただし、日本語ができる者のうちから、有能な者、日本に有用な者を選ぶことにする。

中国人、韓国人、北朝鮮人については、それぞれ六〇万人以上居るため、政治的難民に限ることにしたい。日本の多様化、活性化のために、刺激剤として、一〇年間に一万人を入国、定住させたい。

総人口の〇・〇一%は、一万二七〇四人である。総人口の二%にならないようにしたい。

五　フランスの難民受入制度（二〇一六年）

1. フランスとイスラム

フランスは人権重視の国、多くの亡命者、移民、難民を受け入れてきた。フランス生まれのフランス人と思われている有名人が、実は外国で生まれた移民であったという例は多い。

イブ・モンタンはイタリア人、俳優のリノ・バンチュラもイタリア人、ピカソはスペイン人、シャガールはロシア人だった。

藤田嗣治を、日本では日本人画家として扱っているが、彼は日本を捨ててフランス国籍を取った人だった。

フランスは、簡単に国籍が取れ、あるいは、簡単に移民、難民の受入れができるのだろうか。

そうでもないらしい。

いままでも、フランスの最近の移民政策は、失業者が急増したり、右寄りの政権の場合、単純労働者は受入れないという方針を採用した。

フランスは、人口六六〇〇万人という（二〇一三年）。

高岡豊氏は、イスラム教徒が五〇〇〇万人以上いて、「稀な例外を除けば、善良な市民として堅気に懸命に生きている人たちばかりだ。そういう現実を度外視し、分かりやすさだけを先行させて移民の問題まで混同した言論は避けるべきだろう」といわれる（中央公論二〇一六年一月号三六頁）。

人口の約八％はイスラム教徒である。

そういうフランスで最近、イスラムに関係する事件が多発する。

二〇一五年一月七日、シャルリー・エプド襲撃事件が起こった。(注1)シャルリー・エプド紙がイスラムへの侮蔑的文章、イラストを書いていたことから起きた。
二〇一五年十一月一三日、パリにおいて同時多発テロ事件が起こり、一三〇人を超える死傷者を出した。(注2)
二〇一六年七月一四日、ニースで、花火の見物をしていた人の群れに大型トラックが突っ込み、八五人がひき殺された。
二〇一六年七月二六日、ルーアン近郊のカトリック教会で、二人組の男によって八〇歳代の神父が殺害され、もう一人が重傷を負った。

2. 難民認定の手続き

私は、インターネットで「シリア難民が『フランス行き』だけは頑なに避けようとする理由」という記事を見つけた。

「フランス行き」は簡単でないぞ、ということになっているのかもしれない。

たしかに、シリア難民、アフガニスタン難民、アフリカからの難民は、ドイツを目指す。

英国はEUからの離脱を決めたが、フランスの歴史人口学者エマニュエル・トッドは、離脱の「第一の動機は、移民問題ではなく、英国議会の主権回復だったことが出口調査の結果から明らかになっています」という（文藝春秋二〇一六年九月号一五八頁）。

トッドは、しかし、確かに移民が離脱に影響したが、それは「フランスで問題になっているイスラム系の難民ではなく、EU圏内のポーランドからやってきた約八〇万人の移民でした」とする。八〇万人とは大きい数字である。

インターネットの「まぐまぐニュース」で、（MAO@ふらんす）という人は、二〇一五年当時の「フランス難民受入れ」の実際を述べている。私なりに要約する。

1 難民認定を受けようと申請する者は、移民局に行く。
そこでは、申請人の出身地、居住地、申請歴などが調べられ、フランスが保護すべきかどうか、が確認される。

2 フランスが保護すべきであると判断されれば、一カ月有効の仮滞在許可が与えられる。
同時に、難民保護局への申請書類が配布され、これに記入し、二一日以内に提出する。

3 難民保護局は書類を審査し、この書類の記述を是とすれば、六カ月間有効の申請中証明（仮滞在許可）が発行される。

4 書類審査は約四カ月かかる、と書いてあるが、実際には最低の場合が四カ月で、四カ月以上、おおむね六カ月（仮滞在許可の期間まで）かかるようである。
その上で最終審査が行われ、個人面接があり、これを通過すれば、「難民認定」がなされる。

5 難民認定には二種類がある。
Ａ：人種的、政治的または宗教的迫害を受けて居住国に居られなくなった人。

Ｂ：居住国内で戦争、紛争、テロなどが頻発し、命の危険にさらされているため、居住国を逃れることを希望する人。

Ａの人は、難民認定されると、一〇年滞在カード（事実上の永住許可）が発行される。

Ｂの人は、一年の短期滞在カード（更新可能）が家族全員に発行される。

ＡＢいずれも、労働許可を含む。

6 この間、難民申請者は、難民保護施設又はそれに相当する宿泊施設に滞在できる。
難民申請者、難民が宿泊する義務はない。

難民申請者、難民に、フランス居住の親戚がいる等の理由で難民保護施設に入居しない場合、一日につき、一一・四五ユーロ（月三四三・五ユーロ）を受け取ることができる。

7 難民認定後は、大人も無料でフランス語講座を受けることができる。

8　最初の難民申請の書類が通過すると、義務として健康診断を受けねばならず、病気になった場合、治療費は無料である（フランス人と同じ健康保険の適用があるという意味であろう）。

9　「六カ月の仮滞在許可」の間、労働は許可されない。

難民保護局のディレクターの話という新聞記事に拠ると、「今回、シリア、イラク難民に関しては手続きが簡易化され、認定も早いだろう。おそらく三分の二が上記Ａ認定、残りがＢ認定になるだろう」とのことである。

上述「六カ月の仮滞在許可」の間、すなわち難民申請の間、労働することが許されるかどうかが、難民にとって重要である。

3．未成年の難民について

未成年の難民（未成年亡命者と同じ）の問題について、増田ユリヤ氏が解説されている（増田ユリヤ「揺れる移民大国フランス――難民政策と欧州の未来」ポプラ新書・二〇一六年一六六頁）。

パリには、シャルル・ド・ゴール空港、オルリー空港、東駅、北駅といった海外からの玄関、入り口がある。

最初に、外国からの人々は、まずパリに到着するため、パリ市が全部面倒を見るという状況であった。

フランスに残ることを希望する者に、義務教育終了程度の学力、職業技能の資格を取得できるように指導する。

滞在許可証を発行してもらえる条件を整える。

ソーシャルワーカーやサイコロジストなどの協力を得て、精神的サポートをする。

サポートにかかる費用は、パリ市の負担で年間六〇〇〇万ユーロ（約七五億円）。

国は、地方公共団体に対して、年間二三〇〇万ユーロ（約二八億七五〇〇万円）を支出する。

国立国会図書館の岡村美保子氏が、「フランスの難民認定制度」についてレファレンス二〇〇四年七月号八〇～

八八頁に、「フランスの難民等の庇護に関する法律」を外国の立法二二一号（二〇〇四年八月号）一一五～一二一頁に執筆されている。

なお、ドイツについては、本間浩「ドイツにおける難民保護と難民庇護手続法」（外国の立法二一六号二〇〇三年五月号六六～一一四頁）がある。

二〇一六年現在、フランスもドイツも、法律に定めた手続きは、簡略化され、厳格には行われていないと思う。

4. フランス、二〇一六年一〇月の状況

英仏をわける海の最短距離であるドーバー海峡に臨むカレーに、六〇〇〇人とも八〇〇〇人ともいう難民のキャンプがある。アフリカ、アフガニスタン、イラク、シリアからの難民である。難民認定の手続きをし、結果を待っている人々である。

以下は、朝日新聞二〇一六年一〇月二四日、パリ支局青田秀樹記者の記事から、その状況を述べる。

フランス政府は、冬が来る前にこの難民キャンプを解体し、フランスの地方各地にいくつかのグループに分けて、一時滞在してもらうという計画を立てた。

ワインの産地ボルドーに近く、スペインにも近い大西洋の入り江に面したアレスという、人口六〇〇〇人足らずの町も、約五〇人の受け入れ先に選ばれた。電力公社（ＥＤＦ）の保養施設であった。

アレスの町長は、「住民は静穏な生活を望んでいる。その場所は子供の遊び場に近い」、と反対した。

一〇月八日、議会は三〇人の町民が見守る中、反対決議を賛成多数で可決した。

約三〇〇人の受け入れ反対のデモ行進が行われた。

「ドイツのように、難民のはずが刃物で襲ったり、テロ集団と関係しないか」「われわれは節約して暮らしているが、難民一人一日に二五ユーロ（約二九〇〇円）かかると聞いた」と反対派は述べる。

受け入れ賛成派もいる。クローディーヌ・セシー議員は、「多様な人がいるのがフランス。戦火を逃れた人に手を差し出すのは当然だ」といい、賛成派は二〇〇〇人を越える署名を集めた。

町は二派に割れた。セシー議員は、「反対派の人とは、頬を寄せる親しい挨拶をしなくなった。遠くから最低限のボンジュールだけ」という。

アレスだけではない。

地中海に面したカンヌや、サントロペに近いピエールフー・デュ・バールという町では、町議会が全会一致で「受け入れ反対」を表明した。右翼、国民戦線（FN）系の人たちは「送り返せ」と気勢を上げた。

一〇月八日、反対、賛成、反対と三つのデモ行進が行われた。

南部モンペリエでは、賛成派と反対派が同じ広場で向き合い、「難民や移民が侵入してくる」「ファシストめ、俺たちみんな移民の子孫じゃないか」と非難の応酬であった。

もし、日本で同じように市や町に、難民一時滞在施設を設置するという計画が明らかになれば、同じような風景が見られるだろう。

多分、治安が害される、日本は狭い、不景気である、といった理由であると思う。

「俺たちみんな移民の子孫じゃないか」という言葉での受け入れ賛成論は思いつかないと思う。われわれ日本人は、その先祖が、日本列島に忽然と出現し、そのまま子孫は四つの島に平和に住み着いた。ごく少数が北米、南米、旧満州国に移民した。大東亜戦争の失敗で旧満州国から引き揚げ、もう金輪際、四つの島から外に出るのは止めよう、という全国民の合意が形成されたようである。

（注1）本書の校正中、森千香子「排除と抵抗の郊外――フランス〈移民〉集住地域の形成と変容」（東京大学出版会・二〇一六年）の存在を知った。著者はパリ北部にある郊外「セーヌ・サン・ドニ県」の移民事情を現地で調査

研究され、フランスの移民に対するダブルスタンダードを指摘されている。「第七章　風刺新聞社襲撃事件と『見えない断絶』」によれば、シャルリ・エブド社襲撃事件のあと行われた一月一一日の大規模の追悼デモに移民二世である（郊外の若者）の姿がなかった、という。

（注2）日本では、二〇一〇年一〇月、警視庁が保有する、日本に住んでいるイスラム教徒の個人情報が、インターネット上に流出した。イスラム教徒の履歴書のような書面、モスクへの出入りの状況、イスラム教徒の交友関係などである。

日本国籍の四名、チュニジア共和国国籍の六名、アルジェリア民主人民共和国国籍の三名、モロッコ王国国籍の三名、イラン・イスラム共和国国籍の一名、合計一七名が原告となって、警視庁（東京都）と警察庁（国）を訴えた。警視庁などがイスラム教徒の個人情報を収集・保管・利用したことは、憲法二〇条（信教の自由、政教分離）違反、憲法一三条（個人の尊重、生命・自由・幸福追求の権利）違反、警察当局の情報管理上の注意義務違反で、各人へ一一〇〇万円の損害賠償を求めて訴えた。

東京地裁二〇一四年（平成二六年）一月一五日の判決は、警視庁の情報管理上の注意義務違反があったとして、国家賠償法上、モロッコ、イラン、アルジェリア、チュニジア各国との間に相互保証があるとして、被告東京都に対し、原告一六人へ、それぞれ五五〇万円（うち弁護士費用五〇万円）、原告一人へは（原告の妻として、生年月日、住所のみ）二二〇万円（うち弁護士費用二〇万円）の支払を命じた。

東京高裁二〇一五年（平成二七年）四月一五日判決は、一審判決を支持し、控訴棄却した。

私は、この判例を二〇一五年七月頃読み、「インターネット判例要約集」（青山社・二〇一五年一二月二〇日発行）に収録し、コメントとして「原告に対し、五〇〇万円、二〇〇万円の慰謝料を認めた一審判決、二審判決は、妥当と言うべきである」と記した。

ところが、二〇一五年一一月一三日、パリで同時多発テロ事件が起こり、一三〇人を超える人々が殺害され、日本人七人が、バングラデシュでも殺された。

もし、二〇一五年一一月一三日以降に東京高裁判決が出されたとしたら、「原告に対し、五〇万円、二〇万円」の慰謝料になったと思う。「警視庁は、よくやっている」ということになる。

第Ⅱ部　インドシナ難民

一　インドシナ難民受入事業の思い出（二〇一六年）

●はじめに

三七年前の昭和五四年（一九七九年）、日本は、ベトナム、カンボジア、ラオスの難民を受け入れて、日本語教育をし、就職を斡旋し、日本の国内に定着させた。

三国からのインドシナ難民の受入れ数の枠を、昭和五四年四月、閣議了解で五〇〇名と定めた。

昭和五五年六月、閣議了解により、一〇〇〇人に拡大した。

昭和五六年四月、閣議了解により、三〇〇〇人に拡大した、

昭和五八年一一月、閣議了解により、五〇〇〇人に拡大した。

昭和六〇年七月九日、閣議了解により、一万人へ拡大した。

平成七年一二月六日、閣議了解により、定住枠一万人を撤廃した。

実際に、インドシナ難民は、一万人以上が、日本へ定着した。

インドシナ難民といわれる人、その子で日本で生まれた人、母国から呼び寄せられた親族を入れて、平成七年（二〇〇五年）現在、一万一三一九人という。

この内訳は、ベトナム：八六五六人、カンボジア：一三五七人、ラオス：一三〇七人である。二〇一六年現在はもっと増えていると思う。

私は、このインドシナ難民を日本へ受け入れる事業の一端を担当した。思い出を綴ってみたい。

●第一章　内閣へ出向――内閣審議官を拝命

文部省の役人であった私は、一九七七年（昭和五二年）四月一八日付けで、文化庁文化部著作権課著作権調

査官という役職に任命されていた。

一九七九年（昭和五四年）七月一三日、広島市で、総理府系の団体、日本広報協会から都道府県広報担当者を対象にした会合「広報セミナー」に招かれ、私は「広報活動における著作権・肖像権」という演題で喋っていた。メモが入り、直ちに本省へ電話をするように、とあった。休憩時間に電話を入れると、新しく設置される内閣官房インドシナ難民対策連絡調整会議への異動を知らされた。

七月一六日、内藤誉三郎文部大臣名で、初等中等教育局視学官に任命された。視学官室にいくと、私の机が用意されていた。約一〇人の視学官が在室されている大部屋である。

私の月給は、視学官としてここから振り込まれ、一九八二年（昭和五七年）七月九日まで続く。内閣官房に定員がなかったか、あるいは内閣官房に定員はあるがこれを使わず、視学官の定員を借用したのである。視学官室で、一〇人ほどの視学官による茶話会が行われ、感激したものである。

七月一八日、内閣総理大臣のいる官邸向かいの総理府庁舎五階に行く。大平正芳内閣総理大臣名で、翁久次郎内閣官房副長官から、内閣審議官に任命する、との辞令書を頂く。

翁内閣官房副長官の下、外務省の村角泰（のち色摩力夫）、法務省の黒木忠正（のち桔梗博至）、文部省の私、労働省の向井舜治（のち手嶋氏（平成二三年に亡くなられた））、厚生省の辻宏二（現・外国運輸金融健康保険組合）、外務省の古川満（平成一〇年頃亡くなられた）、総理府の小出秀夫（統計センター）というメンバーが集まった。大蔵省の新居健氏も兼官でこの時、顔を見せたが、予算に関することは連絡して欲しい、といって総理府庁舎には殆ど来なかった。

私達は、内閣審議室の分室の格付けの「インドシナ難民対策連絡調整会議事務局員」になった。

内閣審議官として内閣官房入りといっても、あまり気後れはなかった。私は、すでに昭和四〇年から四二年まで、内閣審議室（総理府審議室兼務）に係長クラスの事務官として出向、「明治一〇〇年記念事業」「祝日としての建国記念の日の制定」「体力つくり運動」「小さな親切運動」などの仕事の末端を担当していたからである。

「明治一〇〇年記念事業」の事務局長は、当時、長く賞勲局長であられた岩倉規夫さん（一九一三―一九八九）が兼任された。岩倉さんは、岩倉具視とは関係がないが、加賀藩士の末裔とのことであった。私は親しくさせて頂き、可愛がられた。

岩倉さんは書誌学者で、また中江兆民の長男、中江丑吉の研究をされていると仰った。

昭和五四年、国立公文書館館長に就任されていた岩倉さんに挨拶に伺うと、「内閣審議官は人数が少ないから値打ちがある、偉くなったね」と冷やかされ、励まされた。

昭和四八年頃、私は岩倉さんの御世話になっている。

昭和四五年末、文化庁著作権課の課長補佐になり、私は著作権法を勉強することになり、内務官僚で著作権法を起草した水野錬太郎貴族院議員・元内相・元文相に興味をもち、遺族を探していた。昭和二四年死亡の水野錬太郎の著作権論文・著書を復刻するためである。

岩倉さんに伺うと、町村金吾衆院議員（最近亡くなられた町村信孝議員の父）を紹介して下さった。

町村金吾さんは内務省の人事課長をされ、当時、内務省の主なＯＢの情報をご存じとのことだった。

議員会館の議員控え室で、町村さんはにこやかに、水野錬太郎次男の水野政直氏（元・共同通信部長）の住所を書いたメモを下さった。おかげで水野錬太郎講述「著作権法」などを刊行できた。

岩倉規夫さんからは、御著書「読書清興」（汲古書院・一九八二年）を頂いた。この本だけは、まだ私の手元にある。

●第二章　インドシナ難民流出――その背景

一九六四年（昭和三九年）八月二日、米国務省は、北ベトナムが米駆逐艦を攻撃したと発表、米軍は同月四日、北ベトナム海軍基地を爆撃した。同月七日、米議会は大統領に戦争遂行権限を付与し、米国はベトナムへ軍事介入を始めた。

八月一一日、池田勇人内閣は、南ベトナムへ緊急援助を決定し、米国を支援したが、自衛隊は派遣しなかった。

同年一一月九日、佐藤栄作内閣になるが、佐藤内閣も自衛隊を派兵することはなかった。

一九六五年一月、韓国は、南ベトナムへ派兵を決定した。

日本では、一九六五年四月、鶴見俊輔、小田実、高畠通敏、吉川勇一らが「べ平連」（ベトナムに平和を！市民連合）を作った。(注1) べ兵連は、脱走米兵を匿ったりした。(注2)

「何でも見てやろう」の小田実、「思想の科学」の鶴見俊輔(注3)は、当時、一般の注目を集め、知識人に人気があった。べ平連ほど有名でないが、自民党の松田竹千代もベトナム関係の仕事をしていた。

松田竹千代衆議院議員（一八八八―一九八〇）（のち衆院議長）は、ベトナムで孤児になった児童の収容施設をつくり、そのための基金集めを提唱し、国会議員に呼び掛けて歳費の一部を拠金させ、「アジア孤児福祉財団を作った。昭和四三年のことであった。

松本重治「上海時代（上）」（中公文庫・二〇一五年改版）によると、松田竹千代氏は、政治家になる前、一九二九年一〇月末に東京で行われた「第3回太平洋会議」で、新渡戸稲造、松岡洋右、鶴見祐輔、信夫淳平、蝋山政道らとともに日本代表になっており、セツルメントをやっていた社会福祉事業家として有名な人だった。大物政治家であった。

松田氏は、戦争下の南ベトナムで、少しでも孤児を保護しようと決意し、実行に移した。

松田氏のこの事業は、アメリカや南ベトナム政府も反対できなかったに違いない。

昭和五〇年四月三〇日、北ベトナム軍・解放民族戦線軍が南のサイゴン市（のち、ホーチミン市）へ無血入城し、アメリカ軍は撤退した。グエン・カオ・キ元首相等南ベトナム政府の高官、その家族はアメリカ軍に伴われアメリカ合衆国へ渡った。

同年五月一二日、日本船は、ベトナム人ボートピープルを救助し、この人々を日本に上陸させた。この昭和

五〇年頃、日本の船舶は、行きは自動車を積み、帰りは石油を中近東から運んでいた。[注4]

日本や外国の船舶がボートピープルを救助した、との報道が頻繁になされるようになった。

昭和五二年（一九七七年）、外務省が主導し「ベトナム難民対策連絡会議」を設置した。対象は、ベトナム人のみであった。

昭和五三年（一九七八年）二月一四日、衆議院の予算委員会で、奥野誠亮議員が、インドシナ三国の難民について質問した。

奥野議員は、第二次田中角栄内閣の文部大臣（一九七二―一九七四）をされ、のち一九八〇年の鈴木善幸内閣の法務大臣、一九八七年の竹下登内閣の国土庁長官を務められる。

奥野議員は、ベトナムからアメリカに渡った人が一五万人を超えたこと、ラオスとカンボジアからタイに逃げた人が一五万人であること、ベトナムから小舟で二〇〇～三〇〇キロの沖合で、そこを通過する外国航路の船に救いを求める者、運よく救われるのは二割を切ると言われるが、三年前百数十人、二年前二百数十人、一年前八百数十人と、合計一二〇〇人を超えること、難民一五人を乗せた船が日本に寄港し、引き取り国が決まらず、一三人は上陸を許されなかったことなどを述べられたのち、次のように質問した。

「引き取り国が決まっている難民についてのみ」一時上陸を許し、そうでない難民は一時上陸を許さなかったが、「現在は、その難民の引き取り国が決まってなくても上陸が許されるようになったかどうか、難民関係閣僚協議会を設けられましてから、その後に方針の変更があったかどうか」という質問をした（この質問に対する答弁は本書二〇五頁）。

昭和五四年（一九七九年）、六月二八日、日本で最初のサミット、先進国首脳会議が東京で開催された。大平正芳首相、英国サッチャー首相、カナダのクラーク首相が初参加、あとはカーター米大統領、ジスカールデスタン仏大統領、シュミット西ドイツ首相、アンドレオッチ伊首相のG7である。

ここで、日本もベトナム、ラオス、カンボジア三国の難民受入れを正式に決めた。大平首相は昭和五三年一二月一日組閣するが、それまでの福田赳夫総理や大平総理へ、昭和五二年一月二〇日就任のカーター大統領が、日本へ、難民を受け入れるよう要請していたようである。

平成二年一二月発行の、本間浩「難民問題とは何か」（岩波新書・一九九〇年）は、「アメリカ政府からのつよい要請」があった、「アメリカ政府は、東南アジア諸国が、インドシナ難民の大量の流入と滞留のために経済的、政治的に不安定な状態になり、そのことによって共産主義活動の温床が生まれて、共産主義勢力がそこまで浸透することを懸念して、日本をはじめとする西側諸国がインドシナ難民をできるだけ多く受け入れることをつよく求めたのである」（三二頁）といわれる。

平成二三年六月八日発行の古森義久「アメリカはなぜ日本を助けるのか――体験的日米同盟考」（産経新聞出版一八二頁以下）によれば、カーター大統領は、サミットでは石油危機など、エネルギー問題とインドシナ難民問題が議題であり、日本もインドシナ難民を受け入れてほしい、と古森義久毎日新聞特派員ら六人の日本人記者に述べている。その時点でアメリカ二四万人、フランス八万人、カナダ二万人、西ドイツ四〇〇〇人、イギリス二〇〇〇人、イタリア三〇〇〇人と、それぞれ自国へのベトナム難民（インドシナ難民）の定住を認めていた。カーター大統領は「日本の受け入れはわずか三人だけです。私は日本がもっと貢献できることを確信しています」と熱を込めて述べたという。

●第三章　国内受入れ体制

政府は、当初、総理府に、「難民対策課」または「難民対策室」といった事務局を置く予定であったと思われる。

しかし、総理府総務長官が部下から突き上げられ、総理府に「難民対策室」、「難民対策課」という室や課を置くことを断ったらしい、という噂を聞いた。

昭和四〇年、総理府審議室に出向の折親しくなった神田太郎あるいは乾真雄氏から（だったと思うが）、そんな話を聞いて、そうだろうな、と思った。

総理府は、各省に跨がる業務を担当する事務室を多く抱えていた。青少年対策本部、北方対策本部、交通安全対策室、老人対策室、同和対策室…と、たしかに多かった。その話を聞いて、尤もだなと思ったものである。うまみのない仕事にはどの省も権限争いはしない。譲り合う。難民を受け入れる業務はこれに当たる。

そこで、翁内閣官房副長官は、各省が難民事業を切り分けて、それぞれの省庁が、自省の業務範囲の仕事、あるいは近接した仕事をする、内閣が連絡調整する、その事務局を内閣に置く、という形態にすることを思いついた。

またそれは、その省庁の業務範囲に含まれなくても、他の省庁が（難民対策）事業を行っても、どの省庁も文句はいわない、ということも意味した。

各省が一体となってこの事業を行うため、内閣に、関係する大臣をメンバーとする「インドシナ難民対策連絡調整会議」をおき、その下に事務局を置くのである。

この前に、「ベトナム難民対策連絡会議」が設けられ、一九七七年、総理府に「ベトナム難民対策室」が設置され、法務省入国管理局の黒木忠正氏が一人、配属されていた。

「インドシナ難民対策連絡調整会議」は、その後身でもある。

当時の総理府は、一九七七年「ベトナム難民対策室」を置くことは認めたが、一九七九年、これをそのまま、あるいは拡大して総理府に置くことを認めなかった、と私は解釈した。

厚生省出身の翁官房副長官は、大平総理や田中六助官房長官から、受入事業の事務局作りを命ぜられて、内閣に「インドシナ難民対策連絡調整会議」を置き、その事務局として、実質的には「ベトナム難民対策室」に当たる部局を置いたのである。

中心となる事務局長は、外務省が出すことになった。内政については不得意な外務省が前面に出ることになった。これは、大半の予算を外務省が負担することでもあった。

外務省からの初代は村角泰氏(注5)で、二代目は色摩力夫氏(注6)である。

色摩氏とは、のちのちまで交遊が続く。色摩氏は、南米のチリ大使などを務めた後、浜松の常葉大学教授に就任され、著書論文多数の大変な学者である。「軍隊と警察の区別」、「アメリゴ・デスプッチ」、「フランコ将軍」など関心領域は広い。のちに私が久留米大学の教員になってから、市民講座の講師として「オルテガ」などを講じて頂いた。夫人が佐賀県多久市のご出身のため、九州へ喜んでおいで下さった。

ナンバー2は、法務省の入国管理局からの黒木忠正氏(注7)で、ボートピープル救助の事例が増えたため、一年前から内閣に出向していた。難民問題の一番の専門家である。

黒木氏にも久留米大学福岡サテライトの講師をお願いしたことがある。

法務省の二代目は桔梗博至氏(注8)である。村角、黒木両氏は、昭和五五年度を終えると本省に戻られたが、私は、五六年度、三年目にもここにいたため、色摩氏、桔梗氏とも知り合えた。

ナンバー3が私。難民を日本社会に受け入れる、そのためには、日本語教育が必要だ。そこで、文部省からも人を出せ、と内閣にいわれ、文部省の鈴木勲官房長、古村澄一総務課長は課長級の人を出し、難民のために日本語教育を担当すると内閣に伝えた。そして私が選ばれたのだった。

厚生省と労働省が課長級の人を、何故出さなかったのか、今も私の疑問である。

私の「職名」は、「インドシナ難民対策連絡調整会議事務局員である。

事務局員では格好が付かないので、「内閣審議官」という「身分」の肩書きを名刺に刷り込んだ。

総理府の五階に事務局を置くことになり、田中六助官房長官が墨書の看板を掛け、挨拶された。北九州小倉出身の私は、同じ福岡県田川の田中六助さんが池田勇人番の日経記者であったこと、宏池会で、前尾繁三郎でなく大平正芳を擁立した論功もあり、官房長官になったことをのちに知った。

看板を掲げ、挨拶をされたとき、田中六助さんが、「インドシナ」というところを「インドネシア」と間違えて言われたことを思い出す。

政務の内閣官房副長官は加藤紘一衆院議員であったが、私は殆ど会っていない。

翁内閣官房副長官は温和な立派な方で、ときどき、我々の部屋を覗いて、声をかけてくださった。

●第四章　アジア福祉教育財団へ事業を委託する

われわれ「インドシナ難民対策連絡調整会議」事務局員が、難民の受け入れ事業を直接行うわけではない。団体、法人を新規に設立して、そこに委託するのが望ましいが、それは時間的に困難である。翁内閣官房副長官の知恵であると思うが、（財）アジア孤児福祉財団を改組し、ここに難民事業本部を新たに設置し（付加して）、この実施部隊に各省から委託費を支出する仕組みになった。（注９）

外務省が難民事業本部の人件費などを、文部省が日本語教育の教員の人件費を、厚生省、労働省がそれぞれ関係する費用を負担した。

難民事業本部は定住促進センターを設置し、そこで難民に住まわせ、そこで日本語教育を施し、職業訓練、職業紹介を行い、日本社会に送り出すのである。

（財）アジア孤児福祉財団とは、大阪出身の松田竹千代代議士が中心となって作った団体で、ベトナム戦争当時、ベトナムで孤児となった子供達のためのベトナムの施設へ、援助金を集めて拠出する団体である。調べると次のようであった。

松田竹千代氏は、昭和三年の総選挙にて、民政党から衆議院議員に当選。戦争を挟んで一二回当選、第二次鳩山一郎内閣で郵政大臣、第二次岸信介内閣で文部大臣、昭和四三年七月一六日から四四年一二月二日まで衆議院議長であった。昭和四七年、総選挙に落選し、政界を引退した。

昭和四〇年、松田竹千代氏は、南ベトナムを訪問、戦争による孤児、母子の悲惨な状況を目にして、帰国後、その実情を述べ、日本からの援助の必要性を自由民主党両院議員総会で訴えた。

昭和四二年、衆議院の決算委員会で、社会党の華山親義議員（注10）が、ベトナム難民救済のため、ベトナム協会なる法人に補助金を支出するのは憲法八九条違反でないか、と質問している。

内閣法制局次長吉国二郎政府委員は、「本件は、ベトナム共和国政府の要請に基づきまして、日本国政府が、外交上の見地から、難民救済のために」「ベトナム協会を、いわばその手足として使い」、「ベトナム共和国政府に対して難民救済のための物資を供給するという事業を行った」、「その難民救済のために必要な物資を購入」「梱包し、運送するということは、すべて日本政府の責任で行った」、「憲法八九条の問題は生じない」と、答弁した。

また、「補助金」としているが実際には「委託金」であり、外務省にその事務的な能力がないことから、六〇〇〇万円について、事務の処理をベトナム協会を選定し委託したが、憲法八九条には違反しないと回答した（五五回、昭和四二／六／一七、衆・決算・一八号一頁）。

このベトナム協会は、外務省の外郭団体だった。

松田竹千代は、自発的に、政府とは距離をおいて団体を作ろうとした。

昭和四三年三月二二日の自由民主党総務会において、ベトナムの孤児・母子のために、昭和四三年一〇月から、毎月一〇〇〇円ずつ六〇カ月にわたって、各自の歳費から拠出することを決定した。この拠出金総額一五〇〇万円を基金として、第二次佐藤栄作内閣、愛知揆一外相当時、「財団法人ヴェトナム孤児福祉教育財団」が設立された。昭和四四年一二月一二日許可、事務局は東京都千代田区一番町三―三日生ビルに置かれた。

当初の役員は、松田竹千代、茅誠司、永野重雄、井出一太郎、葛西嘉資、新国康彦、今里広記、桜内義雄、根本龍太郎、奥野誠亮、鈴木善幸、橋本登美三郎、小沢辰男、高木武三郎、藤尾正行、川島正二郎、坪川信三である。

ヴェトナム孤児福祉教育財団は、一九七〇年、奥野誠亮議員、桜内義雄議員をベトナムに派遣し、一〇億円の基金が必要であるとし、奥野誠亮議員等は財界、各種団体に呼び掛け、一〇億円を集めた。

ビエンホア郊外に孤児を対象に、農業、機械、電気、土木の全寮制職業訓練校を建設、一学年一〇〇名、総員四〇〇名の施設を作った。

昭和四六年（一九七一年）、ベトナムに限らず、アジアの国の孤児についても救済ができるように、団体の名称を「アジア孤児福祉教育財団」と改称し、事務局は千代田区一番町六－四、六番町マンションに移転した。

昭和四八年九月、一〇〇名の新入生を受け入れた際の式典には、チャン・チエン・キエム南ベトナム首相、松田竹千代夫妻が臨席した。

昭和五〇年四月二八日、北ベトナムの猛攻により、訓練所の生徒はビエンホアからサイゴンに引き揚げた。

同年四月三〇日、南ベトナムは、北ベトナムに無条件降伏した。

昭和五一年五月、松田竹千代理事長は、辞意を表明し、後任には、満場一致で、奥野誠亮氏に決まった。

●第五章　難民事業本部

こうして、奥野誠亮元文相が理事長である「アジア孤児福祉教育財団」は、その名称を変更し、「アジア福祉教育財団」となり、そこに「難民事業本部」を付加することになった。

昭和五四年七月一九日、私は、日本赤十字社社会部長片岡経一氏、村山弥志磨ベトナム難民対策室長・社会福祉施設担当参事と名刺を交換している。日本赤十字社は、すでにベトナム難民対策室を設置していた。

社会福祉法人日本国際社会事業団常務理事伊東よね氏にお目にかかっている。

この団体から、アジア福祉教育財団難民事業本部へ、松本基子氏（のち大和定住促進センター長）が参加した。

同年七月二六日、アジア孤児福祉財団の藤川芳正理事、そして牧園満事務局長に会っている。

このあと、奥野誠亮先生にお目にかかるが、何時だったか記憶にない。先生は、田中角栄内閣で文部大臣を一九七二年一二月二二日から一九七四年一一月一一日まで務められたが、文化庁著作権課の課長補佐として、ハンコを貰いに大臣室に伺ったことが一度か二度ある程度の面識であった。

「難民事業本部」に人員を置くこと、その建物を探すことが最初の仕事だった。

昭和五四年八月三日付け朝日新聞に、「難民受け入れ財団方式、月内に発足」と報じられた。この記事は、大きい広告となった。

アジア孤児福祉財団の寄付行為を変更し、名前を「アジア福祉教育財団」に変更した。

私は、辻宏二氏と一緒に内閣法制局を訪問し、政府からアジア福祉教育財団へ委託費を支出することに憲法八九条等の関係で問題はないか、などを問い合わせ、「勿論、差し支えなし」との返答を得た。また、カトリックの土地を借用し、バラックを建てることも問題なしとの回答を得た。担当参事官は、のち最高裁判事になられた大出峻郎さんだった。大出さんには文部省の頃、何度かお目にかかっていた。八九条については、後述する。

アジア孤児福祉財団は、当時、千代田区六番町の六番町マンションにあった。ここは狭く、難民事業本部と同居できず、われわれは難民事業本部の事務室を探すことになった。

森ビルやランディックという会社などを訪問し、その紹介で、新橋、東京タワーの下などを見て廻った。村角さんも総理府に近い所ということで、赤坂二丁目一〇−九ランディック第二赤坂ビルの四階に決めた。外務省には、賛成されたが、外務省難民対策室の田口省吾氏も「ここがいい」と大賛成されたことを思い出す。外務省には、難民対策室がこれより先にできており、今川幸雄氏が、一九七九年から一九八二年まで難民対策室長であった。今川氏は、のちカンボジア大使、関東学園大学教授に就かれる。田口氏は、宮内庁から外務省への出向者であったと後に知った。日本経済新聞の文化欄にガーター勲章についてエッセイを書かれ、著書『ヨーロッパの王室』を出版され、若くして亡くなられたという。

●第六章　難民事業本部の人員構成

この難民事業本部に、各省から人員を派遣することになった。

この事業は外務省が中心となり、予算は、外務省から難民事業本部の人件費を含む大部分の額を負担した。文部省は、日本語教育関係である。労働省は、職業斡旋の関係である。

難民事業本部の本部長は労働省の小守虎雄氏に、庶務課長には法務省の岩本晃氏、職業紹介を担当する業務課長には労働省から道宗繁氏、日本語教育を担当する調査課長には、文部省から鷲塚壽氏が就任した。

調査課長の人事は、私が文部省の国際学術局長篠澤公平さんに会い、相談し、当時、三重県の鈴鹿高専庶務課長だった鷲塚壽氏に決めた。鷲塚氏が文化庁国語課に在籍していたこと、会計課の経験があり、どういう予算を要求すればいいか、予算に明るいことなどから調査課長にお願いしたもので、適任だった。

この原稿を書いている平成二八年には、考えられないことだが、昭和五四年当時、この難民事業本部へ、都市銀行からの出向者を受け入れたことである。当時も今も、公務員は簡単に増員できない。翁官房副長官か村角泰連絡調整会議事務局長が直接、都市銀行に依頼されたのであろうか。

今も、ときどき会う呑み仲間の高橋正弌氏は東海銀行から、森田治郎氏は富士銀行、増田孝行氏は第一勧業銀行からであった。ちなみに、最近飲む場所は、カンボジア難民出身者の経営する代々木駅近くの「アンコールワット」か、霞ヶ関・内幸町のベトナム料理店「イエロー・バンブー」である。

ラオスへ派遣された経験のある青年海外協力隊の出身の開原紘氏も難民救援事業の適任者であった。私立大学事務局に勤務されていた下平和雄氏、社会福祉法人日本国際事業団（I・S・S）から松本基子氏（のち皇學館大学社会福祉学部教授）、森永兼一氏（二〇一六年現在、難民事業本部に勤務されている）、寺本信生氏（二〇一六年現在、現役で勤務されている）が、難民事業本部に馳せ参じた。

姫路定住促進センター所長には、元姫路公共職業安定所長の藤本高男氏を迎え入れた。地元企業に顔が広く、定住促進センターの卒業生をスムースに斡旋できた。難民事業本部の職員の話によれば兄貴肌で、面倒見がよい人柄であった。所長退職後も難民相談員として、難民の支援に尽力された。

農林省外郭団体から、世界食糧機構（FAO）勤務を経験された内藤健三氏の参加は有難かった。国際人である内藤さんが、初代の大和定住促進センターの所長を務められ、外国人達にも評判がよかった（内藤氏は平成二七年四月三〇日逝去された。ご子息は文部科学省に入省され、現在、千葉県教育長）。

銀行出身の人を含め、難民事業本部の職員は優秀であった、とのち、鷲塚氏と話したものである。

●第七章　「定住促進センター」の設置――宗教団体の世話になる

インドシナ難民を収容し、日本語教育を実施し、就職斡旋を行う場所を設置すること、国内に遊休施設がないか探すことが、最重要の課題であった。

七月には、大蔵省理財局国有財産総括課長、通商産業省総務課長、運輸省海運局外航課長、海運渉外官、農林水産省経済局国際部国際協力権課長補佐、労働省職業訓練局海外技術協力室長、自治大臣官房企画官、文部省総務課長などに会っている。

大学時代の同じクラスだった男が東京電力にいることを思い出し、東京電力にも行った。

原子力業務部副部長の名刺が残っている。のちに、和歌山県白浜の奥の土地を見に行ったことがある。

先に述べたように、難民を収容する定住促進センターをどこに作るか、各省庁にお願いした。さらに、各都道府県にもお願いした。

どの省庁も、どの県も、遊休施設はなかった。私の能力不足といったらそれまでであるが、当時の建設省などが本気になれば違ったであろう。外務省、法務省、文部省出身の内閣審議官では、簡単に、定住センターを決めることが出来なかった。

カリタス・ジャパン（カトリック教会の福祉団体）が「進んで提供する」と申し出られて、その言葉に甘えることになった。

結局、定住促進センターは、関東に一カ所、関西に一カ所置くことになり、神奈川県の大和市、兵庫県の姫路市に決まった。

姫路定住促進センターは、仁豊野という姫路市の郊外にあり、もう少し奥に行けば柳田国男、松岡映丘の生家がある福崎町がある。仁豊野には和辻哲郎の生家があった。

カトリック教会の横に姫路聖マリア病院があり、病院の隣の敷地にはベトナム難民一時滞在施設の「姫路淳心会」（施設長ハリー・クワドブリット神父）があった。

難民の子供は、すぐ近くの砥堀小学校に通った。

最近、ベトナム難民の有志によって、センター跡地に「感謝碑」が建てられた（「愛」三九号四一頁）。

姫路も大和市もカトリック教会カリタス・ジャパンの土地である。

定住促進センターでは、三カ月の日本語教育を行い、就職斡旋をするのである。一時滞在施設がいつも必要であった。日本に到着し、すぐ、この二つのいずれかに入所できる者は幸せである。一時滞在施設としては、立正佼成会の千葉県天津小湊町でも難民を引き受けて下さった。何度か、小湊へ行った。

関東ではカトリック教会の松村菅和神父、関西・姫路ではハリー・クワドブリット神父、立正佼成会では宮坂光次朗国際課長、鈴木耕太郎氏、千葉県の小湊教会の青木健蔵教会長にお世話になった。宮坂さんとはいまだに年賀状のやりとりが続いている。

カトリック教会が協力してくださることになり、村角局長、黒木審議官以下、われわれは、本当に喜んだ。松村菅和神父、クワドブリット神父のお蔭である。

私は、二〇一〇年、常勤の仕事がなくなり、東京に戻ったのを機会に、松村菅和神父には、一度お目にかかりたいと思った。関係者に伺うと、二〇〇四年三月八日、八二歳でお亡くなりになっておられた。改めて御礼を申し上げ、ご冥福を祈りたい。

大和市の場合、付近の住民に説明会を行い、市民、市会議員を説得する仕事があった。

黒木審議官は、承認を得るまで連日、大和市へ通った。住民集会が何度も開かれ、私も一度、出席参加した。住民は、難民が乱暴をするのでないか、町が物騒になるのでないか、こういう質問に、黒木さんは、ボートピープルの難民は体力が衰えている者が多く、そんなことはない、ベトナム、カンボジア、ラオスの難民の人々は温和であることを、丁寧に説明された。黒木さんの説明に納得した遠藤直・市会議員（のち市議会議長）は、付近の住民を説得する側に廻った。遠藤さんと黒木さんは、いまだに年賀状のやりとりが続いているという。

大和市南林間には、もともとアメリカ兵と日本人女性との間に生まれた孤児を受け入れたカトリック系施設の分室があったと後に知った。

また、定住センターではなかったが、約二〇人のベトナム難民を立正佼成会の千葉県天津小湊で引き受けてくださった。宮坂さん、天津小湊の青木さんのお骨折りで、有難かった。高橋典史氏による論文がある。(注11)

国家と宗教団体との付き合いは難しい。

憲法二〇条三項は、「国及びその機関は、宗教教育その他いかなる宗教的活動もしてはならない」と規定し、八九条は「公金その他の公の財産は、宗教上の組織若しくは団体の使用維持のため、又は公の支配に属しない慈善、教育若しくは博愛の事業に対し、これを支出し、又はその利用に供してはならない」。

津地鎮祭事件の最高裁判決（昭和五二年七月一三日判決民集三一巻四号五三三頁）によって、一応の基準が定まっている。

少なくとも、絶対的に分離ということは不可能で、難民を救済する、難民にとりあえずの住居を与える、ということについて、政府、地方公共団体も即時に対応できなかった。

このとき、カトリック教会、立正佼成会などが土地を提供して下さった。内閣法制局の見解で、政府が宗教団体の土地を借用することについて、憲法違反でない、とされた。しかし、政教分離の絶対的分離説にたてば、憲法違反といわれるであろう。

約三三年振りに、村角さん、黒木さんと会合を持ったおり、松村神父、クワドブリット神父の名前がでて、改めて私達は、カトリック教会と立正佼成会に感謝したのだった。

奥野誠亮先生は、一九八〇年（昭和五五年）七月七日成立の鈴木善幸内閣で法務大臣として入閣された。法務省には入国管理局があり、難民事業本部、われわれ内閣の難民事務局員は、「これは仕事がしやすくなる」といった気分になった。

法務大臣になられて三カ月、一九八〇年（昭和五五年）一〇月三〇日、参議院法務委員会において、自民党の戸塚進也氏が「靖国神社国家護持法案を早く提出したい。靖国神社に参拝した閣僚の一人として、法相はどう思うか」と質問した。奥野法相は、「憲法上の宗教的活動（の内容）について、制定当時、十分議論されたかどうか疑問を持ち続けている。私が靖国に参拝するのは、国のために犠牲となった人への感謝の気持ち（の表明）であり、（一般の宗教的活動のように）特定の教義に共鳴してその活動に参加しているわけはでない」と答え、「参拝は必ずしも宗教的活動には当たらない」「私が八月に参拝したのは『私人（の資格）』で参拝した『私人』といわねば、問題になる。早くなんとかしてもらいたい」と強調した（読売一九八〇年一〇月三一日）。

同年一一月五日、衆議院法務委員会で、稲葉誠一議員（社会党）が、靖国神社への公式参拝をどう思うかについて、奥野法相は、「政府は、靖国神社への公式参拝は、憲法二〇条三項で疑義がある、と思っている。私は、憲法二〇条三項は靖国神社の公式参拝まで禁止していないのでないか、と思っている」「1 憲法二〇条はマッカーサー草案のままで変わっていない。2 憲法制定当時、靖国神社への公式参拝ができるかどうか、議論されていない」「『宗教的活動』がもう少し広い意味を持っていれば、今日のような混乱は起きなかったと思う」と答弁した。

宮沢喜一官房長官は、「奥野発言は個人的見解」と語り、奥野法相は憲法論を述べたのでなく靖国神社論を述べたのではないか、と語った（一九八〇年一一月六日各紙）。

奥野法相は、一九八一年一一月三〇日まで法務大臣を務められ、後任に坂田道太議員が就任した。

鈴木善幸内閣が一九八二年一一月二七日に終わると、中曽根康弘内閣が一九八二年一一月二七日から一九八七年年一一月六日まで約五年続く。

このあと、一九八七年一一月六日、竹下登内閣に、奥野誠亮議員は国土庁長官として入閣する。

●第八章　内閣法制局との協議

前に述べたが、アジア福祉教育財団難民事業本部へ、外務省から委託費、文部省から日本語教師への謝金等国費が支出されること等について、内閣法制局大出峻郎参事官（のち最高裁判事）を訪問し、了承を得た。

そこで次のような議論があった。

（1）インドシナ難民救済事業は、国の事務か。

これについて、インドシナ難民問題は、発生した初期の段階は民間の慈善団体の自主的な活動に委ねられたが、難民の数が増加し、国際政治に及ぼす影響が大きくなり、政府として、人道に関する国際協力の一環として、積極的に取り組む必要に迫られてきた。

昭和五二年九月二〇日付け閣議了解に基づき、政府の方針を決め、この時点で、インドシナ難民救済事業を国の事務と認識し、特に昭和五四年四月三日及び同年七月一三日の閣議了解で、インドシナ難民救済事業を国の事務として推進することが了解された。

（2）インドシナ難民救済のため、国が財団法人に事務を委託し、これに必要な委託費を支出することは、憲法八九条後段との関係で問題がないか。

憲法八九条後段は、国・地方公共団体が、公の支配に属しない慈善事業、博愛事業等を財政的に「援助」することを禁止する規定であるが、公の支配に属しない慈善団体等が、国や地方公共団体の事務を、その個別の委託に基づいて行い、これに伴う実費を受けることは差し支えない。

（3）インドシナ難民救済のため、国が宗教団体に対し、委託金を支出することは問題ないか。難民救済事業は、「慈善又は博愛」の事業と考えられる。八九条前段は、信教の自由と宗教団体に特権を与えることを禁止している。憲法二〇条の趣旨を財政面から規定した。宗教団体を特別に援助することにならないような、公金その他の公の財産の支出であれば、差し支えない。
（4）難民救済事業をある団体に委託し、そこから更に他の団体に再委託することは問題ないか。
難民事業は多岐にわたる。しかし、始めから格別の団体に委託するのも現実的でない。国は、事業を中核的な団体に委託し、当該団体を通じてさらに再委託すること、再委託先は過去に実績のある団体にすることは、許したい。ただし、再委託はあくまで、難民救済事業を効率的に運営するための措置で、事業委託に際し、当初より再委託を認めることを明確にしている場合、予算執行上、会計法上問題はないと考える。

●第九章　日本語教育──吉田彌壽夫教授、西尾珪子さん

鷲塚壽調査課長とともに、文化庁国語課長室屋晃氏、上岡国威課長補佐、専門職員、そして国立国語研究所日本語教育センター日本語教育研修室長水谷修氏、野元菊雄国立国語研究所長にお目にかかった。水谷修氏は、名古屋大学教授、国立国語研究所長、名古屋外国語大学長を歴任されたが、二〇一四年一二月、八一歳で亡くなられた。

水谷修氏が座長格で、国語課主催の協議会が開かれ、日本語教育は三カ月、関西における日本語教育は吉田彌壽夫教授にお委せするのがいいと、推薦されたように思う。

大和の定住センターでは、西尾珪子さんの国際日本語普及協会にお願いすることになった。

東京で、ビジネスマン、学者、外交官およびその夫人、家族などに、正確で高度な日本語を教えることを目的とした「社団法人 国際日本語普及協会」が、その数年前に文化庁国語課の認可を得て活動しており、専務理事西尾珪子さんから、難民の日本語教育を担当してもよいという御返事を頂いていた。私が、文化庁の庶務課課長補佐か著作権調査官の頃、石田正一郎国語課長、森正直課長補佐の時、国際日本語普及協会が認可された。

昭和五四年八月二日、打ち合わせで、国際日本語普及協会の宮崎茂子理事（注12）にお目にかかっている。

新聞で、難民事業本部設置や日本語教育のことが報ぜられ、事務職員の応募など照会があったが、日本語教育について、国際日本語普及協会以外の学校・団体から問合せ、立候補はなかった。最近、政府は団体へ、難民事業についての委託や、日本語教育についても「競争入札」をしているという。

昭和五四年一〇月三〇日、大阪へ出張する。文化庁国語課課長補佐の上岡国威氏とともに大阪外国語大学留学生別科主任の吉田彌壽夫教授（一九二七―二〇〇五）に会う。

姫路で行う日本語教育の統轄をお願いする。

姫路の定住センターの教師団で、リーダーであられた北尾典子氏は、次の文章を残している。

「インドシナ難民の定住を促進するための施設では、健康管理や就職の斡旋などと共に日本語教育が事業の重要な目的であった。日本語教育の専門家による文部省の協議会は、教育の期間、目標、内容などについて検討し、三カ月の期間で、生活上最低限必要な日本語を聞き、話し、読み、書く能力を養う日本語そのものの教育と、日本社会の生活習慣・社会慣習の基礎的な知識を養う教育を行うことを決定した」[注13]。

関西には、米国やヨーロッパ、東南アジアに派遣され戻ってきた商社マンの夫人が大勢住んでいた。この夫人方は、外国で日本語を教えた方もいたし、今度、機会があれば日本語を教えよう、そのためには、日本語の教育法を学びたい、と吉田教授のカルチャーセンターで学んでいた。吉田教授は、北尾典子さんら教師団を編成し、姫路センターの建築完成と同時に、昭和五四年一二月一一日に日本語教育の開校式を行った[注14]。

大和市の大和定住促進センターが開所したのは、翌昭和五五年（一九八〇年）二月二九日である。

吉田教授は、日本語教育は基礎的な事柄を徹底的に教え込み、その後、実際に使うこと、応用することが必要で、大事だという持論であった。したがって、三カ月でよいという。

吉田教授は、歌人としても有名な方であると聞いた。やや皮肉屋で、ボヤキ屋の吉田教授を旧知の鷲塚課長があやしている、と感じたものである。

関西の吉田教授は遠方であったが、吉田教授と鷲塚課長は頻繁に往来した。姫路のセンターは、附近住民への了解が早く済み、一九七九年の秋に、難民の受入れができ日本語教育を開始できた。

吉田教授と西尾珪子さんという統率者に、今から考えると当方の失策だが、手当は計上していない。われわれは、吉田教授は国立の大阪外国語大学教授であること、西尾氏は国語課が認可した公益社団法人であるからと甘えていた（鷲塚氏にこのことを確認すると、時間が経過してから、お二人に難民事業本部の「参与」という肩書きを差し上げ、名目的な手当を出すようにしたという）。

吉田教授がボヤキ屋だった理由は、大阪の日本語の教師団が全員女性であり、学生相手と違い、いろいろと気苦労が絶えなかったからであろう。

吉田教授は、学問的功績もあり人望もあったことから、「日本語の地平線——吉田彌壽夫先生古稀記念論集」（一九九九年一二月二〇日・くろしお出版）が出版されている。

大和市の定住センターで、難民に日本語教育をお願いしたのは、社団法人国際日本語普及協会である。学習院大学の国語学者大野晋教授門下の西尾珪子氏は、作曲家團伊玖磨氏の妹さんであり、團琢磨の孫にあたる。團伊玖磨氏には、私が文化庁庶務課課長補佐の頃、文化庁が設置したいくつかの委員会の委員をお願いしており、團伊玖磨事務所に何度か書類を届けたものである。黒飛さんというお名前の秘書がおられ、珍しいお名前なので記憶している。

北九州市小倉北区出身の私は、小倉二中、小倉高校時代、伊玖磨氏、珪子氏の父上、團伊能氏（團琢磨の長男、東大の美学の助教授を経て、九州朝日放送会長）が一九四七年及び一九五〇年の福岡全県一区の参議院選挙に出馬され当選されたことを覚えていた。選挙カーが「團伊能」「團伊能」と連呼し、走っていた情景を思い出した。西尾氏にこのことを申し上げると、その選挙カーに乗られたこともあるという。西尾氏は、国際文化会館の松本重治さんの秘書をされていたと伺っている。

昭和五五年二月一日、西尾珪子氏、宮崎茂子氏、坂本きく枝氏、工藤宮子氏（当時の名刺。のち岩見姓）と、大和定住促進センター開学を前に、鷲塚課長、私は何度か会合を持った。

西尾さんは、後述するように、三カ月で習得させることができるという論文を雑誌「国際交流」二八号に書かれた。

野元菊雄国立国語研究所長は、「簡約日本語」を唱えておられ、読売新聞一九八二年（昭和五七年）五月一四日夕刊に「外国人に学びやすく――簡約日本語――単語は二千語、文法をしぼりこむ」というエッセイを掲載されている。

野元菊雄所長は、難民事業本部発行の「ＩＲ月報」三六号（一九八四年九月五日）に、「今ここで個人的に言わせて貰うならば、もう少し学習時間を長くしておけばどうだったかと考えないわけではない。学習者の回転の問題、予算の問題等総合的に考察して三カ月の期間が決められたものであるが、個人差にもよるものであるから、これが六カ月だったら格段に日本語が向上するということでもない。しかし、私は、学習時間が長い方が良いということを否定するものではない」（鷲塚課長の後任の笹沼忠課長のインタビュー）。

この文章から見ると、野元所長が「三カ月」を決定したようである。また、悩まれていたようである。

われわれ連絡調整会議事務局からすれば、長ければいいとしても、難民滞在費の負担増となる。回転率がはやいほどよい。

私が、野元所長、あるいは水谷修座長に、「三カ月でお願いします」とか、「何カ月でもいいから決めて下さい」「できるだけ短く」という注文を付けた記憶は一切ない。

こうして、国語課の中の協議会、それも国立国語研究所の主導で、日本語教育三カ月が決まったように思う。一年ほど経過して、四カ月になったと思う。

なお、朝九時頃から、昼の休憩時間をとり、午後三時か四時に終わったと思う。

日本語自体とともに、日本文化、日本の生活指導ということを教えることが必要である、という意見が教師や事務局からもでていた。そういう含みもあり、四カ月になったと理解している。当時、黒木審議官から私に、日本語とともに日本文化、生活指導を教える、このことを文部省は明記してはとの提案をうけ、文部省国語課、国際文化課へ打診したが、「日本語教育」のみは責任をもつが、日本文化、生活指導といったことまで責任は負えないといった理由で、拒絶されたことを思い出す。実際には、二つのセンターでそれぞれ、日本文化、生活指導が行われていた。（注15）

こんなことがあった。商社マン夫人達は、京都、奈良、大阪に住んでいた。その自宅から姫路まで、電車で往復する。アジア福祉教育財団の鷲塚課長は、通常の、すなわち鈍行の運賃で計算している。ところが、皆さんは、京都から、新大阪から、新幹線の「こだま」を利用し姫路駅に降り、バスで砥堀に行く。そこで鷲塚課長と私は、予算を計上している文部省、大蔵省と交渉し、片道は新幹線こだまの料金で支払うようにした。吉田教授は亡くなられ、関西の日本語教育のプロ集団は、その後、どうなっているだろうか。その点、西尾珪子さん（注16）、宮崎茂子さん、岩見宮子さん、安達幸子さんらの国際日本語普及協会が、現在、都内で外国人外交官、商社マン、大学生に日本語を教え、日本語教師を養成、日本語教育法を研究し、外国において「日本語」教科書を発行し、いいお仕事をされていることは嬉しい限りである。

私が当時、気になっていたのは、日本語教師への時間当たり単価のことだった。日本語は日本人は誰でもできるが、日本語教育は誰でもできるとは言えない。これを大蔵省は理解するだろうか。幸い、鷲塚氏が国語課にいて事情を知っており、大蔵省と折衝して説得でき、妥当な金額になったと思う。姫路の定住センターの所長は、労働省のOBだった。定年退職した人は、給料報酬のことはいわない。難民事業本部職員もいろいろな経歴の人がいる。一般職員とのバランスを考慮すべきかということである。

のち、私が文化庁に戻ってからであるが、姫路定住促進センター（一九七九年一二月）、大和定住促進センター（一九八〇年二月）につづいて、一九八二年二月、長崎県の大村に大村難民一時レセプションセンター、一九八三年四月、品川に国際救援センターを開所する。

外務省が大半の予算を計上した。（注17）

外務省の新任担当官が、「品川の救援センターの日本語教育はボランティアに一時間二四〇〇円支払う」という発言をし、すでに日本語教育について、プロ集団である国際日本語普及協会に委託を決めていた関係者との間に混乱を招いたと聞いたことがある。

定住センターの事務職員、日本語教師への報酬が別々に決められる以上、差があることは仕方ない。外務省担当官は、日本語教師への報酬が高い、高すぎると思ったかも知れない。

定住難民、一時滞在難民への日本語教育を文部省の予算で負担する時は、難民事業本部の調査課長（歴代、文部省から出した）を通して支払う。もし、一時滞在の難民への日本語教育は外務省予算で支払う、というのであれば（外務省が難民事業本部の人件費など「その他」は負担した）、外務省の新任担当官が、ボランティアを募集し、低く、或いは高く支払っても自由である、ということになる。このような状況があることが、私が、難民について一元的な「外国人庁」を作れ、という理由の一つである。

●第一〇章　定住促進センターの日本語教育

西尾珪子氏は、「三カ月の日本語教育」と題して、「国際交流」二八号二八頁に、日本語教育を担当され、その行われた詳細を述べておられる。少し記してみる。

両センターの教師団は、日本語教師養成講座を出ていることを最低限の資格として、姫路が二七名ほど、大和市が三三名ほどで、何度も教師連絡会で教授法の統一を図った。

姫路のセンターは、「ジャパニーズ・フォー・ビギナーズ」を日本文字に書き直した教材を選び、大和市では、海外技術者研修調査会発行の「日本語の基礎」を使用した。日本語教育における基礎語彙は八五〇語、プラス地域的な必要に応じて一五〇語、合計一〇〇〇語とする、文字は、ひらがな、カタカナを含め、漢字は提出漢字四〇〇とした。

双方の教科書を綿密に分析すると、「ジャパニーズ・フォー・ビギナーズ」と「日本語の基礎」の中の漢字は、二七二字共通した。双方別々の文字、人名、地域的な地名漢字を含めて四〇〇の漢字を選んだ。基本文型については、双方の教科書を検討して五〇文型、その例文を出し合って、了解後に決定したという。文化庁のホームページに平成一五年度「日本語教育研究協議会　第五分科会」報告がある。

これは、西尾珪子（社団法人国際日本語普及協会理事長）、鈴木雅子（国際教育センター日本語主任講師）、内藤真知子（社団法人国際日本語普及協会）の三人が、「インドシナ難民の日本語教育から地域の日本語支援へとレールが敷かれていったこと」について語った記録である。

安達幸子氏は、大和定住センターと品川のセンターで併せて三年間教えられたのち、国際交流基金の派遣で、タイ国のチュラルコン大学とタマサート大学で学生に日本語を教えた。難民を対象とした時は、一クラスが少なかった（多くて二〇名、平均一五名程度だったことが多かったと思う――大家）が、タイの大学では、一クラス四〇名である。このこともあるが、インドシナ難民の方が学習意欲が高く、「がっちり基礎をたたきこめた」と、「我田引水」的（？）感想を一九八四年九月五日発行の難民事業本部部内報「ＩＲ月報」三六号に寄せている。

●第一一章　戦前の日本語教育

当時、日本語を外国人――特に東アジアの人々に教えることについては、鷲塚課長が「戦前戦中の実績」がある、大丈夫です」、と私に自信満々で言われたことを思い出す。

国語課に長く在籍した鷲塚氏には、そのことは国語課の常識であったらしい。

国語課の上岡課長補佐の前任、森正直氏（国語課課長補佐を三年、国語課課長二年を経験した。のち久留米大学経済学部教授）とは、当時も今も、時々酒を飲み、雑談をする仲であるが、彼からも同じことを聞いた。

私は、昭和一三年一二月設置の興亜院（第一次近衛内閣のとき、宇垣外相の設置反対をおして内閣の外局として設置し、現地に連絡部をおいた。宇垣は外相辞任、昭和一七年九月一日発足の大東亜省へ吸収された）が、日本語教育・日本語普及に力を注いだと思う。

外務省系の国際学友会（一九七九年、文部省へ移管され、二〇〇四年、日本育英会、国際教育協会、内外教育センターなどとともに日本学生支援機構となる）が、東アジアの人々への日本語教育を研究、実施していたことを知る。(注18)

戦前、戦中の日本語教育法が、吉田彌壽夫教授、西尾珪子氏らの「日本語教育法」と全く無縁であるのか、多少の影響を与えているのか、それについては、私は無知である。

戦争中、（のち、文部大臣になる）大達茂雄は、初代昭南（シンガポール）市長だった。内務官僚、著作権法学者の小林尋次は、スマトラ・ランボン州長官であった。評論家日下公人氏の尊父は、マレー半島で裁判長をされていた（日下公人「国家の正体」kkベストセラーズ・二〇〇五年四六頁）。そのため、周辺に日本語通訳や日本語を解する現地人が必要であった。そこで興亜院という機関を作り、政府主導で日本語学校を方々に置いた。南洋諸島、フィリピン、ミャンマー、インドネシア等で、日本語教育が行われていたのである。

安田敏朗「植民地のなかの『国語学』」（三元社・一九九八年）、多仁安代「大東亜共栄圏と日本語」（勁草書房・二〇〇〇年）を入手し、書棚に飾っている。

なお、日本人は、神社の鳥居を作り、置いてきたといわれるが、日本仏教も進出していた。大澤広嗣「戦時下の日本仏教と南方地域」（法蔵館・二〇一六年）が最近発行された。

●第一二章　ラオス出身女性を姫路定住促進センターへ

日本に一時住んでいてラオスに帰国していたが、天理市の天理教本部に身を寄せていた二〇代後半～三〇代くらいのラオス人女性がいた。この人は、日本に一度、美容師になるため来日した経験が有り、天理教関係者と知り合いであったらしい。

本人と天理教本部の申し出で、姫路のセンターに入ることになった。私は一九七九年一一月二八日、天理市に行き、その女性を姫路の定住センターに連れていった。

姫路駅には、NHK姫路放送局の木下正彦記者、坂井剛ニュースカメラマンが待機していて、写真を撮られNHKで放映された。坂井さんからは、この女性が広島の日本人と結婚し、幸福な家庭を築いていると、のちに坂井さんから知らされた。

坂井さんとは、しばらく年賀状のやりとりをしていた。

総理府五階の難民事務局の部屋に、「名刺は出せません。勘弁して下さい」といって、五〇代の紳士がやって来た。商社に勤務し、ベトナムに派遣され、日本に戻った彼にはベトナム人の現地妻がいた。その女性がマレーシアの島の難民施設にいる、との連絡が入った。何とか、難民定住センターに入れてもらえないか、というのである。こういう問題は、法務省入国管理局出身の黒木審議官しか答えは出せない。黒木審議官が、「無理です」と答えたことを思い出す。将来、多妻を認めるイスラム教徒の難民を受け入れるとすれば、この場合、どう答えるべきであろうか。

●第一三章　難民の大学進学

昭和五六年、鷲塚調査課長を通じて、「インドシナ難民の中で、日本の大学に進学したいという希望者がいるらしく、今後、増えそうだ。しかし、外国で一二年の学校教育を終了したという教育課程修了証明書が受験の際、必要である。何とかしたい」、と相談を受けた。

難民の場合、学歴を裏付ける証明書を提出せよというのは無理な話である。

私は、文部省大学課の小口浩一課長補佐に会い、口頭で教育課程を経たことを申告すればよい、とするよう要望を取り次いだ。

当時の田中龍夫文部大臣は、学歴証明は口頭でよい、と昭和五六年九月、発表した。

二〇一五年、文科省のOB会で小口氏と再会し、「あの時は世話になった」と話題になった。インドシナ難民で、大学に進学した人は多い。来日時に子供で、あるいは父母が来日後、日本で生まれた子供の多くが、日本の大学に入学している。

●第一四章　ベトナム人と喧嘩し、ラオス人が家出する

昭和五六年一一月一五日、大和定住センターで、酒に酔ったベトナム人が、ベトナム人同士で喧嘩を始めた。ラオス人の少年が一人で止めようとして、そのうち、ベトナム人対ラオス人の衝突になった。大和警察署員もかけつけた。騒ぎは収まったが、ラオス人は、ベトナム人がいなくなるまで帰らない、といって、隣の空き地で抗議活動を行った。

内藤健三所長が説得、二〇人はセンターに戻ったが、四七人が何処かへ消えた。

海老名市に住むセンターのコックの家を四七人が訪ねていた。四七人全員がコック宅に入れず周辺でしゃがみ込んでいるところへ、内藤所長等が説得するという事件だった。

コックは、ラオス人に好かれていた。数人のラオス人が、一、二度訪問していた。

もともと、大和定住センターはラオス、カンボジア人、姫路定住センターはベトナム人を受入れると決めていたが、アメリカを希望していたベトナム人が日本定住に転向したり、ベトナムからのボートピープルが増え、日本定住を希望し、やむをえず大和センターに入れたのだった。

ベトナム人二二人、ラオス人六七人、カンボジア人四三人、合計一三二人がいた。ラオス人、カンボジア人が多いのに、とその時も思った。ラオス人、カンボジア人はやさしく、ベトナム人はたくましく強かった。

今後、もし外国人の受入れが行われることがあれば、生活空間は国別が望ましい。

定住センターのことでこのような新聞記事になることは、そう多くなかった。

新聞というものは、普段は殆ど報道しないが、こういうとき各紙は大きく取り上げて報じる。こういう事件はまれにしか起こらない。（のち、平成元年（一九八九年）、中国人福建省の偽装難民が品川の救援センターに

入り、先住のベトナム難民と乱闘事件が起こる。ベトナム人入居者約一五〇名が「中国人とベトナム人は一緒に住めない」など、ベトナム語と英語のプラカードを掲げて分離を要求した。石の投げ合いとなり、ベトナム人二〇〇人がセンター外に逃げ、毎日の岩本記者がベトナム人と間違われ、全身打撲の怪我をした。開原紘「出会いに感謝　転職人生物語：悩める就活生・就労者へ捧ぐ」（電子書籍キンドル版）に詳しい）。

頭が痛いのは、日本あるいは外国の船舶が、海上で難民を救助したという連絡が、何時入るか分からない、ということだった。

厚生省や日本赤十字社などに電話し、施設先をきめて、連絡、指示することであった。

日本赤十字社の片岡経一社会部長、田島弘ベトナム室長、長崎支部の山下喜八氏などの御世話になった。村角泰局長、黒木忠正審議官の顔を見ると、あのときは、大変だったと記憶が甦る。

●第一五章　東南アジアで、日本定住希望者を募る

定住センターを設置してみると、大勢のボートピープルが救助されたりして一挙に満員になるかと思えば、日本語教育を終えて就職させると、定住センターに空間的、時間的に余裕のある時期が有ることが分かった。ボートピープル救助は、偶発的である。

当時、難民受入れ枠は、五〇〇〇人であった。我々も、特に外務省も、この五〇〇〇人を国際約束と捉えていた。

昭和五四年（一九七九年）七月一三日閣議了解）は、次のように定住許可条件を緩和し、定住枠（現行五〇〇〇人について弾力的に漸次拡大を図るものとする、としていた。（注19）

（1）本邦に一時滞在しているインドシナ難民

イ、日本人の配偶者、親若しくは子又は日本人若しくは日本に適法に在留する外国人の親族で相互扶助が可能と認められるもの（養子を含む）

ロ、長期にわたり保護者となるにふさわしい善意の者であると認められる里親のある者
ハ、健康であって、生活を営むに足りると認められる職に就く者及びその配偶者、親又は子
(2) アジア諸国に一時滞在しているインドシナ難民
イ、上記 (1) に同じ。
ロ、かつて、在外日本国公館若しくは在外の日本企業等に相当期間雇用されたことのある者又は留学生、研修生等として相当期間日本に適法に在留したことのある者であって、確実な呼寄せ人があるもの又は生活を営むに足りると認められる職に就くことが見込まれるもの及びその者の配偶者、親又は子

(2) ロに基づいて、私たちは、タイ、香港、マレーシアの難民施設にいて、日本に定住してもいいという難民を受け入れることにし、内閣の難民事務局員、外務省難民対策室、アジア福祉教育財団職員は、東南アジアの施設を訪問し、難民を選抜することになった。

まず一九八〇年一月一〇日から二六日まで、東南アジア各地の難民状況を把握するため、調査団を派遣することになった。小守虎雄氏、黒木忠正氏、外務省のベトナム対策室長らであった。

概ね健康な人、日本人企業に勤めたことのある人、日本に縁故のある者を優先した。

村角局長、黒木氏と三人でいるとき、「身体の不自由な人、身障者」を入れるかどうか、議論した。アメリカ、ベトナムなどは喜ぶし、美挙ではあるが、特に優先的に入国させるということはしなかった。

また、組織というものができると、自動的に維持活動あるいは拡張活動をするものである。

現地の難民収容施設にいて、日本への定住希望者がいれば日本に迎える、という計画が実行に移された。外務省、難民事業本部の職員、内閣難民事務局の職員が手分けして、東南アジアへ出張した。持参する資料作りも一仕事であった。

第一陣は、二月二八日から三月八日までで、タイのウボン、ノンカイで、外務省難民対策室の田口省吾氏、難民事業本部の松本基子氏であった。

●第一六章　タイ国のソンクラ、ノンカイにいく

難民事業本部では、ベトナム語、カンボジア語、ラオス語、英語で、「日本に定住しませんか」というポスター、パンフレットを作成した。英語については、村角事務局長と難民事業本部のベッキーさん（外交官夫人）が、夜遅くまでその表現をチェックした。

私は、難民事業本部の開原紘氏らとタイのソンクラ、バンコク、ノンカイ、香港に行った。開原紘氏の前掲電子書籍によると、私は第五班で、一九八〇年三月二〇日から二九日までの出張であった。[注20]

三月二〇日、バンコクに一泊。二一日、ソンクラ着。

一九四一年一二月八日、大東亜戦争が始まった時、日本陸軍は現在のマレーシアのコタ・バルに上陸したと聞いたが、ソンクラはそこに近い町で、ベトナム人難民収容施設があった。日本に定住する気持ちがあるか、日本企業に勤務したことのある人はいないか、と我々は面接で聞き、難民を「発掘」したのであった。

この施設で、私達がキャンプや施設に向かい、部屋で日本定住希望者と面談する後ろ姿を日本のテレビ局（東京放送）が撮影し、同行したキャスター木元教子さんが解説した。

二三日、ソンクラを出発し、バンコク。二四日、早朝バンコクからノンカイへ。

タイの北部のノンカイという町のことは、よく覚えている。川を隔てた向こう岸がラオスで、日本の明治大正時代の風景は、おそらくこうであったろうというような、穏やかで、心落ち着く町が見えた。ラオス領には入らず、タイ領から見ただけであった。ノンカイの高級ホテルを紹介されたが、ヤモリが天井や窓を走りまわる部屋であった。

二六日、香港の収容施設に行く。

それぞれの収容施設毎に、日本に行きたいか、日本人に縁故があるか、日本企業に勤務したことあるかなどを聞いて、ア：ぜひ、日本に入国させたい、イ：入国させても構わない、ウ：それほどでもない、といった三分類をしたと思う。

帰国し、合同の報告会をし、二つの定住促進センターへ何人かを入所させたのである。

昭和五五年六月一七日、難民受入れの枠を五〇〇人から一〇〇〇人と拡大した。

各省の代表が集まる内閣の「インドシナ難民対策連絡調整連絡会議」で決定した。

「(2) アジア諸国に一時滞在しているインドシナ難民」の定住許可条件が次のように改められた。

イ：日本人の配偶者、親若しくは子又は日本人若しくは日本に適法に在留する外国人の親族で相互扶助が可能と認められるもの（養子を含む）

ロ：次のいずれかに該当する者であって、確実な呼寄せ人があるもの又は生活を営むに足りると認められる職に就くことが見込まれるもの及びその配偶者、親若しくは子又は同行するその他親族で相互扶助が可能と認められるもの

(イ) かつて、在外日本国公館又は在外の日本企業等に相当期間雇用されたことのある者
(ロ) かつて、留学生、研修生等として相当期間日本に適法に在留したことのある者
(ハ) かつて、日本人の個人的使用人として相当期間雇用されたことのある者
(ニ) かつて、日本政府若しくは日本政府機関の援助によって設立された技術研修期間等で日本人専門家から、又は青年海外協力隊員から、相当期間日本語、職業上の技術、柔道等を学んだ者
(ホ) 上記（イ）、（ハ）及び（ニ）のほか、かつて日本人と共同して、又は日本人の直接の指揮、指導の下に相当期間働いた者
(ヘ) その他、日本語の会話能力がある等、日本社会への適応力があると認められる者

（ハ）長期にわたり保護者となるにふさわしい善意の者であると認められる里親のある者

今、これを読むと、日本、日本人と何らかの「縁」があった者を、定住者として採用する基準にしている。また、（へ）の日本語の会話能力という「能力」基準もある。

なお、当時、私は雑誌「れいろう」昭和五六年二月号一二頁に、インドシナ難民の引受け数を掲載している。難民高等弁務官事務所が発表した資料と思われる。再掲する。

1 アメリカ：二五万人
2 フランス：六万五〇〇〇人
3 カナダ：五万九〇〇〇人
4 オーストラリア：三万八〇〇〇人
5 西ドイツ：一万四〇〇〇人
6 イギリス：一万人
7 香港：九〇〇〇人
8 スイス：五八〇〇人
9 ベルギー：三三〇〇人
10 オランダ：三〇〇〇人
11 ニュージーランド：二九〇〇人
12 中国：二五〇〇人
13 イタリア：二三〇〇人
14 マレーシア：二二〇〇人
15 ノルウェー：一九〇〇人
16 スウェーデン：一六〇〇人
17 デンマーク：一五〇〇人
18 アルゼンチン：一二〇〇人

そして、19日本：一〇〇〇人

当時、外務省の役人は、国連などでこの数字を示されたり、外国のいろいろな会議で外国人と話をする度、もう少し大勢引き受けたい、という気持ちになったと思う。

●第一七章　難民と生活保護

われわれは、定住促進センターを卒業し、就職した難民が会社に、あるいは土地に馴染めず、再びセンターに戻った事例を当時聞いた。それほど、多くなかったようだが。

心配は、生活保護を受ける者がでることだった。

アジア福祉教育財団難民事業本部ＯＢの高橋正弐氏から、一九九〇年頃だが、ごく少数のインドシナ難民が生活保護を受けていること、日本国籍の中国帰国子女の方が多い、という話を聞いている。

二〇一六年発行の墓田桂『難民問題』（中公新書・一六四頁）は、当初（インドシナ難民の）、「生活保護を受けている者が多かった」「一九八四年で一一・四％という調査結果がある」と記述している。

二〇一六年九月現在、厚労省が発表した数字によると、日本全国で一六三万六二〇九世帯が生活保護を受けている。

二〇一一年の生活保護受給外国人総数は四万三四七九世帯（前年四万二九世帯）、最も多いのは、韓国・朝鮮籍二万八七九六世帯（前年二万七〇三五世帯）、二位フィリピン四九〇二世帯（前年四二三四世帯）、三位中国四四四三世帯（前年四〇一八世帯）、四位ベトナム六五一世帯である。

このベトナム六五一世帯が、ベトナム難民とどういう関係であるかは不明である。

人口比率で見ると、日本人は八一人に一世帯、韓国・朝鮮籍は一九人に一世帯、フィリピン籍は四三人に一世帯、ベトナム籍は六五人に一世帯、中国籍は一四六人に一世帯という。

以上の数字は、中国人莫邦富氏の二〇一三年五月三一日のネット記事から採った。

莫邦富氏は、在日中国人について、「中国人は自立心が強い民族で生活保護への依存度はきわめて低い」としている。ベトナム籍の者も、そう多いというわけではない。

●第一八章　相馬雪香さんのこと

昭和五四年、難民を支援する有志の団体が生まれ始めた。その会合にときどき呼ばれた。

「難民を助ける会」の相馬雪香さん（尾崎行雄の三女）には、何度かお目にかかった。

日本語で、「官民一致」でとか、「官民一体となって」といった言葉はよく使われる。私もつい、「官民一致で」と慣用的に使った。

相馬さんは、「官」を先に言うべきでない、「民」を先に言うべきだ、といわれ、「民官一致」「民官」というように、「民」を先に言うようにと注意を受けたものである。「もう慣用語になっている」と反論してもいいがと思ったが、止めた。こういう方がおられ、「官」を叱咤するすることは、日本国にとって貴重であり、幸いである。

相馬雪香さんは、日本動物福祉協会の理事をされており、その関係から、総理府におかれた動物保護審議会の委員をされていた。また難民問題についていくつもの著作のある吹浦忠正氏も、難民を助ける会のメンバーであられた。末次一郎氏（一九二二―二〇〇一）とご一緒の吹浦氏は、青少年問題や北方領土返還問題などで、尽力されていた。

吹浦忠正氏、柳瀬房子氏がいまだに、「難民を助ける会」を続けられていることに頭が下がる。吹浦氏は数多く著作があるが、吹浦氏が構成され、解説されたトラン・ゴク・ラン「ベトナム難民少女の十年」（中公文庫・一九九二年）がある。社会福祉法人・日本国際社会企業団（I・S・S）の伊東よねさんも、よく事務局に訪れてくださった。

木村吉男氏（日本鉄鋼連盟勤務）とも、当時、何度か顔を合わせた。

国際法学者の本間浩駿河台大学教授（一九三八―二〇一三）は、私が著作権課在職の頃から、国立国会図書館立法考査局文教課の内田晋氏の紹介で存じ上げていた。一九八一年六月、立法考査局外務課の本間浩氏と会っている。岩波新書「難民問題とは何か」（一九九〇年）やドイツの難民制度の論文を残され、二〇一三年、死亡されたことは残念である。

●第一九章　私のその後のこと

私は、一九八二年（昭和五七年）七月九日、鈴木善幸総理大臣名で、現官職「内閣審議官兼総理府事務官」の「兼官を免ずる」、及び現官職「文部事務官兼内閣審議官」の「兼官を免ずる」、翁久次郎内閣官房副長官名で、「インドシナ難民対策連絡調整会議事務局員を免ずる」、小川平二文部大臣名で、初等中等教育局視学官から「文化庁に出向させる」、佐野文一郎文化庁長官から「文化庁宗務課長に昇任させる」、との辞令をもらった。

一九八二年七月九日からは、宗教法人を担当する宗務課長になった。「宗教年鑑」「宗務時報」の編集発行、国会質問、質問趣意書への返答くらいで権限がないが、難しい課である。ただ、長く宗務課にいる職員が多く、渡辺隆、賀須井昭平という有能なベテラン課長補佐と専門職員竹村牧男（現・東洋大学長）、古賀正則（龍谷大学名誉教授）と二人の学者がおられ、気楽ではあった。

宗務課には、「宗教法人審議会」がある。第一五期の宗教法人審議会で、重要事項はこの審議会に諮る。会長は、国立科学博物館長福田繁（元次官、敗戦時の宗務課長）、学識者として、上智大教授相澤久、東大教授芦部信喜、日本交通福祉協会会長宮崎清文（元法制局参事官）で、キリスト教界から、日本バプテスト同盟総主事中本仁一、日本キリスト教連合会委員長松村菅和がおられた。松村菅和氏とは宗教法人審議会で久しぶりにお目にかかることになった。宗教法人審議会は、年に数回開く会合であった。

一九八三年四月二一日、中曽根総理大臣（当時）は靖国神社に参拝し、「内閣総理大臣たる中曽根康弘が参拝した」と発言し、同年五月一〇日参院内閣委員会で、後藤田官房長官は「今回の中曽根総理の靖国神社参拝は、従来からの政府の統一見解の枠内のものである」と答弁した。

一九八三年七月一一日、自民党は、その内閣部会に「靖国神社問題に関する小委員会」を設置し、奥野誠亮議員を小委員長に選任した。私は再び、奥野誠亮議員と縁ができた。

いかなる方式、形態であれば、総理大臣、閣僚の公式参拝が合憲であるかを研究する会だった。私はこの「小委員会」へ、敗戦後、靖国神社関係の政府が出した通達、津地鎮祭事件最高裁判決などを持参し、奥野先生の、この小委員会を渡辺隆課長補佐と何度か傍聴した。この委員会の委員には、芦部信喜教授、江藤淳氏がおられた。

一九八四年（昭和五九年）四月一日、国立吉備少年自然の家所長に任命された。国立吉備少年自然の家は、岡山駅から約四〇キロ、伯備線の高梁駅から約二五キロの賀陽町（現在吉備中央町）吉川にある。社会教育畑への転進である。

二、三カ月に一度、岡山県知事長野四郎さんを囲む会合があり、当時、総務部長だった片山虎之助氏（現・参議院議員）が世話をされ、私は文部省から教育委員会文化課に出向中の高橋誠記氏（埼玉学園大学参与）と参加した。

青少年団体の事務局挨拶回りもした。日赤短大教授の肩書きのある吹浦忠正氏は、青少年団体の御世話もされておられ、「難民問題では御世話になりました」と挨拶した。

一九八四年九月一日、インドシナ難民の姫路定住センターの方と大和定住センターの合同研修会を吉備少年自然の家で行うことになり、場所を使って頂いた。

難民事業本部の小守虎雄所長、吉田彌壽夫教授、大木氏ら男性六人、西尾珪子氏、岩見宮子氏、安達幸子氏ら女性七人がお見えになり、久闊を叙した。

京大学生時代からの友人、古野喜政氏（ソウル支局長、毎日新聞常務、現ユニセフ大阪代表）は、当時、毎日新聞大阪本社の社会部長をしており、顔が広い。ある篤志家が慈善に使いたいといってお金を差し出すというので、何か案はないか、という。そこで、吉備少年自然の家へインドシナ難民を一、二泊させたい、費用に充てたいと提案した。一九八五年、姫路定住センターのベトナム人約五〇人と日本語教師数名が宿泊し、喜ばれた。

私は、一九八六年（昭和六一年）四月一日付けで、国立オリンピック記念青少年総合センター次長に任命された。そして一九八八年（昭和六三年）三月一日、文部省を退職した。

翌三月二日、私立の久留米大学法学部（一九八七年年創設）教授となり、著作権法、知的財産法を担当することになった。

一九八五年頃、吉備少年自然の家に在職中、久留米大学転職の話があり、応じたのである。私は、九大法学部教授であった林迪廣教授の面接を受け、幸い、教授の眼鏡にかなった。

林教授は、実質的には、初代の法学部長（初代吉田道也教授は病没された）で、久留米大学が法学部を新設するにあたり、請負人になられた。「これからは知的財産法が必要、自分は労働法学者だが、環境法も研究する」ということで、私に「著作権法、知的財産法を担当し勉強して欲しい」と励まされ、郷里の福岡県にある大学でもあり、喜んで応じた。貸しレコード問題、コンピュータ・プログラム保護問題で、著作権法が脚光を浴びるようになったが、当時、著作権法、知的財産法を専攻する大学院生はいなかった。

のちに、林教授は、小倉中学の出身で大先輩にあたることが判明した。学部の新設で初年度中に来て欲しいといわれ、一九八七年度である一九八八年三月二日に赴任した。

驚いたのは、久留米大学は西尾珪子氏とも縁があったことである。久留米大学の理事長もされた石橋正二郎（一八八九ー一九七六）氏の長男石橋幹一郎（一九二〇ー一九九七）氏も久留米大学へ資金援助されるなど、石橋家と関係の深い大学であった。石橋幹一郎夫人朗子（さえこ）さんは、西尾珪子さんの姉上で、團伊玖磨さんの妹君であった。

一九九二年、私は国際日本語普及協会評議員に選任され、二〇一〇年、同協会の理事に選任された。石橋幹一郎（一九二〇ー一九九七）氏にお目にかかると、最近の久留米市、久留米大学、石橋美術館の様子を尋ねられたものである。

二〇〇五年三月、私は定年退職し、名誉教授の肩書きを頂くとともに五年間の特任教授に任命された。二〇一〇年三月、特任教授も退任し、東京に舞い戻ることにした。

●第二〇章　難民問題、その後の動き

私は、気が多い。好奇心が分散する。著作権、宗教、そして難民のことも気にかかる。一九八二年（昭和五七年）、難民条約が発効し、「出入国管理及び難民認定法」が施行された。奥野誠亮法務大臣のときである。新日本法規という出版社から「肖像権」を上梓した縁から、そのｐＲ誌「法苑」昭和五七年四月号に「『亡命者』と『難民』」を書いた。Refugeeを「難民」と訳したが、「亡命者」とした方がよかったのでないか、というつもりであった。案の定、難民申請が多く、認定されるのは少ないと、法務省が非難されている。条約は、当該人物を本国に送還すると牢獄が待っており、重い刑になりそうな者を想定している。政府の方針に反対するという、デモ行進に参加しただけの者が難民認定申請をし、却下されるのは当然である。

墓田桂成蹊大学教授は、「日本が難民条約に加入し続ける意味を見い出しづらくなっている。一年間で二七人に難民の地位を与えるために、膨大な労力と税金が割かれている。一つの条約を履行するための法務行政の負担はあまりにも重い」（前掲書一七九頁）と述べられ、難民条約から自発的に脱退することも妥当な選択であると述べられている。

二〇〇二年（平成一四年）、閣議了解により、条約難民に対し、定住支援を行うこととした。この年の八月七日、「インドシナ難民対策連絡調整会議」を廃止し、あらたに「難民対策連絡調整会議」を設置した。インドシナ難民に特化した政策、事業は終了した。

一九八九年の偽装難民騒動

当時の新聞に大きく報道された。

開原紘氏「出会いに感謝」（電子書籍・キンドル）の、「その七　偽装難民襲来の顛末記」に詳しく記されている。

開原氏は、難民事業本部発足当初からの職員であるが、一九八七年七月一日から国際救援センターの処遇課

処遇主任ついで指導課長に異動していた。

開原氏は、一九八九年七月から一〇月末まで、一二〇日間の事柄を記録している。「本当のベトナム人と〝偽装難民〟の中国人」が、品川の国際救援センターで喧嘩をしたこと、センターには一時期、六二四名（男性四一〇、女性二一四名）いたという。

そこへ、八月一〇日、長崎港から二八〇名の難民上陸、長崎県にある一時レセプションセンター大村センターから「トコロテン式に六〇名が救援センターに送り込まれる。文字の書けないメオ族（?）」、潮州語のみしか分からない者、示し合わせたか教えられたか、家族構成を聞くと全く同じ答えだったという。

難民事業本部の松本基子氏は、博多港に入港した中国人の偽装難民を一〇台のバスに乗せて、女性職員一名と二人で、夜行バスで品川の救援センターに運んだという。

石平・有本香「リベラルの中国認識が日本を滅ぼす――日中関係とプロパガンダ」（産経新聞出版・二〇一五年一一月八日）五〇頁に、有本の次の発言がある。「石さんが日本に来る前、七〇年半ばに、テレビのニュースをにぎわしたのは、戦後の混乱期にあったベトナムからのボートピープルが日本に流れ着いたという話題でした。ところが、後にそれはベトナム人だけではないということが分かりました。福建省からやって来た中国の経済難民、偽装難民がかなりいたのです。多くは強制送還されましたけれど」。

難民事業本部の職員からの話では、この偽装難民に面接した新聞記者から「怪しい」という通報があったこと、難民事業本部へ中国人女子留学生が現れ、配偶者である男性から届いた大村難民一時レセプションセンター発信の手紙を持参し、夫が施設に無事入所しているか、と問い合わせたことにより、発覚した。

結局、偽装難民の上陸者数は、平成元年五月から平成二年四月までの間で、二三隻の船舶で、二八三〇人に上った。

この頃、日本では竹下登内閣であるがリクルート疑惑問題で揺れ、平成元年六月三日、宇野宗佑内閣成立、同年八月一〇日には第一次海部俊樹内閣成立していた。

中国では、平成元年四月一五日、軟禁中の前書記胡耀邦が死去し、四月一七日、北京、上海で学生の追悼デモから民主化要求運動に発展、五月二〇日、北京に戒厳令、六月三日、鄧小平、李鵬らは、天安門広場に座り込んでいた学生市民を「反革命暴乱」とみなし、人民解放軍を出動させ、発砲、多数の死傷者を出した。天安門事件である。六月二三日、中国共産党第一三期中央委員会第四回全体会議は、趙紫陽を全職務から解任、総書記に江沢民を選んだ。

殺人事件

一九八二年一月三一日、品川国際救援センター内で、殺人事件が起こっている。一五歳の娘Aの部屋へ深夜、Bが押し入った。悲鳴を聞いて、Aの叔父Cが柳葉包丁を取り上げ、逆にこれで切りつけ、Bを死亡させた。Aは万引きの常習者だった。いずれも香港キャンプからの入所組であった。一九八三年一月二六日の控訴審判決で、Cは無罪になった。

一九八七年二月八日、大和定住促進センター出身のカンボジア人ブイ・ムアンが、妻、三人の子供を殺害した事件がある。自動車部品もプレス板金加工の会社に勤務していたが、他のカンボジア人が退職し、カンボジア人は一人になったこと、日本語が不自由で職場で孤立したことで精神的に落ち込み、妻と口論、殺害に及んだ。ムアンは一九九二年一月三一日、横浜地裁小田原支部により懲役一二年の判決に処せられた。今、ムアンは、どうしているだろうか。（渡邊彰悟ほか「日本における難民訴訟の発展と現在」二六頁（佐藤安信執筆））。

国際研修機構

一九九一年（平成三年）に「国際研修機構」（JITCO, Japan International Training Cooperation Organization）ができた。法務省入管局が中心となり、外務省、厚生労働省、経済産業省、国土交通省が協力し、外国人を対象に日本語教育を行い、企業を紹介し、そこで技能実習を行っている。

一三年の経験をもち、相当の実績を上げているようであるが問題も多いようだ。(注21)

二〇一〇年に発行された安田浩一「ルポ 差別と貧困の外国人労働者」(光文社新書・二〇一〇年）三五頁には、こういうケースが紹介されている。二〇〇六年四月、中国河南省の南端、新県という農村から応募してきた中国人研修生は、八万元という相当高額の金額を借金して仲介機関に支払い、日本に来た。養豚場の経営者は、月に六万五〇〇〇円（強制貯金）と食費補助五〇〇〇円、計七万円といった金額を支払った。休日は週に一日、通帳と印鑑、キャッシュカードは経営者が預かり、必要に応じて現金を渡し、パスポートも経営者が預かる。月五〇〇〇円と残業代時給四五〇円では借金の返済ができないとして、経営者に待遇改善を直訴、経営者は千葉県農業協会に連絡、千葉県農業協会常務理事は「研修生として不適格」と判断して、経営者と合議、中国人には知らせぬまま成田空港へ直行して「強制帰国」をさせようとし、研修生はナイフで常務理事を殺害した。千葉地裁木更津支部は、二〇〇七年七月一九日、研修生に懲役一七年の判決を下し、被告人は控訴しなかった。

国際研修機構が全ての仲介機関を把握し、事前に日本語教育を行って相互に情報を共有していれば、経営者と研修生が話し合い、意思の疎通ができ、殺人事件までには至らなかったと思う。

第三国定住難民

二〇一〇年度から三年間、毎年約三〇人ずつミャンマーからの第三国定住難民を受け入れ始めている。タイの難民キャンプに一時的に庇護されているミャンマー人のうち、国連難民高等弁務官事務所が国際的な保護が必要と認め日本政府に推薦する者のうちから、政府が引き取るのである。難民条約上の難民認定は実施しない。平成二〇年一二月一六日の閣議了解である。

二〇一五年末、条約難民六三三人、第三国定住によるミャンマー難民一〇五人、別にミャンマーのロヒンギャ族（イスラム教徒）二三〇人が条約難民を申請したが非該当とされた。しかし、日本に居住する者二一〇六人、そして、不法滞在者（国際研修機構の脱走者など）は数万人いるという。

●第二二章　今、提案したいこと

最後に、私は、本書で、既に述べていることを再掲し、本章の結びとする。

1　日本語を習得した、日本国に有用な一万人の難民・移民を一〇年かけて受け入れる。半数は、シリア難民など中東系、あと半数はミャンマーなどアジア系にする。

2　中国人、韓国人は多数日本にいるため、政治難民（亡命者）は別として、難民・移民は受け入れない。

3　国内、国外に数カ所日本語学校を設置し、日本語を取得した者の中から、毎年五〇〇～八〇〇人程度、外国人庁職員と日本企業職員が面接し、決める。

4　法務省入国管理局を中核に、外国人を行政の対象とする「外国人庁」を設置する。

ア：大量に難民が押し寄せた場合、どうするか、検討する。

イ：飛行機代を負担できる難民、中東の石油成金が日本で定住したい、と来日した場合、デンマークのように一定の金額を徴収することも検討する。

ウ：王立軍はアメリカ大使館に駆け込んだが、政治的難民、亡命者を（同盟国アメリカが了承すれば）引き受けることもあるかも知れない。

エ：一方、特別の技能を持った者、エドワード・スノーデンやジュリアン・アサンジのような天才的ハッカーやノーベル賞級の学者には日本語教育を施し、日本に迎えたい。石平、黄文雄、呉善花クラスの中東のイスラム教徒の知識人に日本語を習得させ、日本からの援助金の使途について政府へ助言させたい。

オ：難民認定申請中の者について、外務省が生活困窮者に生活支援金（保護費）を、一二歳以上の者に一日一五〇〇円、一二歳未満は七五〇円、宿舎借料単身者四万円、二人五万円、三人五万五千円、四人以上六万円支出しているという。外務省は財団法人アジア福祉教育財団を通じて、これらの金員を支給しているという。(注22)

難民認定を行う「外国人庁」は難民申請者の情報を持ち、ここに移管する。

アジア福祉教育財団か難民事業本部は行政機関にし、職員を公務員にすべきであろう。

日本にやってきた外国人が、条約上の「難民」に当たれば認定し、日本人と同じ裁判を受ける権利、公的扶助を受ける権利（日本国民と同じ待遇）、結社の権利などが与えられる。着の身着のままでやってきて難民申請した者は、どう生活するのか。

性善説に立てば、全員に生活支援金を出さねばならない。もし、それをすれば、携帯電話とインターネットで世界に知れ渡り、「難民」が押し寄せる。予算は通らない。

性悪説に立てば、お金は出さないから働け、と就労を全員に認めなければならない。しかし、出入国管理及び難民認定法は、日本に到着して難民申請をした者が全員、すぐに就労することを認めていない。

カ：日本へ、観光旅行や留学、技能実習で来日する者の中に危険な人物も紛れ込んでいるかも知れない。イスラム国（ＩＳ）の者が入国しないようにしなければならない。(注23)

キ：外国人、特に中国人による日本の不動産や森林を購入する事例が多いという。事実関係を確認し、治外法権的な場所をつくるようであれば、対策を講ずべきである。相互主義を貫くべきである。

（注１）ベ平連については、鶴見俊輔・上坂冬子「対論・異色昭和史」（ＰＨＰ新書・二〇〇九年）一八四頁以下。アメリカのＣＩＡがベ平連に目をつけたことについては、一八九頁。

（注2）私は、著作権法に関する事件として駒込観音事件（東京地裁平成二一年五月二八日判決、知財高裁平成二二年三月二五日判決、最高裁平成二三年一二月七日決定）を読んだ。これは、光源寺先代住職が制作させた観音像が「おそろしい顔」であるとの声に、人々に親しまれるものにしたいとして、島田住職は、独断で、「穏やかな顔」にすげ替えた。これについて、制作した仏師の三男、彫刻家西山三郎が光源寺の住職を訴えた事件である。訴えられた光源寺の住職は島田昭博氏で、約四〇年前のベ平連の早大生で、黒人脱走兵を立川で匿っていた人であった。（関谷滋・坂元良江編「となりに脱走兵がいた時代」（思想の科学社・一九九八年）四五二頁（島田昭博執筆）。昭和四三年（一九六八年）一二月一〇日、白バイ警官に変装した男が、府中で三億円を強奪した事件があるが、当時、早大学生島田氏が黒人兵を立川の公団住宅で匿っていて、緊張していた。

（注3）鶴見俊輔（一九二二―二〇一五）は、後藤新平（一八五七―一九二九）の孫である。後藤新平は、安場保和（一八三五―一八九九）（肥後細川藩、横井小楠門下、福岡県令、男爵）の次女和子と結婚し、その子愛子は、鶴見祐輔と結婚、鶴見和子、俊輔が生まれた。安場の長女静子は、佐野彪太と結婚した。佐野彪太の弟が佐野学（一八九二―一九五三）（日本共産党中央委員長）、彪太の息子が佐野碩（一九〇五―一九六六）（演出家・作詞家・社会主義運動家）で、平野義太郎は、安場の孫娘を妻とした。駄場裕司「後藤新平をめぐる権力構造の研究」（南窓社・二〇〇七年）二〇八頁。

　鶴見俊輔はアメリカに留学したが、ベトナム戦争のアメリカに批判的であった。祖父後藤新平は、親ソ的な政治家であり、近親者である佐野学、佐野碩、平野義太郎は共産党員で、反米であった。その反米親ソの気分が、ベ平連を作ったと思う。

（注4）著作権の事件があった。当時、中東から石油を運び、日本から自動車などを搭載して中東へ行き来する日本船には、日本人船員一〇～一五人程度は乗船していた。日本人船員は、ＮＨＫの朝のテレビドラマ、紅白歌合戦など、日本のテレビを視聴するのが楽しみであった。香港、シンガポールなどに寄港の時、ＮＨＫ、民間放送の人気番組を複製したビデオを差し入れてもらっていた。テレビ番組は、「映画の著作物」として作っておらず、出演者、原作者は、一回（又は再放送分）の謝金しか得ていない。テレビ番組にはいろいろな権利が詰まっており、これを複製して視聴することは著作権侵害であり、著作隣接権侵害である。日本船主協会へ、補償金の申し入れを著作権・著作隣接権の権利者団体が行った。

　日本船主協会と権利者団体――日本音楽著作権協会（JASRAC）、日本芸能実演家団体協議会（芸団協）、シナリオ作家協会、日本文藝著作権保護同盟、日本放送作家協会、日本レコード協会――が話し合いをし、１三〇分物一本四五九円、三〇分を超える毎に五割増しする、２海上の使用は、一本七五〇円、三〇分を超える毎に五割増しし、ビデオ化する場所を一カ所のスタジオに定めることなどを決めた。この著作権・著作隣接権の料金を権利者団体が集め、俳優などの芸団協が六二％、JASRACが一八％、日本レコード協会が一％、文藝一九％（日本文藝著作権保護同盟、日本放送作家協会、シナリオ作家協会が使用割合に応じて配分）するという仕組みを作った。私は、この会合に著作権課課長補佐として、立会人、保証人といった役割でこの交渉に立ち会った。このことについては大家重夫「最近の著作権紛争とその課題」（法曹親和会発行「親和」一九八二年一一月二〇五頁参照）。

（注５）村角泰「ボートピープル到着の頃」愛三六号五九頁がある。

昭和五四年一二月一八日、衆議院外務委員会において、渋谷邦彦議員が、五〇〇人の定住枠を定めたインドシナ難民の定住センターにおける状況などを質問し、村角局長が説明員として答弁している。村角氏は、ブラジル大使、儀典長を歴任された。

（注６）色摩力夫「インドシナ難民対策の現状と課題」ジュリスト七八一号（一九八一年一月一日号）三四頁。色摩氏は、陸軍幼年学校に入学、敗戦を迎え、東大文学部に進学された。サン・パウロ総領事、ホンジュラス大使、コロンビア大使、チリ大使ののち一九九二年年退官、浜松大学国際経済学部教授。

次の著書がある。

「オルテガ――現代文明論の先駆者」中公新書・一九八八年。

「アメリゴ・ヴェスプッチ――謎の航海者の軌跡」中公新書・一九九三年。

「国家権力の解剖――軍隊と警察」総合法令・一九九四年。

「黄昏のスペイン帝国――オリバーレスとリシュリュー」中央公論社・一九九六年。

「フランコ――スペイン現代史の迷路」（中公叢書）中央公論新社・二〇〇〇年。

「日本人はなぜ終戦の日付をまちがえたのか――八月一五日と九月二日の間のはかりしれない断層」黙出版・二〇〇〇年。

「国際連合という神話」ＰＨＰ新書・二〇〇一年。

共著として次のものがある。

「国民のための戦争と平和の法――国連とＰＫＯの問題点」小室直樹と共著・総合法令・一九九三年。

「人にはなぜ教育が必要なのか」小室直樹と共著・総合法令・一九九七年。

「今、国連そして日本」田中義具・渡辺昭夫と共著・自由国民社・二〇〇四年。

このほか多数の著作がある。

（注7）黒木忠正「インドシナ難民と国内対策」「外人登録」二六七号（一九八一年四月号）、二六八号（一九八一年五月号）、二六九号（一九八一年六月号）、二七〇号（一九八一年七月号）。

黒木忠正「インドシナ難民受入れ事業三〇年を振り返って」愛二九号（二〇〇五年一二月）八頁。

黒木忠正「ボートピープル到着の頃」愛三六号（二〇一二年一二月発行）五七頁。

このほか次の著書がある。

黒木忠正「正しい外国人雇用」日本加除出版・一九九四年四月。

黒木忠正「入管法・外登法用語事典」日本加除出版・二〇〇一年六月。

山田鐐一・黒木忠正「わかりやすい入管法　第六版」有斐閣・二〇〇四年四月。

黒木忠正「はじめての入管法」日本加除出版・二〇一一年八月。

山田鐐一・黒木忠正「よくわかる入管法　第三版」有斐閣・二〇一二年一二月。

（注8）桔梗氏は、のちに横浜国立大学大学院国際社会科学研究科に学ばれ、「国連手段安全保障制度における執行体制の分権化とその補完：集団的意思の個別的執行の制度化に関する考察を中心として」により博士号（国際経済法学）を取得された。

（注9）このとき、佐藤栄作がノーベル賞を授けられたことを記念してできた佐藤栄作記念財団（文部省が所管する財団法人）も候補になったが、アジア孤児福祉財団が、よりふさわしいと考えられたから決まったと思う。

（注10）華山親義（一九〇〇―一九七九）は、東條英機内閣が昭和一七年、大東亜省を創設の際、青木一男大臣（貴族院議員）のもとで会計課長。北京大使館総領事。戦後、山形県副知事を経て、昭和三八年以来、社会党から衆議院議員に三期当選した（一九六三年二月、一九六七年一月、一九六九年一二月）。一九七二年八月一〇日死去。一九六七年四月二一日、佐藤栄作首相から「武器輸出三原則」の答弁を引き出している。この三原則は四七年続いたが、二〇一四年（平成二六年）、安倍内閣で見直された。

（注11）高橋典史「宗教組織によるインドシナ難民支援事業の展開――立正佼成会を事例に」（「宗教と社会貢献」四巻一号一頁（二〇一四年四月））。高橋氏は、東洋大学社会学部社会文化システム学科・准教授。

（注12）宮崎茂子氏は、内務官僚、衆議院議員末松偕一郎の五女である。

末松偕一郎（一八七五―一九四七）は、内務官僚、徳島県、滋賀県、茨城県、広島県の各知事を務め、福岡四区から衆議院議員通算五期（立憲民政党）、別府市長を務め、現職中死去。福岡県築上郡上毛町友枝の出身で、父親は、小倉藩の藩医。筆者の父親大家国夫は、友枝村の隣村、唐原村（現・上毛町上唐原）出身で同郷であること、また、偕一郎次男、宮崎茂子氏実兄の朝日新聞社ＯＢ末松満氏と私の父は、旧制福岡高校、東大で同級であった（大家国夫は朝鮮総督府の司法官試補ののち、小倉で弁護士を開業した。）。

末松満氏が国夫ら同級生をつれて、偕一郎が議員当時、国会議事堂内を見学したと後年、語っている。

末松偕一郎は、福岡県の公立学校法人九州歯科大学の前身の九州歯科医学専門学校時代の理事長で、日窒コンツェルンの野口遵から専門学校へ多額の資金を出させた功労者である。筆者は、二〇〇八年四月一日から二〇一二年三月末まで、公立学校法人九州歯科大学の学外理事を務めてこれを知った。偕一郎夫人は、第一次大隈内閣の農相大石正巳の娘、満寿意であったが若死にし、千代と再婚された。三男経正は、齋藤隆夫代議士の娘で四女、愛子と結婚した。次男満は、野口遵の娘と結婚した。宮崎茂子氏は、五女で末っ子であられた。

藤田嗣治の甥（嗣治の長姉の子）で、開成中学同級の蘆原英了（本名敏信）は、（末松満について）「彼はもっぱら演説がうまく、演説をさせたらクラス第一いや校内随一であったと思う。誰しも彼は政治家となり、代議士となり、大臣になると思っていたが、東京帝大卒業後、朝日新聞社に入り、週刊朝日の編集長をやったり、東大新聞研究所に入ったり、東海大学教授をやったりしている」（「私の半自叙伝」（新宿書房・一九八三年）九二頁）と書いている。

偕一郎三男末松経正長女の大野真理子著「オーマイ・パパ」（文芸社・二〇〇三年）は、末松経正の伝記であるが、偕一郎、大石正巳、齋藤隆夫にも触れ、貴重な文献である。

（注13）北尾典子「姫路定住促進センターの日本語教育と定住者の日本語の実情」（吉田彌壽夫先生古稀記念論集編集委員会「日本語の地平線——吉田彌壽夫先生古稀記念論集」（くろしお出版・一九九九年）八〇頁。この論集には、植田直子「姫路定住促進センターにおけるプレイスメント開発」、吉本優子「定住インドシナ難民の談話における相づち使用に関する一考察」も収録されている。

（注14）（財）アジア福祉教育財団難民事業本部「インドシナ難民に対する日本語教育20年の軌跡」一五七頁に、姫路が早く決まったことについて、（鎌倉のカリタスジャパンで、東京サミットや国連難民会議の前、日本語教育をしようとしたら、「日本には定住政策がないといって授業ボイコットがあった」）との吉田彌壽夫発言があるが、これらのことを、私はまったく知らないし、記憶にない。

（注15）（財）アジア福祉教育財団難民事業本部「インドシナ難民に対する日本語教育20年の軌跡」一六一頁で、生活指導などが話題となった。。

（注16）西尾珪子「三カ月の日本語教育」国際交流二八号（一九八一年七月）二八頁。

西尾珪子「難民と共に学んだ30年――難民受入れと日本語教育の新しい取組み」愛三五号（二〇一一年一二月発行）一二頁。

　なお、（財）アジア福祉教育財団難民事業本部「インドシナ難民に対する日本語教育20年の軌跡」（二〇〇〇年三月三一日）は、国際日本語普及協会の山本紀美子氏が編集され、西尾珪子、岩見宮子、関口明子、桜田鉄之助氏らが執筆され、姫路定住促進センターの北尾典子氏の協力を得て、詳しい、有益な資料となっている。

（注17）難民事業受託特別会計予算の推移

◎定住及び救援事業

（単位、百万円）

区分	外務省	文部省	労働省	国連	計
一九八五年	705	187	223	322	1,437
一九八四年	677	189	218	364	1,448
一九八三年	651	201	192	344	1,388
一九八二年	△472	126	178	121	897
一九八一年	397	123	160		680
一九八〇年	358	118	134		610
一九七九年	※166	※37			203

※は、一九七九年（昭和五四年）予備費から。△のうち、六〇〇万円は一九八二年の予備費。

◎一時庇護事業

区分	法務省	国連	計
一九八五年	86	132	218
一九八四年	84	131	215
一九八三年	78	178	256
一九八二年	75	114	189
一九八一年	△33	26	59
一九八〇年			
一九七九年			

△は、一九八一年（昭和五六年）度予備費。

（注18）多仁安代「大東亜共栄圏と日本語」（勁草書房・二〇〇〇年）は、朝鮮、台湾、南洋群島、マラヤ、シンガポール、インドネシア、フィリピン、ビルマにおける日本語教育について、歴史的に網羅し、それぞれの実際の状況を述べている。
安田敏朗「植民地のなかの『国語学』――時枝誠記と京城帝国大学をめぐって」三元社・一九九八年。巻末に参考文献として多くの論文が列挙されている。その中に、次のものがある。駒込武「日中戦争期文部省と興亜院の日本語教育政策構想」（「東京大学教育学部紀要」二九巻一九八九年）。

藤村作「国語の進出と国語教育」（国語文化講座六　国語進出編）」朝日新聞社・一九四二年。

長谷川恒雄を代表とする「第二次大戦期興亜院の日本語教育に関する研究」（二〇〇二～二〇〇四年度）の研究概要は「1、昭和一〇年代は、国家の膨張に伴い、日本語教育が海外に進展した時期であり、外務省系の主導による活動（国際学友会、バンコク日本文化研究所設置等）、文部省の主導による活動（国語課設置、日本語教育振興会の文部省内移転等）が知られていた。2、興亜院（一九三八年設置）の日本語教育活動については資料を欠き、そこで日本語教育活動が行われていたことすら知られていなかった」とある。

中村重穂「興亜院派遣日本語教師の日本語教授法講義録の分析：『国民学校』国民科国語」との関連から」北海道大学メディア・コミュニケーション研究六二巻三三頁（二〇一二年五月二五日）。

関正昭『日本語教育学』の系譜」愛知教育大学教科教育センター研究報告一三号一一七頁（一九八九年）。

河路由佳「戦時体制下における『国際文化事業』としての日本語教育の展開」―一九三四―一九四五年の国際文化振興会と国際学友会」（要旨）（ネットによる）。
（注19）内閣官房インドシナ難民対策連絡調整会議事務局「インドシナ難民の現状と国内援護」（昭和五五年一〇月二〇日）の巻末に、閣議了解の全文が掲載されている。
（注20）開原氏によると、私達の第五班は、大家重夫、法務省横浜入国管理局入国審査官の山崎氏、労働省横浜公共職業安定所の宮島氏、青年海外協力隊エチオピア派遣ＯＢの内藤氏、難民事業本部の開原紘氏（青年海外協力隊ラオス派遣ＯＢ）であった。

（注21）

◎技能実習生（２号）の行方不明者数）　（単位 人）

	2008年度	2009年度	2010年度	2011年度	2012年度	2013年度	2014年度
中国	1,106	595	626	636	906	1,709	1,902
ベトナム	211	180	258	256	371	752	787
インドネシア	105	42	44	93	105	126	200
タイ	71	29	30	51	45	48	33
フィリピン	58	57	39	49	33	24	41
その他	76	51	55	30	72	163	176
合計	1,627	954	1,052	1,115	1,532	2,822	3,139

＊毎年４月１日現在で算出している。

（出所：国際協力機構ＨＰより）（拳骨拓史『「日本は渡来人大国」のウソ―安易な外国人受け入れが抗日運動をもたらした」Voice 二〇一四年七月号一二六頁、表は一二九頁）。

この表では、国際研修技術協力機構が何年に何人、受け入れたかが不明である。

なお、二〇〇五年、八三、三一九人の研修生が入国しており、国際研修技術協力機構が支援した研修生総数は、五七、六五〇人、内訳は、団体管理型　四九四八〇人、企業単独型七七五〇人という（以上、ＪＩＴＣＯ白書・二〇〇六年版）。

二〇一五年三月七日産経ニュースによると、平成二六年（二〇一四年）は、四八五一人が行方不明（失踪）、現行制度になった平成二二年、一二八二人、二三年以降増加傾向、平成二五年は三五六七人。二五年度の失踪者の国籍別では、中国が六〇%、ベトナム二七%。

この制度について、内藤正典教授は、「来日した外国人たちに『研修』を受けさせるという名目で、実際には日本人の労働力を確保しにくい分野で働かせています。しかも、極めて低賃金で。『研修』だから給料を払うのはおかしい、あるいはわずかでいいというのであれば、とんでもない傲慢であり、不公正なことです。これを国家が率先してやっている。」（内藤正典・中田考「イスラームとの講和」（集英社・二〇一六年一六二頁）。

井口泰「外国人労働者新時代」（ちくま新書・二〇〇一年）一八三頁以下は、銚子市の「全国生鮮食品ロジスティクス協同組合」が技能実習生へ一四万五〇〇〇円支払うべきところ、管理費等の名目で三万六〇〇〇円しか支払ってなく、中国人技能実習生一五〇人が座り込んで抗議した「ロジステイクス事件」やベトナム人実習生の失踪事件に触れている。

（注22）国立国会図書館行政法務課（岩田陽子）「我が国の難民認定制度の現状と論点」（「調査と情報」七一〇号九頁、小川昂子「難民認定申請者への生活保護費の打ち切り」（「部落解放」六三〇号（増刊）一一四頁）参照。
日比谷線広尾駅を下車すると、アジア福祉教育財団のビルがあり自由に入室できたが、ここ数年、ガードマンが常駐している。「生活保護費」を求めて、難民申請者、その応援者が押し寄せ、困惑し、執務できないため、ガードマンを雇用していると推察される。

（注23）二〇一〇年一〇月、日本の警視庁が日本に住むイスラム教徒の個人情報を収集していたところ、インターネット上に流出した。二〇一一年、日本国籍四名、チュニジア六名、アルジェリア三名、モロッコ三名、イラン一名の一七名が原告となり、警視庁、警察庁などを訴えた。東京地裁平成二六年一月一五日判決、東京高裁平成二七年四月一五日判決は、警視庁の情報管理上の注意義務違反を認め、被告東京都は、原告一人は、（誰それの妻）とあったため二二〇万円、原告一六名へ、それぞれ五五〇万円の損害賠償を命じた。私は、この判決は当時妥当と思ったが、二〇一五年一一月一三日、イスラム国によるパリ同時多発テロ事件で一三〇人を超える死傷者を出した。また、二〇一六年七月一日、バングラデシュの首都ダッカで、日本人が七人殺害された。もし、今、イスラム教徒情報流出事件判決が下されるならば、おそらく、一人当たり五〇万円か七〇万円程度の損害賠償になったと思われる。大家重夫「インターネット判例要約集」（青山社・二〇一五年九頁）。

二　日本が難民を受け入れる──その経緯と現状（一九八一年）

1. 難民の流出と日本上陸

昭和五〇年四月三〇日、旧サイゴン市が陥落した。アメリカに協力した人々、約一三万人がアメリカに引き取られた。

残った人々は新体制に協力、新しい国造りが始まる筈だった。だが、国外を目指しボートや船で海へ、或いは陸路で、ベトナム、ラオス、カンボジアを棄てる人々が出はじめた。

昭和五〇年、五一年の一年半の間に、インドシナ難民（ベトナム・ラオス・カンボジア）の数は、海路のボートピープル五六一九人、陸路のランドピープル一一万人を数えた。昭和五二年一五〇〇〇人、五三年八八〇〇〇人、五四年二一万人、五五年六五〇〇〇年人がボートピープル。ランドピープルも五二年三〇〇〇〇人、五三年六一〇〇〇人、五四年六五〇〇〇人、五五年四三〇〇〇人。五四年にボートピープルが二一万人と激増したのが目に引く。

日本に最初に難民が到着したのは昭和五〇年五月一二日で、千葉港に入港した米国船救助による九人の難民だった。

昭和五〇年一二九人、五一年二四七人、五二年と、時を経て難民の日本上陸が増加する。

これらの難民の殆どは、アメリカ、豪州、またカナダへの定住を希望する。こういった人々を「一時滞在難民」と呼び、いままでに総計約四六〇〇人が日本へ上陸、約三三〇〇人がアメリカ、豪州、カナダへ定住、五六年五月には、約一四〇〇人が日本に「一時滞在」していた。これらの一時滞在難民は、日本に定住を希望すれば今では容易に認められるものの、親類友人の多い米国、カナダ等への定住を希望し、日本定住を決心した者は、これまでに約一〇〇人位しかいない。

2. 一時滞在難民の援護

一時滞在の上陸者を、日本の法制度では、予想も予定もしていなかった。当初は、在留期間一五日の上陸特別許可（出入国管理令第一二条）を与えたこともあった。現在、昭和五四年五月以降、在留期間一八〇日の上陸特別許可を与えている。だが、一八〇日を超えても滞在は認められている。在留の根拠は、出入国管理令・第四条第一項第一五号である。同じ条文で、後述の「定住難民」にも在留資格が与えられるが、この方は期間が一年、のちに更新され、場合によっては三年が与えられる。

一時滞在難民に対しては、国連難民高等弁務官事務所（ＵＮＨＣＲ）がその一次的な庇護に当たっているが、ＵＮＨＣＲの委託を受けて実際の援護を行っているのが、日本赤十字社（八一四人収容）、カリタス・ジャパン（カトリック教会の福祉団体、四四三人収容）、天理教（六一人収容）、立正佼成会（三〇人収容）である。

昭和五〇年七月、最初に難民の援護を始めたのはカリタス・ジャパンで、昭和五二年から立正佼成会、天理教、日本赤十字社がこれに続いた。

難民の生活費は、ＵＮＨＣＲから支給される。大人一人一日九百円、子供一人一日五百円。ＵＮＨＣＲへは、日本は総経費の約半分、約一五〇億円を年間拠出していると思われるが、この日本収容の難民生活費分として年間約四億円が還元されていると推定される。施設管理人給費等は、日本赤十字社へは厚生省補助金で賄われているが、カリタス、天理教、立正佼成会へは、政府から一切、金銭は支給されていない。

日本赤十字社は埼玉県大宮市から沖縄県本部町まで一一カ所、カリタス・ジャパンは群馬県沼田市から宮崎県西都市まで一六カ所、天理教は滋賀県日野市、立正佼成会は千葉県天津小湊町に、それぞれ収容施設を置いている。

一時滞在難民に対しては就労が認められており、長崎県の大瀬戸市（日赤）のように山中にあって仕事のない所もあるが、一日四千円位の報酬の仕事を行う難民や、ベトナムへの品物（ラジオカセット、薬品、味の素等）や、送金するものもいるという。

なお、一時滞在難民の小・中学校相当の児童生徒に対しては、文部省は①これらの親が希望し②滞在が長引きそうで③支障のない場合、付近の小・中学校入学を認めるように指導している。姫路市砥堀小学校には三二人の難民がいる。千葉県天津小湊小、徳島県鳴門東小、大阪府泉南市信達小、奈良市橿原市白橿中も受け入れている。鳴門小に在学し、アメリカへ行ったグエン・ゴック・キン君（一四才）は、「鳴門の小学校では友達も先生も親切だったが、ここでは友達にいじめられる。とても寂しい。日本がなつかしい」との便りを寄せた。「本当は行きたくない。いつまでも砥堀小学校で勉強したかった」と涙ながらに、お別れ式で日本語で訴えた兄弟もいた（中日新聞五六年二月二三日二五面）。

UNHCR、外務省等、一時滞在難民を希望国へ送り出すよう努力しているが、昭和五六年前半だけで約五百人が入国し、あとも止まらない状況である。難民受入れ施設の拡大が必要である。

一時滞在難民の出入国・滞在状況

昭和 50 ～ 56 年

到着回数	142 回
上陸者数	4,598 人
上陸後の出生者数	132 人
定住許可数	62 人
死亡者数	6 人
出国者数	3,267 人
残留者数	1,395 人

3．日本「定住」を認める

日本の難民受入れは、既存の入国管理の法体系がこれを予想していなかったため、「閣議了解」という法形式に拠っている。

昭和五三年四月八日、閣議了解は初めて難民の日本定住を認めることとした。「定住」は、この閣議了解に根拠を有するもので、出入国管理令・第四条第一項第一四号・同第二二条の「永住許可」（永住許可には、①素行善良で②

独立の生計を営むに足りる資産又は技能を有するとの要件を充たす必要がある）とは異なる。

「定住」とは、まず在留資格一年が与えられ、やがて実績により三年に替えられるという形のものである。

そして、本人が希望すれば次の道が開かれている。つまり、相当期間にわたり安定した生活を送れば、永住許可が得られる。その上、国籍法の帰化の要件を満たせば、日本国籍を将来取得出来る。いずれにしろ、定住難民が日本で善良な市民として生活するのに不都合はだんだんなくなりつつあるし、まして送還されるということはまずない。

こういった「定住難民」に関しては、昭和五五年六月一七日の閣議了解で一〇〇〇人、昭和五六年四月二八日の閣議了解で三〇〇〇人（但し、これは政変時に日本に留学していた留学生七四二人と、今後入国する合法出国者を算入する）と枠を広げている。昭和五七年には定住者は二〇〇〇人に達すると思われる。

すでに一時滞在している者の定住条件は比較的容易であるが、案外その数が少ないことは前述のとおりである。

定住難民は主に、タイ、マレーシアなどの難民キャンプにいる難民から成る。そのうち日本定住希望者に対して、外務省の委託費によって調査団が派遣され、日本社会への適応力のある適格者が日本へ連れられてくるのであろう。

これら定住難民の日本社会への受入れを担当しているのが（財）アジア福祉教育財団だが、その前に「難民」の説明をしてみたい。

附・難民条約加入との関連で

政府は、いわゆる難民条約（「難民の地位に関する条約」など「難民の地位に関する議定書）」に加入することとし、昭和五六年、国会で承認された。

あわせて、出入国管理令や国民年金法など、関連の国内法制を整備する法案も提出、国会で審議され、これらも通過した。

難民条約の内容は、①人種、宗教、国籍、政治的意見等を理由に迫害を受けるおそれがあるため、本国の保護を受けることができない者を「難民」とし、②この「難民」を迫害の待ち受ける本国などへ送還することを禁止し、③これら「難民」に対し、受入国（加入国）が、結社、就業の権利、信教、裁判、初等教育、社会保障、著作権、工業所有権などの取扱いについて、内国民と同じ待遇を与えることを骨子としている。

難民条約はヨーロッパで生まれ、ヨーロッパを眼中においた条約であるが、今日、世界の八一カ国が加入、議定書には七九カ国が入っている。

今回の条約の国会承認により、一九八一年十月にわが国は加入書を国連に委託、昭和五七年一月一日から条約加入が発効、同時に国内諸法制も施行の予定である。

ところで、日本の「インドシナ難民対策」は、①難民条約とかかわりなく早くから対策として行われている。②インドシナ難民とあるように、現行施策はベトナム、ラオス、カンボジアと対象が限定され、③国連高等弁務官事務所の口上書で refugees and displaced persons と呼ばれているように、refugees より若干範囲が広い。④国連の包括的認定によって、「難民」とされる。

それに対して、「難民条約の難民」は、①前述のように、わかりやすくいえば「本国に送還すれば迫害の待っている者」だ。宮崎繁樹『亡命と入管法』、本間浩『政治亡命の法理』等では従来、refugees を「亡命者」と訳していた。②対象は三国の者に限らない。③認定機関（法務省）の個別的認定で、「難民」となる。

このように、インドシナ難民対策における「難民」と、難民条約上での「難民」とでは概念設定にズレがある。

それでは、現在日本にいる「難民」とどう関連するだろうか。

一時滞在難民は、難民条約の難民認定を受けることはまず考えられない。受ければ、米国などに定住できなくなる可能性が大きい。一方、定住難民は、①難民条約の難民認定を受ける者、②難民認定が却下される者、③難民認定を受けようとしない者、とに分かれる。だが、インドシナ難民対策としては、政府は難民認定を受けても受けなくても、日本における待遇になんら変わりがないよう措置したいと考えている。

つまり、インドシナ難民への現行施策は継続し、日本にいる一時滞在及び定住の「インドシナ難民」にも「可能な限り難民条約にいう難民に準じて処遇するように配慮する」と、インドシナ難民対策連絡調整会議は、昭和五六年四月二二日に決定している。

なお、「流民」又は「留民」とは、第三国の旅券を有している者――つまりその外観の上で第三国の保護がある者――で、在留期間徒過後等の理由で摘発されて、実はインドシナ三国の戦乱又は政変を逃れて脱出した者であるということが分かった、というようなケースを指しているものと思われる。法務省の問題だが、昭和五六年五月二二日の法務委員会で、奥野法相は「難民と実態に変わりがなければ、難民と同様に措置する」とし、特別在留許可を与える方針を明らかにした（昭和五六年五月二三日サンケイ、朝日など）。

4. 難民が日本に入っていく

難民対策は新しい仕事で、単一の所管省庁がない。そこで、昭和五四年七月一三日の閣議了解で一三の関係省庁の局長クラスからなる、インドシナ難民対策連絡会議（以下「会議」と略称）を設けた。議長は、翁内閣官房副長官。昭和五四年七月一八日、八名からなる事務局が発足。

また、昭和五四年七月一三日の閣議了解は「定住希望難民に日本語習得の便宜供与、職業紹介又は職業訓練を行う」と決定、この事業の委託先として、外務省所管の財団法人・アジア福祉教育財団（旧名称アジア孤児福祉財団、理事長奥野誠亮）が会議で決まり、同財団は難民事業本部を設置した。

昭和五四年一〇月五日、会議は財団への委託業務を決定した。同年一〇月一二日、予備費に関し閣議決定が行われ、外務省一億六六一六万円、文部省三七〇七万円が計上された（五五年度予算は、外務省三億五八二四万円、文部省一億一七〇〇万円、労働省一億三三六一万円で計約六億円。五六年度予算は、外務省三億九六七〇万円、文部省一億二三一三万円、労働省一億六〇〇六万円）。

財団は、昭和五四年一二月に姫路市に、昭和五五年二月に神奈川県大和市に、それぞれ定住促進センターを設けた。定住促進センター設立前に入国した難民も、希望すれば入所を認めた。

文部省の財団への委託費の内訳は、講師謝金、教材費が主たるものである。財団は文部省及び文化庁国語課と緊密な連絡をとりつつ、難民に対する日本語の教育の実施に当り、大和市の方は、（社）国際日本語普及協会（西尾珪子専務理事）が、姫路市の方は、大阪外大吉田彌壽夫教授が中心となって担当している。

三カ月の日本語教育は無論、十分というわけではないが、要は本人が日本社会にとけ込んで、自ら日本語を身につけることである。日本語教育は、その基礎の学力を提供するものである。なお財団は、二週間から一カ月の補講も状況によっては行っている。日本語教育が長ければいいに決まっているが、現状は諸外国と比較しても良い方なのではなかろうか。

この日本語教育は、専門家によるすぐれた教授法とその熱意によって、成果が著し

各国難民受入れ状況

（昭和56年3月31日現在 UNHCR 調べ）

定住受入れ国	定住枠		受入れ数
米国	年間	169,000人	349,939人
カナダ	1981年まで	68,000	72,366
フランス	1981年以降	5,000	68,578
オーストラリア	年間	14,000	47,970
西独		26,000	17,194
英国		11,500	14,342
香港		11,500	9,400
スイス	1981年度	1,000	6,748
オランダ	枠設定なし		4,200
ベルギー	1980年度	2,300	3,499
ニュージーランド	1981～1982年	1,000	3,398
イタリア		1,000	2,800
中国		1,000	2,588
スウェーデン		3,000	2,300
ノルウェー	当初（現在枠なし）	3,000	2,300
デンマーク	年間（全ての難民）	500	（全ての難民）2,000
オーストリア		500	1,380
アルゼンチン	不明		1,200

（注）米国はこの55年間、政変時に約13万人の難民を引き受けている。

日本 昭和56年5月26日現在	3,000人 （政変時留学生742人を含む）	1,418人 （同左） （一時滞在難民）1,395

いとの評価を得ている。

三カ月の日本語課程を終え、場合によっては更に半月あるいは一カ月の補講を終えた難民達に、就職先が紹介される。

全国の諸々方々の企業に難民は巣立っていく。中小企業が多いが、家族的雰囲気のもとで暖く周囲が見守る点で、却って大企業より良い点もある。離職者もいるが、中卒等の日本人の離職率に比して殆ど変らない数字であるという。日本社会は西欧社会と異なり、「汚い仕事（ダーティワーク）」を外国人労働者に押し付けるということはない。「汚い仕事」と「きれいな仕事」の区別がない。日本は、確かに入るには難しい社会かもしれないが、入ってしまえば楽な社会ではないだろうか。

昭和五五年五月二六日現在、姫路、大和の両センターに入所している者が二一八人、卒業して社会で働いている者が四五八人、これに政変時の留学生七四二人、併せて一四一八人が定住している。センターを出て日本人の里親を得、その後勉強し、東京農工大へ入学したトラン・フク君（二一才）や、群馬大等への大学進学者が四名もいるし、給与等の待遇面で日本人と殆ど変わらない者もいる。

5. 日本にとって初めての経験

昭和五五年五月、総理府広報室は難民問題に関し、二四〇〇名を対象とした世論調査を行った。

これによれば、難民問題で日本がやるべきこととして、①難民の流入で困っているアジア諸国への二国間援助（食糧援助など）を強化する、が三六％、②国際機関を通じて財政援助を行う三三％、③医療団を現地に派遣する一八％、④日本に引き取って定住させる三％であった。

五〇〇〇人の定住枠（当時）については、①もっと増やせ二二・八％、②適当三八・二％、③なるべく受け入れるべきでない一一・四％。

難民が近所に住むことについて、①暖かく迎える三三・九％、②別に何とも思わない四三・八％、③かかわりを持たないようにする一〇％、④反対三・八％。

難民があなたの職場で一緒に働くことについて、①暖かく迎える三〇・五％、②別に何とも思わない四五・六％、③かかわりあいを持たないようにする八・四％、④反対三・五％。

難民子弟があなたの子弟の通っている学校に転入してくることについて、暖かく迎える三〇・五％、②別に何とも思わない四八・一％、③かかわりあいを持たないようにする六・七％、④反対三・六％。以上が世論調査の大要である。

考えてみれば、日本には同じ顔付きの、同じ言葉を使う黄色人種の人間しかいないといって過言ではない。

日本に住む外国人の数を法務省の入国管理統計から見てみよう。昭和五四年現在、在日韓国、朝鮮人約六六万人、中国人五万人、米国人二万人、その他併せて七七万人である。日本の総人口一億一五〇〇万人に対し、外国人の比率は〇・〇〇六七、すなわち約〇・七％。これに対して、フランスの労働人口の七・五％は外国人、パリに住む人口の二〇％は外国人、西ドイツの外国人労働人口は四一四万人で総人口の約七％に当たり、ルクセンブルグは労働人口の実に三二％が外国人という（毎日五五年八月二三日、日経五五年一一月一三日）。日本とは桁が違う。

よく、難民を引き受けてどうするのだ、日本人だけでも生活が苦しい、受入れ反対、という人がいる。逆に、国際信義上からどんどん受け入れるべし、という人もいる。

だが、日本語の全く分からない者をこの競争社会にいきなり放り出すことは出来ないうえ、実際、アジア福祉教育財団の二つのセンターの能力からいって、一年間に五〇〇人程度の定住者受入れしか出来ない。好景気ならともかく、就業先も無限にあるわけではない。

諸外国から比べれば確かに、経済大国の割には少ないかも知れない。だが、日本の現実に合ったやり方で、少ないながら着々と難民受入れ事業は進んでいるのである。そして施策は大体、国民の支持を得ていると思うのである。

（本稿は筆者の個人的見解で、公的見解ではないと記し、国際交流基金発行の「国際交流」二八号四〇頁に掲載したものである。数字など若干訂正した。）

三　難民と日本語教育（一九八一年）

1．二種類のインドシナ難民

現在、我が国は、大別して二種類のインドシナ難民（ベトナム・ラオス・カンボジア）を受け入れている。

一つは、米国、カナダ等への定住を希望し、日本へ一時的に滞在している一時的滞在難民である。約一八〇〇人のこれら難民が、北は新潟県から南は沖縄県の二二県約三〇箇所の施設にいる。この一時滞在難民に対し、国連の委託を受けて世話しているのが、日本赤十字社（九二〇人）、カリタス・ジャパン（カトリック教会の団体、約七〇〇人）、天理教（約八〇人）、立正佼成会（約五〇人）である。

難民の生活費は、国連難民高等弁務官事務所（ＵＮＨＣＲ）から支給される。大人一人一日九〇〇円、子供五〇〇円。施設管理人給与等は日本赤十字社の場合、厚生省補助金で賄われているが、宗教団体の場合、政府から一切の金品は支出されていない。なお、難民の就労は認められている。

もう一つの難民は、日本社会に溶け込もうと決心したインドシナ難民で、六〇〇人を超える難民がすでに日本に定住をはじめている。

昭和五三年四月二八日閣議了解で、はじめて難民の日本定住を認め、昭和五四年四月三日閣議了解で五〇〇人、昭和五五年六月一七日一〇〇〇人と、その定住枠を広げている。

日本の定住難民のために、政府は、財団法人アジア福祉教育財団に対し、委託費を支出、日本語教育や就職あっせんを行っている。

日本定住を希望し、一定の条件に合った難民は日本定住を許可される。海外のキャンプから、あるいは前述の一時滞在の施設から来た定住希望の難民は、財団の設置した神奈川県大和市及び兵庫県姫路市の定住促進センターで日本語を三カ月間学び、就労のあっせんを受け、あるいは職業訓練を受けたのち、各地へ就職していく。この間の生活費は外務省からの委託費で賄われ、退所時には支度金約一〇万円が支給される（なお、インドシナ政変時に留学していた元留学生約六〇〇人が在留を認められている）。

2. アジア福祉教育財団

難民対策は新しい仕事で、単一の所管省庁がない。そこで、昭和五四年七月一三日の閣議了解で、関係省庁局長クラスからなるインドシナ難民対策連絡調整会議（以下「会議」と略称）を設けた。議長は翁内閣官房副長官。文部省からは学術国際局長がメンバーとして入っている。昭和五四年七月一八日、同事務局が発足した。外務、法務、文部、厚生、労働、大蔵、総理府からメンバーが併任発令された。

同年七月一三日閣議了解は、「定住希望難民に日本語習得の便宜供与、職業紹介又は職業訓練を行う」とあり、この事業の委託先として、外務省所管財団法人アジア福祉教育財団が会議で決まり、同財団は難民事業本部を設置した。

昭和五四年一〇月五日、会議は、財団への委託業務を決定した。一〇月一二日、予備費に関し閣議決定が行われ、外務省一億六六一六万円、文部省三七〇七万円が計上された（五五年度予算は、文部省三億五八二四万円、労働省一億三三六一万円）。

財団は、昭和五四年一二月に姫路市に、昭和五五年二月に大和市にそれぞれ定住促進センターを設け、日本語の授業を開始した。

3．日本語教育

財団への文部省委託費の内訳は、講師謝金、教材費である。財団は、文部省学術国際局及び文化庁と連絡を取りつつ、難民に対する日本語教育を実施している。

即ち、日常生活で最低限必要な会話能力及び標識、案内板等に現れる言葉の読み取り能力をつけさせること、職業訓練の講義内容がほぼ聴取できる能力をつけさせることを目標とし、教育期間は三カ月（一三週間）、授業時間は週三三時間（日本語学習二四時間、生活指導九時間）である。対象者は六歳以上。目標に達しない者については、二週間から一カ月程度の補講を行っている。

三カ月の日本語教育は、無論十分というわけではないが、要は本人が日本社会にとけ込んで自ら身につけることであり、そのための必要最小限の基礎的教育である。

三カ月の成果としては、素晴らしいと評価の声も高い。

三カ月の課程を終えた難民たちに就職先が紹介される。全国諸々方々へ就職していく。既に六〇三人が入所、三八二人が退所し、昭和五六年三月現在二二一人が両センターに在所している。

子弟は、両親の落着いた先の小・中学校で教育を受けることになる。全国の小・中学校が温く迎え入れることを期待している。

4．一時滞在難民の小・中学校入学

一時滞在難民は米国など外国からの引取りを待つ人である。だが、現在、日本での滞在が長期化しており、二年、三年と日本にいる人も多い。国際人権規約の趣旨からも、一時滞在難民子弟が就学を希望する場合、事情が許すなら、できるだけ市町村教育委員会が入学を許可することが望まれる。

現在、姫路市砥堀小、千葉県天津小港町小港小、徳島県鳴門市鳴門東小、大阪府泉南市信達小、奈良県橿原市畝傍南小、白橿中などが一時滞在難民子弟を受け入れている。

また、難民の中には、中等教育修了者や大学中退者もいるが、その関係の証明書を持っていない場合が殆んどである。今後、これらの者の中で、大学等への進学を希望する者も出てくると思われるが、しかるべき配慮を願いたい。

（月刊誌「文部時報」昭和五六年三月号七六頁掲載）

四 「亡命者」と「難民」(一九八二年)

1. 亡命者と難民

軍服に身を固め、ミグ25戦闘機と共に飛来してきたベレンコ中尉、ボリショイ・バレエ団のスター俳優アレクサンダー・ゴドノフ、ソ連の大作曲家ショスタコビッチの子息・指揮者マクシム・ショスタコビッチ及びその子息のピアニスト、あるいはイランの大統領だったバクチュアル氏、同じくバニサドル氏……こういう人々が国を脱出、外国に住む決意をし、実行に移すとき、マスコミは彼等を「亡命」したといい、こういう人々を「亡命者」と呼ぶ。

一方、インドシナ半島から国を捨て、海路あるいは陸路によって外国に向かう人々、あるいはアフガン、ポーランド、アフリカで集団で脱出する、無名の人々を「難民」と呼んでいる。

帽子を被り、片手にはスーツケース、レインコートを着た中年紳士が、いささかうつむき加減に飛行機のタラップから降りてくる。

一方は、赤児を片腕に抱き、襤褸(らんる)を身にまとい、他方の手で異常に腹部が膨張し、しかし骨の浮き出た胸、腕の子供の手を引いている。海岸か浅瀬を裸足で無気力に歩く姿の男女の群れ。

人は、「亡命者」「難民」というと、こんな光景を連想する。

「亡命者」と「難民」とはいったいどう違うのだろうか。

思いつくままに、文字を眺め、視覚に訴えるイメージ、言葉の持つ響きから、その違いをあげてみよう。

① 亡命者は、インテリで、ハイクラス、難民はそれ以外。

② 亡命者は個別に脱出した場合で、難民は集団的に脱出した場合。

③ 亡命者は、母国に帰れば極刑か迫害が待っているが、難民は必ずしもそうではない場合。

④亡命者は政治的宗教的理由で脱出する場合で、難民は、経済的理由その他で脱出する場合。
⑤亡命者は身なりもこざっぱりし、多少の財産を有する場合で、難民は、全く着のみのままで、飢餓寸前の人々を指す場合。
この外、異同が考えられるが、最後に
⑥亡命者も難民も同じだという説もありうる。
結論をお急ぎの方は終りから御覧いただくことにして、資料を提供してみよう。

2. REFUGEE

refugee を英和辞典で引くと、大抵の、いや殆ど全部の辞書で、逃亡者、難民、亡命者といった訳が出ている。refugee の訳としては、難民とあてられたり、亡命者とあてられている。とすると亡命者＝難民となってもおかしくはない。

3.「亡命者」の言葉を使った例

refugee を難民と訳した例は、通常ＵＮＨＣＲと略称される United Nations High Comissioner for Refugees の場合でこれを国連難民高等弁務官事務所という。
refugee を亡命者と訳した例は、著作権の国際条約に関して一つ例がある。日本についても発効しているのだが、ここでは「亡命者」と訳している。「無国籍者及び亡命者の著作物に対する一九七一年七月二四日にパリで改正された万国著作権条約の適用に関する同条約の第一附属議定書(注1)」というもので、昭和五二年七月二一日受諾書寄託、昭和五二年八月三日公布（条約第六号）、昭和五二年一〇月二一日我国について発効している

4. 学者の訳

一九五一年に成立した条約に「Convention Relating to the Status of Refugees」という条約がある（昭和五六年の第九四回国会で、この条約とこの条約に関する議定書の締結が承認され、この条約が昭和五七年一月一日から発効した）。

　この条約について、日本で公刊された諸著書では次のように訳されていた。

「亡命者の地位に関する条約」とするのは、本間浩「『亡命者の地位に関する条約』の適応上の諸問題」（外務省国連局社会課、昭和四五年）六〇頁、宮崎繁樹「出入国管理」（三省堂、昭和四五年）二〇〇頁、宮崎繁樹編著「亡命と入管法」（築地書館、昭和四六年）四六頁、本間浩「政治亡命の法理」（早稲田大学出版部、昭和四九年）四二頁。

一方、「難民地位に関する条約」とするものに、東大法共闘編「告発・入管体制」（亜紀書房、昭和四六年）九一頁。宮崎繁樹「国際法における国家と個人」（未来社、昭和三六年）一四五頁では、「難民の地位に関する条約」と訳し、一〇八頁は「避難民の地位に関する条約」としていた。

5. 昭和三七年国会答弁

昭和三七年八月二四日衆議院法務委員会において、猪俣浩三委員は、次のように質問した。

○猪俣浩三委員「……難民の地位に関する国際条約というものができておりまして、現在三四カ国がその国際条約を批准しておるのでありますが……これに日本が参加しないその理由がありましたら御説明いただきたい。」

　これに対する外務省条約局長の答弁

○中川政府委員「難民に関する国際条約にどうして日本が加入していないのかという点でございますが……もう少し難民の定義等につきましての詳細なことを見きわめまして、……これに入るか入らないかを決定したい、かようなことからまだこれに加入はしていないわけです。」

次いで猪俣委員は国連難民救済年にも触れているが、昭和三七年の時点で、「難民」の言葉が使われている。

6. 昭和五一年国会答弁

昭和五一年九月六日、ソ連の軍用機ミグ25に乗ったベレンコ中尉は、函館空港に着陸した。

翌一〇月一三日、衆議院外務委員会において、中島敏次郎外務省条約局長は、少々長いが、関係省庁と詰めた統一見解を提出した（第七八回国会衆議院外務委員会議録第三号一頁）。（注2）

この答弁は、わが国で「難民」と言い、「亡命者」というものは区別するのが難しいが、強いていえば、「難民」の概念は、滞在国における保護、待遇の面に着目、「亡命者」の概念は、迫害を理由として他国の庇護を求めていることとの関連で、その国がその者の入国滞在を認め庇護を与えるか否かという観点からとらえられるもの、といって、同じだというものであった（参照、田中利彦「難民の概念について」法律のひろば三四巻九号一三頁）。

7. インドシナ難民

昭和五〇年四月三〇日の旧サイゴン市の陥落後、ベトナム人の海上への脱出が相次いだ。昭和五〇年五月一二日、パキスタン船に救助された二人のベトナム人が八幡港に入った。朝日・読売は「難民」と呼んだ。

昭和五〇年一二月九日、国連総会はインドシナの displaced persons に対する人道的援護を行うようＵＮＨＣＲに命ずる総会決議三四五五（ＸＸＸ）号を行った。我が国はこの決議を受けて、インドシナからの脱出者を「難民」として処遇することとした。

昭和五二年九月二〇日「ヴィエトナム難民対策について」という閣議了解が出され、以後、内閣の「ヴィエトナム難民対策連絡会議」は昭和五四年に「インドシナ難民対策連絡調整会議」となり、内閣官房に同事務局が設けられ、難民行政の連絡調整が図られていく。

昭和五三年四月二八日閣議了解により、難民の定住を認める方針を打ち出し、現在、政変時の留学生七四二人を合わせると定住難民一七五一人を数える（昭和五七年二月二五日現在）。

8．refugee and displaced person

国連難民高等弁務官事務所は、難民救助船の入港に際して、日本政府にあてて口上書を提出する。そこでは、難民は Vietnamese displaced persons あるいは Indo-chinese refugees and displaced persons と表現されている。(注3)

インドシナ難民の「難民」は、このように英語において、refugee より広い概念であり、この国連が包括的に難民と認定したものを日本政府はインドシナ難民対策の難民として取り扱っているのである。

ちなみに、日本寄港の外国船や日本船が洋上で救助した難民は、昭和五七年二月現在、約一七〇〇人が全国約三〇カ所の日赤、カトリック教会、立正佼成会、天理教の各施設に収容されている。いままで、これらボートピープルは約五〇〇〇人が日本の土を踏んだが、約一〇〇人しか日本定住を決意せず、定住難民の殆んどは、タイ等のキャンプから日本定住を希望、日本へ入国した者である。

9．難民条約へ加入

外務省は、Refugee の訳語に「難民」の文字をあてることとし、一九五一年の条約に入ることとした。

第九四回通常国会の下、昭和五六年六月五日、国会は「難民の地位に関する条約」及び「難民の地位に関する議定書」加入案件を承認した。

政府は、条約と議定書の加入書を国連事務総長に寄託、昭和五七年一月一日発効した。

これに伴い「出入国管理令」は「出入国管理及び難民認定法」と改まり、昭和五七年一月一日から施行された。

これで refugee は難民、一九五一年の条約は「難民条約」というのが国としての定訳となった。

10．難民条約の「難民」

難民条約の内容は、①人種、宗教、国籍、政治的意見等を理由に迫害を受けるおそれがあるため、本国外において本国の保護を受けることができない者又はこれを望まない者を「難民」とし、②この「難民」を迫害の待ち受ける本国などへ送還することを禁止し、③（ア）裁判を受ける権利、初等教育、公的扶助、労働法制、社会保障等についでは、自国民に与える待遇と同じ内国民待遇、（イ）結社の権利等については同一事情の下で外国人に与える待遇のうち最も有利な最恵国待遇、（ウ）動産、不動産の、所有権、初等教育以外の教育等については、同一の事情の下で一般に外国人に与える待遇よりも不利でない待遇を与える――ことを定めている。

つまり、本国へ帰国させれば迫害が待っている人、これが「難民」である。

同じ「難民」の文字を使っても、インドシナ難民の「難民」とは異なる。

11．インドシナ難民と条約難民の異同

①難民条約の難民は、認定機関（法務省）の個別的な認定によるが、インドシナ難民の方は、ＵＮＨＣＲの包括的認定に拠っている。
②難民条約の難民は、ベトナム、ラオス、カンボジアに限らないが、インドシナ難民対策は、対象がこの三国人に限られる。

③　難民条約の「難民」は refugee の訳だが、他方は refugees and displaced persons（国連口上書）の訳である。
④　インドシナ難民対策は、難民条約加入以前から進められていて、難民条約加入により影響されない。

12. インドシナ難民対策側の措置

理論上、インドシナ難民は①難民認定を受けない者、②難民認定を受けて認定される者、③難民認定されない者と分かれる。このように、難民条約の「難民」にインドシナ難民が当然に含まれるわけではない。両者の混同を避け、しかしその上で両者の待遇に差の出ないようにするため、昭和五六年四月二二日、インドシナ難民対策連絡調整会議は、次の事項を確認した。

1　インドシナ難民に係る現行の施策を原則として継続する。
2　我が国に定住を希望するインドシナ難民に対しては、従来の閣議了解に基づく方針により、引き続き定住の促進に努める。
3　我が国に一時庇護を求めるインドシナ難民に対しては、従来の閣議了解に基づく方針により、国際連合難民高等弁務官が現行の援護体制を維持する限り、その一時滞在を認める。
4　我が国への定住を既に許可され、又は今後許可されるインドシナ難民については、難民条約にいう難民として認定されない人に対しても可能な限り、難民条約にいう難民に準じて処遇するよう配慮する。

昭和五七年二月一二日、文部省は、認定難民と同じように、定住難民に対しても大学の入学資格について同じ取扱いをすることにした。卒業証明書がなくても本人の申請をもって当該証明書に代えてよい旨を、全国国公私立大学長あて通知した。前述の4の方針が具体化した一例である。

13. 新聞は「亡命者」を使う

以上のように、もし、一九五一年の条約の訳語に亡命者と用いれば、その場合は「本国に帰国させれば迫害の待つ者」とし、必らずしもそうでない者が「難民」といえたわけだ。だが、「難民」の訳を使った以上、「亡命者」は条約上、法律上の言葉ではなくなった。

Copyright の訳は、「著作権」という以前は「版権」で、明治三二年、著作権法制定で著作権となった。だが、版権は法律上死語になったにもかかわらずよく使われる。「亡命者」も、その文学的なひびきの故か生き残りそうな気がする。

昭和五五年一〇月一六日付毎日新聞「取材帳から」の記事は、「亡命者に未来はあるか?」の書き出しで、ソ連船員が船から逃亡、亡命したものの、技術、情報を持たぬ〝庶民〟の悲哀で、アメリカでは、「難民」扱いされ、難民収容所行きだとの記事がある。この記者氏によれば、アメリカでは「難民」の上に「亡命者」のランクづけがあるようだ。どういう英語だろうか。

昭和五七年一月一二日読売新聞二面の記事も、白抜きの「亡命者を難民並みに」という見出しで、「出入国管理及び難民認定法」一八条二項の一時庇護の制度はインドシナ難民を念頭に置いての規定だが、法務省は一月一一日「新たにわが国で亡命を求める外国人を含める方針を固めた」という記事を載せている。これも、筆者には理解し難い記事である。

その点、「救われぬインドシナ難民、出入国管理令の改正案、狭い難民規定、新たな『恩恵』受けられず」という昭和五六年五月二一日付サンケイの記事は、難民条約の難民について、前二者と違って分かっているようだ。だが、条約に定義がある以上、その範囲を緩やかに出来ないのは当然だ。しかし、この記者氏も前項「12」に紹介した昭和五六年四月二二日の連絡調整会議決定の4を読めば、こんな記事は書かなかった筈である。

新聞記者諸氏に正確な報道を望みたい。

14．出典は張耳伝

「亡命」の言葉は、秦の末期の策謀家、張耳、陳余の「張耳の伝記」の中で使われている。

張耳は「若いころ、当時まだ存命中であった魏の公子母忌（信陵君）の食客になったことがある。また、その後、亡命して外黄（河南省）に遊んだことがある」（中国古典文学全集第五巻『史記下』平凡社・一九五九年一八三頁、稲田孝訳）。亡命という言葉は、張耳の亡命から出たようだ。

漢書、張耳伝、注「命者、名也、凡言亡命、謂脱其名籍而逃亡」これによると、命とは名、名籍、つまり戸籍のことで、名籍を脱して国許を逃げ亡させることをいう。

そうだとすると、亡命とは、必ずしもハイクラスとかの意味はなく、単に逐電、逃亡の意である。もっとも当時、戸籍があったのはハイクラスだけだったかも知れない。

難民は避難民の略であろう。

亡命者が何となく、ハイクラスの人々のためにのみ使われるようになったのは何時頃からか、国語学者などの御意見を伺いたいものである。

（注1）Protocol 1 Annexed to the Universal Copyright Convention as rivised at Paris on 24 July 1971 concerning the application of that Convention to works of Stateless persons and refugees.

（注2）○中島政府委員　先般の外務委員会において、渡部一郎先生より亡命と難民の定義いかんという点についての御質疑がありまして、その際、とりあえず私の考え方を申し上げましたが、その点について関係各省ともよく詰めた見解を示せと、こういう御要望がございまして、それを紙にさしていただきましたので、その紙を読み上げるという形でお答えさせていただきたいと思います。

「難民」と「亡命者」の定義について

一 「難民」、「亡命者」、「政治難民」、「政治亡命者」といった概念は、歴史上の種々の具体的現象を背景として論議されてきたものであり、これらにつき一般国際法上確立された定義があるわけではない。国際条約において、これらの者についての定義が置かれている場合にも、各々の条約の目的に応じてその適用の対象を定めているにとどまり、また、学説においても、これらの用語や概念は、論者により異なる意味内容をもって用いられている状況にある。

二 したがって、「難民」、「亡命者」等の定義については、これらの概念や用語が用いられる各々の場合に即して考えざるを得ず、一義的な定義を行ったり、その間の区別を明確にすることは困難な実情にある。かかる事情にもかかわらず、あえて一応の輪郭とも言うべきものを述べれば次のとおりと考えられる。

(イ) 我が国でいわゆる難民や亡命者として論じられるものは、英語でRefugeeと称されるものにあたると思われるところ、Refugeeとは、通常は、広く戦争、内乱、自然災害等により、あるいは、政治上、宗教上等の理由による迫害の危険を逃れるために、本国や本来の居住地を離れ、これらの国による保護を受けることができないか、又は、受けることを望まない人々を総括的に指すものと思われる。

(ロ) 難民、逃亡者の概念につきあえて論ずれば、いわゆる難民の概念は、その歴史的背景もあって、これらの人々が何らかの理由により外国に居る場合の滞在国における保護、待遇の問題に着目してとらえられるものと思われるのに対し、いわゆる亡命者の概念はその者が何らかの迫害のおそれのために他国の庇護を求めていることとの関連で、その国がその入国滞在を認め庇護を与えるか否かといった観点からとらえられるのではないかと思われる。

(ハ) これらの難民ないし亡命者が何らかの政治的理由による迫害から逃れるため本国又は本来の居住国を離れ、これらの国による保護を受けることができないか、又は、受けることを望まない者である場合に、政治難民とか政治亡命者とかいう表現が用いられるものと思われ、両者の区別は右に述べたごとき難民と亡命者の一応の区別以上には明確ではない。

三 なお、一九五一年に採択されたConvention Relating to the Status of Refugees(難民の地位に関する条約とも亡命者の地位に関する条約とも訳される)は、Refugeeの保護・待遇についての規定を置いており、その入国滞在自体について直接定めた条約ではないが、この条約の適用上は、Refugeeとは次の者をいうとされている。(邦訳は便宜「難民」としたものである)

第一条「難民」の定義

A　この条約の適用上、「難民」とは、次の者をいう。

（1）千九百二十六年五月十二日及び千九百二十八年六月三十日の取極、千九百三十三年十月二十八日及び千九百三十八年二月十日の条約、千九百三十九年九月十四日の議定書又は国際難民機関憲章に基づき難民とされていた者

国際難民機関の活動期間中に同機関が行う難民の資格がない旨の決定は、（2）の条件を満たす者に難民の地位が与えられることを妨げるものではない。

（2）千九百五十一年一月一日前に発生した事件の結果として、かつ、人種、宗教、国籍、特定の社会団体の構成員であること又は政治的意見を理由として迫害を受けることの十分に根拠のあるおそれのために国籍国の外にある者で、その国の保護を受けることができないか又は前記のおそれのためにその保護を受けることを望まないもの、又は前記の事件の結果として、国籍を有せず、かつ、以前常時居住していた国の外にある者で、その国に帰ることができないか又は前記のおそれのために帰ることを望まないもの

二以上の国籍を有する者の場合には、「国籍国」とは、その者が国籍を有するそれぞれの国をいい、十分に根拠のあるおそれに基づく有効な理由がない場合においてその者が国籍を有するいずれかの国の保護を受けなかったときは、その者については、国籍国の保護がないとはみなされない。

なお、注といたしまして

一九六七年に発効したProtocol Relating to the Status of Refugees（難民の地位に関する議定書とも亡命者の地位に関する議定書とも訳される）は前記条約第一条A（2）の定義から、一九五一年一月一日前に発生した事件の結果として、という条件を削除した。

ということでございます。

（注3）displaced personsは流民、留民とも訳される。国連ではインドシナ難民というときの難民を「refugee and displaced persons」というが、これは「refugee」と「displaced persons」と別々のものを併せたということではなく、一セットとして、これを「refugees」より多少周縁を含んだ広義の「難民」と理解しているのである。displaced personsという別の範ちゅうがあるわけではない。

日本で流民、留民というのは観光等で来日の旅券所持者等が、期間経過で摘発された場合、実はインドシナ

三国の出身者で、自分は「難民」（インドシナ難民）だというケースを指すようである。

一応、旅券を所持し、旅券発効国の保護があるところから、従来、法務省は、難民の取り扱いをしていなかったが、昭和五六年五月二二日衆議院法務委員会で奥野誠亮法相は「難民と実態が変わらなければ、難民と同様に措置する」と答弁し、特別在留許可を与える方針を明らかにした。なお、田中利彦検事は次のように説明される。

「流民の語は、わが国において様々な意味に用いられ、その意味するところは必ずしも明確ではないが、インドシナ三国を脱出後第三国での在留が認められ、かつ、第三国の旅券を取得してわが国に入国した者等を言うために用いられる場合のほか、Displaced Person の訳語として用いられる場合もある。

Displaced Person の語も種々の意味に用いられているが、国連難民高等弁務官は、厳密には難民としての資格要件を具えていないが、これに類似の者をいうとしている。（注2）」

「（注：難民高等弁務官計画執行委員会第二八回会期における高等弁務官のオープニング・ステートメント参照（A/32/12/Add. 1pp. 33 ~ 34）。（法律のひろば三四巻九号一九頁）」

（本稿は、新日本法規出版株式会社発行のＰＲ誌「法苑」第四七号（昭和五七年四月五日発行）に掲載したものである。）

五　昭和五八年の難民受入れ状況（一九八三年）

最近、インドシナ難民関係のニュースが二つ報ぜられた。一つは、インドシナ流民に対し、秦野法相が特別在留許可を出したこと。もう一つは、東京・品川区大井に長期滞在難民収容施設「国際救護センター」（七〇〇人収容）が四月からオープンしたことである。

日本国民はインドシナ難民の受入れについて、それほど強い関心をもたない。インドシナ半島で戦争が終わったのは昭和五〇年四月である。

その後、毎年、ベトナム、ラオス、カンボジアからの難民の流出が続き、現在でも毎年一〇〇〇人から一三〇〇人の難民が日本へ上陸していることを知らない人が多い。国民が渇望して知りたがる記事ではないから、新聞雑誌の報道も断片的で、継続的でない。そこで、インドシナ難民の援護状況について整理してみよう。

1.　三種類のインドシナ難民

第一は、インドシナ半島から海、あるいは陸路に出て¥日本へ上陸したが、第一志望としては、友人親戚のいるアメリカ、フランスなど欧米へ行きたい、日本は一時滞在だという人々。

第二は、難民となって脱出後、タイやマレーシア、香港などの難民収容所に入ったところ、日本からの定住希望者受付団が来て、日本定住を決めた人たちだ。

第三が、流民と言われる人々である。前の二者と異なるのは、前者が国連の難民高等弁務官事務所が「難民」と認定し、援護を各国に依頼しているのに対し、この流民は、お金で買ったのか、香港、台湾などの旅券を持ち、観光ビザなどで空路、日本に入ってきた者だ。だからエア・ピープルともいう。問題は、旅券に、この所持人は旅券発行国の者である旨の表示があることだ。そのため、日本での滞在許可期限が終われば旅券発行国、つまり保護国へ帰ってもらわなくてはならない。

ところが入国管理官が新宿のような盛り場などでこれらの流民を見つけ、不法滞在者として取り扱おうとすると「実はインドシナ難民です」という。この難民の数は二〇〇人とも五〇〇人ともいうが、正確な数はつかめない。長く滞在している流民の中には、日本人女性との間に子供ができた者もいる。こういう人が不法滞在者として収容されるとかわいそうではないか、との声があがり、法務省入国管理局は冷たい、と批判される。

秦野法相が「法相の特別在留許可」をこれら流民に与えたことは、大変好評のようだ。「こんな指揮権発動ならいいだろう」といわれ、野党議員が握手を求めたというが、果たしてそう手放しで歓迎していいものか。

まず、これらの人々は表面上は受入れ国のある人たちだ。難民であることについて国連の認定がない。もし、これらの人たちに大臣の特別在留許可を次々に出せば、続々と外国からもやって来て名乗りをあげてこないだろうか。法相が特別在留許可を出すのに、どの程度慎重な調査を行い、どういう人たちは許可し、どういう人たちは不許可にしたか、それらの人々はどこに送還したのか、詳細な報道が望まれる。もし、日本人女性との間に子供がいるとか、応援団がいるなどの理由で許可したのであれば、北朝鮮や韓国、中国からの不法入国者に対しても同様の措置をとらねば不公平だし、何よりも「出入国管理及び難民認定法」の大原則が崩れるのではなかろうか。当局の慎重な対応を望みたい。

2. 難民援護の問題

冒頭に述べた第一の一時滞在難民、第二の定住難民の状況について触れたい。石油を運ぶため北上し、自動車、家電製品を送るため南下する日本船舶は、難民を洋上で救うと、南下の場合は（あとで引取るとの）近隣の国に一札を入れ、とりあえず難民を預け日本への帰途に引き取る。北上の場合はそのまま、日本の港へ着くと上陸させる。

日本では、長崎の大村に一時滞在の受入れセンターがある。二〇〇人収容の規模だが、一九八二年完成した早々から満員の盛況だ。日本定住と外国行きに分け、短期日で外国へ行けそうなものは除いて、日本定住希望者は順番を待ち、アジア福祉教育財団の経営する定住促進センターへ送られる。

ところで、ボートピープルはほとんど全員ベトナム人である。兵庫県姫路市と神奈川県大和市の定住促進センターのうち、規模約百人収容の姫路市の方がベトナム人向けで、規模約一五〇人の大和市はラオス、カンボジア人向けだ。これらの定住促進センターでは三カ月の日本語の特訓を行い、就職あっせんを行う。

既に、一四〇〇人がここを卒業し、日本社会へ溶け込んだ。元留学生七四二人と合法入国の家族などと合わせ、約二三六〇人が日本に定住した。日本の難民受入れ数は世界で一八番目。お金の面からいえば、この定住促進のため、日本語教育のために文部省が一億円、労働省が一億円、外務省がアジア福祉教育財団難民事業本部の人件費など四億円を負担しているから合計年六億円、定住難民一人当たり一〇〇万円以上を負担していることになる。

ちなみに、一時滞在難民については国連難民高等弁務官事務所から食費が年間約八億円支出されている（日本は国連へ東南アジアの難民分四〇〇〇万ドル負担）。日本赤十字社に対し建物、人件費として毎年二億六〇〇〇万円支出されているが、約七〇〇人収容のカトリック教会、七〇人収容の天理教、六〇人収容の立正佼成会は、身銭を切って、いままで一時滞在難民に対する援護を続けてきた。

ところで、従来は回転の早かった一時滞在のベトナム難民も、最近は不況でアメリカ、ヨーロッパが引き取らなくなり、難民も日本へやむなく定住しようか、と気持ちを変える者が増えた。一七〇〇人の一時滞在難民のうち多くが、みな同じ気持ちだから、ベトナム人専門の姫路市の定住促進センターは順番待ちで、いつ入所出来るかわからない状況となった。

こういう状況のもとに、政府はようやく東京・品川区大井に「滞留した一時滞在難民」の収容施設を建設したのである。そこで、次に、政府の難民対策についていくつか提案してみたい。

3. いくつかの提案

第一に、国はこれからの難民対策事業をいつまで続けるつもりなのか。昭和五〇年に南ベトナムもベトナム政府が治めるようになって、もう八年になる。ベトナム政府に援助を行う代わりに、難民の流出を止めさせることはできないだろうか。

第二に、外務省からアジア福祉教育財団に対し、定住促進のための経費が出されているが、神奈川県大和市の方はラオス、カンボジア人のためと決め、こちらはタイなどのキャンプに調査団を派遣、わざわざ連れてきている。ラオス、カンボジアの方は一応、難民流出はおさまったと聞く。国内の一時滞在難民＝ベトナム人を少しでも減らすため、大和市へラオス、カンボジア人をわざわざ連れてくるには及ばず、大和市もベトナム人の定住施設にするか、閉鎖すべきではないか。

第三に、難民援護のため、厚生省は一時滞在者一〇〇〇人分について日本赤十字社に支出しているだけだが、難民の日本社会への溶け込み状況について、厚生省、労働省、自治省の積極的取り組みを望みたい。定住促進の経費も、文部省が日本語教育、労働省が就職あっせんと委託費をとり負担しているが、この種の仕事に、ノウハウも、施設や関係者を知悉している厚生省を参加させ、効率的な難民受入れ、定住策の実行を望みたい。

内政に不得手な外務省がアジア福祉教育財団を監督するから、種々のトラブルもあると聞く。例えば、ある担当官が「品川の救援センターの日本語教育はボランティアに一時間二四〇〇円支払って行う」と発言し、既に日本語教育についてはプロの国際日本語普及協会に委託を決めていた文部省や日本語教育関係者、あるいは応募したボランティアに大きな混乱を招いた、との話を聞いた。

ベトナム難民の流出がやや一段落した今、立派な施設ができたのは皮肉だが、関係省庁が協力してことに当たって欲しい。（時事通信社発行「時事解説」昭和五八年六月七日発行に掲載したものである。）

六　一時滞在インドシナ難民と小学校（二〇一六年）

一九七五年（昭和五〇年）、ベトナム戦争が終わると、ベトナムからボートや小舟に乗って、他国へ流出する人々が増えた。

一九七九年、日本もベトナム、カンボジア、ラオスからの難民を受け入れることになった。

一九八一年（昭和五六年）の時点での各国の引受け数である。

1	米国	二五万人
2	フランス	六万五〇〇〇人
3	カナダ	五万九〇〇〇人
4	オーストラリア	三万八〇〇〇人
5	西ドイツ	一万四〇〇〇人
6	イギリス	一万人
7	香港	九〇〇〇人
8	スイス	五三〇〇人
9	ベルギー	三二〇〇人
10	オランダ	三〇〇〇人
11	ニュージランド	二九〇〇人
12	中華人民共和国	二五〇〇人
13	イタリア	二二〇〇人

14　マレーシア　二一〇〇人
15　ノルウェー　一九〇〇人
16　スウェーデン　一六〇〇人
17　デンマーク　一五〇〇人
18　アルゼンチン　一二〇〇人
19　日本　一〇〇〇人

日本の一〇〇〇人は、一九八〇年六月一七日に決まった。それまで五〇〇人だった。

アメリカは戦争終結直後、ベトナム人一三万人を入国させており、それまでの数を合計し、約四〇万人と思われる。

日本に到着し、日本に定住しようという難民は、兵庫県姫路市と神奈川県大和市の二つの定住促進センターにおいて三カ月の日本語教育を終え、就職の斡旋を受けて、いわば卒業して、全国に定住した者が三〇〇〇人余りいる。

両センターに、現在、学んでいる者が約二〇〇人いるので、合計約五〇〇〇人が定住した。

子供達は、定住先の小学校や定住促進センター近くの小学校に通学している。

目標の一〇〇〇人に届くのは時間の問題であり、定住促進事業は軌道に乗った。

この人々の他、インドシナ難民が約二〇〇〇人、日本各地にいる。一時滞在の難民である。

この人々は、アメリカ、カナダなどへの定住を希望し、日本定住を望まない。

日本赤十字社、カリタス・ジャパン（カトリック教会の福祉団体）、立正佼成会、天理教の方々が御世話なさっている。

日本船、日本寄港の外国船が救助したボートピープルは、一九八〇年夏頃、急増した。日本上陸が増えたが、ボートピープル第一志望のアメリカへの受入れが遅れ、日本赤十字、カリタス・ジャパンの施設などは満員である。新たな施設を探さければならない。アメリカが引き取る数は、大体、年五〇〇人である。

狭い国土で、単一民族の日本人は日本語しか喋らず、ここに外国人が入って暮らすことは容易ではない。

一時滞在難民は、希望すれば定住促進センター入りが認められるが、アメリカがいいと思ってか、この日本を見て失望してか、日本定住を決意しない。

一方、国内に住む外国人は、この一九八一年当時、一億人中一％の一〇〇万人（当時、うち六〇万人が韓国、北朝鮮籍）に満たない。

外国人に対するアレルギーが極めて強い。

のち、品川に一時滞在施設を作るが、土地探しに苦労されたはずだ。

一時滞在施設を作ろうとすれば、「トラブルが起こりそうだからいやだ」「風紀が悪くなる」「よそに作って欲しい」と、まとまらない。

一時滞在が長期化すると、難民の親が子供を近所の小学校に通わせたいと希望してくる。

定住者と違って一時滞在であるから、日本語を覚える必要はない。

親は、日本語ができなくてもいい仕事についている。子供を施設におくより、小学校へいれて欲しいという。たしかに親が働き、子供が施設でブラブラしていることは、誰にとってもよくない。

文部省は、一時滞在施設の子供を小学校に入れるよう各県教育委員会に指示し、一方、外国人子弟の数に応じて、教員の定数を新たに割り当てた。

ある一時滞在施設を訪ねた。ついでに、すぐ近所の小学校に行った。

ベトナム難民の子供が数人通学しているという。

ある教室に案内された私に対して、校長は、「どの子かわかりますか」といわれる。

よく注意して、四〇人ほどの子供の顔を見たのだが、見分けが付かない。

校長は、「私達にとって、日本人であろうとベトナム人であろうと、子供にかわりはないのです。世界の子供は同じように可愛いし、教育しなければなりません」と私に言った。

子供達が日本語をはやく覚え、親たちに通訳している、という話も聞いた。

そういう家族から、一時滞在から定住へ切り替えた例があると聞いた。


（「れいろう」一九八一年二月号一二頁の文章を若干加筆した。）


タイ国境のカオイダン・キャンプにいた、カンボジア人ペン・ポンナレット（現在、久郷ポンナレット）さんは、一九八〇年来日、大和難民定住促進センターで学んだ後、一六歳で海老名市立海老名小学校四年に編入し、六歳下の子供たちと一緒に学び、一九歳で小学校を卒業した。

この小学校で武部先生に三年間、担任の先生であったことを非常に感謝している。縁あって、日本人の久郷氏と結婚し、久郷氏が勤務する会社の社宅に住む。

ポルポト政権下で殺された父上は国立図書館の館長、母上は女学校の先生で、八人兄弟の七番目、女の子としては四人目であるという。

一番上の姉セタリンさんが日本に留学されており、ポンナレットさんは姉の手紙により、タイのキャンプへ行き、そこから二人の兄とともに日本に来ることができた。

来日三〇年、立派に修得された日本語を駆使され、久郷ポンナレットさんは、祖国カンボジアで体験されたポルポト政権下の出来事や、日本に「難民」として脱出された経緯を次の著書で明らかにされている。

「虹色の空──〈カンボジア虐殺〉を越えて　一九七五─二〇〇九」（春秋社・二〇〇九年）、

「19歳の小学生──学校へ行けてよかった」（メディアランド・二〇一五年）である。

後者は、長女の久郷真輝さんとの共著である。

久郷ポンナレットさんは夫と長男長女二人の子供とともに、平塚市にお住まいである。
外国人が日本語を学ぶのに、多少年長でも、小学校に編入させることは有効と思う。
教育委員会と担当する教師が積極的であることが前提条件である。

七　一時滞在インドシナ難民と宗教団体（一九八七年）

一九七五年（昭和五〇年）四月、サイゴンが陥落しました。

アメリカ軍は、南ベトナム政府の高官達を連れて、アメリカへ撤退します。

約四〇万人のベトナム人が、アメリカへ移住したようです。

残されたベトナム人が、ボートや小舟で、脱出し始めました。

南シナ海を往来するアメリカ船、日本船が救助することになります。

この救助された人々は、多くは、アメリカへ行きたいという。

とりあえず、日本に一時滞在することになります。一時滞在難民です。

一九七九年、日本は、インドシナ難民の定住を認めることにしました。

日本に定住したい、という者には、日本語教育を施し、就職を斡旋する実施団体ができました。アジア福祉教育財団難民事業本部の設立です。

一時滞在の人々は、一九八二年一月の時点で、日本上陸の約五四〇〇人のうち、約三六〇〇人がアメリカ、オーストラリア、カナダへと出国いたしました。

約一八〇〇人が、日本の約三〇カ所の一時滞在施設に入っています。

一八〇〇人の内訳です。

1　日本赤十字社　　一〇六〇人
2　カリタス・ジャパン　六〇〇人
3　天理教　　八二人

4　立正佼成会　　五〇人

カリタス・ジャパンは、一九七五年七月、日本に到着した最初のボートピープルに援護の手を差し伸べてくださった。

一九七七年から、立正佼成会、天理教、日本赤十字社が難民援護に乗り出しました。日本赤十字社には国から補助金が出されていますが、三つの宗教団体は全くの自己資金で、これら仕事に当たられています。

この一八〇〇人は、本来は、日本政府が御世話するべきでしょう。三つの宗教団体の人道的見地に立つ奉仕活動に、ただただ頭が下がります。

日本国憲法二〇条三項は、「国及びその機関は、宗教教育その他いかなる宗教的活動もしてはならない」と規定しています。

国と宗教団体は、絶対に、分離していなくてはならない、と解釈する人がいるかも知れません。私どもは、「国は、宗教団体の御世話になってもかまわない」と解釈し、御世話になることにしました。

憲法を改正する機会があれば、①二〇条三項と八九条を改正するか、②改正しないとしても、それぞれ条文の解釈を明確にし、国民に周知させるべきです。

一時滞在難民について、アメリカなど第三国への定住が容易に認められず、さりとて日本への定住を希望しない難民が増加し、長期滞留化しています。

希望国へ行けず情緒不安定になっている者、粗暴な振る舞いに出る者がいるそうです。難民を実際に御世話している方々のご苦労は大変だろうと思います。

こういう事態にどう対処したらよいか、国民は考えるべきです。

一方、ベトナム、カンボジア、ラオスの難民で、日本定住を決意し、定住許可された難民は一七〇〇人です。このうち、一時滞在から日本定住に気持ちを変えた難民は一〇三人です。

アジア福祉教育財団難民事業本部が設立され、二年経過しました。

一時滞在難民についても、中心的な世話団体があればいいと思いますが、アメリカ、カナダ、オーストラリアなどの希望国から、受入れの知らせが明日来るかも知れない状態では、その必要性を言い出せません。

いずれにしろ、宗教団体には、御世話になっております。有難うございます。

（カトリック新聞一九八二年二月二八日四面の拙稿に加筆した）

第Ⅲ部　インドシナ難民の現在

一　竹原茂（ウドム・ラタナヴォン）教授をめぐる開原紘氏（元・アジア福祉教育財団難民事業本部員）と南雅和氏（ザン・タイ・トアン・ビン）のこと

1. 竹原茂さんのこと

昭和四〇年（一九六五年）、ラオス人のウドム・ラタナヴォンは、ラオスから日本へ国費留学生として、東京外国語大学で学んだ。

昭和四七年、ウドムは帰国し、ラオス政府の経済開発計画省に就職した。

ウドムは、日本からラオスへ派遣された青年海外協力隊員と会い、ラオスでこういうことをして欲しい、と要望した。隊員の中に開原紘（かいばらひろし）がいた。開原氏は、日本語の流暢なウドムのお蔭で大変助かった、とのちに述べている。

ウドムは行政実務を行なっていたが、更に国際経済を学びたい、もう一度日本で学びたいと思い立ち、昭和四九年、一橋大学大学院に入学し、「各国の経済援助をラオスの発展にどう結びつけるか」をテーマに、経済発展論を専攻することにした。

当時、ベトナム戦争はまだ続いており、当時のラオス政府は、その影響で多忙をきわめ、よく再留学を認めたと思う。

あるいは、そういう混乱の時だから、ウドムの願いは簡単に容れられたのかもしれない。

ウドムは、「貴族出身で政府高官」だった（後掲千葉日報）から、たやすく再留学が認められたのであろう。

昭和五〇年、南ベトナム政権が崩壊し、ベトナム戦争が終わった。

昭和五〇年四月、カンボジア解放勢力がプノンペンを占領、政府軍が全面降伏した。

昭和四八年、ラオスのビエンチャン政府と愛国戦線は和平協定に調印した。昭和五〇年、王政が廃止され、社会主義国家になった。

ウドムは、ラオスの政治事情がよくわからず、日本に留まることにした。日本政府は昭和五六年四月二八日閣議了解で「インドシナ難民」とした。

昭和五一年、一橋大学の修士課程を終えたウドムは、青年海外協力隊や外務省の研修センターで、ラオス語、タイ語を教えた。

昭和五二年、麗澤大学の非常勤講師になる。

昭和五八年、日本国籍になった。日本人の和恵夫人と結婚し、昭和五八年帰化、ウドム・ラタナヴォンは、竹原茂と名乗るようになった。一男三女の六人家族である。

昭和六二年四月、麗澤大学外国語学部助教授に就任した。サンデー毎日一九八七年二月二二日号は、学生に囲まれた竹原の写真とともに、「初めて日本の大学助教授になったインドシナ難民『竹原茂』さん」と報じ、「日本人の奥さんと四人の子供をもつ」とし、「私が助教授になることが、難民の方々への励みになれば…」と意欲的だったとする。

千葉日報昭和六二年二月一日付けは、竹原について大きく報じた。これによると、「母親は太平戦争中、私を連れ日本軍進駐の戦火を逃れ、ラオスからタイに避難、難民のまま死んだ。私自身二度目の難民生活で、その苦しみは肌で分かる」と述べている。また、昭和四〇年頃、ラオスは、「日本からトラクターを沢山貰ったが、乾期にはこちこちに固まるラオスの土に歯がたたず、修理する技術もないため、殆ど役立てることができなかった」と顧みる。

昭和六二年当時、竹原は、在日ラオス協会会長、「難民を助ける会」の「インドシナ難民連帯委員会」創立メンバーに推された。

2. 開原紘さんのこと

國學院大學を昭和四三年に卒業した開原紘氏は、毎日新聞外信部長で「泥と炎のインドシナ」が表題のベトナム戦争の本を出版し、時の人であった大森実に憧れ、「大森実国際問題研究所」に勤務し、「東京オブザーバー」の販売などを経験した。

ところが、大森実の事業所は破産し、大森実は、アメリカに移住した。

開原は、その後、週刊誌記者、日本語教師、青年海外協力隊員、土木作業員、スーパー魚屋などいろいろな職業に就いた。青年海外協力隊員のとき、ラオスにいき、ラオス政府のウドム氏とあったことは、既に述べた。

昭和五四年、東京でサミットが行われた。大平正芳総理大臣は、「インドシナ難民受入れ」を言明した。難民受入れ事業は、アジア福祉教育財団の難民事業本部へ委託した。

この団体が、日本政府が受入れを表明したインドシナ難民を住まわせ、日本語教育を実施し、就職を斡旋するのである。新聞でこの事を知った開原氏は、この団体へ願書を出して、面接を受けた。

開原氏は、難民事業本部員に採用された。難民事業本部には、大勢の訪問客が現れた。

ラオス人のウドム・ラタナヴォンは、ラオス難民が気がかりで、難民事業本部や定住促進センターによく訪れた。

開原は、青年海外協力隊員としてラオスでウドムと会っていたが、今度は日本で再会した。

開原は、アジア福祉教育財団難民事業本部の仕事が一段落したと判断し、労働省の外郭団体である「海外職業訓練協会」に転職した。海外駐在所長も経験した。

開原は六〇歳代になり、自叙伝と言っていい本を出した。紙でなく電子書籍である。「出会いに感謝　転職人生物語：悩める就活生・就労者へ捧ぐ！」（Kindle 版、三〇〇円）を発行した。紙の本にして、約三二八頁である。

平成二八年（二〇一六年）五月二七日、開原紘と銀行からの出向組の森田治郎（富士銀行出身）、高橋正弐（東海銀行出身）、それに筆者の四人は、インドシナ難民出身の者が経営するレストランに集まり、夕食を共にし、雑談することにした。三〇年ぶりに再会した。

アジア福祉教育財団に勤務している森永兼一氏にも声をかける。

ＪＲ代々木駅近くのカンボジア料理店「アンコールワット」で、二五〇〇円のコースにビールを飲み、一人四〇〇〇円だった。インドシナ難民だった店長のお父さんは高齢になり、店にはいらっしゃらず、自宅におられるとのことであった。店内は、若いお客で一杯だった。

壁に奥野誠亮先生の顔写真が貼られていた。

七月一五日には、霞ヶ関駅と続いている飯野ビル地階のベトナム料理「イエロー・バンブー」で、ベトナム料理を味わった。

経営者のベトナム出身、南雅和氏を次に紹介する。幸い、アジア福祉教育財団の機関紙「愛」三五号（二〇一一年一二月発行）六九頁に「念願のベトナム料理店をオープン」を書かれているので、この文章を基に綴ってみる。

3．南雅和さんのこと

(1)　沖縄の漁船が救助

一九八三年（昭和五八年）、今から約三三年前、ザン・タイ・トアン・ビンはまだ十代の少年だった。両親と一緒だったと思うが、ボートに乗り、ベトナムを離れた。

フィリピン沖で漂流した。運良く、沖縄の漁船に救助された。その漁船は日本政府に通告し、指示に従い、彼等を日本に上陸させ、大村の難民一時レセプションセンターに入所させた。大村難民一時レセプションセンターは、昭和五八年四月一日開所したばかりであった。センターは、日本に定住するかどうかを問うた。ビンと一緒に同乗したベトナム人の多くは、米国行きを希望した。ビンは、こう述べている。

「しかし私はこの時、既に日本への定住をたった一人で決めていました。漂流中の私達をすぐ救助してくれて、日本政府の許可の下にこのセンターへの入所の手はずが決まったということで、日本が救いの神だという想いでいっぱいでした。この頃の日本に関する知識は『トラトラトラ』という映画での、非常に勇気のある『侍』の印象だけでした。」

このあと、やはり昭和五八年に建設された東京・品川の「国際救援センター」へ移される。ビンは、ここで、六カ月間、日本語を学んだという。四カ月であったが、就職先が決まるまで、日本語教育を受けたと思われる。

（2）電気設備の会社

アジア福祉教育財団は、プリント基板の会社を紹介した。

「十代という若い年齢のため仕事の吸収が早かったこともあり、どんな機械でも、どんな部署でもひととおりの仕事をあっという間に覚え、楽しくて仕方がありませんでした。いつしか私は会社になくてはならない存在だといわれ、指導的な立場になっていました。その年齢にしては給料も大変高額でした。」充実した日々であった。

（3）暁星国際高校、麗澤大学

アジア福祉教育財団の奥野誠亮会長の発案であるが、昭和五五年から、毎年秋の日曜日に、「日本定住難民とのつどい」を開いている。定住センターを「卒業」した難民、難民を雇傭している中小企業の社長などを表彰、招待して、プロの演芸、音楽家の出演、ベトナム、ラオス、カンボジアの民族舞踊を難民の有志が実演する、同窓会であり、学芸会である。

ビンは、仲間との出会いを楽しみに、「日本定住難民とのつどい」（現在は、新宿区の新宿文化センターだが、当時は、品川区の文化会館だった）に参加した。

「ところが大入り満員で席がない。しかたなく一人で、階段に腰掛けて、催し物に見入っていた。」この時、聖心女子大学のシスターが声をかけて、ロビーで話をする。

ビンの経歴をきき、ある人を紹介される。そのような縁があって犬養道子氏に会い、犬養道子基金により暁星国際高校へ入学する。

そのあと、千葉県柏市にある麗澤大学へ進学する。麗澤大学には竹原茂（ウドム）教授がいた。そのことが大学を選ぶ動機になったのか、入ってみたら竹原教授がいたのかは分からない。

ビンは、「難民として日本にいる私達がなすべきことは何か」と考え、麗澤大学で「難民研究会」を立ち上げる。そして、ラオス難民でもある竹原茂教授に顧問になってもらった。竹原教授は、喜んだと思う。

難民研究会は映画の上映会などを開催し、学生、マスコミ関係者に「難民」について理解してもらうことに務めたという。

（4）ベトナム駐在員

ビンは、「国際救援センター」で通訳ボランティアもしていた。大学を出たらアメリカへ行こうか、とも考えていた。偶然、（株）サンヨーの関連会社サンテックの関係者がベトナム駐在員の募集のため、センターを訪問していた。このとき、訪問者はビンをいたく気に入り、「この会社に来ないか」と誘った。

その人が「大変誠実そうな感じを受けた」ので、ビンはその会社に就職することにした。そして「一年間、日本の現場で電気設備などのノウハウを身につけて、ベトナム駐在に備え日本国籍を取得し、ベトナム勤務」になったのである。

南雅和となり、ベトナムで駐在員の仕事をしながら考えた。

「日本に戻ったら会社員として一生終わることもよい。しかし、自分にはベトナム人としての血が流れている。何かできないか」。こうして考えた末、南は、「本当に美味しいベトナム料理を日本人に紹介したい、との思いが募りはじめた。」「本物のベトナム料理はこれだ！」というもので勝負したい、と決めた。

ベトナム駐在員の六年間を終え、その会社を退職した。

（5）夢の実現

南は、ベトナム料理店の開店のため、アルバイトに心血を注いだ。様々なアルバイト先で、接客、仕入れ、飲食店を開店させるノウハウ、在庫管理などを勉強した。そして二〇一〇年、大森駅そばのビルに「イエロー・バンブー」を開店した。

ある大手のビル会社の役員会が、「イエロー・バンブー」で開かれた。出席していた役員の一人が、「霞ヶ関」への進出を強く勧めた。

南は、「清水の舞台から飛び降りる」覚悟で、移転を決意する。

飯野海運の飯野ビルは、新築し直したばかりであった。これに対応して料理、内装など、すべてをグレードアップした。ベトナムから一流ホテルの総料理長を招聘した。

店内も、店名にちなんだ竹材を用いた装飾を施し、ベトナムの風流な装いにした。

南は、「本物のベトナム料理はこれだ！」というもので勝負している。

この私の拙文を読まれた方は、ぜひ一度、イエロー・バンブーで、ベトナム料理を味わって欲しい。「おまかせ」のコースもいいし、「フォー」や春巻きなど、それぞれ注文するのもいいと思う。

私は、開原、高橋、森田の諸氏と共に、インドシナ難民出身のレストランを順番に訪問し、味わってみたいと思っている。

二　グエン・バン・トアさんと民族料理店一覧

1. インドシナ難民とシリア難民

二〇一六年一月二四日付け朝日新聞に、「ボートピープル　日本に生きる難民」「インドシナを逃れ30年超、いまシリアを憂う」との見出しで、日本で生きているインドシナ難民が「四六〇万人が国を追われたシリアの難民問題」をどう見ているか、という記事を伊東和貴記者が書いている。

横浜市のベトナム料理店主グエン・バン・トアさん（五六歳）は、ベトナム南部ミトーの出身、一九八〇年代、祖国を船で脱出したボートピープルだ。「逃げなさい」という父母の言葉に従い、二〇歳のトアさんは一九八〇年一〇月、百数十人がひしめく木造漁船に乗り込んだ。四日目にオランダのタンカーに救われ、千葉に上陸し、沖縄や東京の難民支援施設を経て、神奈川県藤沢市の自動車部品工場で働いた。

今から約一五年前、グエン・バン・トアさん四〇歳の頃、独立し、レストランを開業した。ベトナム難民の多く住む横浜市泉区上飯田町の団地に、ベトナム料理店「サイゴン」を開いたのである。子供三人は、みな成人した。幸い、店は順調である。

グエン・バン・トアさんは、「東日本大震災が起きた時は、津波の映像に涙が止まらなかった」と言う。二〇一一年夏、仲間とバスで宮城県石巻市にいき、フォーや揚巻を被災者に振る舞った。二〇一三年秋のフィリピン台風や昨春のネパール地震でも、仲間と義援金を集めた。

昨年秋、シリア難民の男児（三歳）がトルコの海岸に遺体で漂着した映像を見て、グエン・バン・トアさんは、「いろんなことを思い出した。自分も、ああなっていたかもしれない」と振りかえる。

伊東和貴記者は、彼が乗船した「沖縄県の那覇沖の西三キロの東シナ海で発見されたベトナムの難民船」の写真を探し出し、掲載している。

この記事は、群馬県の福祉施設で働くグエン・バン・リーさん（六三歳）のことも書いている。リーさんは、「（インドシナ難民と）状況が違うし、受入れが難しいのも分かる。でも、私達はみんな同じ気持ち。できれば難民を助けて欲しい」と語ったという。

2. ベトナム・カンボジア・ラオス料理店

一九七九年から三年間、インドシナ難民の受入事業に関わった私は、二〇一六年になって、アジア福祉教育財団難民事業本部に在職した高橋正弐氏、開原紘氏、森田治郎氏、森永兼一氏と再会し、久しぶりに親交を暖めた。お互い、高齢者になったが、時間だけは、たっぷりある。これからは、できるだけ、インドシナ難民出身者が開業している料理店を順次、会合の場所にして、エスニック料理を楽しみながら、シリア難民問題などを議論しようと思っている。

殆ど森永兼一氏から教えて頂いたのだが、それらのレストランの一覧表を、それぞれの店主の許可を得て、次に掲げる。
①店名、②住所、電話、③経営者、④出身施設、⑤経営者からの手紙。

●ベトナム料理店

1　①イエロー・バンブー
②〒一〇〇―〇〇一一　東京都千代田区内幸町二―一―一　飯野ビルディング地下一階　（〇三）六二〇六―一四六一
③南雅和（みなみ まさかず）

④国際救援センター

2

①サイゴン

②〒二四五—〇〇一八　横浜市泉区上飯田町三一七三　メイプレ中和田　(〇四五) 八〇五—六〇八一

③グエン・バン・トア

3

①サイゴンレストラン

②〒一七〇—〇〇一三　東京都豊島区東池袋一—七—一〇　鳥駒第1ビル三階　(〇三) 三九八九—〇二五五

③ファム・スアン・クエ

※二〇一六年九月一六日、大家、開原、高橋、森田、森永は、池袋駅近くのこのベトナム料理店に入った。歴史が古い。店内は、すぐ満席になった。われわれはベトナムのビールを飲み、一人四四〇〇円であった。

4

①タンハー (TANH HA)

②〒二四五—〇〇一八　横浜市泉区上飯田町三〇五〇　(〇四五) 八〇三—二五九七

③

④

5

①カイユア

②〒二二二—〇〇三一　横浜市港北区大豆戸町四八〇—一　菊名ハイツ一〇三　(〇四五) 四三四—二四六七

③グエン・タン・ハオ

④国際救援センター

6

①Giang's　ジャン

②〒一五八—〇〇九四　東京都世田谷区玉川三—五—七　黒川ビル三階　（〇三）三七〇〇—二四七五

③ジャン

④ODPで入国した。

7

①HONG HA　ホン・ハ

②〒四六八—〇〇七四　愛知県名古屋市天白区八幡山三四—一　（〇五二）八三五—八五三三

③ヴ・クオック・タイ

④国際救援センター

8

①DONG AN　ドン・アン

②〒五八一—〇〇八五　大阪府八尾市安中町八—五—二　（〇七二）九九二—五七二三

③

④

●カンボジア料理店

1

①アンコールワット

②〒一五一—〇〇五三　東京都渋谷区代々木一—三八—一三住研ビル一階　（〇三）三三七〇—三〇一九

③ゴー・ミン・トン

⑤大和定住促進センター。家族全員で経営。カンボジアに小学校を寄付した。

2

①アンコール・トム

②〒一九四―〇〇一三　東京都町田市原町田六―一一―一四　菊甚ビル三階　（〇四二）七二六―七六六二
③ペン・セタリン（PENN Setharin）
④元留学生
⑤カンボジア&エスニック・レストラン「アンコール・トム」です。おすすめ料理は、1，カンボジアのそうめん、ナムヤとサムロークマエ。2，プラホック・クテイです。コース料理は、三〇〇〇円より。店は、小田急町田駅より徒歩三分。ＪＲ町田駅より歩いて五分です。
（ペン・セタリンさんのことは、妹の久郷ポンナレット『虹色の空』（春秋社・二〇〇九年）、久郷ポンナレット・久郷真輝『19歳の小学生』（メデイアランド・二〇一五年）に触れられている。）

3

①アプサラス　カンボジア・ベトナム料理の店
②〒七三九―〇〇二五　広島県東広島市西条中央一―八―三一　（〇八二四）二一―三一七六
③イエップ・イエン・イエン（女性）
④大和定住促進センター。カンボジア人で、夫はベトナム人。
⑤私の名は、イエップ・イエン・イエンと申します。一九八七年に来日。大和センターの五八期生です。一八年前に帰化し、今は張富裕子と申します。二〇年前からカンボジアとベトナムの料理店アプサラスを経営しています。私の店は一九七五年、戦争前の味です。祖母と母から伝わった味です。当店では一切アレンジしておりません。本場の味のままで皆さんに提供しています。人気メニューは、お米うどんとベトナムのお好み焼き、生春巻きなどなど。ベトナム三三三ビールとベトナムの焼酎が人気です。コース料理は二五〇〇円から四〇〇〇円がございます。一番近い駅は東広島市の西条駅です。駅から直行歩いて一五分から一八分です。これからもこの味を守っていきたいです。

●ラオス料理店

1　①ルークチン
②〒二四三–〇〇〇一　神奈川県厚木市東町二–一　リヴァージュ21二〇一　(〇四六)二五九–九九四六
③水谷誠
④大和定住促進センター。東海大学教養学部国際学科卒業。

2　①Ｄｅｅ
②〒二五〇–〇八七五　神奈川県小田原市南鴨宮一–九–二三　白金ビル１Ｆ・Ｄ　(〇四六五)四二–九一三九
③関根麻仁(せきね まに)
④

●シャン料理(ミャンマーからタイにかけて住んでいるシャン族のエスニック料理)

1　①ノングイレイ
②〒一六九–〇〇七五　東京都新宿区高田馬場二–一九–七、タックイレブンビル一階　(〇三)五二七三–五七七四
③サイセンモック
④大和定住促進センター

●お願い
・東京都北区十条仲原一－一－七にあったベトナム料理「青いパパイヤ」
・神奈川県平塚市横内にあったカンボジア料理「アプサラ」
・神奈川県海老名市にあったラオス料理店「パカーラン」
以上のお店の移転先など情報をご存じの方、ご教示ください。

第Ⅳ部　資料

一　奥野誠亮衆議院議員の国会・予算委員会質問（一九七八年）

昭和五三年（一九七八年）二月一四日、衆議院予算委員会（第八十四回国会）において、奥野誠亮衆議院議員は、インドシナ三国の難民に関して政府に質問を行った（第一類第十三号、予算委員会議録第十二号　昭和五十三年二月十四日）。

この質問は、福田赳夫内閣（一九七六年一二月二四日～一九七八年一二月七日）のときで、予算委員会の委員長は中野四郎衆議院議員である。

奥野誠亮衆院議員は、第二次田中角栄内閣（一九七二年一二月二二日～一九七四年一二月九日）において、一九七二年一二月二二日から一九七四年一一月一一日まで文部大臣をされた。また、鈴木善幸内閣（一九八〇年七月一七日～一九八二年一一月二七日）の法務大臣、竹下登内閣（一九八七年一一月六日～一九八九年一月八日）の国土庁長官を一九八八年五月一三日まで務められるが、この質問に立たれたときはまだ入閣されておらず、衆議院議員である。

瀬戸山三男法務大臣、、園田直外務大臣、稲村左近四郎総務長官が答えた。

また、政府委員として吉田長雄法務省入国管理局長、大川美雄外務省国際連合局長が答えている。

午後一時一分開議

○中野委員長

休憩前に引き続き会議を開きます。

これより一般質疑に入ります。質疑の申し出がありますので、順次これを許します。

奥野誠亮君。

○奥野委員
私がお尋ねしたい焦点を明確にする意味におきまして、私見をいろいろ申し上げることがございますが、その点、あらかじめ御了解を賜っておきたいと思います。

最初にお尋ねしたい問題は、インドシナ三国の難民にかかわる問題でございます。世界の難民は一千万人に及ぶと言われていますし、国連難民高等弁務官事務所が一九七三年に扱った難民の総数は、二百三十万人であったと記しています。ベトナムの戦争が終わってもう三年になりますのに、今日もなおインドシナ三国から他国に逃れ出ようとする人たちの続いていることは、まことに不幸なことであります。ベトナムから海を越えてアメリカに渡った人たちが十五万人を超えていますし、ラオスとカンボジアと陸続きになるタイに逃れた人たちも十五万人になっております。ベトナムから小舟を使って二百キロから三百キロの沖合いに出て、そこを通る外国航路の船に救いを求める。運よく救われるのは、小舟を手にした者の二割を切るとも言われているようですが、難民を乗せた船が日本の港に着く。そこで上陸を求めて一時上陸を許されたのが、三年前で百数十人、二年前で二百数十人、昨年で八百数十人、合計して千二百人を超えていると承知しております。難民十五人を乗せた船が日本に寄港し、一週間の停泊中に荷物の積みかえを終えましたけれども、なお難民を引き取る国が決まらなかった。そのために難民の一時上陸も許されないで、その船はやむを得ずその難民を乗せたままで出港していったわけであります。しかし、そのうちの二人は妊娠していたので、ここで十五人が二人と十三人に引き裂かれ、二人だけが上陸を許されたという話を聞いたことがありました。私は福田総理に、ＡＳＥＡＮで心と心の触れ合いを叫んでこられたが、日本のこんな話を聞いたら、そんな言葉を信用しなくなりますと申し上げたことがありました。

そこで、伺いたいのでありますが、現在は、その難民の引き取り国が決まっていなくても上陸が許されるようになったかどうか、難民関係閣僚協議会を設けられましてから、その後に方針の変更があったかどうか。

もう一つは、これまで日本に寄港した船に救われてまいりました難民のうち、上陸を許されなかった者が何人あったかということをお尋ねしておきたいと思います。

○**瀬戸山国務大臣**　仰せの難民問題は、率直に申し上げて非常に気の毒な立場でありますから、できる限り人道的な立場でこれを手当てをしたい、こういう方針でやっておりますが、さればといって、全部これを受け入れて日本の国内で処置ができる、かようなことでもございませんので、一定の条件のもとで一時受け入れをしておる、こういう状況でありましたが、いまお尋ねの点については事務当局からご説明をいたさせます。

○**吉田政府委員**　ただいま大臣から御答弁のありましたように、法務省としては人道的に処遇することを念頭に置いて対処することとしておりまして、救助船舶が本邦に入港いたしましたときは、国連難民高等弁務官がこれらのものを難民と認定し、定住先国のあっせんや本邦滞在費の負担保証があった場合は、一次的に上陸を認めております。ただし、救助船舶が外国船舶である場合には、それに加えて、さらに当該外国政府の引き取り保証を取りつけることにいたしております。

次に、お尋ねの、船舶に救助されてわが国に入港した難民のうち、現在までに一千二百六名が上陸を許可されております。そのうち八百四十二人がすでに外国に出ていっており、現在三百九十一名が残っておる次第でございます。四十五件、現在許可しておりますが、そのほか三件だけは許可されなかったケースがございます。

○**奥野委員**　時間の関係がございますので、要点だけ簡潔にお答えいただきたいと思います。

いまお話のありました、日本に上陸した難民をその後引き取ってくれた第三国すなわち難民の出国先と、出国別員数はどうなっているかということ。それから、十一月から二月は海が荒れていますが、三月になると海が静かになる。また日本へベトナムの難民が上陸を求めてくるようになると予測する向きが多いようでありますが、この点もお教えをいただいておきたいと思います。

○吉田政府委員　出国難民数は、ただいま申しましたように、二月十三日現在八百四十二人でございますが、その出国先の状況は、米国に向かって六百六十人、スイス四十一人、パラグアイ三十二人、イギリス三十人、カナダ二十三人、フランス二十人、ノルウエー十五人、オランダ十一人、その他十人となっております。

なお、いまは海が荒れておりますが、三月以降はどうなるかという御質問に対しましては、過去三年の例から判断いたしますと、三月で海が静かになってくると、やはりわが国に向かってくる人が増加してくるのじゃないかと思われます。

○奥野委員　私は昨年暮れ、国連難民高等弁務官事務所の日本駐在の職員から、日本に滞留している難民には、一人一日九百円の割合で生活費を支給しているが、一つには、世界各地で行っている難民保護のための費用を、日本もできるだけたくさん分担拠出してもらいたい、なろうことなら日本が国連の費用を分担している八・六％を参考にしてもらいたいものだということと、もう一つは、ベトナム難民の引き取りに日本も何人でもいいから協力してもらえないものだろうか、これが自分たちのところの希望であるということを言っておったわけでございまして、また、藤沢市内にありますカリタス・ジャパンの施設に収容されているベトナム難民を訪ねましたときに、その施設では、難民一人につき一日九百円の支給を受けているが、そのうち三百円を共通の経費として保留し、暖房用の灯油の購入代などに充てて、残余の六百円は、一律に人数割りで各所帯に支出しているということでありました。

日本政府は、日本に上陸している難民の費用は直接には負担していないと聞いておるわけでありますけれども、難民高等弁務官事務所に世界の難民保護の費用として、五十二年度で拠出した金額は幾ばくであり、その金額が、一九七七年に世界各国が拠出した総額の中で何％を占めているものだろうか。
もう一つは、五十三年度の予算案の中に計上されている日本の拠出予定額とその算出の基礎をお示しいただいておきたいと思います。

○大川政府委員

昭和五十二年度におきます国連難民高等弁務官事務所に対します拠出は、金額で申しますと八万ドルでございます。これは国連難民高等弁務官事務所の通常援助計画に対する拠出でございまして、その計画に対する各国の昨年十一月現在の拠出総額の〇・四％というところでございます。これは非常に少なく聞こえますけれども、同時に昨暦年度におきまして、いまの通常計画に対する八万ドルの拠出とは別に、国連難民高等弁務官インドシナ国外難民援助計画に対して約五十三万ドルを、特別拠出という形で支出しております。それの予算年度は実は五十一年度でございますけれども、支出いたしましたのは昨昭和五十二年でございます。その五十三万ドルの拠出は、同じ七七年中の各国のインドシナ国外難民援助計画に対する拠出の約四％となっております。

それから、五十三年度予算案の中では、国連難民高等弁務官事務所に対しまして総額四億円余りを計上しております。その内訳を先ほどとの対比上ドルに換算して申し上げますと、通常計画に対する拠出は五十二年度と同じ八万ドル、それからインドシナ難民援助計画に対する特別拠出としては百四十七万ドルくらいの額になろうかと思います。

わが国は、アジアにおきます先進国といたしまして、この難民問題の解決に積極的に協力すべきであるという基本的な立場から、難民高等弁務官事務所に対する拠出を決定いたしております。昨年は我が国に流入する難民が急増いたしましたので、これに伴って本邦の難民収容団体が難民高等弁務官事務所から受けた援助額が増加いたしました。その事実も計算に入れまして五十三年度の予算要求の算定基準といたした次第でございます。

○奥野委員

若干お尋ねいたいことがありますが、時間の関係で後で申し上げたいと思います。

私は一月前タイへ参りました。タイ政府は新しい難民の入ってくることを食いとめようとしたけれども、逃げてくる人たちがいまに続いているということでありました。タイ国滞留の難民は、三年前で六万七千人、二年前で七万七千人、昨年末で約十万人。タイに逃げてきた難民の総数が十五万人で、そのうち五万人を第三国が引き取ってくれたということでありました。

タイ政府発行の資料によりますと、この多数の難民をタイに居住させる長期的プログラムを考えることは不可能である。しかしながらわれわれは、難民の数がかなり減少した場合、それらのうち何人かをタイに受け入れる可能性を研究している。難民の問題の複雑さを理解して援助してくれた国々に感謝している。解決するにはタイ国だけでは不可能である。これらの不幸な人たちを助けるために、人道主義を標榜する世界じゅうの全ての国家が共通して責任を負わなければならない。われわれは、他の国々が人道主義の名のもとに定住する機会をつくり出す方向に一歩を踏み出し、国家を失った人々がタイ国を離れ、新しい生活を始めることができるように願っていると記しているわけであります。同時に、この資料の中に、こうした難民の受け入れに力をかしてくれている国としアメリカ、フランス、オーストラリア、マレーシア、カナダ、西ドイツの名前を挙げていますが、日本という名前はありません。

さらに私は、国連難民高等弁務官のバンコク事務所を訪ねて説明を受けました。それによりますと、タイにいるインドシナ三国からの難民に対し滞在費、食料費、医療費、教育費等を含めて、国連難民高等弁務官事務所から一人一日六十円ずつ支出している。その金額は、国境に居住している住民の生活と比べて豊かではないが、必要なものは満たしていると思う。少なくとも九〇%以上には当たっている。不足しているとすれば、その分は救恤金やタイ政府の負担で賄われているということでありました。また、難民保護の費用を分担拠出してくれない国もある。難民を引き受けてくれない国もある。二つともしてくれない国もあると言っていましたが、若干、私にはひっかかるものがございました。

続いて、タイ政府の担当課長の案内を受けまして、バンコクから東北へ二百キロ余り離れたところにありますシキュー収容所を視察してまいりました。タイ国内にある十三の収容所の一つで、二年前に開設されたものです。タイ国の刑務所跡で、その関係から周囲にたくさんの有刺鉄線をめぐらしていました。もちろん難民のことですから、ここを逃げ出そうとする者は一人もいないということでありました。

そのとき現在で、収容中の難民千八百十八人、ここから第三国に引き取られた者が三千二百五十一人、したがって、二年間にこのキャンプに来た者は五千人余りということになります。

引き取りは、各国の大使館の職員がこのキャンプに参りまして本人に面接する。収容所では、本人の出生の時期や場所、ここに来る前の経過、収容所内での生活態度などを書いた保証状を作成しております。この保証状と本人とを見比べながら引き取りの可否を決定しているということでありました。

収容所長の説明では、食費として、十二歳以上には一括して一人一日四十四円、十二歳未満には一括して一人一日三十二円を支給しており、難民の方としてはこれで満足してもらっているということでした。まずそのとおりだと感じました。さらに医師一人、看護婦一人を常駐させており一週間に一回、病院から医師が見回りに来る。また、午前にはタイ語っを、午後には希望に従って英語、フランス語、ドイツ語を教えているということでありました。

二万五千坪の敷地内をつぶさに見て回りましたが、二十代の青年が満一歳ぐらいの子供をこわきにいたしまして、私に一枚の免状を見せながら、六カ月前にラオスのビエンチャンから逃げてきました、何とかして日本に行けないものでしょうかと言うのです。見ますと、その免状は昭和四十七年に講道館から発給された柔道二段の免状でした。柔道の教師をしていたようでございます。命がけで逃げてきたのですが、日本に行きたいばかりにこの免状はは だ身離さずに持っていたわけでございます。

もう一人は、綿々としたためた手紙を用意しておりまして、この手紙でありますが、それには、私はラオスから逃げてきました。ラオスの日本大使館や東洋綿花に関係するところで働いてきた者であり、日本に行きたいので日本の大使館に手紙を出したのですが何の返事もありません、何とかならないものでしょうかという嘆願でございました。

そこでお尋ねであります。個人が営々として財を積んでいく。エゴイストと言われようが利己主義者と言われようが意に介さない。しかし、相当の財をなすようになりますと、社会のことにも気を配らないと社会からつまはじきにされる。日本は、敗戦の廃墟の中から立ち上がり、日本株式会社と言われながらも経済の発展に努め、今日の経済大国としての地位を築き上げました。そうなってきますと、やはり世界のことにも心を配っていかないと世界から信頼を失う、世界のきらわれ者になってしまうおそれがあります。協力というのは、利益を分かち合うばかりではなしに、犠牲をも負担し合うことは言うまでもありません。今日、世界には自由社会であれ共産社会であれ、一国でこれを引っ張っていける国はありません。多極化しているとも言われております。これから先、日本はいろいろな運命に遭遇していくことでありましょうけれども、アメリカとの外交関係にまさるとも劣らない大切なことだと思います。そうであれば、アジアで困っている国、困っている問題があれば、そこから目をそらすのではなく、場合によっては苦難をも分かち合おうとする姿勢が大事だと思うのであります。

（委員長退席、栗原委員長代理着席）

一民族一国家のわが国に大量の異民族を受け入れよと主張する意思はありません。しかし、少なくとも難民の中で日本と特別な関係のあった人々があり、これを保護する企業なり慈善団体なりが日本に存在する場合には、この難民を日本に受け入れ、さしあたり定住を認めるくらいの姿勢を打ち出してほしいと私は思います。これまでの日本の姿勢では、大使館が難民の手紙を受け取っても返事のしようがなかったかもしれません。しかし、難民の命をかけた手紙には親切に対応するだけの日本の姿勢であってほしいのであります。私が挙げた二人についても、大使館が話を聞いておくくらいのやさしさを示してほしいと思います。これらの点についての外務大臣の所見をお伺いしておきたいと思います。

あわせて法務大臣、総理府総務長官のお考えもお示しいただきたいと思います。

○園田国務大臣　ただいま御指摘のようでありまして、世界各国から、日本の難民に対する取り扱いについては不当な非難がございまして、各国から日本は非難が集中されておるところでございます。そこで、昨年九月二十日、関係閣僚協議会を開きまして、この一時滞在を円滑に受け入れ、そしてこれを親切に待遇するように申し決めをいたしましたものの、その根本は、やはり定住問題が解決されるところが一つの大きなつぼであると考えます。

なお、一生懸命に避難者への日々の給付、それからお世話はやっておるものの、非難がありますのは、避難所がいままでなかった、それからよその船でございますから受け入れが手間取ると、結局それに対する非難が出てくる。なお、また、存じませんでしたが、いま御指摘のような手紙を出しても大使館が返事を出さない、あるいは収容所に行って何となしにめんどうを見る、こういうことがきわめて大事でございまして、いまやこのままほっておくと、日本は人道的見地からの物の考え方をしない国である、こういう非難さえ出てくるところでございますから、私の方では、特に在外公館等には、もう一遍こういう点に留意をして、この非難を受けないように、なお国内的には定住問題についても関係各省と相談をして、日本は自分の方で受け入れないでよその国へ全部押しつける、こういうことを言われないようにすべきであると考えております。

○瀬戸山国務大臣　問題は、おっしゃるように、難民を日本に定住させるかどうかという点でございますが、まあ何とか定住の方法をということで各省検討しておるわけでございますけれども、何しろ、御承知のように非常に人口の多いところで、生存競争が激しいわが国の状況で、ああいう難民の方が安定して生存できるような状況ができるかどうか、そういうところに確信を持てない点が現在あるわけでございまして、先ほど申し上げましたような程度のお世話をいたしておる。

そこで、従来は国連の高等弁務官、この事務所だけに拠出しておりましたが、五十三年度からは、御承知だと思いますが厚生省所管で、日赤その他民間でお世話しておりますから、そういう方面にも助成金を出そう。それからもう一つは、法務省所管でありますけれども、昨年から続いておりますが、千葉にある少年院の不用になったものを改造して、そこに収容施設をつくろう、こういうことをやっておるわけでございますが、定住の問題についてはもう少し各省庁で検討を要する問題になっておるわけでございます。

○稲村国務大臣

お答えします。総理府といたしまして、国内に住むベトナムの難民に対して種々いろいろな対策を講じてまいったわけであります。しかし、いま御質問の点についてはいろいろと問題もあるかと、こう思いますので、各省庁十分連携のもとに検討を加えてまいりたい、こういうふうに思っております。

○奥野委員

問題のあることでございますから方針の確定が手間取っているのだろうと思いますけれども、せっかく昨年、関係閣僚会議も設置していただいたことでございますので、ぜひ推進して頂いて、外務大臣がお述べになりましたように世界じゅうから批判を受けているようないまの態勢は、できる限り早くその誤解を解くなり、あるいは積極的に理解してもらえるような姿勢になりますことを期待いたしておきたいと思います。

いろいろ申し上げたいこともございますが、外務大臣が大変理解のある姿勢をおとりいただいているようでございますので、その御努力に私は期待をいたしておきたいと思います。総理府総務長官はまとめ役でございますので、よろしくお願いを申し上げます。この手紙だけひとつ外務大臣に受け取ってもらいたいのです。

次に、在外公館の問題についてお尋ねをしたいと思います。

（このあと、奥野委員は、在外公館の役割、在外公館へ外務省以外の役所から出向者が多くなり、彼等が直接本省と連絡し、大使がつんぼさじきに置かれている。外務省は人事権をもつのであるから厳しい態度をとるべきだ。同時に大使には、言論界、経済界等から新しい血を入れ、あるいは外務省ＯＢの起用を考えてはどうか。在外公館の現状をどう認識するか、その機能の充実にどう取り組むか。外務大臣の職責をどのように果たされようとしているか、について園田外務大臣に質した。難民問題に直接関係しないので、以下省略した。）

コメント

奥野誠亮議員の行ったこの質問により、次のことが判明した。

1　昭和五三年（一九七八年）一月、奥野誠亮議員はタイ国へ入国され、タイ国の国連難民高等弁務官事務所、難民収容所などを訪問、視察された。

2　国連難民高等弁務官事務所は、タイ国にいるインドシナ三国の難民に、滞在費、食料費、医療費、教育費等として、一人一日六〇円を支出している。不足分は、タイ政府が負担している。

3　バンコクから東北へ約一〇〇キロの地点にあるシキュー難民収容所を視察された。タイ国内に、一三の難民収容施設があり、シキュー収容所はその一つである。

二年前に開設のシキュー収容所には、一八一八人が収容されていて、すでに、ここから三二五一人が第三国へ出国していた。二年間に五〇〇〇人余り、このキャンプに滞在した。

4　引き取りは、各国大使館の職員が本人に面接する。収容所では、本人の出生の時期、場所、ここにくるまでの経過、収容所内での生活態度について保証状を作成している。各国大使館職員は、この保証状と本人とを見比べて引き取りの可否を決定している。収容所では、食費として、一二歳以上は一括して一人一日四四円、一二歳未満は一人一日三二円支給している、医師一人、看護婦一人を常駐させている。
一週間に一回、病院から医師が見回りに来る。
午前にはタイ語、午後には、希望に従い、英語、フランス語、ドイツ語を教えている。

5 収容所の敷地は二万五〇〇〇坪で、つぶさに見て回って、二人のラオス人青年に会った。
満一歳の子供をもつラオス人の二〇代の青年は、講道館発給の柔道二段の免状をもち、柔道教師をしていたが、ぜひ、日本に行きたいと陳情された。

また、ラオスの日本大使館や東洋綿花に関係する所で働いていた青年から綿々としたためた手紙を差し出され、日本に行きたいという嘆願を受けた。在外公館にも手紙を出したという。

6 奥野誠亮委員は、一民族一国家の日本に大量の異民族を受け入れよ、と主張するつもりはない。
しかし、難民の中で日本と特別な関係のあった人々があり、これを保護する企業、慈善団体が日本に存在するなどの場合、この難民を日本に受け入れ、定住を認める姿勢を打ち出してはどうか、と質した。

7 園田外相は、日本の難民に対する取り扱いについて、世界各国から非難されている、そこで、昨昭和五二年九月二〇日、関係閣僚協議会を開いた。在外公館にも手紙に返事を出さないことはせず、非難を受けないようにしたい。国内的には、定住問題について関係各省と相談したい。

8 瀬戸山法相は、（日本は）非常に人口の多いところで、生存競争が激しい。難民の方が安定して生存できる状況ができるかどうか確信がもてない。五三年度から、厚生省から日赤などに助成金を出す。定住の問題は、各省で検討を要する問題になっている。

9 稲村総務長官は、総理府としては、難民対策室を窓口として国内に住むベトナム難民に種々対策を講じてきた。御質問の点について、各省庁十分連携のもとに検討を加えてまいりたい。

二　インドシナ難民・条約難民・移民・入国関係年表（一九六四〜二〇一六年）

●一九六四年（昭和三九年）

八月二日　・アメリカ国防総省、米海軍駆逐艦マドックスがトンキン湾で北ベトナム魚雷艇の攻撃を受けたと発表した。

八月四日　・米軍機が北ベトナムを報復攻撃した。
アメリカ上下両院は、トンキン湾事件について、大統領への軍事権限一任決議案を採択した。

一二月二〇日　・グエン・カオ・キ将軍が南ベトナムの実権を掌握した。

●一九六五年（昭和四〇年）

三月　・米国海兵隊ダナンに上陸。

●一九六九年（昭和四四年）

一二月一二日　・財団法人ヴェトナム孤児福祉教育財団設立される。

●一九七〇年（昭和四五年）

六月九日　・奥野誠亮自由民主党総務局長は、南ベトナムへ戦災孤児救済のための実情視察として、ベトナム孤児福祉教育財団（会長は松田竹千代元衆院議長）の調査視察団長の肩書きで、一週間の日程で出発した。
同行した者は、他に桜内義雄衆院議員、高木武三郎浴風園理事長、今岡健一郎淑徳大学教授、吹浦忠正拓殖大学講師、高橋喜代次日本赤十字社救護課長、倉光正治日本工営株式会社顧問の六名である。

六月二四日　・ＮＨＫの第二チャンネル「スタジオ１０２」に奥野誠亮団長と、今岡健一郎淑徳大学教授が出演し、南ベトナムに援助の手を差し伸べるよう訴えた。

●一九七二年（昭和四七年）

二月二一日　・アメリカのニクソン大統領、中華人民共和国を訪問。毛沢東、周恩来と会見する。

九月二五日　・田中角栄首相、中華人民共和国を訪問。毛沢東と周恩来と会見する。

●一九七五年（昭和五〇年）

四月一七日　・カンボジアで、クメール・ルージュがプノンペンを制圧した。

四月二一日　・サイゴン政権のグエン・ヴァン・ティエム大統領辞任。

四月二三日　・米・フォード大統領、「アメリカにとってインドシナ戦争は終わった」と演説した。

四月二八日　・サイゴン政権、ズオン・ヴァン・ミンが大統領就任。

四月三〇日　・南ベトナムで、北ベトナム軍、解放民族戦線軍がサイゴンへ無血入城し、サイゴン陥落、ベトナム戦争が終結した。

五月七日　・三木内閣の閣議において、南ベトナム臨時革命政府の承認を決定。

五月一二日　・ボートピープルが日本に初めて上陸した。

一二月二日　・ラオスは王政を廃止し、ラオス人民民主共和国が成立した。

一二月九日　・国連総会で「インドシナ難民」に対する人道的援護をＵＮＨＣＲに要請した。

●一九七六年（昭和五一年）

七月二日　・ベトナムが統一され、ベトナム社会主義共和国が成立した。

一〇月　・財団法人「ヴェトナム孤児福祉教育財団」を財団法人「アジア孤児福祉教育財団」と改称した。

●一九七七年（昭和五二年）

九月二〇日
・ベトナム社会主義共和国、国連に加盟。
福田赳夫内閣が閣議了解で「ベトナム難民対策について」を行い、「ベトナム難民対策連絡会議」を設置した。

●一九七八年（昭和五三年）

二月一四日
・衆議院予算委員会において、奥野誠亮衆議院議員は、（小舟で沖合に出、外国航路の船に救助された）難民の引き取り国が決まっていなくても、上陸を許すようになったか、難民関係閣僚会議を設置してから方針の変更はあったか、日本に寄港した船に救助された難民のうち、上陸を許可されなかった者の数は何人か、等の質問を行った。

四月二八日
・「ベトナム難民の定住許可について」閣議了解。

九月三日
・本邦、一時滞在難民に対し、初の定住許可を与える。

一二月七日
・第一次大平正芳内閣が成立した。

●一九七九年（昭和五四年）

一月一日
・アメリカと中国が国交正常化。

一月七日
・ベトナム軍、プノンペンを制圧。

二月
・外務省は、アジア局に「東南アジア難民問題対策室」を設置した。

二月一七日
・中国軍、懲罰としてベトナムに侵攻する。中越戦争。

三月五日
・中国軍、ベトナムから撤退。

四月三日
・「インドシナ難民定住対策について」閣議了解が行われ、定住枠五〇〇人を決定した。

五月三〇日　・国連難民高等弁務官事務所とベトナム、難民の「合法出国計画」（ＯＤＰ）に合意した。一九八〇年六月一七日参照。

六月二八日　・第五回先進国首脳会合（サミット）が東京で開催された。大平正芳首相は、インドシナ難民の受入れを表明した。

七月一三日　・内閣に、「インドシナ難民対策連絡調整会議」及び「インドシナ難民対策連絡調整会議事務局」の設置が決定した。

一一月二日　・財団法人「アジア孤児福祉教育財団」を「アジア福祉教育財団」に改称し、ここに「難民事業本部」を置くことにした。

一二月一一日　・アジア福祉教育財団は、姫路市仁豊野に「姫路定住促進センター」を設置した。

●一九八〇年（昭和五五年）

二月二九日　・大和市南林間に「大和定住促進センター」を設置した。

六月一七日　・閣議了解により、定住枠を一〇〇〇人に拡大した。一九七九年五月三〇日、ベトナム政府とＵＮＨＣＲ（国連難民高等弁務官事務所）の間で取り極められた「合法出国に関する了解覚書」（ＯＤＰ）（Orderly Departure Program）に基づき、家族再会及び他の人道的ケースの場合に限り、ベトナムからの合法出国を認めることになった。換言すれば、家族呼び寄せを認めた。

七月一七日　・奥野誠亮衆議院議員が鈴木善幸内閣の法務大臣として入閣し、一九八一年一一月三〇日まで勤め、その間、「出入国管理及び難民認定法」の制定に尽力をした。

●一九八一年（昭和五六年）

四月二八日　・閣議了解により、定住枠を三〇〇〇人にした。

五月二二日
元留学生で、日本に留まっていたインドシナ三国の者も定住枠に入れることにした。
・衆議院法務委員会で奥野誠亮法相は、第三国の旅券を有しており、在留期間徒過などの理由で摘発され、実は、インドシナ難民であるいわゆる「流民」について、「難民と実態に変わりがなければ、難民と同等の措置をする」とし特別在留許可を与える方針を示した。

六月一二日
・「出入国管理令の一部を改正する法律」（昭和五六年六月一二日法律第八五号）及び「難民の地位に関する条約等への加入に伴う出入国管理令その他関係法律の整備に関する法律」（昭和五六年六月一二日法律第八六号）が公布された。

六月一七日
・一時滞在施設は、日本赤十字一一箇所、カリタス・ジャパン一一箇所、天理教一箇所、立正佼成会一箇所、合計収容能力は一五四〇人、現在の収容者数は一五一四人、六月二二日に予定されている三六人が入港すれば満杯になる。朝日新聞六月一七日付けは「難民施設パンク寸前」と報じた。

一〇月三日
・政府は、国連事務総長に対し、一〇月三日、難民の地位に関する条約の加入書を寄託した。

●一九八二年（昭和五七年）

一月一日
・政府は、国連事務総長に対し、一月一日、難民の地位に関する議定書の加入書を寄託した。同日、日本について効力を生じた。
一月末現在の締約国数は、難民条約について八九、難民議定書について八八である。

難民条約が発効した。「出入国管理令」（昭和二六年一〇月四日政令第三一九号）、「不法入国者等退去強制手続令」（昭和二六年二月二八日政令第三三号）が廃止され、「出入国管理及び難民認定法」（昭和二六年一〇月四日政令第三一九号）が施行された。
「難民」と称する者が、条約・議定書の「難民」に該当するかどうかの認定業務を法務省入国管理局が担当することになった。

二月一日
・大村難民一時レセプションセンターを開所した。

七月九日
・国連難民高等弁務官事務所は、流出難民は一〇〇万人を超えると発表した。

七月
・行政監察で定住難民のアフターケアの充実を行うことなどを勧告された。

一〇月一九日
・難民条約上の難民の第一号、二六名が初認定された。

一二月
・この年、定住許可者が二〇〇〇名を超えた。

●一九八三年（昭和五八年）

四月一日
・東京都品川区に七〇〇名収容の国際救援センターを開所した。大村難民一時レセプションセンター、民間収容施設の収容能力が限界に達したため。

一一月一日
・閣議了解により、定住枠を五〇〇〇人に拡大した。

●一九八四年（昭和五九年）

三月
・外務省難民対策室は、定住難民の精神衛生、管理の調査を行った。

一〇月一日
・インドシナ難民雇用促進月間開始。

●一九八五年（昭和六〇年）

一月
・難民相談員制度が発足した。

五月一日
・海上救助率を向上させるため、国連難民高等弁務官事務所がＲＡＳＲＯ（海上救助定住提供制度）計画を創設した。

七月九日
・閣議了解で定住枠を一万人に拡大した。

●一九八六年（昭和六一年）

一一月二九日　・大島噴火による避難民を救援センターに一時収容。

一二月一日　・神奈川県インドシナ難民定住援助協会（現かながわ難民定住援助協会）が設立された。

一二月三一日　・タイ国政府が、カオイダン・キャンプを閉鎖した。

●一九八七年（昭和六二年）

二月　・カンボジア人妻子傷事件発生。

五月　・難民事業本部、難民相談室を設置した。

一二月　・定住許可者が五〇〇〇人を超えた。

●一九八八年（昭和六三年）

四月　・難民事業本部、主任難民相談員を配置した。計二〇名の相談員で、この中に六名の通訳が含まれている。

●一九八九年（平成元年）

五月二九日　・前年、直接漂流者二十二船、二八〇四名が上陸した。

五月下旬　・この頃から中国製の大型船で中国人又はもとベトナム在住で、中国の庇護を受けた華僑が品川の国際救援センター入っていること、又は日本上陸前に怪しまれたが、入国を認めたケースもあった。

六月　・ジュネーブにおいて、ＡＳＥＡＮ諸国主導のインドシナ難民国際会議が開かれた。問題解決のための包括的行動計画（ＣＰＡ）が採択された。

九月　・閣議了解により、ボートピープルに対する審査（スクリーニング）制度を採り入れた。

一二月二一日　・中国からの偽装難民の送還を開始する。

●一九九〇年（平成二年）

六月一日　・「在留資格」が、「出入国管理及び難民認定法」の別表で一覧式で表示されるようになった。「定住者」の在留資格が創設された。

九月一七日　・カンボジア最高国民評議会ＳＮＣ創設。

●一九九一年（平成三年）

一月一日　・緒方道子氏が国連難民高等弁務官に就任した。

一〇月二三日　・カンボジア問題パリ国際会議が開催され、一八カ国が和平の最終合意文書に調印した。

●一九九二年（平成四年）

三月一五日　・国連カンボジア暫定行政機構（ＵＮＴＡＣ）が正式発足。

三月三〇日　・カンボジア難民、帰還開始。

一二月　・定住許可者が八〇〇〇名を超えた。

●一九九三年（平成五年）

三月三〇日　・カンボジア難民帰還終了。

四月三〇日　・タイ難民キャンプのカンボジア難民、帰還終了。

五月二三日　・カンボジア総選挙。フンシンペック党が第一党。

九月二四日　・カンボジア王国、新政府発足、新憲法公布。

●一九九四年（平成六年）

二月　・ジュネーブ国際会議で、一九九五年末までにＣＰＡの終了を決定。

三月四日　・閣議了解によりボートピープルに対するスクリーニング制度を廃止し、以降、不法入国扱いとすることになった。

一二月六日　・閣議了解で定住枠一万人を廃止。

●一九九五年（平成七年）

一月一七日　・阪神大震災による神戸の罹災者七〇〇名を、一部姫路センターに受け入れた。

三月三一日　・大村難民一時レセプションセンター閉所。

一二月六日　・閣議了解により、定住受入れ枠一万人を撤廃した。

●一九九六年（平成八年）

三月　・ジュネーブ国際会議で、一九九六年六月末のCPA終了を最終確認した。

三月三一日　・姫路定住促進センター閉所。

六月一八日　・難民事業本部関西支部を開設した。姫路市に窓口を置く。

六月　・定住許可者が一万人を超えた。

●一九九七年（平成九年）

五月一日　・「出入国管理及び難民認定法」一部改正法公布。集団密航に係る罪を新設した。

七月一日　・香港が、英国から中華人民共和国へ返還される。

七月二三日　・ラオスとミャンマーが、ASEANに加盟（九国体制）。

●一九九八年（平成一〇年）

三月三一日　・大和定住促進センター閉所。相談業務は、国際救援センターへ。

五月八日　・「出入国管理及び難民認定法」一部改正法公布。二条五号の「旅券」の定義を変えた。台湾の「台湾護照」を「旅券」として認めることになった。

●一九九九年（平成一一年）

四月　・カンボジアがＡＳＥＡＮに加盟。

五月三一日　・香港が、最後の難民センターを閉鎖した。

六月四日　・国連難民高等弁務官事務所が、コソボ難民は百万人と推計。

八月一八日　・「出入国管理及び難民認定法」一部改正法公布。
①不法在留罪を新設した。
②本邦から退去強制された者に係る上陸拒否期間を「一年」から「五年」にした。
③再入国許可の有効期間を「一年を超えない範囲内」から「三年を超えない範囲内」にした。

一二月　・タイ王国、バン・ナポキャンプのラオス難民帰還終了。

●二〇〇〇年（平成一二年）

一二月　・緒方貞子国連難民高等弁務官が三期十年の任期を終了した。

●二〇〇一年（平成一三年）

六月三〇日　・国連が「世界難民の日」を定める。

一一月三〇日　・「出入国管理及び難民認定法」一部改正法公布。
①国際的競技会等で暴行等を行うおそれのある者は、上陸拒否の対象になること、行った者は退去強制の対象となること、②外国人犯罪者が刑期一年以下であっても退去強制の対象となること、③偽造、変造文書により他の外国人を不正に上陸、又は在留させる目的で義変造文書を作成等した者を、退去強制の対象となるよう退去強制事由を整備した。

●二〇〇二年（平成一四年）

五月一日　・中国、瀋陽領事館へ、脱北朝鮮人が駆け込んだ。

八月七日　・閣議了解により条約難民に対し、定住支援策の措置（平成一五年から開始）をとることになった。「インドシナ難民対策連絡調整会議」を廃止し、新たに「難民対策連絡調整会議」を設置した。

●二〇〇三年（平成一五年）

三月一日　・インドシナ難民の定住受入れの終了を閣議了解。

三月一四日　・閣議了解により、平成一六年三月末でのＯＤＰの申請受付を終了した。

四月一日　・条約難民に対する予算が計上された。

九月一日　・国際救援センターへ、条約難民を入所させた。

一二月二九日　・アジア福祉教育財団難民事業本部難民認定申請者の緊急宿泊施設シェルターESFRA（Emergency Shelter For Refugee Applicants）の開設。

●二〇〇四年（平成一六年）

六月二日　・「出入国管理及び難民認定法の一部を改正する法律」公布。①不法入国の罪の罰金刑を大幅引き上げ、②悪質不法滞在者に対する上陸拒否期間を一〇年間に延長、③出国命令制度創設、出国命令を受けた者の上陸拒否期間を一年間に短縮、④在留資格取消制度創設、⑤仮滞在許可制度を創設した。③は、運用されていたものを追認したものである。

九月一日　・条約難民申請者、仮滞在者の者への支援を難民対策連絡調整会議が確認決定。

●二〇〇五年（平成一七年）

五月一六日　・難民審査参与員制度を導入した。

六月二二日　・「刑法等の一部を改正する法律（平成一七年法律第六六号）」により、「出入国管理及び難民認定法」が改正された。人身取引議定書の締結等に伴う人身取引対策のための整備、密入国議定書の締結等に伴う罰則等の整備及びテロの未然防止のための整備を主内容とする。

七月一日　・難民関係の情報提供体制の整備を難民対策連絡調整会議が決定した。
難民認定参与員制度が始まった。
難民認定が四六名となった。

●二〇〇六年（平成一八年）

一月二二日　・難民と認定された者で定住支援希望する者へ、難民事業本部が説明会を開いた。

三月一日　・難民事業本部調査課を廃止した。
国際救援センター閉所。

四月一日　・難民事業本部の経費等を負担する外務省の窓口が、人道支援室から人権人道課へ移管された。

五月二四日　・「出入国管理及び難民認定法の一部を改正する法律」公布。
①テロの未然防止のための規定整備、②出入国のいっそうの円滑化のための規定の整備、③構造改革特別区域法による特例措置等を、全国において実施するための規定の整備が行われた。

一二月一日　・難民認定申請者数が、新規九五四名（審査中一二九八名）。

●二〇〇七年（平成一九年）

一一月二〇日
・外交特権を有する者、政府招待者、特別永住者、一六歳未満の者以外の外国人は、入国審査の際、原則として指紋採取機で両手の人差し指の指紋採取（バイオメトリクス）と、顔写真の撮影が義務化された。

●二〇〇八年（平成二〇年）

一二月一日
・難民認定申請者数が新規一五九九名（審査中二七二八名）。

●二〇〇九年（平成二一年）

七月一五日
・「出入国管理及び難民認定法及び日本国との平和条約に基づき日本の国籍を離脱した者等の出入国管理に関する特例法の一部を改正する等の法律」（法律第七九号）公布。在留カードの交付など新しい在留管理制度の導入、特別永住者証明書の交付、研修・技能実習制度の見直し、在留資格「留学」と「就学」の一本化、入国者収容所等視察委員会の設置が決定した。

一二月一日
・難民認定への異議申し出数が、新規一一五六名（審査中一六六二名）。

●二〇一〇年（平成二二年）

一二月一日
・異議申し出数が、新規八五九名（審査中二二〇四名）。

●二〇一一年（平成二三年）

三月一一日
・東日本大震災。

一二月一日
・難民申請一八六七名、異議申し出数一七一九名。

●二〇一二年（平成二四年）

三月三一日
・内閣、第三国定住に関する有識者会議を設置。

七月九日
・「出入国管理及び難民認定法の一部を改正する法律」公布。外国人登録制度が廃止され、法務省入国管理局の業務と外国人登録法に基づく市町村の業務が、法務省で一本化した。

一二月一九日
アジア福祉教育財団で、奥野誠亮名誉会長（九九歳）を囲み、村角泰、黒木忠正、桔梗博至、今川幸雄、西尾珪子、大家重夫ら約二〇名が集まり、一九七九年、インドシナ難民受入の当時の意見交換をする。

●二〇一三年（平成二五年）

六月一九日
・「刑法等の一部を改正する法律」（法律第四九号）により、附則第二二条が改正された（第一六条）。

●二〇一四年（平成二六年）

六月一八日
・「出入国管理及び難民認定法の一部を改正する法律」を公布した（法律第四九号）。在留資格について、次の四つの改正があった。
①高度専門職一号（在留期間五年）、高度専門職二号（無期限）が創設された。
②「投資・経営」ビザについて、日系企業の経営・管理を行う場合にも付与される。
③「技術」「人文・国際」のビザは、「技術・人文知識・国際業務ビザ」に一本化された。
④「留学ビザ」の対象に、小・中学校が追加された。

●二〇一五年（平成二七年）

六月二四日
・「学校教育法等の一部を改正する法律」（法律第四六号）により、「出入国管理及び難民認定法」の別表、第一の二の表教育の項中「中学校」の下に「義務教育学校」を加え、別表第一の四の表、留学の項中「中学校」の下に「義務教育学校の後期課程及び」を、「小学校」の下に「（義務教育学校の前期課程を含む。）」を加えることになった。

●二〇一六年（平成二八年）

三月二五日
・法務省は、難民認定の不認定処分に異議を申し立てた者は三一二〇人で過去最多と発表した。認定の可否を待つ者は全体で一万三八三一人（一五年末時点）。難民申請者は、五年連続増加の七五八六人である。認定された者は、二〇一四年より一六人増の二七人である。

五月二〇日
・政府は、貧困や飢餓を解決するため国連が首唱する「持続可能な開発目標（SDGs）」の推進本部を設置した。シリア難民を留学生として、二〇一七年から五年間で最大一五〇人受け入れると表明した（日経二〇一六年五月二一日）。

一一月二一日
・東京都は、外国人による家事代行サービス事業者の申請を受け付けると発表した。政府が国家戦略特区で外国人による家事代行サービスを解禁し、神奈川県、大阪府につづいて東京都もこれに応じた。家事代行を三年以上手掛けていること、外国人をフルタイムで直接雇用し、日本人と同等額以上の報酬を支払うこと、期間は最長三年間などの条件がある。

一一月二八日
・「出入国管理及び難民認定法の一部を改正する法律」（法律第八八号）が公布された。在留資格として「介護」が新設され、「偽りその他不正の手段により」在留資格許可等を受けた場合、上記行為の営利目的の幇助者に対し「三年以下の懲役若しくは禁錮若しくは三〇〇万円以下の罰金」等を科する規定を新設した。

三　関連法律等

○出入国管理及び難民認定法（昭和二十六年十月四日政令第三百十九号）
○国籍法（昭和二十五年五月四日法律第百四十七号）
○外国人登録法（昭和二十七年四月二十八日法律第百二十五号）
○外国人登録法施行令（平成四年十月十四日政令第三百三十九号）
○外国人登録法施行規則（平成四年十一月二十七日法務省令第三百三十六号）
○難民の地位に関する条約（昭和五十六年十月十五日条約第二十一号）
○難民の地位に関する議定書（昭和五十七年一月一日条約第一号）
○出入国管理及び難民認定法の一部を改正する法律（平成二十八年十一月二十八日法律第八十八条）
○外国人の技能実習の適正な実施及び技能実習生の保護に関する法律（平成二十八年十一月二十八日法律第八十九号）

外国人、難民に関する法規として、次に掲げる法律、政令、省令なども掲載したかったが、紙幅の都合で省略した。

出入国管理及び難民認定法施行令（平成十年五月二十二日政令第百七十八号）
出入国管理及び難民認定法施行規則（昭和五十六年十月二十八日法務省令第五十四号）
構造改革特別区域法（平成十四年十二月十八日法律第百八十九号）
国家戦略特別区域法（平成二十五年十二月十三日法律第百七号）
国家戦略特別区域法施行令（平成二十六年三月二十八日政令第九十九号）
法務省・厚生労働省関係国家戦略特別区域法施行規則（平成二十七年八月三十一日法務省・厚生労働省令第一号）
法務省関係国家戦略特別区域法施行規則（平成二十七年八月三十一日法務省令第四十号）
国家戦略特別区域家事支援外国人受入事業における特定機関に関する指針（平成二十七年九月九日内閣総理大臣決定）

これらの法律、政令、省令等は、出入国管理法令研究会編「注解判例出入国管理　実務六法（平成二八年版）」（日本加除出版株式会社・二〇一五年）に収録されている。

○出入国管理及び難民認定法

（昭和二六・一〇・四 政三一九）

施行 昭和二六・一一・一（附則）

改正 昭和二七法一二六・法二六八、昭和二八法二一四、昭和二九法七一・法一六三・法一六四、昭和三〇法六六、昭和三三法六・法一七・法一五四、昭和三七法一四〇・法一六一、昭和四〇法四七、昭和四六法一三〇、昭和五五法八五、昭和五六法**八五**・**法八六**、昭和五七法七五、昭和五八法七八、昭和六〇法九七、昭和六二法九八、平成一法二・**法七九**、平成二法三三、平成三法七一・法九四、平成七法九四、平成八法二八、平成九法四二、平成一〇法五七・法一〇一・法一一四、平成一一法八七・法一三四・法一三五・法一六〇、平成一三法一三六、平成一五法六五、平成一六**法七三**、平成一七法五〇・**法六六**、平成一八**法四三**・法五八・法八〇、平成一九法一〇八、平成二〇法三〇、平成二一**法七九**、平成二四法二七、平成二五法四九・法八六、平成二六法四二・法六九・法七四・法一一三、平成二七法四六

存続 （昭和二七法一二六により昭和二七・四・二八以後法律としての効力を有する）

目次

第一章 総則

（目的）

第一条 出入国管理及び難民認定法は、本邦に入国し、又は本邦から出国するすべての人の出入国の公正な管理を図るとともに、難民の認定手続を整備することを目的とする。

（定義）

第二条 出入国管理及び難民認定法及びこれに基づく命令において、次の各号に掲げる用語の意義は、それぞれ当該各号に定めるところによる。

一 削除

二 外国人 日本の国籍を有しない者をいう。

三 乗員 船舶又は航空機（以下「船舶等」という。）の乗組員をいう。

三の二 難民 難民の地位に関する条約（以下「難民条約」という。）第一条の規定又は難民の地位に関する議定書第一条の規定により難民条約の適用を受ける難民をいう。

四 日本国領事官等 外国に駐在する日本国の大使、公使又は領事官をいう。

五 旅券 次に掲げる文書をいう。

イ 日本国政府、日本国政府の承認した外国政府又は権限のある国際機関の発行した旅券又は難民旅行証明書その他当該旅券に代わる証明書（日本国領事官等の発行した渡航証明書を含む。）

ロ 政令で定める地域の権限のある機関の発行したイに掲げる文書に相当する文書

六 乗員手帳 権限のある機関の発行した船員手帳その他乗員に係るこれに準ずる文書をいう。

七 人身取引等 次に掲げる行為をいう。

イ 営利、わいせつ又は生命若しくは身体に対する加害の目的で、人を略取し、誘拐し、若しくは売買し、又は略取され、誘拐され、若しくは売買された者を引き渡し、収受し、輸送し、若しくは蔵匿すること。

ロ イに掲げるもののほか、営利、わいせつ又は生命若しくは身体に対する加害の目的で、十八歳未満の者を自己の支配下に置くこと。

ハ イに掲げるもののほか、十八歳未満の者が営利、わいせつ若しくは生命若しくは身体に対する加害の目的を有する者の支配下に置かれ、又はそのおそれがあることを知りながら、当該十八歳未満の者を引き渡すこと。

八 出入国港 外国人が出入国すべき港又は飛行場で法務省令で定めるものをいう。

九 運送業者 本邦と本邦外の地域との間において船舶等により人又は物を運送する事業を営む者をいう。

十 入国審査官 第六十一条の三に定める入国審査官をいう。

十一 主任審査官 上級の入国審査官で法務大臣が指定するものをいう。

十二 特別審理官 口頭審理を行わせるため法務大臣が指定する入国審査官をいう。

十二の二 難民調査官 第六十一条の三第二項第二号（第六十一条の二の八第二項において準用する第二十二条の四第二項に係る部分に限る。）及び第三号（第六十一条の二の十四第一項に係る部分に限る。）に掲げる事務を行わせるため法務大臣が指定する入国審査官をいう。

十三 入国警備官 第六十一条の三の二に定める入国警備官をいう。

十四 違反調査 入国警備官が行う外国人の入国、上陸又は在留に関する違反事件の調査をいう。

十五 入国者収容所 法務省設置法（平成十一年法律第九十三号）第十三条に定める入国者収容所をいう。

十六 収容場 第六十一条の六に定める収容場をいう。

（在留資格及び在留期間）

第二条の二① 本邦に在留する外国人は、出入国管理及び難民認定法及び他の法律に特別の規定がある場合を除き、それぞれ、当該外国人に対する上陸許可若しくは当該外国人の取得に係る在留資格（高度専門職の在留資格にあつては別表第一の二の表の高度専門職の項の下欄に掲げる第一号イからハまで又は第二号の区分を含み、技能実習の在留資格にあつては同表の技能実習の項の下欄に掲げる第一号イ若しくはロ又は第二号イ若しくはロの区分を含む。以下同じ。）又はそれらの変更に係る在留資格をもつて在留するものとする。

② 在留資格は、別表第一の上欄（高度専門職の在留資格にあつては二の表の高度専門職の項の下欄に掲げる第一号イからハまで又は第二号の区分を含み、技能実習の在留資格にあつては同表の技能実習の項の下欄に掲げる第一号イ若しくはロ又は第二号イ若しくはロの区分を含む。以下同じ。）又は別表第二の上欄に掲げるとおりとし、別表第一の上欄の在留資格をもつて在留する者は当該在留資格に応じそれぞれ本邦において同表の下欄に掲げる活動を行うことができ、別表第二の上欄の在留資格をもつて在留する者は当該在留資格に応じそれぞれ本邦において同表の下欄に掲げる身分若しくは地位を有する者としての活動を行うことができる。

③ 第一項の外国人が在留することのできる期間（以下「在留期間」という。）は、各在留資格について、法務省令で定める。この場合において、外交、公用、高度専門職及び永住者の在留資格（高度専門職の在留資格にあつては、別表第一の二の表の高度専門職の項の下欄第二号に係るものに限る。）以外の在留資格に伴う在留期間は、五年を超えることができない。

第二章 入国及び上陸

第一節 外国人の入国

（外国人の入国）

第三条① 次の各号のいずれかに該当する外国人は、本邦に入つてはならない。

一 有効な旅券を所持しない者（有効な乗員手帳を所持する乗員を除く。）

二 入国審査官から上陸許可の証印若しくは第九条第四項の規定による記録又は上陸の許可（以下「上陸の許可等」という。）を受けないで本邦に上陸する目的を有する者（前号に掲げる者を除く。）

② 本邦において乗員となる外国人は、前項の規定の適用については、乗員とみなす。

第二節 外国人の上陸

第四条 削除

（上陸の拒否）

第五条① 次の各号のいずれかに該当する外国人は、本邦に上陸することができない。

一 感染症の予防及び感染症の患者に対する医療に関する法律（平成十年法律第百十四号）に定める一類感染症、二類感染症、新型インフルエンザ等感染症若しくは指定感染症（同法第七条の規定に基づき、政令で定めるところにより、同法第十九条又は第二十条の規定を準用するものに限る。）の患者（同法第八条（同法第七条において準用する場合を含む。）の規定により一類感染症、二類感染症、新型インフルエンザ等感染症又は指定感染症の患者とみなされる者を含む。）又は新感染症の所見がある者

二 精神上の障害により事理を弁識する能力を欠く常況にある者又はその能力が著しく不十分な者で、本邦におけるその活動又は行動を補助する者として法務省令で定めるものが随伴しないもの

三 貧困者、放浪者等で生活上国又は地方公共団体の負担となるおそれのある者

四 日本国又は日本国以外の国の法令に違反して、一年以上の懲役若しくは禁錮又はこれらに相当する刑に処せられたことのある者。ただし、政治犯罪により刑に処せられた者は、この限りでない。

五 麻薬、大麻、あへん、覚醒剤又は向精神薬の取締りに関する日本国又は日本国以外の国の法令に違反して刑に処せられたことのある者

五の二 国際的規模若しくはこれに準ずる規模で開催される競技会若しくは国際的規模で開催される会議（以下「国際競技

会等」という。）の経過若しくは結果に関連して、又はその円滑な実施を妨げる目的をもつて、人を殺傷し、人に暴行を加え、人を脅迫し、又は建造物その他の物を損壊したことにより、日本国若しくは日本国以外の国の法令に違反して刑に処せられ、又は出入国管理及び難民認定法の規定により本邦からの退去を強制され、若しくは日本国以外の国の法令の規定によりその国から退去させられた者であつて、本邦において行われる国際競技会等の経過若しくは結果に関連して、又はその円滑な実施を妨げる目的をもつて、当該国際競技会等の開催場所又はその所在する市町村（特別区を含むものとし、地方自治法（昭和二十二年法律第六十七号）第二百五十二条の十九第一項の指定都市にあつては、区又は総合区）の区域内若しくはその近傍の不特定若しくは多数の者の用に供される場所において、人を殺傷し、人に暴行を加え、人を脅迫し、又は建造物その他の物を損壊するおそれのあるもの

六　麻薬及び向精神薬取締法（昭和二十八年法律第十四号）に定める麻薬若しくは向精神薬、大麻取締法（昭和二十三年法律第百二十四号）に定める大麻、あへん法（昭和二十九年法律第七十一号）に定めるけし、あへん若しくはけしがら、覚せい剤取締法（昭和二十六年法律第二百五十二号）に定める覚せい剤若しくは覚せい剤原料又はあへん煙を吸食する器具を不法に所持する者

七　売春又はその周旋、勧誘、その場所の提供その他売春に直接に関係がある業務に従事したことのある者（人身取引等により他人の支配下に置かれていた者が当該業務に従事した場合を除く。）

七の二　人身取引等を行い、唆し、又はこれを助けた者

八　銃砲刀剣類所持等取締法（昭和三十三年法律第六号）に定める銃砲若しくは刀剣類又は火薬類取締法（昭和二十五年法律第百四十九号）に定める火薬類を不法に所持する者

九　次のイからニまでに掲げる者で、それぞれ当該イからニまでに定める期間を経過していないもの

イ　第六号又は前号の規定に該当して上陸を拒否された者　拒否された日から一年

ロ　第二十四条各号（第四号オからヨまで及び第四号の三を除く。）のいずれかに該当して本邦からの退去を強制された者で、その退去の日前に本邦からの退去を強制されたこと及び第五十五条の三第一項の規定による出国命令により出国したことのないもの　退去した日から五年

ハ　第二十四条各号（第四号オからヨまで及び第四号の三を除く。）のいずれかに該当して本邦からの退去を強制された者（ロに掲げる者を除く。）　退去した日から十年

ニ　第五十五条の三第一項の規定による出国命令により出国した者　出国した日から一年

九の二　別表第一の上欄の在留資格をもつて本邦に在留している間に刑法（明治四十年法律第四十五号）第二編第十二章、第十六章から第十九章まで、第二十三章、第二十六章、第二十七章、第三十一章、第三十三章、第三十六章、第三十七章若しくは第三十九章の罪、暴力行為等処罰に関する法律（大正十五年法律第六十号）第一条、第一条ノ二若しくは第一条ノ三（刑法第二百二十二条又は第二百六十一条に係る部分を除く。）の罪、盗犯等の防止及び処分に関する法律（昭和五年法律第九号）の罪、特殊開錠用具の所持の禁止等に関する法律（平成十五年法律第六十五号）第十五条若しくは第十六条の罪又は自動車の運転により人を死傷させる行為等の処罰に関する法律（平成二十五年法律第八十六号）第二条若しくは第六条第一項の罪により懲役又は禁錮に処する判決の宣告を受けた者で、その後出国して本邦外にある間にその判決が確定し、確定の日から五年を経過していないもの

十　第二十四条第四号オからヨまでのいずれかに該当して本邦からの退去を強制された者

十一　日本国憲法又はその下に成立した政府を暴力で破壊することを企て、若しくは主張し、又はこれを企て若しくは主張する政党その他の団体を結成し、若しくはこれに加入している者

十二　次に掲げる政党その他の団体を結成し、若しくはこれに加入し、又はこれと密接な関係を有する者

イ　公務員であるという理由により、公務員に暴行を加え、又は公務員を殺傷することを勧奨する政党その他の団体

ロ　公共の施設を不法に損傷し、又は破壊することを勧奨する政党その他の団体

ハ　工場事業場における安全保持の施設の正常な維持又は運行を停廃し、又は妨げるような争議行為を勧奨する政党その他の団体

十三　第十一号又は前号に規定する政党その他の団体の目的を達するため、印刷物、映画その他の文書図画を作成し、頒布し、又は展示することを企てる者

十四　前各号に掲げる者を除くほか、法務大臣において日本国の利益又は公安を害する行為を行うおそれがあると認めるに足りる相当の理由がある者

②　法務大臣は、本邦に上陸しようとする外国人が前項各号のいずれにも該当しない場合でも、その者の国籍又は市民権の属する国が同項各号以外の事由により日本人の上陸を拒否するときは、同一の事由により当該外国人の上陸を拒否することができる。

（上陸の拒否の特例）

第五条の二　法務大臣は、外国人について、前条第一項第四号、第五号、第七号、第九号又は第九号の二に該当する特定の事由がある場合であつても、当該外国人に第二十六条第一項の規定により再入国の許可を与えた場合その他の法務省令で定める場合において、相当と認めるときは、法務省令で定めるところにより、当該事由のみによつては上陸を拒否しないこととすることができる。

第三章　上陸の手続

第一節　上陸のための審査

（上陸の申請）

第六条①　本邦に上陸しようとする外国人（乗員を除く。以下この節において同じ。）は、有効な旅券で日本国領事官等の査証を受けたものを所持しなければならない。ただし、国際約束若しくは日本国政府が外国政府に対して行つた通告により日本国領事官等の査証を必要としないこととされている外国人の旅券、第二十六条第一項の規定により再入国の許可を受けている者（第二十六条の二第一項又は第二十六条の三第一項の規定により再入国の許可を受けたものとみなされる者を含む。以下同じ。）の旅券又は第六十一条の二の十二第一項の規定により難民旅行証明書の交付を受けている者の当該証明書には、日本国領事官等の査証を要しない。

②　前項本文の外国人は、その者が上陸しようとする出入国港において、法務省令で定める手続により、入国審査官に対し上陸の申請をして、上陸のための審査を受けなければならない。

③　前項の申請をしようとする外国人は、入国審査官に対し、申請者の個人の識別のために用いられる法務省令で定める電子計算機の用に供するため、法務省令で定めるところにより、電磁的方式（電子的方式、磁気的方式その他人の知覚によつては認識することができない方式をいう。以下同じ。）によつて個人識別情報（指紋、写真その他の個人を識別することができる情報として法務省令で定めるものをいう。以下同じ。）を提供しなければならない。ただし、次の各号のいずれかに該当する者については、この限りでない。

一　日本国との平和条約に基づき日本の国籍を離脱した者等の出入国管理に関する特例法（平成三年法律第七十一号）に定める特別永住者（以下「特別永住者」という。）

二　十六歳に満たない者

三　本邦において別表第一の一の表の外交の項又は公用の項の下欄に掲げる活動を行おうとする者

四　国の行政機関の長が招へいする者

五　前二号に掲げる者に準ずる者として法務省令で定めるもの

（入国審査官の審査）

第七条①　入国審査官は、前条第二項の申請があつたときは、当該外国人が次の各号（第二十六条第一項の規定により再入国の許可を受けている者又は第六十一条の二の十二第一項の規定により交付を受けた難民旅行証明書を所持している者については、第一号及び第四号）に掲げる上陸のための条件に適合しているかどうかを審査しなければならない。

一　その所持する旅券及び、査証を必要とする場合には、これに与えられた査証が有効であること。

二　申請に係る本邦において行おうとする活動が虚偽のものでなく、別表第一の下欄に掲げる活動（二の表の高度専門職の項の下欄第二号及び技能実習の項の下欄第二号に掲げる活動を除き、五の表の下欄に掲げる活動については、法務大臣があらかじめ告示をもつて定める活動に限る。）又は別表第二の下欄に掲げる身分若しくは地位（永住者の項の下欄に掲げる地位を除き、定住者の項の下欄に掲げる地位については法務大臣があらかじめ告示をもつて定めるものに限る。）を有する者としての活動のいずれかに該当し、かつ、別表第一の二の表及び四の表の下欄に掲げる活動を行おうとする者については我が国の産業及び国民生活に与える影響その他の事情を勘案して法務省令で定める基準に適合すること。

三　申請に係る在留期間が第二条の二第三項の規定に基づく法務省令の規定に適合するものであること。

四　当該外国人が第五条第一項各号のいずれにも該当しないこと（第五条の二の規定の適用を受ける外国人にあつては、当該外国人が同条に規定する特定の事由によつて第五条第一項第四号、第五号、第七号、第九号又は第九号の二に該当する場合であつて、当該事由以外の事由によつては同項各号のいずれにも該当しないこと。以下同じ。）。

②　前項の審査を受ける外国人は、同項に規定する上陸のための条件に適合していることを自ら立証しなければならない。この場合において、別表第一の二の表の高度専門職の項の下欄第一号イからハまでに掲げる活動を行おうとする外国人は、前項第二号に掲げる条件に適合していることの立証については、次条に規定する証明書をもつてしなければならない。

③　法務大臣は、第一項第二号の法務省令を定めようとするときは、あらかじめ、関係行政機関の長と協議するものとする。

④　入国審査官は、第一項の規定にかかわらず、前条第三項各号のいずれにも該当しないと認める外国人が同項の規定による個人識別情報の提供をしないときは、第十条の規定による口頭審理を行うため、当該外国人を特別審理官に引き渡さなければならない。

（在留資格認定証明書）

第七条の二①　法務大臣は、法務省令で定めるところにより、本邦に上陸しようとする外国人（本邦において別表第一の三の表の短期滞在の項の下欄に掲げる活動を行おうとする者を除く。）から、あらかじめ申請があつたときは、当該外国人が前条第一項第二号に掲げる条件に適合している旨の証明書を交付することができる。

②　前項の申請は、当該外国人を受け入れようとする機関の職員その他の法務省令で定める者を代理人としてこれをすることができる。

（船舶等への乗込）

第八条　入国審査官は、第七条第一項の審査を行う場合には、船舶等に乗り込むことができる。

（上陸許可の証印）

第九条①　入国審査官は、審査の結果、外国人が第七条第一項に規定する上陸のための条件に適合していると認定したときは、当該外国人の旅券に上陸許可の証印をしなければならない。

②　前項の場合において、第五条第一項第一号又は第二号の規定に該当するかどうかの認定は、厚生労働大臣又は法務大臣の指定する医師の診断を経た後にしなければならない。

③　第一項の証印をする場合には、入国審査官は、当該外国人の在留資格及び在留期間を決定し、旅券にその旨を明示しなけれ

ばならない。ただし、当該外国人が第二十六条第一項の規定により再入国の許可を受けている者又は第六十一条の二の十二第一項の規定により交付を受けた難民旅行証明書を所持している者である場合は、この限りでない。

④ 入国審査官は、次の各号のいずれにも該当する外国人が第七条第一項に規定する上陸のための条件に適合していると認定したときは、氏名、上陸年月日、上陸する出入国港その他の法務省令で定める事項を上陸許可の証印に代わる記録のために用いられるファイルであつて法務省令で定める電子計算機に備えられたものに記録することができる。この場合においては、第一項の規定にかかわらず、同項の証印をすることを要しない。

一 第八項の規定による登録を受けた者（同項第一号ハに該当するものとして登録を受けた者にあつては、次条第一項又は第八項の規定により交付を受けた特定登録者カードを所持している者に限る。）であること。

二 上陸の申請に際して、法務省令で定めるところにより、電磁的方式によつて個人識別情報を提供していること。

⑤ 入国審査官は、次条第一項又は第八項の規定により交付を受けた特定登録者カードを所持する外国人について前項の規定による記録をする場合には、当該外国人について短期滞在の在留資格及び在留期間を決定し、当該特定登録者カードにその旨を明示しなければならない。

⑥ 第一項の規定による上陸許可の証印又は第四項の規定による記録をする場合を除き、入国審査官は、第十条の規定による口頭審理を行うため、当該外国人を特別審理官に引き渡さなければならない。

⑦ 外国人は、第四節に特別の規定がある場合を除き、第一項、第十条第八項若しくは第十一条第四項の規定による上陸許可の証印又は第四項の規定による記録を受けなければ上陸してはならない。

⑧ 法務大臣は、本邦に在留する外国人で本邦に再び上陸する意図をもつて出国しようとするものが、次の各号（特別永住者にあつては、第三号を除く。）のいずれにも該当し、かつ、その上陸しようとする出入国港において第四項の規定による記録を受けることを希望するときは、法務省令で定めるところにより、その旨の登録をすることができる。

一 次のイからハまでのいずれかに該当する者であること。

イ 第二十六条第一項の規定により再入国の許可を受けている者

ロ 第六十一条の二の十二第一項の規定により交付を受けた難民旅行証明書を所持している者

ハ 次の(1)から(4)までのいずれにも該当する者

(1) 本邦に再び上陸するに当たり、本邦において別表第一の三の表の短期滞在の項の下欄に掲げる活動を行おうとする者であること（イに該当する者を除く。）。

(2) 第一項、第十条第八項若しくは第十一条第四項の規定による上陸許可の証印又は第四項の規定による記録を受けた回数が、法務省令で定める回数以上であること。

(3) 過去に本邦からの退去を強制されたこと又は第五十五条の三第一項の規定による出国命令により出国したことがないこと。

(4) その他出入国の公正な管理に必要なものとして法務省令で定める要件に該当する者であること。

二 法務省令で定めるところにより、電磁的方式によつて個人識別情報を提供していること。

三 当該登録の時において、第五条第一項各号のいずれにも該当しないこと。

第九条の二（**特定登録者カード**）① 法務大臣は、前条第八項第一号ハに該当する外国人について同項の規定による登録をする場合には、入国審査官に、当該外国人に対し、特定登録者カードを交付させるものとする。

② 特定登録者カードの記載事項は、次に掲げる事項とする。

一 氏名、生年月日、性別及び国籍の属する国又は第二条第五号ロに規定する地域

二 特定登録者カードの番号、交付年月日及び有効期間の満了の日

③ 特定登録者カードには、法務省令で定めるところにより、前条第八項の規定による登録をした外国人の写真を表示するものとする。この場合において、法務大臣は、第六条第三項の規定その他法務省令で定める法令の規定により当該外国人から提供された写真を利用することができる。

④ 前二項に規定するもののほか、特定登録者カードの様式その他特定登録者カードについて必要な事項は、法務省令で定める。

⑤ 法務大臣は、法務省令で定めるところにより、第二項各号に掲げる事項及び第三項の規定により表示されるものについて、その全部又は一部を、特定登録者カードに電磁的方式により記録することができる。

⑥ 特定登録者カードの有効期間は、その交付の日から起算して三年を経過する日又は当該特定登録者カードの交付を受けた外国人が所持する旅券の有効期間満了の日のいずれか早い日が経過するまでの期間とする。

⑦ 特定登録者カードの交付を受けた外国人は、次の各号のいずれかに該当するときは、法務省令で定める手続により、法務大臣に対し、特定登録者カードの再交付を申請することができる。

一 紛失、盗難、滅失その他の事由により特定登録者カードの所持を失つたとき。

二 特定登録者カードが著しく毀損し、若しくは汚損し、又は第五項の規定による記録が毀損したとき。

⑧ 法務大臣は、前項の規定による申請があつた場合には、入国審査官に、当該外国人に対し、新たな特定登録者カードを交付させるものとする。この場合における第六項の規定の適用については、同項中「その交付の日」とあるのは「当該特定登録者カードの交付を受けた外国人に対し第一項の規定により特定登録者カードが交付された日」と、「当該特定登録者カードの交付を受けた外国人」とあるのは「当該外国人」とする。

第二節　口頭審理及び異議の申出

第一〇条（**口頭審理**）① 特別審理官は、第七条第四項又は第九条第六項の規定による引渡しを受けたときは、当該外国人に対し、速やかに口頭審理を行わなければならない。

② 特別審理官は、口頭審理を行つた場合には、口頭審理に関する記録を作成しなければならない。

③ 当該外国人又はその者の出頭させる代理人は、口頭審理に当つて、証拠を提出し、及び証人を尋問することができる。

④ 当該外国人は、特別審理官の許可を受けて、親族又は知人の一人を立ち会わせることができる。

⑤ 特別審理官は、職権に基き、又は当該外国人の請求に基き、法務省令で定める手続により、証人の出頭を命じて、宣誓をさせ、証言を求めることができる。

⑥ 特別審理官は、口頭審理に関し必要がある場合には、公務所又は公私の団体に照会して必要な事項の報告を求めることができる。

⑦ 特別審理官は、口頭審理の結果、第七条第四項の規定による引渡しを受けた外国人が、第六条第三項各号のいずれにも該当しないと認定したときは、当該外国人に対し、速やかにその旨を知らせて、本邦からの退去を命ずるとともに、当該外国人が乗つてきた船舶等の長又はその船舶等を運航する運送業者にその旨を通知しなければならない。ただし、当該外国人が、特別審理官に対し、法務省令で定めるところにより、電磁的方式によつて個人識別情報を提供したときは、この限りでない。

⑧ 特別審理官は、口頭審理の結果、当該外国人（第七条第四項の規定による引渡しを受けた外国人にあつては、第六条第三項各号のいずれかに該当すると認定した者又は特別審理官に対し法務省令で定めるところにより電磁的方式によつて個人識別情報を提供した者に限る。第十項において同じ。）が第七条第一項に規定する上陸のための条件に適合していると認定したときは、直ちにその者の旅券に上陸許可の証印をしなければならない。

⑨ 第九条第三項の規定は、前項の証印をする場合に準用する。

⑩ 特別審理官は、口頭審理の結果、当該外国人が第七条第一項に規定する上陸のための条件に適合していないと認定したときは、その者に対し、速やかに理由を示してその旨を知らせるとともに、次条の規定により異議を申し出ることができる旨を知らせなければならない。

⑪ 前項の通知を受けた場合において、当該外国人が同項の認定に服したときは、特別審理官は、その者に対し、異議を申し出ない旨を記載した文書に署名させ、本邦からの退去を命ずるとともに、当該外国人が乗つてきた船舶等の長又はその船舶等を運航する運送業者にその旨を通知しなければならない。

（**異議の申出**）

第一一条① 前条第十項の通知を受けた外国人は、同項の認定に異議があるときは、その通知を受けた日から三日以内に、法務省令で定める手続により、不服の事由を記載した書面を主任審査官に提出して、法務大臣に対し異議を申し出ることができる。

② 主任審査官は、前項の異議の申出があつたときは、前条第二項の口頭審理に関する記録その他の関係書類を法務大臣に提出しなければならない。

③ 法務大臣は、第一項の規定による異議の申出を受理したときは、異議の申出が理由があるかどうかを裁決して、その結果を主任審査官に通知しなければならない。

④ 主任審査官は、法務大臣から異議の申出が理由があると裁決した旨の通知を受けたときは、直ちに当該外国人の旅券に上陸許可の証印をしなければならない。

⑤ 第九条第三項の規定は、前項の証印をする場合に準用する。

⑥ 主任審査官は、法務大臣から異議の申出が理由がないと裁決した旨の通知を受けたときは、速やかに当該外国人に対しその旨を知らせて、本邦からの退去を命ずるとともに、当該外国人が乗つてきた船舶等の長又はその船舶等を運航する運送業者にその旨を知らせなければならない。

第一二条（**法務大臣の裁決の特例**）① 法務大臣は、前条第三項の裁決に当たつて、異議の申出が理由がないと認める場合でも、当該外国人が次の各号のいずれかに該当するときは、その者の上陸を特別に許可することができる。

一 再入国の許可を受けているとき。

二 人身取引等により他人の支配下に置かれて本邦に入つたものであるとき。

三 その他法務大臣が特別に上陸を許可すべき事情があると認めるとき。

② 前項の許可は、前条第四項の適用については、異議の申出が理由がある旨の裁決とみなす。

第三節　仮上陸等

第一三条（**仮上陸の許可**）① 主任審査官は、この章に規定する上陸の手続中において特に必要があると認める場合には、その手続が完了するときまでの間、当該外国人に対し仮上陸を許可することができる。

② 前項の許可を与える場合には、主任審査官は、当該外国人に仮上陸許可書を交付しなければならない。

③ 第一項の許可を与える場合には、主任審査官は、当該外国人に対し、法務省令で定めるところにより、住居及び行動範囲の制限、呼出しに対する出頭の義務その他必要と認める条件を付し、かつ、二百万円を超えない範囲内で法務省令で定める額の保証金を本邦通貨又は外国通貨で納付させることができる。

④ 前項の保証金は、当該外国人が第十条第八項若しくは第十一条第四項の規定により上陸許可の証印を受けたとき、又は第十

条第七項若しくは第十一項若しくは第十一条第六項の規定により本邦からの退去を命ぜられたときは、その者に返還しなければならない。

⑤ 主任審査官は、第一項の許可を受けた外国人が第三項の規定に基き附された条件に違反した場合には、法務省令で定めるところにより、逃亡し、又は正当な理由がなくて呼出に応じないときは同項の保証金の全部、その他のときはその一部を没取するものとする。

⑥ 主任審査官は、第一項の許可を受けた外国人が逃亡する虞があると疑うに足りる相当の理由があるときは、収容令書を発付して入国警備官に当該外国人を収容させることができる。

⑦ 第四十条から第四十二条第一項までの規定は、前項の規定による収容に準用する。この場合において、第四十条中「前条第一項の収容令書」とあるのは「第十三条第六項の収容令書」と、「容疑者」とあるのは「仮上陸の許可を受けた外国人」と、「容疑事実の要旨」とあるのは「収容すべき事由」と、第四十一条第一項中「三十日以内とする。但し、主任審査官は、やむを得ない事由があると認めるときは、三十日を限り延長することができる。」とあるのは「第三章に規定する上陸の手続が完了するまでの間において、主任審査官が必要と認める期間とする。」と、同条第三項及び第四十二条第一項中「容疑者」とあるのは「仮上陸の許可を受けた外国人」と読み替えるものとする。

（退去命令を受けた者がとどまることができる場所）

第一三条の二① 特別審理官又は主任審査官は、それぞれ第十条第七項若しくは第十一条第六項の規定により退去を命ずる場合において、当該外国人が船舶等の運航の都合その他その者の責めに帰することができない事由により直ちに本邦から退去することができないと認めるときは、法務省令で定めるところにより、当該外国人に対して、その指定する期間内に限り、出入国港の近傍にあるその指定する施設にとどまることを許すことができる。

② 特別審理官又は主任審査官は、前項の指定をしたときは、当該外国人及びその者が乗つてきた船舶等の長又はその船舶等を運航する運送業者に対しその旨を通知しなければならない。

第四節　上陸の特例

（寄港地上陸の許可）

第一四条① 入国審査官は、船舶等に乗つている外国人で、本邦を経由して本邦外の地域に赴こうとするもの（乗員を除く。）が、その船舶等の寄港した出入国港から出国するまでの間七十二時間の範囲内で当該出入国港の近傍に上陸することを希望する場合において、その者につき、その船舶等の長又はその船舶等を運航する運送業者の申請があつたときは、当該外国人に対し寄港地上陸を許可することができる。ただし、第五条第一項各号のいずれかに該当する者（第五条の二の規定の適用を受ける者にあつては、同条に規定する特定の事由のみによつて第五条第一項各号のいずれかに該当する場合を除く。以下同じ。）に対しては、この限りでない。

② 入国審査官は、前項の許可に係る審査のために必要があると認めるときは、法務省令で定めるところにより、当該外国人に対し、電磁的方式によつて個人識別情報を提供させることができる。

③ 第一項の許可を与える場合には、入国審査官は、当該外国人の所持する旅券に寄港地上陸の許可の証印をしなければならない。

④ 第一項の許可を与える場合には、入国審査官は、法務省令で定めるところにより、当該外国人に対し、上陸時間、行動の範囲その他必要と認める制限を付することができる。

（船舶観光上陸の許可）

第一四条の二① 入国審査官は、指定旅客船（本邦と本邦外の地域との間の航路に就航する旅客船であつて、乗客の本人確認の措置が的確に行われていることその他の事情を勘案して法務大臣が指定するものをいう。以下同じ。）に乗つている外国人（乗員を除く。）が、当該指定旅客船が本邦にある間、観光のため、当該指定旅客船が寄港する本邦の出入国港において下船する都度当該出入国港から当該指定旅客船が出港するまでの間に帰船することを条件として、出国するまでの間三十日（本邦内の寄港地の数が一である航路に就航する指定旅客船に乗つている外国人にあつては、七日）を超えない範囲内で上陸することを希望する場合において、法務省令で定める手続により、その者につき、当該指定旅客船の船長又は当該指定旅客船を運航する運送業者の申請があつたときは、当該外国人に対し船舶観光上陸を許可することができる。

② 入国審査官は、指定旅客船に乗つている外国人（乗員を除く。）が、三十日を超えない期間内において、数次にわたり、当該指定旅客船が本邦にある間、観光のため、当該指定旅客船が寄港する本邦の出入国港において下船する都度当該出入国港から当該指定旅客船が出港するまでの間に帰船することを条件として上陸することを希望する場合において、法務省令で定める手続により、その者につき、当該指定旅客船の船長又は当該指定旅客船を運航する運送業者の申請があつたときであつて、相当と認めるときは、当該外国人に対しその旨の船舶観光上陸の許可をすることができる。

③ 入国審査官は、前二項の許可に係る審査のために必要があると認めるときは、法務省令で定めるところにより、当該外国人に対し、電磁的方式によつて個人識別情報を提供させることができる。

④ 第一項又は第二項の許可を与える場合には、入国審査官は、当該外国人に船舶観光上陸許可書を交付しなければならない。

⑤ 第一項又は第二項の許可を与える場合には、入国審査官は、法務省令で定めるところにより、当該外国人に対し、上陸期間、行動範囲その他必要と認める制限を付することができる。

⑥ 前条第一項ただし書の規定は、第一項及び第二項の場合に準用する。

⑦ 入国審査官は、第二項の許可を受けている外国人が当該許可に基づいて上陸しようとする場合において、必要があると認めるときは、法務省令で定めるところにより、当該外国人に対し、電磁的方式によつて個人識別情報を提供させることができる。

⑧ 入国審査官は、第二項の許可を受けている外国人が当該許可に基づいて上陸しようとする場合において、当該外国人が第五条第一項各号のいずれかに該当する者であることを知つたときは、直ちに当該許可を取り消すものとする。

⑨ 前項に定める場合を除き、入国審査官は、第二項の許可を受けている外国人に対し、引き続き当該許可を与えておくことが適当でないと認める場合には、法務省令で定める手続により、当該許可を取り消すことができる。この場合において、当該外国人が本邦にあるときは、当該外国人が出国するために必要な期間を指定するものとする。

（通過上陸の許可）

第一五条① 入国審査官は、船舶に乗つている外国人（乗員を除く。）が、船舶が本邦にある間、臨時観光のため、その船舶が寄港する本邦の他の出入国港でその船舶に帰船するように通過することを希望する場合において、その者につき、その船舶の船長又はその船舶を運航する運送業者の申請があつたときは、当該外国人に対し通過上陸を許可することができる。

② 入国審査官は、船舶等に乗つている外国人で、本邦を経由して本邦外の地域に赴こうとするもの（乗員を除く。）が、上陸後三日以内にその入国した出入国港の周辺の他の出入国港から他の船舶等で出国するため、通過することを希望する場合において、その者につき、その船舶等の長又はその船舶等を運航する運送業者の申請があつたときは、当該外国人に対し通過上陸を許可することができる。

③ 入国審査官は、前二項の許可に係る審査のために必要があると認めるときは、法務省令で定めるところにより、当該外国人に対し、電磁的方式によつて個人識別情報を提供させることができる。

④ 第一項又は第二項の許可を与える場合には、入国審査官は、当該外国人の所持する旅券に通過上陸の許可の証印をしなければならない。

⑤ 第一項又は第二項の許可を与える場合には、入国審査官は、法務省令で定めるところにより、当該外国人に対し、上陸期間、通過経路その他必要と認める制限を付することができる。

⑥ 第十四条第一項ただし書の規定は、第一項又は第二項の場合に準用する。

（乗員上陸の許可）

第一六条① 入国審査官は、外国人である乗員（本邦において乗員となる者を含む。以下この条において同じ。）が、船舶等の乗換え（船舶等への乗組みを含む。）、休養、買物その他これらに類似する目的をもつて十五日を超えない範囲内で上陸を希望する場合において、法務省令で定める手続により、その者につき、その者が乗り組んでいる船舶等（その者が乗り組むべき船舶等を含む。）の長又はその船舶等を運航する運送業者の申請があつたときは、当該乗員に対し乗員上陸を許可することができる。

② 入国審査官は、次の各号のいずれかに該当する場合において相当と認めるときは、当該各号に規定する乗員に対し、その旨の乗員上陸の許可をすることができる。

一 本邦と本邦外の地域との間の航路に定期に就航する船舶その他頻繁に本邦の出入国港に入港する船舶の外国人である乗員が、許可を受けた日から一年間、数次にわたり、休養、買物その他これらに類似する目的をもつて当該船舶が本邦にある間上陸することを希望する場合であつて、法務省令で定める手続により、その者につき、その者が乗り組んでいる船舶の長又はその船舶を運航する運送業者から申請があつたとき。

二 本邦と本邦外の地域との間の航空路に定期に航空機を就航させている運送業者に所属する外国人である乗員が、許可を受けた日から一年間、数次にわたり、その都度、同一の運送業者の運航する航空機の乗員として同一の出入国港から出国することを条件として休養、買物その他これらに類似する目的をもつて本邦に到着した日から十五日を超えない範囲内で上陸することを希望する場合であつて、法務省令で定める手続により、その者につき、当該運送業者から申請があつたとき。

③ 入国審査官は、前二項の許可に係る審査のために必要があると認めるときは、法務省令で定めるところにより、当該外国人に対し、電磁的方式によつて個人識別情報を提供させることができる。

④ 第一項又は第二項の許可を与える場合には、入国審査官は、当該乗員に乗員上陸許可書を交付しなければならない。

⑤ 第一項の許可を与える場合には、入国審査官は、法務省令で定めるところにより、当該乗員に対し、上陸期間、行動範囲（通過経路を含む。）その他必要と認める制限を付することができる。

⑥ 第十四条第一項ただし書の規定は、第一項及び第二項の場合に準用する。

⑦ 入国審査官は、第二項の許可を受けている乗員が当該許可に基づいて上陸しようとする場合において、必要があると認めるときは、法務省令で定めるところにより、当該乗員に対し、電磁的方式によつて個人識別情報を提供させることができる。

⑧ 入国審査官は、第二項の許可を受けている乗員が当該許可に基づいて上陸しようとする場合において、当該乗員が第五条第一項各号のいずれかに該当する者であることを知つたときは、直ちに当該許可を取り消すものとする。

⑨ 前項に定める場合を除き、入国審査官は、第二項の許可を受けている乗員に対し、引き続き当該許可を与えておくことが適当でないと認める場合には、法務省令で定める手続により、当該許可を取り消すことができる。この場合において、その乗員が本邦にあるときは、当該乗員が帰船又は出国するために必要な期間を指定するものとする。

（緊急上陸の許可）

第一七条① 入国審査官は、船舶等に乗つている外国人が疾病その他の事故により治療等のため緊急に上陸する必要を生じたときは、当該外国人が乗つている船舶等の長又はその船舶等を運航する運送業者の申請に基づき、厚生労働大臣又は法務大臣の指定する医師の診断を経て、その事由がなくなるまでの間、当該外国人に対し緊急上陸を許可することができる。

② 入国審査官は、前項の許可に係る審査のために必要があると認めるときは、法務省令で定めるところにより、当該外国人に対し、電磁的方式によつて個人識別情報を提供させることができる。

③ 第一項の許可を与える場合には、入国審査官は、当該外国人に緊急上陸許可書を交付しなければならない。

④ 第一項の許可があつたときは、同項の船舶等の長又は運送業者は、緊急上陸を許可された者の生活費、治療費、葬儀費その他緊急上陸中の一切の費用を支弁しなければならない。

（遭難による上陸の許可）

第一八条① 入国審査官は、遭難船舶等がある場合において、当該船舶等に乗つていた外国人の救護のためその他緊急の必要があると認めたときは、水難救護法（明治三十二年法律第九十五号）の規定による救護事務を行う市町村長、当該外国人を救護した船舶等の長、当該遭難船舶等の長又は当該遭難船舶等に係る運送業者の申請に基づき、当該外国人に対し遭難による上陸を許可することができる。

② 入国審査官は、警察官又は海上保安官から前項の外国人の引渡しを受けたときは、同項の規定にかかわらず、直ちにその者に対し遭難による上陸を許可するものとする。

③ 入国審査官は、第一項の許可に係る審査のために必要があると認めるときは、法務省令で定めるところにより、当該外国人に対し、電磁的方式によつて個人識別情報を提供させることができる。前項の規定による引渡しを受ける場合において必要があると認めるときも、同様とする。

④ 第一項又は第二項の許可を与える場合には、入国審査官は、当該外国人に遭難による上陸許可書を交付しなければならない。

⑤ 第一項又は第二項の許可を与える場合には、入国審査官は、法務省令で定めるところにより、当該外国人に対し、上陸期間、行動の範囲その他必要と認める制限を付することができる。

（一時庇護のための上陸の許可）

第一八条の二① 入国審査官は、船舶等に乗つている外国人から申請があつた場合において、次の各号に該当すると思料するときは、一時庇護のための上陸を許可することができる。

一 その者が難民条約第一条A(2)に規定する理由その他これに準ずる理由により、その生命、身体又は身体の自由を害されるおそれのあつた領域から逃れて、本邦に入つた者であること。

二 その者を一時的に上陸させることが相当であること。

② 入国審査官は、前項の許可に係る審査のために必要があると認めるときは、法務省令で定めるところにより、当該外国人に対し、電磁的方式によつて個人識別情報を提供させることができる。

③ 第一項の許可を与える場合には、入国審査官は、当該外国人に一時庇護許可書を交付しなければならない。

④ 第一項の許可を与える場合には、入国審査官は、法務省令で定めるところにより、当該外国人に対し、上陸期間、住居及び行動範囲の制限その他必要と認める条件を付することができる。

第四章 在留及び出国

第一節 在留

第一款 在留中の活動

（活動の範囲）

第一九条① 別表第一の上欄の在留資格をもつて在留する者は、次項の許可を受けて行う場合を除き、次の各号に掲げる区分に応じ当該各号に掲げる活動を行つてはならない。

一 別表第一の一の表、二の表及び五の表の上欄の在留資格をもつて在留する者 当該在留資格に応じこれらの表の下欄に掲げる活動に属しない収入を伴う事業を運営する活動又は報酬（業として行うものではない講演に対する謝金、日常生活に伴う臨時の報酬その他の法務省令で定めるものを除く。以下同じ。）を受ける活動

二 別表第一の三の表及び四の表の上欄の在留資格をもつて在留する者 収入を伴う事業を運営する活動又は報酬を受ける活動

② 法務大臣は、別表第一の上欄の在留資格をもつて在留する者から、法務省令で定める手続により、当該在留資格に応じ同表の下欄に掲げる活動の遂行を阻害しない範囲内で当該活動に属しない収入を伴う事業を運営する活動又は報酬を受ける活動を行うことを希望する旨の申請があつた場合において、相当と認めるときは、これを許可することができる。この場合において、法務大臣は、当該許可に必要な条件を付することができる。

③ 法務大臣は、前項の許可を受けている者が同項の規定に基づき付された条件に違反した場合その他その者に引き続き当該許可を与えておくことが適当でないと認める場合には、法務省令で定める手続により、当該許可を取り消すことができる。

④ 第十六条から第十八条までに規定する上陸の許可を受けた外国人である乗員は、解雇により乗員でなくなつても、本邦にある間は、引き続き乗員とみなす。

（就労資格証明書）

第一九条の二① 法務大臣は、本邦に在留する外国人から申請があつたときは、法務省令で定めるところにより、その者が行うことができる収入を伴う事業を運営する活動又は報酬を受ける活動を証明する文書を交付することができる。

② 何人も、外国人を雇用する等に際し、その者が行うことができる収入を伴う事業を運営する活動又は報酬を受ける活動が明らかな場合に、当該外国人が前項の文書を提示し又は提出しないことを理由として、不利益な取扱いをしてはならない。

第二款 中長期の在留

（中長期在留者）

第一九条の三 法務大臣は、本邦に在留資格をもつて在留する外国人のうち、次に掲げる者以外の者（以下「中長期在留者」という。）に対し、在留カードを交付するものとする。

一 三月以下の在留期間が決定された者

二 短期滞在の在留資格が決定された者

三 外交又は公用の在留資格が決定された者

四 前三号に準ずる者として法務省令で定めるもの

（在留カードの記載事項等）

第一九条の四① 在留カードの記載事項は、次に掲げる事項とする。

一 氏名、生年月日、性別及び国籍の属する国又は第二条第五号ロに規定する地域

二 住居地（本邦における主たる住居の所在地をいう。以下同じ。）

三 在留資格、在留期間及び在留期間の満了の日

四 許可の種類及び年月日

五 在留カードの番号、交付年月日及び有効期間の満了の日

六 就労制限の有無

七 第十九条第二項の規定による許可を受けているときは、その旨

② 前項第五号の在留カードの番号は、法務省令で定めるところにより、在留カードの交付（再交付を含む。）ごとに異なる番号を定めるものとする。

③ 在留カードには、法務省令で定めるところにより、中長期在留者の写真を表示するものとする。この場合において、法務大臣は、第六条第三項の規定その他法務省令で定める法令の規定により当該中長期在留者から提供された写真を利用することができる。

④ 前三項に規定するもののほか、在留カードの様式、在留カードに表示すべきものその他在留カードについて必要な事項は、法務省令で定める。

⑤ 法務大臣は、法務省令で定めるところにより、第一項各号に掲げる事項及び前二項の規定により表示されるものについて、その全部又は一部を、在留カードに電磁的方式により記録することができる。

（在留カードの有効期間）

第一九条の五① 在留カードの有効期間は、その交付を受ける中長期在留者に係る次の各号に掲げる区分に応じ、当該各号に定める日が経過するまでの期間とする。

一 永住者（次号に掲げる者を除く。）又は高度専門職の在留資格（別表第一の二の表の高度専門職の項の下欄第二号に係るものに限る。）をもつて在留する者 在留カードの交付の日から起算して七年を経過する日

二 永住者であつて、在留カードの交付の日に十六歳に満たない者（第十九条の十一第三項において準用する第十九条の十第二項の規定により在留カードの交付を受ける者を除く。第四号において同じ。） 十六歳の誕生日（当該外国人の誕生日が二月二十九日であるときは、当該外国人のうるう年以外の年における誕生日は二月二十八日であるものとみなす。以下同じ。）

三 前二号に掲げる者以外の者（次号に掲げる者を除く。） 在留期間の満了の日

四 第一号又は第二号に掲げる者以外の者であつて、在留カードの交付の日に十六歳に満たない者 在留期間の満了の日又は十六歳の誕生日のいずれか早い日

② 前項第三号又は第四号の規定により、在留カードの有効期間が在留期間の満了の日が経過するまでの期間となる場合において、当該在留カードの交付を受けた中長期在留者が、第二十条第五項（第二十一条第四項において準用する場合を含む。以下この項、第二十四条第四号ロ及び第二十六条第四項において同じ。）の規定により、在留期間の満了後も引き続き本邦に在留することができることとなる場合にあつては、当該在留カードの有効期間は、第二十条第五項の規定により在留することができる期間の末日が経過するまでの期間とする。

（新規上陸に伴う在留カードの交付）

第一九条の六 法務大臣は、入国審査官に、前章第一節又は第二節の規定による上陸許可の証印又は許可（在留資格の決定を伴うものに限る。）を受けて中長期在留者となつた者に対し、法務省令で定めるところにより、在留カードを交付させるものとする。

（新規上陸後の住居地届出）

第一九条の七① 前条に規定する中長期在留者は、住居地を定めた日から十四日以内に、法務省令で定める手続により、住居地の市町村（特別区を含むものとし、地方自治法第二百五十二条の十九第一項の指定都市にあつては、区又は総合区。以下同じ。）の長に対し、在留カードを提出した上、当該市町村の長を経由して、法務大臣に対し、その住居地を届け出なければならない。

② 市町村の長は、前項の規定による在留カードの提出があつた場合には、当該在留カードにその住居地の記載（第十九条の四第五項の規定による記録を含む。）をし、これを当該中長期在留者に返還するものとする。

③ 第一項に規定する中長期在留者が、在留カードを提出して住民基本台帳法（昭和四十二年法律第八十一号）第三十条の四十六の規定による届出をしたときは、当該届出は同項の規定による届出とみなす。

（在留資格変更等に伴う住居地届出）

第一九条の八① 第二十条第三項本文（第二十二条の二第三項（第二十二条の三において準用する場合を含む。）において準用する場合を含む。）、第二十一条第三項、第二十二条第二項（第二十二条の二第四項（第二十二条の三において準用する場合を含む。）において準用する場合を含む。）、第五十条第一項又は第六十一条の二の二第一項若しくは第二項の規定による許可を受けて新たに中長期在留者となつた者は、住居地を定めた日（既に住居地を定めている者にあつては、当該許可の日）から十四

日以内に、法務省令で定める手続により、住居地の市町村の長に対し、在留カードを提出した上、当該市町村の長を経由して、法務大臣に対し、その住居地を届け出なければならない。
② 前条第二項の規定は、前項の規定による在留カードの提出があつた場合に準用する。
③ 第一項に規定する中長期在留者が、在留カードを提出して住民基本台帳法第三十条の四十六又は第三十条の四十七の規定による届出をしたときは、当該届出は同項の規定による届出とみなす。
④ 第二十二条の二第一項又は第二十二条の三に規定する外国人が、第二十二条の二第二項（第二十二条の三において準用する場合を含む。）の規定による申請をするに際し、法務大臣に対し、住民基本台帳法第十二条第一項に規定する住民票の写し又は住民票記載事項証明書を提出したときは、第二十二条の二第三項（第二十二条の三において準用する場合を含む。）において準用する第二十条第三項本文の規定による許可又は第二十二条の二第四項（第二十二条の三において準用する場合を含む。）において準用する第二十二条第二項の規定による許可があつた時に、第一項の規定による届出があつたものとみなす。

（住居地の変更届出）
第一九条の九① 中長期在留者は、住居地を変更したときは、新住居地（変更後の住居地をいう。以下同じ。）に移転した日から十四日以内に、法務省令で定める手続により、新住居地の市町村の長に対し、在留カードを提出した上、当該市町村の長を経由して、法務大臣に対し、その新住居地を届け出なければならない。
② 第十九条の七第二項の規定は、前項の規定による在留カードの提出があつた場合に準用する。
③ 第一項に規定する中長期在留者が、在留カードを提出して住民基本台帳法第二十二条、第二十三条又は第三十条の四十六の規定による届出をしたときは、当該届出は同項の規定による届出とみなす。

（住居地以外の記載事項の変更届出）
第一九条の一〇① 中長期在留者は、第十九条の四第一項第一号に掲げる事項に変更を生じたときは、その変更を生じた日から十四日以内に、法務省令で定める手続により、法務大臣に対し、変更の届出をしなければならない。
② 法務大臣は、前項の届出があつた場合には、入国審査官に、当該中長期在留者に対し、新たな在留カードを交付させるものとする。

（在留カードの有効期間の更新）
第一九条の一一① 在留カードの交付を受けた中長期在留者は、当該在留カードの有効期間が当該中長期在留者の在留期間の満了の日までとされている場合を除き、当該在留カードの有効期間の満了の日の二月前（有効期間の満了の日が十六歳の誕生日とされているときは、六月前）から有効期間が満了する日までの間（次項において「更新期間」という。）に、法務省令で定める手続により、法務大臣に対し、在留カードの有効期間の更新を申請しなければならない。
② やむを得ない理由のため更新期間内に前項の規定による申請をすることが困難であると予想される者は、法務省令で定める手続により、更新期間前においても、法務大臣に対し、在留カードの有効期間の更新を申請することができる。
③ 前条第二項の規定は、前二項の規定による申請があつた場合に準用する。

（紛失等による在留カードの再交付）
第一九条の一二① 在留カードの交付を受けた中長期在留者は、紛失、盗難、滅失その他の事由により在留カードの所持を失つたときは、その事実を知つた日（本邦から出国している間に当該事実を知つた場合にあつては、その後最初に入国した日）から十四日以内に、法務省令で定める手続により、法務大臣に対し、在留カードの再交付を申請しなければならない。
② 第十九条の十第二項の規定は、前項の規定による申請があつた場合に準用する。

（汚損等による在留カードの再交付）
第一九条の一三① 在留カードの交付を受けた中長期在留者は、当該在留カードが著しく毀損し、若しくは汚損し、又は第十九条の四第五項の規定による記録が毀損したとき（以下この項において「毀損等の場合」という。）は、法務省令で定める手続により、法務大臣に対し、在留カードの再交付を申請することができる。在留カードの交付を受けた中長期在留者が、毀損等の場合以外の場合であつて在留カードの交換を希望するとき（正当な理由がないと認められるときを除く。）も、同様とする。
② 法務大臣は、著しく毀損し、若しくは汚損し、又は第十九条の四第五項の規定による記録が毀損した在留カードを所持する中長期在留者に対し、在留カードの再交付を申請することを命ずることができる。
③ 前項の規定による命令を受けた中長期在留者は、当該命令を受けた日から十四日以内に、法務省令で定める手続により、法務大臣に対し、在留カードの再交付を申請しなければならない。
④ 第十九条の十第二項の規定は、第一項又は前項の規定による申請があつた場合に準用する。

（在留カードの失効）
第一九条の一四 在留カードは、次の各号のいずれかに該当する場合には、その効力を失う。
一 在留カードの交付を受けた中長期在留者が中長期在留者でなくなつたとき。
二 在留カードの有効期間が満了したとき。
三 在留カードの交付を受けた中長期在留者（第二十六条第一項の規定により再入国の許可を受けている者を除く。）が、第二十五条第一項の規定により、出国する出入国港において、入国審査官から出国の確認を受けたとき。
四 在留カードの交付を受けた中長期在留者であつて、第二十六条第一項の規定により再入国の許可を受けている者が出国し、再入国の許可の有効期間内に再入国をしなかつたとき。
五 在留カードの交付を受けた中長期在留者が新たな在留カードの交付を受けたとき。
六 在留カードの交付を受けた中長期在留者が死亡したとき。

（在留カードの返納）
第一九条の一五① 在留カードの交付を受けた中長期在留者は、その所持する在留カードが前条第一号、第二号又は第四号に該当して効力を失つたときは、その事由が生じた日から十四日以内に、法務大臣に対し、当該在留カードを返納しなければならない。
② 在留カードの交付を受けた中長期在留者は、その所持する在留カードが前条第三号又は第五号に該当して効力を失つたときは、直ちに、法務大臣に対し、当該在留カードを返納しなければならない。
③ 在留カードの交付を受けた中長期在留者は、在留カードの所持を失つた場合において、前条（第六号を除く。）の規定により当該在留カードが効力を失つた後、当該在留カードを発見するに至つたときは、その発見の日から十四日以内に、法務大臣に対し、当該在留カードを返納しなければならない。
④ 在留カードが前条第六号の規定により効力を失つたときは、死亡した中長期在留者の親族又は同居者は、その死亡の日（死亡後に在留カードを発見するに至つたときは、その発見の日）から十四日以内に、法務大臣に対し、当該在留カードを返納しなければならない。

（所属機関等に関する届出）
第一九条の一六 中長期在留者であつて、次の各号に掲げる在留資格をもつて本邦に在留する者は、当該各号に掲げる在留資格の区分に応じ、当該各号に定める事由が生じたときは、当該事由が生じた日から十四日以内に、法務省令で定める手続により、法務大臣に対し、その旨及び法務省令で定める事項を届け出なければならない。
一 教授、高度専門職（別表第一の二の表の高度専門職の項の下欄第一号ハ又は第二号（同号ハに掲げる活動に従事する場合に限る。）に係るものに限る。）、経営・管理、法律・会計業務、医療、教育、企業内転勤、技能実習、留学又は研修　当該在留資格に応じてそれぞれ別表第一の下欄に掲げる活動を行う本邦の公私の機関の名称若しくは所在地の変更若しくはその消滅又は当該機関からの離脱若しくは移籍
二 高度専門職（別表第一の二の表の高度専門職の項の下欄第一号イ若しくはロ又は第二号（同号イ又はロに掲げる活動に従事する場合に限る。）に係るものに限る。）、研究、技術・人文知識・国際業務、興行（本邦の公私の機関との契約に基づいて当該在留資格に係る活動に従事する場合に限る。）又は技能　契約の相手方である本邦の公私の機関（高度専門職の在留資格（同表の高度専門職の項の下欄第一号イに係るものに限る。）にあつては、法務大臣が指定する本邦の公私の機関）の名称若しくは所在地の変更若しくはその消滅又は当該機関との契約の終了若しくは新たな契約の締結
三 家族滞在（配偶者として行う日常的な活動を行うことができる者に係るものに限る。）、日本人の配偶者等（日本人の配偶者の身分を有する者に係るものに限る。）又は永住者の配偶者等（永住者の在留資格をもつて在留する者又は特別永住者（以下「永住者等」という。）の配偶者の身分を有する者に係るものに限る。）　配偶者との離婚又は死別

（所属機関による届出）
第一九条の一七 別表第一の在留資格をもつて在留する中長期在留者が受け入れられている本邦の公私の機関その他の法務省令で定める機関（雇用対策法（昭和四十一年法律第百三十二号）第二十八条第一項の規定による届出をしなければならない事業主を除く。）は、法務省令で定めるところにより、法務大臣に対し、当該中長期在留者の受入れの開始及び終了その他の受入れの状況に関する事項を届け出るよう努めなければならない。

（中長期在留者に関する情報の継続的な把握）
第一九条の一八① 法務大臣は、中長期在留者の身分関係、居住関係及び活動状況を継続的に把握するため、出入国管理及び難民認定法その他の法令の定めるところにより取得した中長期在留者の氏名、生年月日、性別、国籍の属する国、住居地、所属機関その他在留管理に必要な情報を整理しなければならない。
② 法務大臣は、前項に規定する情報を正確かつ最新の内容に保つよう努めなければならない。
③ 法務大臣は、在留管理の目的を達成するために必要な最小限度の範囲を超えて、第一項に規定する情報を取得し、又は保有してはならず、当該情報の取扱いに当たつては、個人の権利利益の保護に留意しなければならない。

（事実の調査）
第一九条の一九① 法務大臣は、中長期在留者に関する情報の継続的な把握のため必要があるときは、この款の規定により届け出ることとされている事項について、その職員に事実の調査をさせることができる。
② 入国審査官又は入国警備官は、前項の調査のため必要があるときは、関係人に対し、出頭を求め、質問をし、又は文書の提示を求めることができる。
③ 法務大臣、入国審査官又は入国警備官は、第一項の調査について、公務所又は公私の団体に照会して必要な事項の報告を求めることができる。

第二節　在留資格の変更及び取消し等

（在留資格の変更）
第二〇条① 在留資格を有する外国人は、その者の有する在留資格（これに伴う在留期間を含む。以下第三項まで及び次条において同じ。）の変更（高度専門職の在留資格（別表第一の二の表の高度専門職の項の下欄第一号イからハまでに係るものに限る。）又は技能実習の在留資格（同表の技能実習の項の下欄第二号イ又はロに係るものに限る。）を有する者については、法務大臣が指定する本邦の公私の機関の変更を含み、特定活動の在留資格を有する者については、法務大臣が個々の外国人について特に指定する活動の変更を含む。）を受けることができる。

② 前項の規定により在留資格の変更を受けようとする外国人は、法務省令で定める手続により、法務大臣に対し在留資格の変更を申請しなければならない。ただし、永住者の在留資格への変更を希望する場合は、第二十二条第一項の定めるところによらなければならない。
③ 前項の申請があつた場合には、法務大臣は、当該外国人が提出した文書により在留資格の変更を適当と認めるに足りる相当の理由があるときに限り、これを許可することができる。ただし、短期滞在の在留資格をもつて在留する者の申請については、やむを得ない特別の事情に基づくものでなければ許可しないものとする。
④ 法務大臣は、前項の規定による許可をする場合には、次の各号に掲げる区分に応じ、当該各号に定める措置をとるものとする。この場合において、その許可は、それぞれ当該各号に定める在留カード若しくは在留資格証明書の交付又は旅券若しくは在留資格証明書の記載のあつた時に、当該在留カード、在留資格証明書又は旅券に記載された内容をもつて効力を生ずる。
一 当該許可に係る外国人が引き続き中長期在留者に該当し、又は新たに中長期在留者に該当することとなるとき　入国審査官に、当該外国人に対し、在留カードを交付させること。
二 前号に掲げる場合以外の場合において、当該許可に係る外国人が旅券を所持しているとき　入国審査官に、当該旅券に新たな在留資格及び在留期間を記載させること。
三 第一号に掲げる場合以外の場合において、当該許可に係る外国人が旅券を所持していないとき　入国審査官に、当該外国人に対し新たな在留資格及び在留期間を記載した在留資格証明書を交付させ、又は既に交付を受けている在留資格証明書に新たな在留資格及び在留期間を記載させること。
⑤ 第二項の規定による申請があつた場合（三十日以下の在留期間を決定されている者から申請があつた場合を除く。）において、その申請の時に当該外国人が有する在留資格に伴う在留期間の満了の日までにその申請に対する処分がされないときは、当該外国人は、その在留期間の満了後も、当該処分がされる日又は従前の在留期間の満了の日から二月を経過する日のいずれか早い日までの間は、引き続き当該在留資格をもつて本邦に在留することができる。

（在留資格の変更の特則）
第二〇条の二① 次の各号に掲げる在留資格への変更は、前条第一項の規定にかかわらず、当該各号に定める者でなければ受けることができない。
一 高度専門職の在留資格（別表第一の二の表の高度専門職の項の下欄第二号に係るものに限る。） 高度専門職の在留資格（同表の高度専門職の項の下欄第一号イからハまでに係るものに限る。）をもつて本邦に在留していた外国人
二 技能実習の在留資格（別表第一の二の表の技能実習の項の下欄第二号イ又はロに係るものに限る。） 技能実習の在留資格（同表の技能実習の項の下欄第一号イ又はロに係るものに限る。）をもつて本邦に在留していた外国人
② 法務大臣は、外国人から前条第二項の規定による前項各号に掲げる在留資格への変更の申請があつたときは、当該外国人が法務省令で定める基準に適合する場合でなければ、これを許可することができない。
③ 法務大臣は、前項の法務省令を定めようとするときは、あらかじめ、関係行政機関の長と協議するものとする。

（在留期間の更新）
第二一条① 本邦に在留する外国人は、現に有する在留資格を変更することなく、在留期間の更新を受けることができる。
② 前項の規定により在留期間の更新を受けようとする外国人は、法務省令で定める手続により、法務大臣に対し在留期間の更新を申請しなければならない。
③ 前項の規定による申請があつた場合には、法務大臣は、当該外国人が提出した文書により在留期間の更新を適当と認めるに足りる相当の理由があるときに限り、これを許可することができる。
④ 第二十条第四項の規定は前項の規定による許可をする場合に、同条第五項の規定は第二項の規定による申請があつた場合に、それぞれ準用する。この場合において、同条第四項第二号及び第三号中「新たな在留資格及び在留期間」とあるのは、「在留資格及び新たな在留期間」と読み替えるものとする。

（永住許可）
第二二条① 在留資格を変更しようとする外国人で永住者の在留資格への変更を希望するものは、法務省令で定める手続により、法務大臣に対し永住許可を申請しなければならない。
② 前項の申請があつた場合には、法務大臣は、その者が次の各号に適合し、かつ、その者の永住が日本国の利益に合すると認めたときに限り、これを許可することができる。ただし、その者が日本人、永住許可を受けている者又は特別永住者の配偶者又は子である場合においては、次の各号に適合することを要しない。
一 素行が善良であること。
二 独立の生計を営むに足りる資産又は技能を有すること。
③ 法務大臣は、前項の許可をする場合には、入国審査官に、当該許可に係る外国人に対し在留カードを交付させるものとする。この場合において、その許可は、当該在留カードの交付のあつた時に、その効力を生ずる。

（在留資格の取得）
第二二条の二① 日本の国籍を離脱した者又は出生その他の事由により前章に規定する上陸の手続を経ることなく本邦に在留することとなる外国人は、第二条の二第一項の規定にかかわらず、それぞれ日本の国籍を離脱した日又は出生その他当該事由が生じた日から六十日を限り、引き続き在留資格を有することなく本邦に在留することができる。
② 前項に規定する外国人で同項の期間をこえて本邦に在留しようとするものは、日本の国籍を離脱した日又は出生その他当該事由が生じた日から三十日以内に、法務省令で定めるところにより、法務大臣に対し在留資格の取得を申請しなければならない。
③ 第二十条第三項本文及び第四項の規定は、前項に規定する在留資格の取得の申請（永住者の在留資格の取得の申請を除く。）の手続に準用する。この場合において、同条第三項本文中「在留資格の変更」とあるのは、「在留資格の取得」と読み替えるものとする。
④ 前条の規定は、第二項に規定する在留資格の取得の申請中永住者の在留資格の取得の申請の手続に準用する。この場合において、同条第一項中「変更しよう」とあるのは「取得しよう」と、「在留資格への変更」とあるのは「在留資格の取得」と読み替えるものとする。

第二二条の三 前条第二項から第四項までの規定は、第十八条の二第一項に規定する一時庇護のための上陸の許可を受けた外国人で別表第一又は別表第二の上欄の在留資格のいずれかをもつて在留しようとするものに準用する。この場合において、前条第二項中「日本の国籍を離脱した日又は出生その他当該事由が生じた日から三十日以内」とあるのは、「当該上陸の許可に係る上陸期間内」と読み替えるものとする。

（在留資格の取消し）
第二二条の四① 法務大臣は、別表第一又は別表第二の上欄の在留資格をもつて本邦に在留する外国人（第六十一条の二第一項の難民の認定を受けている者を除く。）について、次の各号に掲げるいずれかの事実が判明したときは、法務省令で定める手続により、当該外国人が現に有する在留資格を取り消すことができる。
一 偽りその他不正の手段により、当該外国人が第五条第一項各号のいずれにも該当しないものとして、前章第一節又は第二節の規定による上陸許可の証印（第九条第四項の規定による記録を含む。次号において同じ。）又は許可を受けたこと。
二 偽りその他不正の手段により、上陸許可の証印等（前章第一節若しくは第二節の規定による上陸許可の証印若しくは許可（在留資格の決定を伴うものに限る。）又はこの節の規定による許可をいい、これらが二以上ある場合には直近のものをいうものとする。以下この項において同じ。）の申請に係る本邦において行おうとする活動が虚偽のものでなく、別表第一の下欄に掲げる活動又は別表第二の下欄に掲げる身分若しくは地位を有する者としての活動のいずれかに該当するものとして、当該上陸許可の証印等を受けたこと。
三 前二号に掲げるもののほか、偽りその他不正の手段により、上陸許可の証印等を受けたこと。
四 前三号に掲げるもののほか、不実の記載のある文書（不実の記載のある文書又は図画の提出又は提示により交付を受けた第七条の二第一項の規定による証明書及び不実の記載のある文書又は図画の提出又は提示により旅券に受けた査証を含む。）又は図画の提出又は提示により、上陸許可の証印等を受けたこと。
五 偽りその他不正の手段により、第五十条第一項又は第六十一条の二の二第二項の規定による許可を受けたこと（当該許可の後、これらの規定による許可又は上陸許可の証印等を受けた場合を除く。）。
六 別表第一の上欄の在留資格をもつて在留する者が、当該在留資格に応じ同表の下欄に掲げる活動を継続して三月（高度専門職の在留資格（別表第一の二の表の高度専門職の項の下欄第二号に係るものに限る。）をもつて在留する者にあつては、六月）以上行わないで在留していること（当該活動を行わないで在留していることにつき正当な理由がある場合を除く。）。
七 日本人の配偶者等の在留資格（日本人の配偶者の身分を有する者（兼ねて日本人の特別養子（民法（明治二十九年法律第八十九号）第八百十七条の二の規定による特別養子をいう。以下同じ。）又は日本人の子として出生した者の身分を有する者を除く。）に係るものに限る。）をもつて在留する者又は永住者の配偶者等の在留資格（永住者等の配偶者の身分を有する者（兼ねて永住者等の子として本邦で出生しその後引き続き本邦に在留している者の身分を有する者を除く。）に係るものに限る。）をもつて在留する者が、その配偶者の身分を有する者としての活動を継続して六月以上行わないで在留していること（当該活動を行わないで在留していることにつき正当な理由がある場合を除く。）。
八 前章第一節若しくは第二節の規定による上陸許可の証印若しくは許可、この節の規定による許可又は第五十条第一項若しくは第六十一条の二の二第二項の規定による許可を受けて、新たに中長期在留者となつた者が、当該上陸許可の証印又は許可を受けた日から九十日以内に、法務大臣に、住居地の届出をしないこと（届出をしないことにつき正当な理由がある場合を除く。）。
九 中長期在留者が、法務大臣に届け出た住居地から退去した場合において、当該退去の日から九十日以内に、法務大臣に、新住居地の届出をしないこと（届出をしないことにつき正当な理由がある場合を除く。）。
十 中長期在留者が、法務大臣に、虚偽の住居地を届け出たこと。
② 法務大臣は、前項の規定による在留資格の取消しをしようとするときは、その指定する入国審査官に、当該外国人の意見を聴取させなければならない。
③ 法務大臣は、前項の意見の聴取をさせるときは、あらかじめ、意見の聴取の期日及び場所並びに取消しの原因となる事実を記載した意見聴取通知書を当該外国人に送達しなければならない。ただし、急速を要するときは、当該通知書に記載すべき事項を入国審査官又は入国警備官に口頭で通知させてこれを行うことができる。
④ 当該外国人又はその者の代理人は、前項の期日に出頭して、意見を述べ、及び証拠を提出することができる。
⑤ 法務大臣は、当該外国人が正当な理由がなくて第二項の意見の聴取に応じないときは、同項の規定にかかわらず、意見の聴取を行わないで、第一項の規定による在留資格の取消しをする

ことができる。

⑥ 在留資格の取消しは、法務大臣が在留資格取消通知書を送達して行う。

⑦ 法務大臣は、第一項（第一号及び第二号を除く。）の規定により在留資格を取り消す場合には、三十日を超えない範囲内で当該外国人が出国するために必要な期間を指定するものとする。

⑧ 法務大臣は、前項の規定により期間を指定する場合には、法務省令で定めるところにより、当該外国人に対し、住居及び行動範囲の制限その他必要と認める条件を付することができる。

⑨ 法務大臣は、第六項に規定する在留資格取消通知書に第七項の規定により指定された期間及び前項の規定により付された条件を記載しなければならない。

（在留資格の取消しの手続における配慮）

第二二条の五 法務大臣は、前条第一項に規定する外国人について、同項第七号に掲げる事実が判明したことにより在留資格の取消しをしようとする場合には、第二十条第二項の規定による在留資格の変更の申請又は第二十二条第一項の規定による永住許可の申請の機会を与えるよう配慮しなければならない。

第三節　在留の条件

（旅券等の携帯及び提示）

第二三条① 本邦に在留する外国人は、常に旅券（次の各号に掲げる者にあつては、当該各号に定める文書）を携帯していなければならない。ただし、次項の規定により在留カードを携帯する場合は、この限りでない。

一 第九条第五項の規定により短期滞在の在留資格及び在留期間を決定された者　特定登録者カード
二 仮上陸の許可を受けた者　仮上陸許可書
三 船舶観光上陸の許可を受けた者　船舶観光上陸許可書
四 乗員上陸の許可を受けた者　乗員上陸許可書及び旅券又は乗員手帳
五 緊急上陸の許可を受けた者　緊急上陸許可書
六 遭難による上陸の許可を受けた者　遭難による上陸許可書
七 一時庇護のための上陸の許可を受けた者　一時庇護許可書
八 仮滞在の許可を受けた者　仮滞在許可書

② 中長期在留者は、法務大臣が交付し、又は市町村の長が返還する在留カードを受領し、常にこれを携帯していなければならない。

③ 前二項の外国人は、入国審査官、入国警備官、警察官、海上保安官その他法務省令で定める国又は地方公共団体の職員が、その職務の執行に当たり、これらの規定に規定する旅券、乗員手帳、特定登録者カード、許可書又は在留カード（以下この条において「旅券等」という。）の提示を求めたときは、これを提示しなければならない。

④ 前項に規定する職員は、旅券等の提示を求める場合には、その身分を示す証票を携帯し、請求があるときは、これを提示しなければならない。

⑤ 十六歳に満たない外国人は、第一項本文及び第二項の規定にかかわらず、旅券等を携帯することを要しない。

（退去強制）

第二四条 次の各号のいずれかに該当する外国人については、次章に規定する手続により、本邦からの退去を強制することができる。

一 第三条の規定に違反して本邦に入つた者
二 入国審査官から上陸の許可等を受けないで本邦に上陸した者
二の二 第二十二条の四第一項（第一号又は第二号に係るものに限る。）の規定により在留資格を取り消された者
二の三 第二十二条の四第七項（第六十一条の二の八第二項において準用する場合を含む。）の規定により期間の指定を受けた者で、当該期間を経過して本邦に残留するもの
三 他の外国人に不正に前章第一節若しくは第二節の規定による証明書の交付、上陸許可の証印（第九条第四項の規定による記録を含む。）若しくは許可、同章第四節の規定による上陸の許可又は第一節、第二節若しくは次章第三節の規定による許可を受けさせる目的で、文書若しくは図画を偽造し、若しくは変造し、虚偽の文書若しくは図画を作成し、若しくは偽造若しくは変造された文書若しくは図画若しくは虚偽の文書若しくは図画を行使し、所持し、若しくは提供し、又はこれらの行為を唆し、若しくはこれを助けた者
三の二 公衆等脅迫目的の犯罪行為のための資金等の提供等の処罰に関する法律（平成十四年法律第六十七号）第一条に規定する公衆等脅迫目的の犯罪行為（以下この号において「公衆等脅迫目的の犯罪行為」という。）、公衆等脅迫目的の犯罪行為の予備行為又は公衆等脅迫目的の犯罪行為の実行を容易にする行為を行うおそれがあると認めるに足りる相当の理由がある者として法務大臣が認定する者
三の三 国際約束により本邦への入国を防止すべきものとされている者
三の四 次のイからハまでに掲げるいずれかの行為を行い、唆し、又はこれを助けた者
イ 事業活動に関し、外国人に不法就労活動（第十九条第一項の規定に違反する活動又は第七十条第一項第一号から第三号の二まで、第五号、第七号から第七号の三まで若しくは第八号の二から第八号の四までに掲げる者が行う活動であつて報酬その他の収入を伴うものをいう。以下同じ。）をさせること。
ロ 外国人に不法就労活動をさせるためにこれを自己の支配下に置くこと。
ハ 業として、外国人に不法就労活動をさせる行為又はロに規定する行為に関しあつせんすること。
三の五 次のイから二までに掲げるいずれかの行為を行い、唆し、又はこれを助けた者
イ 行使の目的で、在留カード若しくは日本国との平和条約に基づき日本の国籍を離脱した者等の出入国管理に関する特例法第七条第一項に規定する特別永住者証明書（以下単に「特別永住者証明書」という。）を偽造し、若しくは変造し、又は偽造若しくは変造の在留カード若しくは特別永住者証明書を提供し、収受し、若しくは所持すること。
ロ 行使の目的で、他人名義の在留カード若しくは特別永住者証明書を提供し、収受し、若しくは所持し、又は自己名義の在留カードを提供すること。
ハ 偽造若しくは変造の在留カード若しくは特別永住者証明書又は他人名義の在留カード若しくは特別永住者証明書を行使すること。
ニ 在留カード若しくは特別永住者証明書の偽造又は変造の用に供する目的で、器械又は原料を準備すること。
四 本邦に在留する外国人（仮上陸の許可、寄港地上陸の許可、船舶観光上陸の許可、通過上陸の許可、乗員上陸の許可又は遭難による上陸の許可を受けた者を除く。）で次のイからヨまでに掲げる者のいずれかに該当するもの
イ 第十九条第一項の規定に違反して収入を伴う事業を運営する活動又は報酬を受ける活動を専ら行つていると明らかに認められる者（人身取引等により他人の支配下に置かれている者を除く。）
ロ 在留期間の更新又は変更を受けないで在留期間（第二十条第五項の規定により本邦に在留することができる期間を含む。第二十六条第一項及び第二十六条の二第二項（第二十六条の三第二項において準用する場合を含む。）において同じ。）を経過して本邦に残留する者
ハ 人身取引等を行い、唆し、又はこれを助けた者
ニ 旅券法（昭和二十六年法律第二百六十七号）第二十三条第一項（第六号を除く。）から第三項までの罪により刑に処せられた者
ホ 第七十四条から第七十四条の六の三まで又は第七十四条の八の罪により刑に処せられた者
ヘ 第七十三条の罪により禁錮以上の刑に処せられた者
ト 少年法（昭和二十三年法律第百六十八号）に規定する少年で昭和二十六年十一月一日以後に長期三年を超える懲役又は禁錮に処せられたもの
チ 昭和二十六年十一月一日以後に麻薬及び向精神薬取締法、大麻取締法、あへん法、覚せい剤取締法、国際的な協力の下に規制薬物に係る不正行為を助長する行為等の防止を図るための麻薬及び向精神薬取締法等の特例等に関する法律（平成三年法律第九十四号）又は刑法第二編第十四章の規定に違反して有罪の判決を受けた者
リ ニからチまでに掲げる者のほか、昭和二十六年十一月一日以後に無期又は一年を超える懲役若しくは禁錮に処せられた者。ただし、刑の全部の執行猶予の言渡しを受けた者及び刑の一部の執行猶予の言渡しを受けた者であつてその刑のうち執行が猶予されなかつた部分の期間が一年以下のものを除く。
ヌ 売春又はその周旋、勧誘、その場所の提供その他売春に直接に関係がある業務に従事する者（人身取引等により他人の支配下に置かれている者を除く。）
ル 他の外国人が不法に本邦に入り、又は上陸することをあおり、唆し、又は助けた者
オ 日本国憲法又はその下に成立した政府を暴力で破壊することを企て、若しくは主張し、又はこれを企て若しくは主張する政党その他の団体を結成し、若しくはこれに加入している者
ワ 次に掲げる政党その他の団体を結成し、若しくはこれに加入し、又はこれと密接な関係を有する者
(1) 公務員であるという理由により、公務員に暴行を加え、又は公務員を殺傷することを勧奨する政党その他の団体
(2) 公共の施設を不法に損傷し、又は破壊することを勧奨する政党その他の団体
(3) 工場事業場における安全保持の施設の正常な維持又は運行を停廃し、又は妨げるような争議行為を勧奨する政党その他の団体
カ オ又はワに規定する政党その他の団体の目的を達するため、印刷物、映画その他の文書図画を作成し、頒布し、又は展示した者
ヨ イからカまでに掲げる者のほか、法務大臣が日本国の利益又は公安を害する行為を行つたと認定する者
四の二 別表第一の上欄の在留資格をもつて在留する者で、刑法第二編第十二章、第十六章から第十九章まで、第二十三章、第二十六章、第二十七章、第三十一章、第三十三章、第三十六章、第三十七章若しくは第三十九章の罪、暴力行為等処罰に関する法律第一条、第一条ノ二若しくは第一条ノ三（刑法第二百二十二条又は第二百六十一条に係る部分を除く。）の罪、盗犯等の防止及び処分に関する法律の罪、特殊開錠用具の所持の禁止等に関する法律第十五条若しくは第十六条の罪又は自動車の運転により人を死傷させる行為等の処罰に関する法律第二条若しくは第六条第一項の罪により懲役又は禁錮に処せられたもの
四の三 短期滞在の在留資格をもつて在留する者で、本邦において行われる国際競技会等の経過若しくは結果に関連して、又はその円滑な実施を妨げる目的をもつて、当該国際競技会等の開催場所又はその所在する市町村の区域内若しくはその近傍の不特定若しくは多数の者の用に供される場所において、不法に、人を殺傷し、人に暴行を加え、人を脅迫し、又は建造物その他の物を損壊したもの
四の四 中長期在留者で、第七十一条の二又は第七十五条の二の罪により懲役に処せられたもの
五 仮上陸の許可を受けた者で、第十三条第三項の規定に基づき付された条件に違反して、逃亡し、又は正当な理由がなくて呼出しに応じないもの
五の二 第十条第七項若しくは第十一条第六項の規定により退去を命ぜられた者で、遅滞なく本邦から退去しないもの

六　寄港地上陸の許可、船舶観光上陸の許可、通過上陸の許可、乗員上陸の許可、緊急上陸の許可、遭難による上陸の許可又は一時庇護のための上陸の許可を受けた者で、旅券又は当該許可書に記載された期間を経過して本邦に残留するもの
六の二　船舶観光上陸の許可を受けた者で、当該許可に係る指定旅客船が寄港する本邦の出入国港において下船した後当該出入国港から当該指定旅客船が出港するまでの間に帰船することなく逃亡したもの
六の三　第十四条の二第九項の規定により期間の指定を受けた者で、当該期間内に出国しないもの
六の四　第十六条第九項の規定により期間の指定を受けた者で、当該期間内に帰船し又は出国しないもの
七　第二十二条の二第一項に規定する者で、同条第三項において準用する第二十条第三項本文の規定又は第二十二条の二第四項において準用する第二十二条第二項の規定による許可を受けないで、第二十二条の二第一項に規定する期間を経過して本邦に残留するもの
八　第五十五条の三第一項の規定により出国命令を受けた者で、当該出国命令に係る出国期限を経過して本邦に残留するもの
九　第五十五条の六の規定により出国命令を取り消された者
十　第六十一条の二の二第一項若しくは第二項又は第六十一条の二の三の許可を受けて在留する者で、第六十一条の二の七第一項（第一号又は第三号に係るものに限る。）の規定により難民の認定を取り消されたもの

第二四条の二①　法務大臣は、前条第三号の二の規定による認定をしようとするときは、外務大臣、警察庁長官、公安調査庁長官及び海上保安庁長官の意見を聴くものとする。

②　外務大臣、警察庁長官、公安調査庁長官又は海上保安庁長官は、前条第三号の二の規定による認定に関し法務大臣に意見を述べることができる。

（出国命令）

第二四条の三　第二十四条第二号の三、第四号ロ又は第六号から第七号までのいずれかに該当する外国人で次の各号のいずれにも該当するもの（以下「出国命令対象者」という。）については、同条の規定にかかわらず、次章第一節から第三節まで及び第五章の二に規定する手続により、出国を命ずるものとする。

一　速やかに本邦から出国する意思をもつて自ら入国管理官署に出頭したこと。

二　第二十四条第三号から第三号の五まで、第四号ハからヨまで、第八号又は第九号のいずれにも該当しないこと。

三　本邦に入つた後に、刑法第二編第十二章、第十六章から第十九章まで、第二十三章、第二十六章、第二十七章、第三十一章、第三十三章、第三十六章、第三十七章若しくは第三十九章の罪、暴力行為等処罰に関する法律第一条、第一条ノ二若しくは第一条ノ三（刑法第二百二十二条又は第二百六十一条に係る部分を除く。）の罪、盗犯等の防止及び処分に関する法律の罪、特殊開錠用具の所持の禁止等に関する法律第十五条若しくは第十六条の罪又は自動車の運転により人を死傷させる行為等の処罰に関する法律第二条若しくは第六条第一項の罪により懲役又は禁錮に処せられたものでないこと。

四　過去に本邦からの退去を強制されたこと又は第五十五条の三第一項の規定による出国命令により出国したことがないこと。

五　速やかに本邦から出国することが確実と見込まれること。

第四節　出国

（出国の手続）

第二五条①　本邦外の地域に赴く意図をもつて出国しようとする外国人（乗員を除く。次条において同じ。）は、その者が出国する出入国港において、法務省令で定める手続により、入国審査官から出国の確認を受けなければならない。

②　前項の外国人は、出国の確認を受けなければ出国してはならない。

（出国確認の留保）

第二五条の二①　入国審査官は、本邦に在留する外国人が本邦外の地域に赴く意図をもつて出国しようとする場合において、関係機関から当該外国人が次の各号のいずれかに該当する者である旨の通知を受けているときは、前条の出国の確認を受けるための手続がされた時から二十四時間を限り、その者について出国の確認を留保することができる。

一　死刑若しくは無期若しくは長期三年以上の懲役若しくは禁錮に当たる罪につき訴追されている者又はこれらの罪を犯した疑いにより逮捕状、勾引状、勾留状若しくは鑑定留置状が発せられている者

二　禁錮以上の刑に処せられ、その刑の全部につき執行猶予の言渡しを受けなかつた者で、刑の執行を終わるまで、又は執行を受けることがなくなるまでのもの（当該刑につき仮釈放中の者及びその一部の執行猶予の言渡しを受けて執行猶予中の者を除く。）

三　逃亡犯罪人引渡法（昭和二十八年法律第六十八号）の規定により仮拘禁許可状又は拘禁許可状が発せられている者

②　入国審査官は、前項の規定により出国の確認を留保したときは、直ちに同項の通知をした機関にその旨を通報しなければならない。

（再入国の許可）

第二六条①　法務大臣は、本邦に在留する外国人（仮上陸の許可を受けている者及び第十四条から第十八条までに規定する上陸の許可を受けている者を除く。）がその在留期間（在留期間の定めのない者にあつては、本邦に在留し得る期間）の満了の日以前に本邦に再び入国する意図をもつて出国しようとするときは、法務省令で定める手続により、その者の申請に基づき、再入国の許可を与えることができる。この場合において、法務大臣は、その者の申請に基づき、相当と認めるときは、当該許可を数次再入国の許可とすることができる。

②　法務大臣は、前項の許可をする場合には、入国審査官に、当該許可に係る外国人が旅券を所持しているときは旅券に再入国の許可の証印をさせ、旅券を所持していない場合で国籍を有しないことその他の事由で旅券を取得することができないときは、法務省令で定めるところにより、再入国許可書を交付させるものとする。この場合において、その許可は、当該証印又は再入国許可書に記載された日からその効力を生ずる。

③　法務大臣は、再入国の許可を与える場合には、当該許可が効力を生ずるものとされた日から五年を超えない範囲内においてその有効期間を定めるものとする。

④　法務大臣は、再入国の許可を受けている外国人から、第二十条第二項又は第二十一条第二項の規定による申請があつた場合において、相当と認めるときは、当該外国人が第二十条第五項の規定により在留できる期間の末日まで、当該許可の有効期間を延長することができる。

⑤　法務大臣は、再入国の許可を受けて出国した者について、当該許可の有効期間内に再入国することができない相当の理由があると認めるときは、その者の申請に基づき、一年を超えず、かつ、当該許可が効力を生じた日から六年を超えない範囲内で、当該許可の有効期間の延長の許可をすることができる。

⑥　前項の許可は、旅券又は再入国許可書にその旨を記載して行うものとし、その事務は、日本国領事官等に委任するものとする。

⑦　法務大臣は、再入国の許可を受けている外国人に対し、引き続き当該許可を与えておくことが適当でないと認める場合には、その者が本邦にある間において、当該許可を取り消すことができる。

⑧　第二項の規定により交付される再入国許可書は、当該再入国許可書に係る再入国の許可に基づき本邦に入国する場合に限り、旅券とみなす。

（みなし再入国許可）

第二六条の二①　本邦に在留資格をもつて在留する外国人（第十九条の三第一号及び第二号に掲げる者を除く。）で有効な旅券（第六十一条の二の十二第一項に規定する難民旅行証明書を除く。）を所持するもの（中長期在留者にあつては、在留カードを所持するものに限る。）が、法務省令で定めるところにより、入国審査官に対し、再び入国する意図を表明して出国するときは、前条第一項の規定にかかわらず、同項の再入国の許可を受けたものとみなす。ただし、出入国の公正な管理のため再入国の許可を要する者として法務省令で定めるものに該当する者については、この限りでない。

②　前項の規定により外国人が受けたものとみなされる再入国の許可の有効期間は、前条第三項の規定にかかわらず、出国の日から一年（在留期間の満了の日が出国の日から一年を経過する日前に到来する場合には、在留期間の満了までの期間）とする。

③　第一項の規定により外国人が受けたものとみなされる再入国の許可については、前条第五項の規定は、適用しない。

（短期滞在に係るみなし再入国許可）

第二六条の三①　本邦に短期滞在の在留資格をもつて在留する外国人で有効な旅券を所持するものが、法務省令で定めるところにより、入国審査官に対し、指定旅客船で再び入国する意図を表明して当該指定旅客船で出国するときは、第二十六条第一項の規定にかかわらず、同項の再入国の許可を受けたものとみなす。ただし、出入国の公正な管理のため再入国の許可を要する者として法務省令で定めるものに該当する者については、この限りでない。

②　前条第二項及び第三項の規定は、前項の規定により外国人が受けたものとみなされる再入国の許可について準用する。この場合において、同条第二項中「一年」とあるのは、「十五日」と読み替えるものとする。

第五章　退去強制の手続

第一節　違反調査

（違反調査）

第二七条　入国警備官は、第二十四条各号の一に該当すると思料する外国人があるときは、当該外国人（以下「容疑者」という。）につき違反調査をすることができる。

（違反調査について必要な取調べ及び報告の要求）

第二八条①　入国警備官は、違反調査の目的を達するため必要な取調べをすることができる。ただし、強制の処分は、この章及び第八章に特別の規定がある場合でなければすることができない。

②　入国警備官は、違反調査について、公務所又は公私の団体に照会して必要な事項の報告を求めることができる。

（容疑者の出頭要求及び取調）

第二九条①　入国警備官は、違反調査をするため必要があるときは、容疑者の出頭を求め、当該容疑者を取り調べることができる。

②　前項の場合において、入国警備官は、容疑者の供述を調書に記載しなければならない。

③　前項の調書を作成したときは、入国警備官は、容疑者に閲覧させ、又は読み聞かせて、署名をさせ、且つ、自らこれに署名しなければならない。

④　前項の場合において、容疑者が署名することができないとき、又は署名を拒んだときは、入国警備官は、その旨を調書に附記しなければならない。

（証人の出頭要求）

第三〇条①　入国警備官は、違反調査をするため必要があるときは、証人の出頭を求め、当該証人を取り調べることができる。

②　前項の場合において、入国警備官は、証人の供述を調書に記載しなければならない。

③　前条第三項及び第四項の規定は、前項の場合に準用する。この場合において、前条第三項及び第四項中「容疑者」とあるのは「証人」と読み替えるものとする。

（臨検、捜索及び押収）

第三一条①　入国警備官は、違反調査をするため必要があるときは、その所属官署の所在地を管轄する地方裁判所又は簡易裁判

所の裁判官の許可を得て、臨検、捜索又は押収をすることができる。

② 前項の場合において、急速を要するときは、入国警備官は、臨検すべき場所、捜索すべき身体若しくは物件又は押収すべき物件の所在地を管轄する地方裁判所又は簡易裁判所の裁判官の許可を得て、同項の処分をすることができる。

③ 入国警備官は、第一項又は前項の許可を請求しようとするときは、容疑者が第二十四条各号の一に該当すると思料されるべき資料並びに、容疑者以外の者の住居その他の場所を臨検しようとするときは、その場所が違反事件に関係があると認めるに足りる状況があることを認めるべき資料、容疑者以外の者の身体、物件又は住居その他の場所について捜索しようとするときは、押収すべき物件の存在及びその物件が違反事件に関係があると認めるに足りる状況があることを認めるべき資料、容疑者以外の者の物件を押収しようとするときは、その物件が違反事件に関係があると認めるに足りる状況があることを認めるべき資料を添付して、これをしなければならない。

④ 前項の請求があつた場合においては、地方裁判所又は簡易裁判所の裁判官は、臨検すべき場所、捜索すべき身体又は物件、押収すべき物件、請求者の官職氏名、有効期間及び裁判所名を記載し、自ら記名押印した許可状を入国警備官に交付しなければならない。

⑤ 入国警備官は、前項の許可状を他の入国警備官に交付して、臨検、捜索又は押収をさせることができる。

(必要な処分)

第三二条 入国警備官は、捜索又は押収をするため必要があるときは、錠をはずし、封を開き、その他必要な処分をすることができる。

(証票の携帯)

第三三条 入国警備官は、取調、臨検、捜索又は押収をする場合には、その身分を示す証票を携帯し、関係人の請求があるときは、これを呈示しなければならない。

(捜索又は押収の立会)

第三四条 入国警備官は、住居その他の建造物内で捜索又は押収をするときは、所有者、借主、管理者又はこれらの者に代るべき者を立ち会わせなければならない。これらの者を立ち会わせることができないときは、隣人又は地方公共団体の職員を立ち会わせなければならない。

(時刻の制限)

第三五条① 入国警備官は、日出前、日没後には、許可状に夜間でも執行することができる旨の記載がなければ、捜索又は押収のため、住居その他の建造物内に入つてはならない。

② 入国警備官は、日没前に捜索又は押収に着手したときは、日没後でも、その処分を継続することができる。

③ 左の場所で捜索又は押収をするについては、入国警備官は、第一項に規定する制限によることを要しない。

一 風俗を害する行為に常用されるものと認められる場所

二 旅館、飲食店その他夜間でも公衆が出入することができる場所。但し、公開した時間内に限る。

(出入禁止)

第三六条 入国警備官は、取調、臨検、捜索又は押収をする間は、何人に対しても、許可を得ないでその場所に出入することを禁止することができる。

(押収の手続)

第三七条① 入国警備官は、押収をしたときは、その目録を作り、所有者、所持者若しくは保管者又はこれらの者に代るべき者にこれを交付しなければならない。

② 入国警備官は、押収物について、留置の必要がないと認めたときは、すみやかにこれを還付しなければならない。

(調書の作成)

第三八条① 入国警備官は、臨検、捜索又は押収をしたときは、これらに関する調書を作成し、立会人に閲覧させ、又は読み聞かせて、署名をさせ、且つ、自らこれに署名しなければならない。

② 前項の場合において、立会人が署名することができないとき、又は署名を拒んだときは、入国警備官は、その旨を調書に附記しなければならない。

第二節　収容

(収容)

第三九条① 入国警備官は、容疑者が第二十四条各号の一に該当すると疑うに足りる相当の理由があるときは、収容令書により、その者を収容することができる。

② 前項の収容令書は、入国警備官の請求により、その所属官署の主任審査官が発付するものとする。

(収容令書の方式)

第四〇条 前条第一項の収容令書には、容疑者の氏名、居住地及び国籍、容疑事実の要旨、収容すべき場所、有効期間、発付年月日その他法務省令で定める事項を記載し、且つ、主任審査官がこれに記名押印しなければならない。

(収容の期間及び場所並びに留置の嘱託)

第四一条① 収容令書によつて収容することができる期間は、三十日以内とする。但し、主任審査官は、やむを得ない事由があると認めるときは、三十日を限り延長することができる。

② 収容令書によつて収容することができる場所は、入国者収容所、収容場その他法務大臣又はその委任を受けた主任審査官が指定する適当な場所とする。

③ 警察官は、主任審査官が必要と認めて依頼したときは、容疑者を留置施設に留置することができる。

(収容の手続)

第四二条① 入国警備官は、収容令書により容疑者を収容するときは、収容令書を容疑者に示さなければならない。

② 入国警備官は、収容令書を所持しない場合でも、急速を要するときは、容疑者に対し、容疑事実の要旨及び収容令書が発付されている旨を告げて、その者を収容することができる。但し、収容令書は、できるだけすみやかに示さなければならない。

(要急事件)

第四三条① 入国警備官は、第二十四条各号の一に明らかに該当する者が収容令書の発付をまつていては逃亡の虞があると信ずるに足りる相当の理由があるときは、収容令書の発付をまたずに、その者を収容することができる。

② 前項の収容を行つたときは、入国警備官は、すみやかにその理由を主任審査官に報告して、収容令書の発付を請求しなければならない。

③ 前項の場合において、主任審査官が第一項の収容を認めないときは、入国警備官は、直ちにその者を放免しなければならない。

(容疑者の引渡)

第四四条 入国警備官は、第三十九条第一項の規定により容疑者を収容したときは、容疑者の身体を拘束した時から四十八時間以内に、調書及び証拠物とともに、当該容疑者を入国審査官に引き渡さなければならない。

第三節　審査、口頭審理及び異議の申出

(入国審査官の審査)

第四五条① 入国審査官は、前条の規定により容疑者の引渡しを受けたときは、容疑者が退去強制対象者(第二十四条各号のいずれかに該当し、かつ、出国命令対象者に該当しない外国人をいう。以下同じ。)に該当するかどうかを速やかに審査しなければならない。

② 入国審査官は、前項の審査を行つた場合には、審査に関する調書を作成しなければならない。

(容疑者の立証責任)

第四六条 前条の審査を受ける容疑者のうち第二十四条第一号(第三条第一項第二号に係る部分を除く。)又は第二号に該当するとされたものは、その号に該当するものでないことを自ら立証しなければならない。

(審査後の手続)

第四七条① 入国審査官は、審査の結果、容疑者が第二十四条各号のいずれにも該当しないと認定したときは、直ちにその者を放免しなければならない。

② 入国審査官は、審査の結果、容疑者が出国命令対象者に該当すると認定したときは、速やかに主任審査官にその旨を知らせなければならない。この場合において、入国審査官は、当該容疑者が第五十五条の三第一項の規定により出国命令を受けたときは、直ちにその者を放免しなければならない。

③ 入国審査官は、審査の結果、容疑者が退去強制対象者に該当すると認定したときは、速やかに理由を付した書面をもつて、主任審査官及びその者にその旨を知らせなければならない。

④ 前項の通知をする場合には、入国審査官は、当該容疑者に対し、第四十八条の規定による口頭審理の請求をすることができる旨を知らせなければならない。

⑤ 第三項の場合において、容疑者がその認定に服したときは、主任審査官は、その者に対し、口頭審理の請求をしない旨を記載した文書に署名させ、速やかに第五十一条の規定による退去強制令書を発付しなければならない。

(口頭審理)

第四八条① 前条第三項の通知を受けた容疑者は、同項の認定に異議があるときは、その通知を受けた日から三日以内に、口頭をもつて、特別審理官に対し口頭審理の請求をすることができる。

② 入国審査官は、前項の口頭審理の請求があつたときは、第四十五条第二項の調書その他の関係書類を特別審理官に提出しなければならない。

③ 特別審理官は、第一項の口頭審理の請求があつたときは、容疑者に対し、時及び場所を通知して速やかに口頭審理を行わなければならない。

④ 特別審理官は、前項の口頭審理を行つた場合には、口頭審理に関する調書を作成しなければならない。

⑤ 第十条第三項から第六項までの規定は、第三項の口頭審理の手続に準用する。

⑥ 特別審理官は、口頭審理の結果、前条第三項の認定が事実に相違すると判定したとき(容疑者が第二十四条各号のいずれにも該当しないことを理由とする場合に限る。)は、直ちにその者を放免しなければならない。

⑦ 特別審理官は、口頭審理の結果、前条第三項の認定が事実に相違すると判定したとき(容疑者が出国命令対象者に該当することを理由とする場合に限る。)は、速やかに主任審査官にその旨を知らせなければならない。この場合において、特別審理官は、当該容疑者が第五十五条の三第一項の規定により出国命令を受けたときは、直ちにその者を放免しなければならない。

⑧ 特別審理官は、口頭審理の結果、前条第三項の認定が誤りがないと判定したときは、速やかに主任審査官及び当該容疑者にその旨を知らせるとともに、当該容疑者に対し、第四十九条の規定により異議を申し出ることができる旨を知らせなければならない。

⑨ 前項の通知を受けた場合において、当該容疑者が同項の判定に服したときは、主任審査官は、その者に対し、異議を申し出ない旨を記載した文書に署名させ、速やかに第五十一条の規定による退去強制令書を発付しなければならない。

(異議の申出)

第四九条① 前条第八項の通知を受けた容疑者は、同項の判定に異議があるときは、その通知を受けた日から三日以内に、法務省令で定める手続により、不服の事由を記載した書面を主任審査官に提出して、法務大臣に対し異議を申し出ることができる。

② 主任審査官は、前項の異議の申出があつたときは、第四十五条第二項の審査に関する調書、前条第四項の口頭審理に関する調書その他の関係書類を法務大臣に提出しなければならない。

③ 法務大臣は、第一項の規定による異議の申出を受理したときは、異議の申出が理由があるかどうかを裁決して、その結果を主任審査官に通知しなければならない。

④ 主任審査官は、法務大臣から異議の申出（容疑者が第二十四条各号のいずれにも該当しないことを理由とするものに限る。）が理由があると裁決した旨の通知を受けたときは、直ちに当該容疑者を放免しなければならない。

⑤ 主任審査官は、法務大臣から異議の申出（容疑者が出国命令対象者に該当することを理由とするものに限る。）が理由があると裁決した旨の通知を受けた場合において、当該容疑者に対し第五十五条の三第一項の規定により出国命令をしたときは、直ちにその者を放免しなければならない。

⑥ 主任審査官は、法務大臣から異議の申出が理由がないと裁決した旨の通知を受けたときは、速やかに当該容疑者に対し、その旨を知らせるとともに、第五十一条の規定による退去強制令書を発付しなければならない。

（法務大臣の裁決の特例）

第五〇条① 法務大臣は、前条第三項の裁決に当たつて、異議の申出が理由がないと認める場合でも、当該容疑者が次の各号のいずれかに該当するときは、その者の在留を特別に許可することができる。

一 永住許可を受けているとき。

二 かつて日本国民として本邦に本籍を有したことがあるとき。

三 人身取引等により他人の支配下に置かれて本邦に在留するものであるとき。

四 その他法務大臣が特別に在留を許可すべき事情があると認めるとき。

② 前項の場合には、法務大臣は、法務省令で定めるところにより、在留資格及び在留期間を決定し、その他必要と認める条件を付することができる。

③ 法務大臣は、第一項の規定による許可（在留資格の決定を伴うものに限る。）をする場合において、当該外国人が中長期在留者となるときは、入国審査官に、当該外国人に対し、在留カードを交付させるものとする。

④ 第一項の許可は、前条第四項の規定の適用については、異議の申出が理由がある旨の裁決とみなす。

第四節 退去強制令書の執行

（退去強制令書の方式）

第五一条 第四十七条第五項、第四十八条第九項若しくは第四十九条第六項の規定により、又は第六十三条第一項の規定に基づく退去強制の手続において発付される退去強制令書には、退去強制を受ける者の氏名、年齢及び国籍、退去強制の理由、送還先、発付年月日その他法務省令で定める事項を記載し、かつ、主任審査官がこれに記名押印しなければならない。

（退去強制令書の執行）

第五二条① 退去強制令書は、入国警備官が執行するものとする。

② 警察官又は海上保安官は、入国警備官が足りないため主任審査官が必要と認めて依頼したときは、退去強制令書の執行をすることができる。

③ 入国警備官（前項の規定により退去強制令書を執行する警察官又は海上保安官を含む。以下この条において同じ。）は、退去強制令書を執行するときは、退去強制を受ける者に退去強制令書又はその写しを示して、速やかにその者を次条に規定する送還先に送還しなければならない。ただし、第五十九条の規定により運送業者が送還する場合には、入国警備官は、当該運送業者に引き渡すものとする。

④ 前項の場合において、退去強制令書の発付を受けた者が、自らの負担により、自ら本邦を退去しようとするときは、入国者収容所長又は主任審査官は、その者の申請に基づき、これを許可することができる。この場合においては、退去強制令書の記載及び次条の規定にかかわらず、当該申請に基づき、その者の送還先を定めることができる。

⑤ 入国警備官は、第三項本文の場合において、退去強制を受ける者を直ちに本邦外に送還することができないときは、送還可能のときまで、その者を入国者収容所、収容場その他法務大臣又はその委任を受けた主任審査官が指定する場所に収容することができる。

⑥ 入国者収容所長又は主任審査官は、前項の場合において、退去強制を受ける者を送還することができないことが明らかになつたときは、住居及び行動範囲の制限、呼出に対する出頭の義務その他必要と認める条件を附して、その者を放免することができる。

⑦ 入国警備官は、退去強制令書の執行に関し必要がある場合には、公務所又は公私の団体に照会して必要な事項の報告を求めることができる。

（送還先）

第五三条① 退去強制を受ける者は、その者の国籍又は市民権の属する国に送還されるものとする。

② 前項の国に送還することができないときは、本人の希望により、左に掲げる国のいずれかに送還されるものとする。

一 本邦に入国する直前に居住していた国

二 本邦に入国する前に居住していたことのある国

三 本邦に向けて船舶等に乗つた港の属する国

四 出生地の属する国

五 出生時にその出生地の属していた国

六 その他の国

③ 前二項の国には、次に掲げる国を含まないものとする。

一 難民条約第三十三条第一項に規定する領域の属する国（法務大臣が日本国の利益又は公安を著しく害すると認める場合を除く。）

二 拷問及び他の残虐な、非人道的な又は品位を傷つける取扱い又は刑罰に関する条約第三条第一項に規定する国

三 強制失踪からのすべての者の保護に関する国際条約第十六条第一項に規定する国

第五節 仮放免

（仮放免）

第五四条① 収容令書若しくは退去強制令書の発付を受けて収容されている者又はその者の代理人、保佐人、配偶者、直系の親族若しくは兄弟姉妹は、法務省令で定める手続により、入国者収容所長又は主任審査官に対し、その者の仮放免を請求することができる。

② 入国者収容所長又は主任審査官は、前項の請求により又は職権で、法務省令で定めるところにより、収容令書又は退去強制令書の発付を受けて収容されている者の情状及び仮放免の請求の理由となる証拠並びにその者の性格、資産等を考慮して、三百万円を超えない範囲内で法務省令で定める額の保証金を納付させ、かつ、住居及び行動範囲の制限、呼出しに対する出頭の義務その他必要と認める条件を付して、その者を仮放免することができる。

③ 入国者収容所長又は主任審査官は、適当と認めるときは、収容令書又は退去強制令書の発付を受けて収容されている者以外の者の差し出した保証書をもつて保証金に代えることを許すことができる。保証書には、保証金額及びいつでもその保証金を納付する旨を記載しなければならない。

（仮放免の取消）

第五五条① 入国者収容所長又は主任審査官は、仮放免された者が逃亡し、逃亡すると疑うに足りる相当の理由があり、正当な理由がなくて呼出に応ぜず、その他仮放免に附された条件に違反したときは、仮放免を取り消すことができる。

② 前項の取消をしたときは、入国者収容所長又は主任審査官は、仮放免取消書を作成し、収容令書又は退去強制令書とともに、入国警備官にこれを交付しなければならない。

③ 入国者収容所長又は主任審査官は、逃亡し、又は正当な理由がなくて呼出に応じないことを理由とする仮放免の取消をしたときは保証金の全部、その他の理由によるときはその一部を没取するものとする。

④ 入国警備官は、仮放免を取り消された者がある場合には、その者に仮放免取消書及び収容令書又は退去強制令書を示して、その者を入国者収容所、収容場その他法務大臣又はその委任を受けた主任審査官が指定する場所に収容しなければならない。

⑤ 入国警備官は、仮放免取消書及び収容令書又は退去強制令書を所持しない場合でも、急速を要するときは、その者に対し仮放免を取り消された旨を告げて、その者を収容することができる。但し、仮放免取消書及び収容令書又は退去強制令書は、できるだけすみやかに示さなければならない。

第五章の二 出国命令

（出国命令に係る審査）

第五五条の二① 入国警備官は、容疑者が出国命令対象者に該当すると認めるに足りる相当の理由があるときは、第三十九条の規定にかかわらず、当該容疑者に係る違反事件を入国審査官に引き継がなければならない。

② 入国審査官は、前項の規定により違反事件の引継ぎを受けたときは、当該容疑者が出国命令対象者に該当するかどうかを速やかに審査しなければならない。

③ 入国審査官は、審査の結果、当該容疑者が出国命令対象者に該当すると認定したときは、速やかに主任審査官にその旨を知らせなければならない。

④ 入国審査官は、当該容疑者が退去強制対象者に該当すると疑うに足りる相当の理由があるときは、その旨を入国警備官に通知するとともに、当該違反事件を入国警備官に差し戻すものとする。

（出国命令）

第五五条の三① 主任審査官は、第四十七条第二項、第四十八条第七項、第四十九条第五項又は前条第三項の規定による通知を受けたときは、速やかに当該通知に係る容疑者に対し、本邦からの出国を命じなければならない。この場合において、主任審査官は、十五日を超えない範囲内で出国期限を定めるものとする。

② 主任審査官は、前項の規定により出国命令をする場合には、当該容疑者に対し、次条の規定による出国命令書を交付しなければならない。

③ 主任審査官は、第一項の規定により出国命令をする場合には、法務省令で定めるところにより、当該容疑者に対し、住居及び行動範囲の制限その他必要と認める条件を付することができる。

（出国命令書の方式）

第五五条の四 前条第二項の規定により交付される出国命令書には、出国命令を受ける者の氏名、年齢及び国籍、出国命令の理由、出国期限、交付年月日その他法務省令で定める事項を記載し、かつ、主任審査官がこれに記名押印しなければならない。

（出国期限の延長）

第五五条の五 主任審査官は、法務省令で定めるところにより、第五十五条の三第一項の規定により出国命令を受けた者から、当該出国命令に係る出国期限内に出国することができない旨の申出があつた場合には、船舶等の運航の都合その他その者の責めに帰することができない事由があると認めるときに限り、当該出国期限を延長することができる。

（出国命令の取消し）

第五五条の六 主任審査官は、第五十五条の三第一項の規定により出国命令を受けた者が同条第三項の規定に基づき付された条件に違反したときは、当該出国命令を取り消すことができる。

第六章 船舶等の長及び運送業者の責任

（協力の義務）

第五六条 本邦に入る船舶等の長及びその船舶等を運航する運送業者は、入国審査官の行う審査その他の職務の遂行に協力しなければならない。

（旅券等の確認義務）

第五六条の二 本邦に入る船舶等を運航する運送業者（運送業者がないときは、当該船舶等の長）は、外国人が不法に本邦に入

ることを防止するため、当該船舶等に乗ろうとする外国人の旅券、乗員手帳又は再入国許可書を確認しなければならない。

（報告の義務）

第五七条① 本邦に入る船舶等の長は、法務省令で定めるところにより、あらかじめ、その船舶等が到着する出入国港の入国審査官に対し、その乗員及び乗客に係る氏名その他の法務省令で定める事項を報告しなければならない。

② 本邦から出る船舶等の長は、その船舶等が出発する出入国港の入国審査官の要求があつたときは、その乗員及び乗客に係る前項に規定する事項を報告しなければならない。

③ 本邦に入る船舶等の長は、有効な旅券、乗員手帳又は再入国許可書を所持しない外国人がその船舶等に乗つていることを知つたときは、直ちにその旨をその出入国港の入国審査官に報告しなければならない。

④ 本邦に入る指定旅客船の船長は、当該指定旅客船に第十四条の二第二項の許可を受けている者が乗つているときは、当該指定旅客船が出入国港に到着する都度、直ちに、その者の氏名その他法務省令で定める事項をその出入国港の入国審査官に報告しなければならない。

⑤ 本邦に入る船舶等の長は、当該船舶等に第十六条第二項の許可を受けている乗員が乗り組んでいるときは、当該船舶等が出入国港に到着する都度、直ちに、当該乗員の氏名その他法務省令で定める事項をその出入国港の入国審査官に報告しなければならない。

⑥ 本邦の出入国港から出発する指定旅客船の船長は、当該出入国港の入国審査官の要求があつたときは、第十四条の二第一項又は第二項の許可を受けた者がその指定旅客船に帰船しているかどうかを報告しなければならない。

⑦ 本邦から出る船舶等の長は、その船舶等の出発する出入国港の入国審査官の要求があつたときは、第十五条第一項の規定による通過上陸の許可を受けた者がその船舶に帰船しているかどうか、乗員上陸の許可を受けた者で当該船舶等に乗り組むべきものが乗り組んでいるかどうか及び第二十五条第二項又は第六十条第二項の規定に違反して出国しようとする者が乗つているかどうかを報告しなければならない。

⑧ 入国審査官は、第七条第一項その他の出入国管理及び難民認定法の規定の実施を確保するため必要があると認めるときは、本邦に入る航空機を運航する運送業者その他の法務省令で定める者に対し、当該航空機が出入国港に到着する前に、当該航空機に係る予約者（航空券の予約をした者をいう。以下この項において同じ。）、当該予約者に係る予約の内容、当該予約者の携帯品及び当該予約者が当該航空機に搭乗するための手続に関する事項で法務省令で定めるものを報告することを求めることができる。

⑨ 前項の規定により報告を求められた者は、法務省令で定めるところにより、当該報告をしなければならない。この場合において、当該者が、当該報告に代えて、入国審査官が電磁的記録（電磁的方式で作られる記録であつて、電子計算機による情報処理の用に供されるものをいう。）を利用してその情報を閲覧することができる状態に置く措置であつて法務省令で定めるものを講じたときは、当該報告をしたものとみなす。

（上陸防止の義務）

第五八条 本邦に入る船舶等の長は、前条第三項に規定する外国人がその船舶等に乗つていることを知つたときは、当該外国人が上陸することを防止しなければならない。

（送還の義務）

第五九条① 次の各号のいずれかに該当する外国人が乗つてきた船舶等の長又はその船舶等を運航する運送業者は、当該外国人をその船舶等又は当該運送業者に属する他の船舶等により、その責任と費用で、速やかに本邦外の地域に送還しなければならない。

一 第三章第一節又は第二節の規定により上陸を拒否された者

二 第二十四条第五号から第六号の四までのいずれかに該当して本邦からの退去強制を受けた者

三 前号に規定する者を除き、上陸後五年以内に、第二十四条各号のいずれかに該当して退去強制を受けた者のうち、その者の上陸のときに当該船舶等の長又は運送業者がその者について退去強制の理由となつた事実があることを明らかに知つていたと認められるもの

② 前項の場合において、当該運送業者は、その外国人を同項に規定する船舶等により送還することができないときは、その責任と費用で、すみやかに他の船舶等により送還しなければならない。

③ 主任審査官は、前二項の規定にかかわらず、これらの規定により船舶等の長又はその船舶等を運航する運送業者が負うべき責任と費用の負担のうち、第十三条の二第一項の規定によりとどまることができる場所として法務省令で定める施設（第六十一条の七の六において「出国待機施設」という。）の指定を受けている第一項第一号に該当する外国人を当該指定に係る施設にとどめておくことに伴うものについては、有効な旅券で日本国領事官等の査証を受けたものを所持する外国人に係るものに限り、その全部又は一部を免除することができる。

第六章の二　事実の調査

（事実の調査）

第五九条の二① 法務大臣は、第七条の二第一項の規定による証明書の交付、第九条第八項の規定による登録（同項第一号ハに該当する者に係るものに限る。）又は第十二条第一項、第十九条第二項、第二十条第三項本文（第二十二条の二第三項（第二十二条の三において準用する場合を含む。）において準用する場合を含む。）、第二十一条第三項、第二十二条第二項（第二十二条の二第四項（第二十二条の三において準用する場合を含む。）において準用する場合を含む。）、第二十六条第一項、第五十条第一項若しくは第六十一条の二の十一の規定による許可若しくは第二十二条の四第一項の規定による在留資格の取消しに関する処分を行うため必要がある場合には、入国審査官に事実の調査をさせることができる。

② 入国審査官は、前項の調査のため必要があるときは、外国人その他の関係人に対し出頭を求め、質問をし、又は文書の提示を求めることができる。

③ 法務大臣又は入国審査官は、第一項の調査について、公務所又は公私の団体に照会して必要な事項の報告を求めることができる。

第七章　日本人の出国及び帰国

（日本人の出国）

第六〇条① 本邦外の地域に赴く意図をもつて出国する日本人（乗員を除く。）は、有効な旅券を所持し、その者が出国する出入国港において、法務省令で定める手続により、入国審査官から出国の確認を受けなければならない。

② 前項の日本人は、出国の確認を受けなければ出国してはならない。

（日本人の帰国）

第六一条 本邦外の地域から本邦に帰国する日本人（乗員を除く。）は、有効な旅券（有効な旅券を所持することができないときは、日本の国籍を有することを証する文書）を所持し、その者が上陸する出入国港において、法務省令で定める手続により、入国審査官から帰国の確認を受けなければならない。

第七章の二　難民の認定等

（難民の認定）

第六一条の二① 法務大臣は、本邦にある外国人から法務省令で定める手続により申請があつたときは、その提出した資料に基づき、その者が難民である旨の認定（以下「難民の認定」という。）を行うことができる。

② 法務大臣は、難民の認定をしたときは、法務省令で定める手続により、当該外国人に対し、難民認定証明書を交付し、その認定をしないときは、当該外国人に対し、理由を付した書面をもつて、その旨を通知する。

（在留資格に係る許可）

第六一条の二の二① 法務大臣は、前条第一項の規定により難民の認定をする場合であつて、同項の申請をした外国人が在留資格未取得外国人（別表第一又は別表第二の上欄の在留資格をもつて本邦に在留する者、一時庇護のための上陸の許可を受けた者で当該許可書に記載された期間を経過していないもの及び特別永住者以外の者をいう。以下同じ。）であるときは、当該在留資格未取得外国人が次の各号のいずれかに該当する場合を除き、その者に定住者の在留資格の取得を許可するものとする。

一 本邦に上陸した日（本邦にある間に難民となる事由が生じた者にあつては、その事実を知つた日）から六月を経過した後前条第一項の申請を行つたものであるとき。ただし、やむを得ない事情がある場合を除く。

二 本邦にある間に難民となる事由が生じた場合を除き、その者の生命、身体又は身体の自由が難民条約第一条A(2)に規定する理由によつて害されるおそれのあつた領域から直接本邦に入つたものでないとき。

三 第二十四条第三号から第三号の五まで又は第四号ハからヨまでに掲げる者のいずれかに該当するとき。

四 本邦に入つた後に、刑法第二編第十二章、第十六章から第十九章まで、第二十三章、第二十六章、第二十七章、第三十一章、第三十三章、第三十六章、第三十七章若しくは第三十九章の罪、暴力行為等処罰に関する法律第一条、第一条ノ二若しくは第一条ノ三（刑法第二百二十二条又は第二百六十一条に係る部分を除く。）の罪、盗犯等の防止及び処分に関する法律の罪、特殊開錠用具の所持の禁止等に関する法律第十五条若しくは第十六条の罪又は自動車の運転により人を死傷させる行為等の処罰に関する法律第二条若しくは第六条第一項の罪により懲役又は禁錮に処せられたものであるとき。

② 法務大臣は、前条第一項の申請をした在留資格未取得外国人について、難民の認定をしない処分をするとき、又は前項の許可をしないときは、当該在留資格未取得外国人の在留を特別に許可すべき事情があるか否かを審査するものとし、当該事情があると認めるときは、その在留を特別に許可することができる。

③ 法務大臣は、前二項の許可をする場合には、在留資格及び在留期間を決定し、次の各号に掲げる区分に応じ、当該各号に定める措置をとるものとする。この場合において、その許可は、それぞれ当該各号に定める在留カード又は在留資格証明書の交付のあつた時に、当該在留カード又は在留資格証明書に記載された内容をもつて効力を生ずる。

一 当該許可に係る外国人が中長期在留者となるとき　入国審査官に、当該外国人に対し、在留カードを交付させること。

二 前号に掲げる場合以外の場合　入国審査官に、当該外国人に対し、在留資格及び在留期間を記載した在留資格証明書を交付させること。

④ 法務大臣は、第一項又は第二項の許可をする場合において、当該在留資格未取得外国人が仮上陸の許可又は第三章第四節の規定による上陸の許可を受けているときは、当該仮上陸の許可又は上陸の許可を取り消すものとする。

第六一条の二の三 法務大臣は、難民の認定を受けている外国人（前条第二項の許可により在留資格を取得した者を除く。）から、第二十条第二項の規定による定住者の在留資格への変更の申請があつたとき、又は第二十二条の二第二項（第二十二条の三において準用する場合を含む。）の規定による定住者の在留資格の取得の申請があつたときは、第二十条第三項本文（第二十二条の二第三項（第二十二条の三において準用する場合を含む。）において準用する場合を含む。）の規定にかかわらず、当該外国人が前条第一項第一号に該当する場合を除き、これを許可するものとする。

（仮滞在の許可）

第六一条の二の四① 法務大臣は、在留資格未取得外国人から第六十一条の二第一項の申請があつたときは、当該在留資格未取

得外国人が次の各号のいずれかに該当する場合を除き、その者に仮に本邦に滞在することを許可するものとする。
一　仮上陸の許可を受けているとき。
二　寄港地上陸の許可、船舶観光上陸の許可、通過上陸の許可、乗員上陸の許可、緊急上陸の許可又は遭難による上陸の許可を受け、旅券又は当該許可書に記載された期間を経過していないとき。
三　第二十二条の二第一項の規定により本邦に在留することができるとき。
四　本邦に入つた時に、第五条第一項第四号から第十四号までに掲げる者のいずれかに該当していたとき。
五　第二十四条第三号から第三号の五まで又は第四号ハからヨまでに掲げる者のいずれかに該当すると疑うに足りる相当の理由があるとき。
六　第六十一条の二の二第一項第一号又は第二号のいずれかに該当することが明らかであるとき。
七　本邦に入つた後に、刑法第二編第十二章、第十六章から第十九章まで、第二十三章、第二十六章、第二十七章、第三十一章、第三十三章、第三十六章、第三十七章若しくは第三十九章の罪、暴力行為等処罰に関する法律第一条、第一条ノ二若しくは第一条ノ三（刑法第二百二十二条又は第二百六十一条に係る部分を除く。）の罪、盗犯等の防止及び処分に関する法律の罪、特殊開錠用具の所持の禁止等に関する法律第十五条若しくは第十六条の罪又は自動車の運転により人を死傷させる行為等の処罰に関する法律第二条若しくは第六条第一項の罪により懲役又は禁錮に処せられたものであるとき。
八　退去強制令書の発付を受けているとき。
九　逃亡するおそれがあると疑うに足りる相当の理由があるとき。
②　法務大臣は、前項の許可をする場合には、法務省令で定めるところにより、当該許可に係る滞在期間（以下「仮滞在期間」という。）を決定し、入国審査官に、当該在留資格未取得外国人に対し当該仮滞在期間を記載した仮滞在許可書を交付させるものとする。この場合において、その許可は、当該交付のあつた時に、その記載された内容をもつて効力を生ずる。
③　法務大臣は、第一項の許可をする場合には、法務省令で定めるところにより、当該在留資格未取得外国人に対し、住居及び行動範囲の制限、活動の制限、呼出しに対する出頭の義務その他必要と認める条件を付し、かつ、必要があると認める場合は、指紋を押なつさせることができる。
④　法務大臣は、第一項の許可を受けた外国人から仮滞在期間の更新の申請があつたときは、これを許可するものとする。この場合においては、第二項の規定を準用する。
⑤　第一項の許可を受けた外国人が次の各号に掲げるいずれかの事由に該当することとなつたときは、当該外国人に係る仮滞在期間（前項の規定により更新された仮滞在期間を含む。以下同じ。）は、当該事由に該当することとなつた時に、その終期が到来したものとする。

一　難民の認定をしない処分につき第六十一条の二の九第一項の審査請求がなくて同条第二項の期間が経過したこと。
二　難民の認定をしない処分につき第六十一条の二の九第一項の審査請求があつた場合において、当該審査請求が取り下げられ、又はこれを却下し若しくは棄却する旨の裁決があつたこと。
三　難民の認定がされた場合において、第六十一条の二の二第一項及び第二項の許可をしない処分があつたこと。
四　次条の規定により第一項の許可が取り消されたこと。
五　第六十一条の二第一項の申請が取り下げられたこと。

（仮滞在の許可の取消し）

第六十一条の二の五　法務大臣は、前条第一項の許可を受けた外国人について、次の各号に掲げるいずれかの事実が判明したときは、法務省令で定める手続により、当該許可を取り消すことができる。
一　前条第一項の許可を受けた当時同項第四号から第八号までのいずれかに該当していたこと。
二　前条第一項の許可を受けた後に同項第五号又は第七号に該当することとなつたこと。
三　前条第三項の規定に基づき付された条件に違反したこと。
四　不正に難民の認定を受ける目的で、偽造若しくは変造された資料若しくは虚偽の資料を提出し、又は虚偽の陳述をし、若しくは関係人に虚偽の陳述をさせたこと。
五　第二十五条の出国の確認を受けるための手続をしたこと。

（退去強制手続との関係）

第六十一条の二の六①　第六十一条の二の二第一項又は第二項の許可を受けた外国人については、当該外国人が当該許可を受けた時に第二十四条各号のいずれかに該当していたことを理由としては、第五章に規定する退去強制の手続（第六十三条第一項の規定に基づく退去強制の手続を含む。以下この条において同じ。）を行わない。
②　第六十一条の二第一項の申請をした在留資格未取得外国人で第六十一条の二の四第一項の許可を受けたものについては、第二十四条各号のいずれかに該当すると疑うに足りる相当の理由がある場合であつても、当該許可に係る仮滞在期間が経過するまでの間は、第五章に規定する退去強制の手続を停止するものとする。
③　第六十一条の二第一項の申請をした在留資格未取得外国人で、第六十一条の二の四第一項の許可を受けていないもの又は当該許可に係る仮滞在期間が経過することとなつたもの（同条第五項第一号から第三号まで及び第五号に該当するものを除く。）について、第五章に規定する退去強制の手続を行う場合には、同条第五項第一号から第三号までに掲げるいずれかの事由に該当することとなるまでの間は、第五十二条第三項の規定による送還（同項ただし書の規定による引渡し及び第五十九条の規定による送還を含む。）を停止するものとする。
④　第五十条第一項の規定は、第二項に規定する者で第六十一条の二の四第五項第一号から第三号までのいずれかに該当することとなつたもの又は前項に規定する者に対する第五章に規定する退去強制の手続については、適用しない。

（難民の認定の取消し）

第六十一条の二の七①　法務大臣は、本邦に在留する外国人で難民の認定を受けているものについて、次の各号に掲げるいずれかの事実が判明したときは、法務省令で定める手続により、その難民の認定を取り消すものとする。
一　偽りその他不正の手段により難民の認定を受けたこと。
二　難民条約第一条C(1)から(6)までのいずれかに掲げる場合に該当することとなつたこと。
三　難民の認定を受けた後に、難民条約第一条F(a)又は(c)に掲げる行為を行つたこと。
②　法務大臣は、前項の規定により難民の認定を取り消す場合には、当該外国人に対し、理由を付した書面をもつて、その旨を通知するとともに、当該外国人に係る難民認定証明書及び難民旅行証明書がその効力を失つた旨を官報に告示する。
③　前項の規定により難民の認定の取消しの通知を受けたときは、難民認定証明書又は難民旅行証明書の交付を受けている外国人は、速やかに法務大臣にこれらの証明書を返納しなければならない。

（難民の認定を受けた者の在留資格の取消し）

第六十一条の二の八①　法務大臣は、別表第一又は別表第二の上欄の在留資格をもつて本邦に在留する外国人で難民の認定を受けているものについて、偽りその他不正の手段により第六十一条の二の二第一項各号のいずれにも該当しないものとして同項の許可を受けたことが判明したときは、法務省令で定める手続により、当該外国人が現に有する在留資格を取り消すことができる。
②　第二十二条の四第二項から第九項までの規定は、前項の規定による在留資格の取消しに準用する。この場合において、同条第二項中「入国審査官」とあるのは「難民調査官」と、同条第七項中「第一項（第一号及び第二号を除く。）」とあるのは「第六十一条の二の八第一項」と読み替えるものとする。

（審査請求）

第六十一条の二の九①　次に掲げる処分又は不作為についての審査請求は、法務大臣に対し、法務省令で定める事項を記載した審査請求書を提出してしなければならない。
一　難民の認定をしない処分
二　第六十一条の二第一項の申請に係る不作為
三　第六十一条の二の七第一項の規定による難民の認定の取消し
②　前項第一号及び第三号に掲げる処分についての審査請求に関する行政不服審査法（平成二十六年法律第六十八号）第十八条第一項本文の期間は、第六十一条の二第二項又は第六十一条の二の七第二項の通知を受けた日から七日とする。
③　法務大臣は、第一項の審査請求に対する裁決に当たつては、法務省令で定めるところにより、難民審査参与員の意見を聴かなければならない。

④　法務大臣は、第一項の審査請求について行政不服審査法第四十五条第一項若しくは第二項又は第四十九条第一項若しくは第二項の規定による裁決をする場合には、当該裁決に付する理由において、前項の難民審査参与員の意見の要旨を明らかにしなければならない。
⑤　難民審査参与員については、行政不服審査法第十一条第二項に規定する審理員とみなして、同法の規定を適用する。
⑥　第一項の審査請求については、行政不服審査法第九条第一項、第十四条、第十七条、第十九条、第二十九条、第四十一条第二項（第一号イに係る部分に限る。）、第二章第四節及び第五十条第二項の規定は適用しないものとし、同法の他の規定の適用については、次の表の上欄に掲げる同法の規定中同表の中欄に掲げる字句は、同表の下欄に掲げる字句とするほか、必要な技術的読替えは、政令で定める。

読み替えられる行政不服審査法の規定	読み替えられる字句	読み替える字句
第十八条第三項	次条	出入国管理及び難民認定法（昭和二十六年政令第三百十九号。以下「入管法」という。）第六十一条の二の九第一項
第二十三条	第十九条	入管法第六十一条の二の九第一項
第三十条第一項	前条第五項の規定により送付された弁明書に記載された事項に対する反論を記載した書面（以下「反論書」という。）	入管法第六十一条の二の九第一項各号に掲げる処分又は不作為に対する意見その他の審査請求人の主張を記載した書面（以下「申述書」という。）
	反論書を	申述書を
第三十条第三項	反論書	申述書
第三十一条第一項ただし書	場合	場合又は申述書に記載された事実その他の申立人の主張に係る事実が真実であっても、何らの難民となる事由を包含していないことその他の事情により当該意見を述べる機会を与

		えることが適当でないと認められる場合
第三十一条第二項	審理員が期日及び場所を指定し、全ての審理関係人を招集してさせるものとする。	審理員が、あらかじめ審査請求に係る事件に関する処分庁等に対する質問の有無及びその内容について中立人から聴取した上で、期日及び場所を指定し、全ての審理関係人を招集してさせるものとする。ただし、次の各号のいずれかに該当する場合には、処分庁等を招集することを要しない。 一　申立人から処分庁等の招集を要しない旨の意思の表明があつたとき。 二　前号に掲げる場合のほか、当該聴取の結果、処分庁等を招集することを要しないと認めるとき。
第四十一条第二項第一号ロ	反論書	申述書
第四十四条	行政不服審査会等から諮問に対する答申を受けたとき（前条第一項の規定による諮問を要しない場合（同項第二号又は第三号に該当する場合を除く。）にあつては審理員意見書が提出されたとき、同項第二号又は第三号に該当する場合にあつては同項第二号又は第三号に規定する議を経たとき）	審理員意見書が提出されたとき
第五十条第一項第四号	審理員意見書又は行政不服審査会等若しくは審議会等の答申書	審理員意見書
第八十三条第二項	第十九条（第五項第一号及び第二号を除く。）	入管法第六十一条の二の九第一項

第六十一条の二の一〇（**難民審査参与員**）① 法務省に、前条第一項の規定による審査請求について、難民の認定に関する意見を提出させるため、難民審査参与員若干人を置く。

② 難民審査参与員は、人格が高潔であつて、前条第一項の審査請求に関し公正な判断をすることができ、かつ、法律又は国際情勢に関する学識経験を有する者のうちから、法務大臣が任命する。

③ 難民審査参与員の任期は、二年とする。ただし、再任を妨げない。

④ 難民審査参与員は、非常勤とする。

第六十一条の二の一一（**難民に関する永住許可の特則**） 難民の認定を受けている者から第二十二条第一項の永住許可の申請があつた場合には、法務大臣は、同条第二項本文の規定にかかわらず、その者が同項第二号に適合しないときであつても、これを許可することができる。

第六十一条の二の一二（**難民旅行証明書**）① 法務大臣は、本邦に在留する外国人で難民の認定を受けているものが出国しようとするときは、法務省令で定める手続により、その者の申請に基づき、難民旅行証明書を交付するものとする。ただし、法務大臣においてその者が日本国の利益又は公安を害する行為を行うおそれがあると認める場合は、この限りでない。

② 前項の規定により難民旅行証明書の交付を受ける外国人で、外国の難民旅行証明書を所持するものは、その交付を受ける際に当該外国の難民旅行証明書を法務大臣に提出しなければならない。

③ 第一項の難民旅行証明書の有効期間は、一年とする。

④ 第一項の難民旅行証明書の交付を受けている者は、当該証明書の有効期間内は本邦に入国し、及び出国することができる。この場合において、入国については、第二十六条第一項の規定による再入国の許可を要しない。

⑤ 前項の場合において、法務大臣が特に必要があると認めるときは、三月以上一年未満の範囲内で、当該難民旅行証明書により入国することのできる期限を定めることができる。

⑥ 法務大臣は、第一項の難民旅行証明書の交付を受けて出国した者について、当該証明書の有効期間内に入国することができない相当の理由があると認めるときは、その者の申請に基づき、六月を超えない範囲内で、当該証明書の有効期間を延長することができる。

⑦ 前項の延長は、難民旅行証明書にその旨を記載して行うものとし、その事務は、日本国領事官等に委任するものとする。

⑧ 法務大臣は、第一項の難民旅行証明書の交付を受けている者が日本国の利益又は公安を害する行為を行うおそれがあると認めるときは、その者が本邦にある間において、法務省令で定めるところにより、その者に対して、期限を付して、その所持する難民旅行証明書の返納を命ずることができる。

⑨ 前項の規定により返納を命ぜられた難民旅行証明書は、その返納があつたときは当該返納の時に、同項の期限までに返納がなかつたときは当該期限を経過した時に、その効力を失う。この場合において、同項の期限までに返納がなかつたときは、法務大臣は、当該難民旅行証明書がその効力を失つた旨を官報に告示する。

第六十一条の二の一三（**退去強制令書の発付に伴う難民認定証明書等の返納**） 本邦に在留する外国人で難民の認定を受けているものが、第四十七条第五項、第四十八条第九項若しくは第四十九条第六項の規定により、又は第六十三条第一項の規定に基づく退去強制の手続において退去強制令書の発付を受けたときは、当該外国人は、速やかに法務大臣にその所持する難民認定証明書及び難民旅行証明書を返納しなければならない。

第六十一条の二の一四（**事実の調査**）① 法務大臣は、難民の認定、第六十一条の二の二第一項若しくは第二項、第六十一条の二の三若しくは第六十一条の二の四第一項の規定による許可、第六十一条の二の五の規定による許可の取消し、第六十一条の二の七第一項の規定による難民の認定の取消し又は第六十一条の二の八第一項の規定による在留資格の取消しに関する処分を行うため必要がある場合には、難民調査官に事実の調査をさせることができる。

② 難民調査官は、前項の調査のため必要があるときは、関係人に対し出頭を求め、質問をし、又は文書の提示を求めることができる。

③ 法務大臣又は難民調査官は、第一項の調査について、公務所又は公私の団体に照会して必要な事項の報告を求めることができる。

第八章　補則

第六十一条の三（**入国審査官**）① 入国者収容所及び地方入国管理局に、入国審査官を置く。

② 入国審査官は、次に掲げる事務を行う。

一　上陸及び退去強制についての審査及び口頭審理並びに出国命令についての審査を行うこと。

二　第二十二条の四第二項（第六十一条の二の八第二項において準用する場合を含む。）の規定による意見の聴取、第二十二条の四第三項ただし書（第六十一条の二の八第二項において準用する場合を含む。次条第二項第五号において同じ。）の規定による通知並びに第六十一条の九の二第四項及び第五項の規定による交付送達を行うこと。

三　第十九条の十九第一項、第五十九条の二第一項及び第六十一条の二の十四第一項に規定する事実の調査を行うこと。

四　収容令書及び退去強制令書を発付すること。

五　収容令書又は退去強制令書の発付を受けて収容されている者を仮放免すること。

六　第五十五条の三第一項の規定による出国命令をすること。

③ 地方入国管理局に置かれた入国審査官は、必要があるときは、その地方入国管理局の管轄区域外においても、職務を行うことができる。

第六十一条の三の二（**入国警備官**）① 入国者収容所及び地方入国管理局に、入国警備官を置く。

② 入国警備官は、次に掲げる事務を行う。

一　入国、上陸及び在留に関する違反事件を調査すること。

二　収容令書及び退去強制令書を執行するため、その執行を受ける者を収容し、護送し、及び送還すること。

三　入国者収容所、収容場その他の施設を警備すること。

四　第十九条の十九第一項に規定する事実の調査を行うこと。

五　第二十二条の四第三項ただし書の規定による通知並びに第六十一条の九の二第四項及び第五項の規定による交付送達を行うこと。

③ 前条第三項の規定は、入国警備官に準用する。

④ 入国警備官は、国家公務員法（昭和二十二年法律第百二十号）の規定の適用については、警察職員とする。

⑤ 入国警備官の階級は、別に政令で定める。

第六十一条の四（**武器の携帯及び使用**）① 入国審査官及び入国警備官は、その職務を行うに当り、武器を携帯することができる。

② 入国審査官及び入国警備官は、その職務の執行に関し、その事態に応じ、合理的に必要と判断される限度において、武器を使用することができる。但し、左の各号の一に該当する場合を除く外、人に危害を加えてはならない。

一　刑法第三十六条又は第三十七条に該当するとき。

二　収容令書又は退去強制令書の執行を受ける者がその者に対する入国審査官若しくは入国警備官の職務の執行に対して抵抗しようとする場合又は第三者がその者を逃がそうとして入国審査官若しくは入国警備官に抵抗する場合において、これを防止するために他の手段がないと入国審査官又は入国警備官において信ずるに足りる相当の理由があるとき。

第六十一条の五（**制服及び証票**）① 入国審査官及び入国警備官がその職務を執行する場合においては、法令に特別の規定がある場合のほか、制服を着用し、又はその身分を示す証票を携帯しなければならない。

② 前項の証票は、職務の執行を受ける者の要求があるときは、その者にこれを呈示しなければならない。

③ 第一項の制服及び証票の様式は、法務省令で定める。

第六十一条の六（**収容場**） 地方入国管理局に、収容令書の執行を受ける者を収容する収容場を設ける。

第六十一条の七（**被収容者の処遇**）① 入国者収容所又は収容場（以下「入国者収容所等」という。）に収容されている者（以下「被収容者」という。）には、入国者収容所等の保安上支障がない範囲内においてできる限りの自由が与えられなければならない。
② 被収容者には、一定の寝具を貸与し、及び一定の糧食を給与するものとする。
③ 被収容者に対する給養は、適正でなければならず、入国者収容所等の設備は、衛生的でなければならない。
④ 入国者収容所長又は地方入国管理局長（以下「入国者収容所長等」という。）は、入国者収容所等の保安上又は衛生上必要があると認めるときは、被収容者の身体、所持品又は衣類を検査し、及びその所持品又は衣類を領置することができる。
⑤ 入国者収容所長等は、入国者収容所等の保安上必要があると認めるときは、被収容者の発受する通信を検査し、及びその発受を禁止し、又は制限することができる。
⑥ 前各項に規定するものを除く外、被収容者の処遇に関し必要な事項は、法務省令で定める。

（入国者収容所等視察委員会）

第六一条の七の二① 法務省令で定める入国管理官署に、入国者収容所等視察委員会（以下「委員会」という。）を置く。
② 委員会は、入国者収容所等の適正な運営に資するため、法務省令で定める担当区域内にある入国者収容所等を視察し、その運営に関し、入国者収容所長等に対して意見を述べるものとする。

（組織等）

第六一条の七の三① 委員会は、委員十人以内で組織する。
② 委員は、人格識見が高く、かつ、入国者収容所等の運営の改善向上に熱意を有する者のうちから、法務大臣が任命する。
③ 委員の任期は、一年とする。ただし、再任を妨げない。
④ 委員は、非常勤とする。
⑤ 前各項に定めるもののほか、委員会の組織及び運営に関し必要な事項は、法務省令で定める。

（委員会に対する情報の提供及び委員の視察等）

第六一条の七の四① 入国者収容所長等は、入国者収容所等の運営の状況について、法務省令で定めるところにより、定期的に、又は必要に応じて、委員会に対し、情報を提供するものとする。
② 委員会は、入国者収容所等の運営の状況を把握するため、委員による入国者収容所等の視察をすることができる。この場合において、委員会は、必要があると認めるときは、入国者収容所長等に対し、委員による被収容者との面接の実施について協力を求めることができる。
③ 入国者収容所長等は、前項の視察及び面接について、必要な協力をしなければならない。
④ 第六十一条の七第五項の規定にかかわらず、被収容者が委員会に対して提出する書面については、検査し、又はその提出を禁止し、若しくは制限してはならない。

（委員会の意見等の公表）

第六一条の七の五 法務大臣は、毎年、委員会が入国者収容所長等に対して述べた意見及びこれを受けて入国者収容所長等が講じた措置の内容を取りまとめ、その概要を公表するものとする。

（出国待機施設の視察等）

第六一条の七の六① 委員会は、第六十一条の七の二第二項に規定する事務を行うほか、出国待機施設の適正な運営に資するため、法務省令で定める担当区域内にある出国待機施設を視察し、その運営に関し、当該出国待機施設の所在地を管轄する地方入国管理局の長に対して意見を述べるものとする。
② 前二条の規定は、前項に規定する事務を行う場合に準用する。

（関係行政機関の協力）

第六一条の八① 法務省の内部部局として置かれる局で政令で定めるもの、入国者収容所又は地方入国管理局の長は、警察庁、都道府県警察、海上保安庁、税関、公共職業安定所その他の関係行政機関に対し、出入国の管理及び難民の認定に関する事務の遂行に関して、必要な協力を求めることができる。
② 前項の規定による協力を求められた関係行政機関は、本来の任務の遂行を妨げない範囲において、できるだけその求に応じなければならない。

（住民票の記載等に係る通知）

第六一条の八の二 市町村の長は、住民基本台帳法第三十条の四十五に規定する外国人住民に係る住民票について、政令で定める事由により、その記載、消除又は記載の修正をしたときは、直ちにその旨を法務大臣に通知しなければならない。

（情報提供）

第六一条の九① 法務大臣は、出入国管理及び難民認定法に規定する出入国の管理及び難民の認定の職務に相当する職務を行う外国の当局（以下この条において「外国入国管理当局」という。）に対し、その職務（出入国管理及び難民認定法に規定する出入国の管理及び難民の認定の職務に相当するものに限る。次項において同じ。）の遂行に資すると認める情報を提供することができる。
② 前項の規定による情報の提供については、当該情報が当該外国入国管理当局の職務の遂行に資する目的以外の目的で使用されないよう適切な措置がとられなければならない。
③ 法務大臣は、外国入国管理当局からの要請があつたときは、前項の規定にかかわらず、次の各号のいずれかに該当する場合を除き、第一項の規定により提供した情報を当該要請に係る外国の刑事事件の捜査又は審判（以下この項において「捜査等」という。）に使用することについて同意をすることができる。
一　当該要請に係る刑事事件の捜査等の対象とされている犯罪が政治犯罪であるとき、又は当該要請が政治犯罪について捜査等を行う目的で行われたものと認められるとき。
二　当該要請に係る刑事事件の捜査等の対象とされている犯罪に係る行為が日本国内において行われたとした場合において、その行為が日本国の法令によれば罪に当たるものでないとき。
三　日本国が行う同種の要請に応ずる旨の要請国の保証がないとき。
④ 法務大臣は、前項の同意をする場合においては、あらかじめ、同項第三号に該当しないことについて、外務大臣の確認を受けなければならない。

（送達）

第六一条の九の二① 第二十二条の四第三項又は第六項（第六十一条の二の八第二項においてこれらの規定を準用する場合を含む。）の規定による書類の送達は、郵便若しくは民間事業者による信書の送達に関する法律（平成十四年法律第九十九号）第二条第六項に規定する一般信書便事業者若しくは同条第九項に規定する特定信書便事業者による同条第二項に規定する信書便（以下「信書便」という。）による送達又は交付送達により、その送達を受けるべき者の住居地に送達して行う。
② 通常の取扱いによる郵便又は信書便によつて前項に規定する書類を発送した場合には、その郵便物又は民間事業者による信書の送達に関する法律第二条第三項に規定する信書便物は、通常到達すべきであつた時に送達があつたものと推定する。
③ 法務大臣は、前項に規定する場合には、その書類の名称、その送達を受けるべき者の氏名、あて先及び発送の年月日を確認するに足りる記録を作成しなければならない。
④ 交付送達は、入国審査官又は入国警備官が、第一項の規定により送達すべき場所において、その送達を受けるべき者に書類を交付して行う。ただし、その者に異議がないときは、その他の場所において交付することができる。
⑤ 次の各号に掲げる場合には、交付送達は、前項の規定による交付に代え、当該各号に定める行為により行うことができる。
一　送達すべき場所において書類の送達を受けるべき者に出会わない場合　同居の者であつて送達を受けるべき者に受領した書類を交付することが期待できるものに書類を交付すること。
二　書類の送達を受けるべき者及び前号に規定する者が送達すべき場所にいない場合又はこれらの者が正当な理由がなく書類の受領を拒んだ場合　送達すべき場所に書類を差し置くこと。
⑥ 前各項の規定により送達すべき書類について、その送達を受けるべき者の住居地が明らかでない場合には、法務大臣は、その送達に代えて公示送達をすることができる。ただし、第六十一条の二の八第二項において準用する第二十二条の四第三項及び第六項の規定による書類の送達については、この限りでない。
⑦ 公示送達は、送達すべき書類の名称、その送達を受けるべき者の氏名及び法務大臣がその書類をいつでも送達を受けるべき者に交付する旨を法務省の掲示場に掲示して行う。
⑧ 前項の場合において、掲示を始めた日から起算して二週間を経過したときは、書類の送達があつたものとみなす。

（本人の出頭義務と代理人による届出等）

第六一条の九の三① 外国人が次の各号に掲げる行為をするときは、それぞれ当該各号に定める場所に自ら出頭して行わなければならない。
一　第十九条の七第一項、第十九条の八第一項若しくは第十九条の九第一項の規定による届出又は第十九条の七第二項（第十九条の八第二項及び第十九条の九第二項において準用する場合を含む。）の規定により返還される在留カードの受領　住居地の市町村の事務所
二　第十九条の十第一項の規定による届出、第十九条の十一第一項若しくは第二項、第十九条の十二第一項若しくは第十九条の十三第一項若しくは第三項の規定による申請又は第十九条の十第二項（第十九条の十一第三項、第十九条の十二第二項及び第十九条の十三第四項において準用する場合を含む。）の規定により交付される在留カードの受領　地方入国管理局
三　第二十条第二項、第二十一条第二項、第二十二条第一項（第二十二条の二第四項（第二十二条の三において準用する場合を含む。）において準用する場合を含む。）若しくは第二十二条の二第二項（第二十二条の三において準用する場合を含む。）の規定による申請又は第二十条第四項第一号（第二十一条第四項及び第二十二条の二第三項（第二十二条の三において準用する場合を含む。）において準用する場合を含む。）、第二十二条第三項（第二十二条の二第四項（第二十二条の三において準用する場合を含む。）において準用する場合を含む。）、第五十条第三項若しくは第六十一条の二の二第三項第一号の規定により交付される在留カードの受領　地方入国管理局
② 外国人が十六歳に満たない場合又は疾病その他の事由により自ら前項第一号又は第二号に掲げる行為をすることができない場合には、当該行為は、次の各号に掲げる者（十六歳に満たない者を除く。）であつて当該外国人と同居するものが、当該各号の順位により、当該外国人に代わつてしなければならない。
一　配偶者
二　子
三　父又は母
四　前三号に掲げる者以外の親族
③ 第一項第一号及び第二号に掲げる行為については、前項に規定する場合のほか、同項各号に掲げる者（十六歳に満たない者を除く。）であつて外国人と同居するものが当該外国人の依頼により当該外国人に代わつてする場合その他法務省令で定める場合には、第一項の規定にかかわらず、当該外国人が自ら出頭してこれを行うことを要しない。
④ 第一項第三号に掲げる行為については、外国人の法定代理人が当該外国人に代わつてする場合その他法務省令で定める場合には、同項の規定にかかわらず、当該外国人が自ら出頭してこれを行うことを要しない。

（出入国管理基本計画）

第六一条の一〇① 法務大臣は、出入国の公正な管理を図るため、外国人の入国及び在留の管理に関する施策の基本となるべき計画（以下「出入国管理基本計画」という。）を定めるものとする。
② 出入国管理基本計画に定める事項は、次のとおりとする。
一　本邦に入国し、在留する外国人の状況に関する事項

二　外国人の入国及び在留の管理の指針となるべき事項
三　前二号に掲げるもののほか、外国人の入国及び在留の管理に関する施策に関し必要な事項

③　法務大臣は、出入国管理基本計画を定めるに当たつては、あらかじめ、関係行政機関の長と協議するものとする。

④　法務大臣は、出入国管理基本計画を定めたときは、遅滞なく、その概要を公表するものとする。

⑤　前二項の規定は、出入国管理基本計画の変更について準用する。

第六一条の一一　法務大臣は、出入国管理基本計画に基づいて、外国人の出入国を公正に管理するよう努めなければならない。

（通報）

第六二条①　何人も、第二十四条各号の一に該当すると思料する外国人を知つたときは、その旨を通報することができる。

②　国又は地方公共団体の職員は、その職務を遂行するに当つて前項の外国人を知つたときは、その旨を通報しなければならない。

③　矯正施設の長は、第一項の外国人が刑の執行を受けている場合において、刑期の満了、刑の執行の停止その他の事由（仮釈放を除く。）により釈放されるとき、又は少年法第二十四条第一項第三号若しくは売春防止法（昭和三十一年法律第百十八号）第十七条の処分を受けて退院するときは、直ちにその旨を通報しなければならない。

④　地方更生保護委員会は、第一項の外国人が刑の執行を受けている場合又は少年法第二十四条第一項第三号の処分を受けて少年院に在院している場合若しくは売春防止法第十七条の処分を受けて婦人補導院に在院している場合において、当該外国人について仮釈放又は仮退院の許可決定をしたときは、直ちにその旨を通報しなければならない。

⑤　前四項の通報は、書面又は口頭をもつて、所轄の入国審査官又は入国警備官に対してしなければならない。

（刑事手続との関係）

第六三条①　退去強制対象者に該当する外国人について刑事訴訟に関する法令、刑の執行に関する法令又は少年院若しくは婦人補導院の在院者の処遇に関する法令の規定による手続が行われる場合には、その者を収容しないときでも、その者について第五章（第二節並びに第五十二条及び第五十三条を除く。）の規定に準じ退去強制の手続を行うことができる。この場合において、第二十九条第一項中「容疑者の出頭を求め」とあるのは「容疑者の出頭を求め、又は自ら出張して」と、第四十五条第一項中「前条の規定により容疑者の引渡しを受けたときは」とあるのは「違反調査の結果、容疑者が退去強制対象者に該当すると疑うに足りる理由があるときは」と読み替えるものとする。

②　前項の規定に基き、退去強制令書が発付された場合には、刑事訴訟に関する法令、刑の執行に関する法令又は少年院若しくは婦人補導院の在院者の処遇に関する法令の規定による手続が終了した後、その執行をするものとする。但し、刑の執行中においても、検事総長又は検事長の許可があるときは、その執行をすることができる。

③　入国審査官は、第四十五条又は第五十五条の二第二項の審査に当たつて、容疑者が罪を犯したと信ずるに足りる相当の理由があるときは、検察官に告発するものとする。

（身柄の引渡）

第六四条①　検察官は、第七十条の罪に係る被疑者を受け取つた場合において、公訴を提起しないと決定するときは、入国警備官による収容令書又は退去強制令書の呈示をまつて、当該被疑者を釈放して当該入国警備官に引き渡さなければならない。

②　矯正施設の長は、第六十二条第三項又は第四項の場合において、当該外国人に対し収容令書又は退去強制令書の発付があつたときは、入国警備官による収容令書又は退去強制令書の呈示をまつて、釈放と同時にその者を当該入国警備官に引き渡さなければならない。

（刑事訴訟法の特例）

第六五条①　司法警察員は、第七十条の罪に係る被疑者を逮捕し、若しくは受け取り、又はこれらの罪に係る現行犯人を受け取つた場合には、収容令書が発付され、且つ、その者が他に罪を犯した嫌疑のないときに限り、刑事訴訟法（昭和二十三年法律第百三十一号）第二百三条（同法第二百十一条及び第二百十六条の規定により準用する場合を含む。）の規定にかかわらず、書類及び証拠物とともに、当該被疑者を入国警備官に引き渡すことができる。

②　前項の場合には、被疑者が身体を拘束された時から四十八時間以内に、当該被疑者を引き渡す手続をしなければならない。

（報償金）

第六六条　第六十二条第一項の規定による通報をした者がある場合において、その通報に基いて退去強制令書が発付されたときは、法務大臣は、法務省令で定めるところにより、その通報者に対し、五万円以下の金額を報償金として交付することができる。但し、通報が国又は地方公共団体の職員がその職務の遂行に伴い知り得た事実に基くものであるときは、この限りでない。

（手数料）

第六七条　外国人は、次に掲げる許可を受ける場合には、当該許可に係る記載、交付又は証印の時に、一万円を超えない範囲内において別に政令で定める額の手数料を納付しなければならない。

一　第二十条第三項本文の規定による在留資格の変更の許可
二　第二十一条第三項の規定による在留期間の更新の許可
三　第二十二条第二項の規定による永住許可
四　第二十六条第一項の規定による再入国の許可（同条第五項の規定による有効期間の延長の許可を含む。）

第六七条の二　外国人は、第九条の二第一項若しくは第八項の規定により特定登録者カードの交付を受け、第十九条の二第一項の規定により就労資格証明書の交付を受け、又は第十九条の十三第一項後段の規定による申請に基づき同条第四項において準用する第十九条の十第二項の規定により在留カードの交付を受けるときは、実費を勘案して別に政令で定める額の手数料を納付しなければならない。

第六八条①　外国人は、第六十一条の二の十二第一項の規定により難民旅行証明書の交付を受け、又は同条第七項の規定により難民旅行証明書に有効期間の延長の記載を受けるときは、手数料を納付しなければならない。

②　前項に規定する手数料の額は、難民条約附属書第三項の定めるところにより、別に政令で定める。

（事務の区分）

第六八条の二　第十九条の七第一項及び第二項（第十九条の八第二項及び第十九条の九第二項において準用する場合を含む。）、第十九条の八第一項並びに第十九条の九第一項の規定により市町村が処理することとされている事務は、地方自治法第二条第九項第一号に規定する第一号法定受託事務とする。

（政令等への委任）

第六九条　第二章からこの章までの規定の実施のための手続その他その執行について必要な事項は、法務省令（市町村の長が行うべき事務については、政令）で定める。

（権限の委任）

第六九条の二　出入国管理及び難民認定法に規定する法務大臣の権限は、法務省令で定めるところにより、地方入国管理局長に委任することができる。ただし、第二十二条第二項（第二十二条の二第四項（第二十二条の三において準用する場合を含む。）において準用する場合を含む。）に規定する権限及び第二十二条の四第一項に規定する権限（永住者の在留資格に係るものに限る。）並びに第六十一条の二の七第一項及び第六十一条の二の十一に規定する権限については、この限りでない。

（経過措置）

第六九条の三　出入国管理及び難民認定法の規定に基づき命令を制定し、又は改廃する場合においては、その命令で、その制定又は改廃に伴い合理的に必要と判断される範囲内において、所要の経過措置（罰則に関する経過措置を含む。）を定めることができる。

第九章　罰則

第七〇条①　次の各号のいずれかに該当する者は、三年以下の懲役若しくは禁錮若しくは三百万円以下の罰金に処し、又はその懲役若しくは禁錮及び罰金を併科する。

一　第三条の規定に違反して本邦に入つた者
二　入国審査官から上陸の許可等を受けないで本邦に上陸した者
三　第二十二条の四第一項（第一号又は第二号に係るものに限る。）の規定により在留資格を取り消された者で本邦に残留するもの
三の二　第二十二条の四第七項（第六十一条の二の八第二項において準用する場合を含む。）の規定により期間の指定を受けた者で、当該期間を経過して本邦に残留するもの
四　第十九条第一項の規定に違反して収入を伴う事業を運営する活動又は報酬を受ける活動を専ら行つていると明らかに認められる者
五　在留期間の更新又は変更を受けないで在留期間（第二十条第五項（第二十一条第四項において準用する場合を含む。）の規定により本邦に在留することができる期間を含む。）を経過して本邦に残留する者
六　仮上陸の許可を受けた者で、第十三条第三項の規定に基づき付された条件に違反して、逃亡し、又は正当な理由がなくて呼出しに応じないもの
七　寄港地上陸の許可、船舶観光上陸の許可、通過上陸の許可、乗員上陸の許可、緊急上陸の許可、遭難による上陸の許可又は一時庇護のための上陸の許可を受けた者で、旅券又は当該許可書に記載された期間を経過して本邦に残留するもの
七の二　第十四条の二第九項の規定により期間の指定を受けた者で当該期間内に出国しないもの
七の三　第十六条第九項の規定により期間の指定を受けた者で当該期間内に帰船し又は出国しないもの
八　第二十二条の二第一項に規定する者で、同条第三項において準用する第二十条第三項本文の規定又は第二十二条の二第四項において準用する第二十二条第二項の規定による許可を受けないで、第二十二条の二第一項に規定する期間を経過して本邦に残留するもの
八の二　第五十五条の三第一項の規定により出国命令を受けた者で、当該出国命令に係る出国期限を経過して本邦に残留するもの
八の三　第五十五条の六の規定により出国命令を取り消された者で本邦に残留するもの
八の四　第六十一条の二の四第一項の許可を受けた者で、仮滞在期間を経過して本邦に残留するもの
九　偽りその他不正の手段により難民の認定を受けた者

②　前項第一号又は第二号に掲げる者が、本邦に上陸した後引き続き不法に在留するときも、同項と同様とする。

第七〇条の二　前条第一項第一号、第二号、第五号若しくは第七号又は同条第二項の罪を犯した者については、次の各号に該当することの証明があつたときは、その刑を免除する。ただし、当該罪に係る行為をした後遅滞なく入国審査官の面前において、次の各号に該当することの申出をした場合に限る。

一　難民であること。
二　その者の生命、身体又は身体の自由が難民条約第一条A(2)に規定する理由によつて害されるおそれのあつた領域から、直接本邦に入つたものであること。
三　前号のおそれがあることにより当該罪に係る行為をしたものであること。

第七一条　第二十五条第二項又は第六十条第二項の規定に違反して出国し、又は出国することを企てた者は、一年以下の懲役若しくは禁錮若しくは三十万円以下の罰金に処し、又はその懲役若しくは禁錮及び罰金を併科する。

第七一条の二　次の各号のいずれかに該当する者は、一年以下の

懲役又は二十万円以下の罰金に処する。
一 第十九条の七第一項、第十九条の八第一項、第十九条の九第一項、第十九条の十第一項又は第十九条の十六の規定による届出に関し虚偽の届出をした者
二 第十九条の十一第一項、第十九条の十二第一項又は第十九条の十三第三項の規定に違反した者

第七一条の三 次の各号のいずれかに該当する者は、二十万円以下の罰金に処する。
一 第十九条の七第一項又は第十九条の八第一項の規定に違反して住居地を届け出なかつた者
二 第十九条の九第一項の規定に違反して新住居地を届け出なかつた者
三 第十九条の十第一項、第十九条の十五（第四項を除く。）又は第十九条の十六の規定に違反した者

第七二条 次の各号のいずれかに該当する者は、一年以下の懲役若しくは二十万円以下の罰金に処し、又はこれを併科する。
一 収容令書又は退去強制令書によつて身柄を拘束されている者で逃走したもの
二 船舶観光上陸の許可を受けた者で、当該許可に係る指定旅客船が寄港する本邦の出入国港において下船した後当該出入国港から当該指定旅客船が出港するまでの間に帰船することなく逃亡したもの
三 一時庇護のための上陸の許可を受けた者で、第十八条の二第四項の規定に基づき付された条件に違反して逃亡したもの
四 第五十二条第六項の規定により放免された者で、同項の規定に基づき付された条件に違反して、逃亡し、又は正当な理由がなくて呼出しに応じないもの
五 第五十五条の三第一項の規定により出国命令を受けた者で、同条第三項の規定に基づき付された条件に違反して逃亡したもの
六 第六十一条の二の四第一項の許可を受けた者で、同条第三項の規定に基づき付された条件に違反して、逃亡し、又は正当な理由がなくて呼出しに応じないもの
七 第六十一条の二の七第三項又は第六十一条の二の十三の規定に違反して難民認定証明書又は難民旅行証明書を返納しなかつた者
八 第六十一条の二の十二第八項の規定により難民旅行証明書の返納を命ぜられた者で、同項の規定により付された期限内にこれを返納しなかつたもの

第七三条 第七十条第一項第四号に該当する場合を除き、第十九条第一項の規定に違反して収入を伴う事業を運営する活動又は報酬を受ける活動を行つた者は、一年以下の懲役若しくは禁錮若しくは二百万円以下の罰金に処し、又はその懲役若しくは禁錮及び罰金を併科する。

第七三条の二① 次の各号のいずれかに該当する者は、三年以下の懲役若しくは三百万円以下の罰金に処し、又はこれを併科する。
一 事業活動に関し、外国人に不法就労活動をさせた者
二 外国人に不法就労活動をさせるためにこれを自己の支配下に置いた者
三 業として、外国人に不法就労活動をさせる行為又は前号の行為に関しあつせんした者
② 前項各号に該当する行為をした者は、次の各号のいずれかに該当することを知らないことを理由として、同項の規定による処罰を免れることができない。ただし、過失のないときは、この限りでない。
一 当該外国人の活動が当該外国人の在留資格に応じた活動に属しない収入を伴う事業を運営する活動又は報酬を受ける活動であること。
二 当該外国人が当該外国人の活動を行うに当たり第十九条第二項の許可を受けていないこと。
三 当該外国人が第七十条第一項第一号から第三号の二まで、第五号、第七号から第七号の三まで又は第八号の二から第八号の四までに掲げる者であること。

第七三条の三① 行使の目的で、在留カードを偽造し、又は変造した者は、一年以上十年以下の懲役に処する。
② 偽造又は変造の在留カードを行使した者も、前項と同様とする。
③ 行使の目的で、偽造又は変造の在留カードを提供し、又は収受した者も、第一項と同様とする。
④ 前三項の罪の未遂は、罰する。

第七三条の四 行使の目的で、偽造又は変造の在留カードを所持した者は、五年以下の懲役又は五十万円以下の罰金に処する。

第七三条の五 第七十三条の三第一項の犯罪行為の用に供する目的で、器械又は原料を準備した者は、三年以下の懲役又は五十万円以下の罰金に処する。

第七三条の六① 次の各号のいずれかに該当する者は、一年以下の懲役又は二十万円以下の罰金に処する。
一 他人名義の在留カードを行使した者
二 行使の目的で、他人名義の在留カードを提供し、収受し、又は所持した者
三 行使の目的で、自己名義の在留カードを提供した者
② 前項（所持に係る部分を除く。）の罪の未遂は、罰する。

第七四条① 自己の支配又は管理の下にある集団密航者（入国審査官から上陸の許可等を受けないで、又は偽りその他不正の手段により入国審査官から上陸の許可等を受けて本邦に上陸する目的を有する集合した外国人をいう。以下同じ。）を本邦に入らせ、又は上陸させた者は、五年以下の懲役又は三百万円以下の罰金に処する。
② 営利の目的で前項の罪を犯した者は、一年以上十年以下の懲役及び千万円以下の罰金に処する。
③ 前二項の罪（本邦に上陸させる行為に係る部分に限る。）の未遂は、罰する。

第七四条の二① 自己の支配又は管理の下にある集団密航者を本邦に向けて輸送し、又は本邦内において上陸の場所に向けて輸送した者は、三年以下の懲役又は二百万円以下の罰金に処する。
② 営利の目的で前項の罪を犯した者は、七年以下の懲役及び五百万円以下の罰金に処する。

第七四条の三 第七十四条第一項若しくは第二項又は前条の罪を犯す目的で、その用に供する船舶等を準備した者は、二年以下の懲役又は百万円以下の罰金に処する。情を知つて、その用に供する船舶等を提供した者も、同様とする。

第七四条の四① 第七十四条第一項又は第二項の罪を犯した者からその上陸させた外国人の全部若しくは一部を収受し、又はその収受した外国人を輸送し、蔵匿し、若しくは隠避させた者は、五年以下の懲役又は三百万円以下の罰金に処する。当該外国人の全部若しくは一部を、これを収受した者から収受し、又はその収受した外国人を輸送し、蔵匿し、若しくは隠避させた者も、同様とする。
② 営利の目的で前項の罪を犯した者は、一年以上十年以下の懲役及び千万円以下の罰金に処する。
③ 前二項の罪の未遂は、罰する。

第七四条の五 前条第一項又は第二項の罪を犯す目的で、その予備をした者は、二年以下の懲役又は百万円以下の罰金に処する。

第七四条の六 営利の目的で第七十条第一項第一号又は第二号に規定する行為（以下「不法入国等」という。）の実行を容易にした者は、三年以下の懲役若しくは三百万円以下の罰金に処し、又はこれを併科する。

第七四条の六の二① 次の各号のいずれかに該当する者は、三年以下の懲役若しくは三百万円以下の罰金に処し、又はこれを併科する。
一 他人の不法入国等の実行を容易にする目的で、偽りその他不正の手段により、日本国の権限のある機関から難民旅行証明書、渡航証明書、乗員手帳又は再入国許可書の交付を受けた者
二 他人の不法入国等の実行を容易にする目的で、次に掲げる文書を所持し、提供し、又は収受した者
イ 旅券（旅券法第二条第一号及び第二号に規定する旅券並びに同法第十九条の三第一項に規定する渡航書を除く。以下この項において同じ。）、乗員手帳又は再入国許可書として偽造された文書
ロ 当該不法入国等を実行する者について効力を有しない旅券、乗員手帳又は再入国許可書
三 第七十条第一項第一号又は第二号の罪を犯す目的で、偽りその他不正の手段により、日本国の権限のある機関から難民旅行証明書、渡航証明書、乗員手帳又は再入国許可書の交付を受けた者
四 第七十条第一項第一号又は第二号の罪を犯す目的で、次に掲げる文書を所持し、又は収受した者
イ 旅券、乗員手帳又は再入国許可書として偽造された文書
ロ 自己について効力を有しない旅券、乗員手帳又は再入国許可書
② 営利の目的で前項第一号又は第二号の罪を犯した者は、五年以下の懲役及び五百万円以下の罰金に処する。

第七四条の六の三 前条の罪（所持に係る部分を除く。）の未遂は、罰する。

第七四条の七 第七十三条の二第一項第二号及び第三号、第七十三条の三から第七十三条の六まで、第七十四条の二（本邦内における輸送に係る部分を除く。）、第七十四条の三並びに前三条の罪は、刑法第二条の例に従う。

第七四条の八① 退去強制を免れさせる目的で、第二十四条第一号又は第二号に該当する外国人を蔵匿し、又は隠避させた者は、三年以下の懲役又は三百万円以下の罰金に処する。
② 営利の目的で前項の罪を犯した者は、五年以下の懲役及び五百万円以下の罰金に処する。
③ 前二項の罪の未遂は、罰する。

第七五条 第十条第五項（第四十八条第五項において準用する場合を含む。）の規定に違反して、正当な理由がなくて出頭せず、宣誓若しくは証言を拒み、又は虚偽の証言をした者は、二十万円以下の罰金に処する。

第七五条の二 次の各号のいずれかに該当する者は、一年以下の懲役又は二十万円以下の罰金に処する。
一 第二十三条第二項の規定に違反して在留カードを受領しなかつた者
二 第二十三条第三項の規定に違反して在留カードの提示を拒んだ者

第七五条の三 第二十三条第二項の規定に違反して在留カードを携帯しなかつた者は、二十万円以下の罰金に処する。

第七六条 次の各号のいずれかに該当する者は、十万円以下の罰金に処する。
一 第二十三条第一項の規定に違反した者
二 第二十三条第三項の規定に違反して旅券、乗員手帳、特定登録者カード又は許可書の提示を拒んだ者

（両罰規定）
第七六条の二 法人の代表者又は法人若しくは人の代理人、使用人その他の従業者が、その法人又は人の業務に関して第七十三条の二若しくは第七十四条から第七十四条の六までの罪、第七十四条の六の二（第一項第三号及び第四号を除く。）の罪若しくはその未遂罪又は第七十四条の八の罪を犯したときは、行為者を罰するほか、その法人又は人に対しても、各本条の罰金刑を科する。

（過料）
第七七条 次の各号のいずれかに該当する者は、五十万円以下の過料に処する。
一 第五十六条の規定に違反して入国審査官の行う審査その他入国審査官の職務の執行を拒み、又は妨げた者
一の二 第五十六条の二の規定に違反して、外国人の旅券、乗員手帳又は再入国許可書の確認をしないで当該外国人を本邦に入らせた者
二 第五十七条第一項若しくは第二項の規定に違反して報告を

せず、若しくは虚偽の報告をし、同条第三項の規定に違反して報告をせず、又は同条第四項から第七項まで若しくは第九項前段の規定に違反して報告をせず、若しくは虚偽の報告をした者

三 第五十八条の規定に違反して上陸することを防止しなかつた者

四 第五十九条の規定に違反して送還を怠つた者

第七七条の二 第六十一条の九の三第二項各号に掲げる者が、同項の規定に違反して、第十九条の七第一項、第十九条の八第一項、第十九条の九第一項若しくは第十九条の十第一項の規定による届出、第十九条の七第二項（第十九条の八第二項及び第十九条の九第二項において準用する場合を含む。）の規定により返還され、若しくは第十九条の十第二項（第十九条の十一第三項、第十九条の十二第二項及び第十九条の十三第四項において準用する場合を含む。）の規定により交付される在留カードの受領又は第十九条の十一第一項、第十九条の十二第一項若しくは第十九条の十三第三項の規定による申請をしなかつたときは、五万円以下の過料に処する。

（没収）

第七八条 第七十条第一項第一号、第七十四条、第七十四条の二又は第七十四条の四の犯罪行為の用に供した船舶等又は車両で、犯人の所有又は占有に係るものは、没収する。ただし、その船舶等又は車両が犯人以外の者の所有に係り、かつ、その者が次の各号のいずれかに該当する場合は、この限りでない。

一 第七十条第一項第一号、第七十四条、第七十四条の二又は第七十四条の四の犯罪が行われることをあらかじめ知らないでその犯罪が行われた時から引き続きその船舶等又は車両を所有していると認められるとき。

二 前号に規定する犯罪が行われた後、その情を知らないでその船舶等又は車両を取得したと認められるとき。

附 則（抄）

（廃止する政令）

② 左の政令は、廃止する。

出入国の管理に関する政令（昭和二十四年政令第二百九十九号）

不法入国者等退去強制手続令（昭和二十六年政令第三十三号）

（経過規定）

③ 外国人登録令第十一条第一項に規定する者以外の者でこの政令による同令の改正前に同令第十二条に掲げる罪を犯したものの処罰については、なお従前の例による。

④ 前項に掲げる者は、第二十四条の適用については同条第一号に該当する者とみなす。

⑤ この政令による改正前の外国人登録令第十六条又は第十七条の規定に基いて発付されている退去強制令書は、この政令に基いて発付された退去強制令書とみなす。

別表第一（第二条の二、第五条、第七条、第七条の二、第十九条、第十九条の十六、第十九条の十七、第二十条の二、第二十二条の三、第二十二条の四、第二十四条、第六十一条の二の二、第六十一条の二の八関係）

一

在留資格	本邦において行うことができる活動
外交	日本国政府が接受する外国政府の外交使節団若しくは領事機関の構成員、条約若しくは国際慣行により外交使節と同様の特権及び免除を受ける者又はこれらの者と同一の世帯に属する家族の構成員としての活動
公用	日本国政府の承認した外国政府若しくは国際機関の公務に従事する者又はその者と同一の世帯に属する家族の構成員としての活動（この表の外交の項の下欄に掲げる活動を除く。）
教授	本邦の大学若しくはこれに準ずる機関又は高等専門学校において研究、研究の指導又は教育をする活動
芸術	収入を伴う音楽、美術、文学その他の芸術上の活動（二の表の興行の項の下欄に掲げる活動を除く。）
宗教	外国の宗教団体により本邦に派遣された宗教家の行う布教その他の宗教上の活動
報道	外国の報道機関との契約に基づいて行う取材その他の報道上の活動

二

在留資格	本邦において行うことができる活動
高度専門職	一 高度の専門的な能力を有する人材として法務省令で定める基準に適合する者が行う次のイからハまでのいずれかに該当する活動であつて、我が国の学術研究又は経済の発展に寄与することが見込まれるもの イ 法務大臣が指定する本邦の公私の機関との契約に基づいて研究、研究の指導若しくは教育をする活動又は当該活動と併せて当該活動と関連する事業を自ら経営し若しくは当該機関以外の本邦の公私の機関との契約に基づいて研究、研究の指導若しくは教育をする活動 ロ 法務大臣が指定する本邦の公私の機関との契約に基づいて自然科学若しくは人文科学の分野に属する知識若しくは技術を要する業務に従事する活動又は当該活動と併せて当該活動と関連する事業を自ら経営する活動 ハ 法務大臣が指定する本邦の公私の機関において貿易その他の事業の経営を行い若しくは当該事業の管理に従事する活動又は当該活動と併せて当該活動と関連する事業を自ら経営する活動 二 前号に掲げる活動を行つた者であつて、その在留が我が国の利益に資するものとして法務省令で定める基準に適合するものが行う次に掲げる活動 イ 本邦の公私の機関との契約に基づいて研究、研究の指導又は教育をする活動 ロ 本邦の公私の機関との契約に基づいて自然科学又は人文科学の分野に属する知識又は技術を要する業務に従事する活動 ハ 本邦の公私の機関において貿易その他の事業の経営を行い又は当該事業の管理に従事する活動 ニ イからハまでのいずれかの活動と併せて行う一の表の教授の項から報道の項までの下欄に掲げる活動又はこの表の法律・会計業務の項、医療の項、教育の項、技術・人文知識・国際業務の項、興行の項若しくは技能の項の下欄に掲げる活動（イからハまでのいずれかに該当する活動を除く。）
経営・管理	本邦において貿易その他の事業の経営を行い又は当該事業の管理に従事する活動（この表の法律・会計業務の項の下欄に掲げる資格を有しなければ法律上行うことができないこととされている事業の経営又は管理に従事する活動を除く。）
法律・会計業務	外国法事務弁護士、外国公認会計士その他法律上資格を有する者が行うこととされている法律又は会計に係る業務に従事する活動
医療	医師、歯科医師その他法律上資格を有する者が行うこととされている医療に係る業務に従事する活動
研究	本邦の公私の機関との契約に基づいて研究を行う業務に従事する活動（一の表の教授の項の下欄に掲げる活動を除く。）
教育	本邦の小学校、中学校、義務教育学校、高等学校、中等教育学校、特別支援学校、専修学校又は各種学校若しくは設備及び編制に関してこれに準ずる教育機関において語学教育その他の教育をする活動
技術・人文知識・国際業務	本邦の公私の機関との契約に基づいて行う理学、工学その他の自然科学の分野若しくは法律学、経済学、社会学その他の人文科学の分野に属する技術若しくは知識を要する業務又は外国の文化に基盤を有する思考若しくは感受性を必要とする業務に従事する活動（一の表の教授の項、芸術の項及び報道の項の下欄に掲げる活動並びにこの表の経営・管理の項から教育の項まで、企業内転勤の項及び興行の項の下欄に掲げる活動を除く。）
企業内転勤	本邦に本店、支店その他の事業所のある公私の機関の外国にある事業所の職員が本邦にある事業所に期間を定めて転勤して当該事業所において行うこの表の技術・人文知識・国際業務の項の下欄に掲げる活動
興行	演劇、演芸、演奏、スポーツ等の興行に係る活動又はその他の芸能活動（この表の経営・管理の項の下欄に掲げる活動を除く。）
技能	本邦の公私の機関との契約に基づいて行う産業上の特殊な分野に属する熟練した技能を要する業務に従事する活動
技能実習	一 次のイ又はロのいずれかに該当する活動 イ 本邦の公私の機関の外国にある事業所の職員又は本邦の公私の機関と法務省令で定める事業上の関係を有する外国の公私の機関の外国にある事業所の職員がこれらの本邦の公私の機関との雇用契約に基づいて当該機関の本邦にある事業所の業務に従事して行う技能、技術若しくは知識（以下「技能等」という。）の修得をする活動（これらの職員がこれらの本邦の公私の機関の本邦にある事業所に受け入れられて行う当該活動に必要な知識の修得をする活動を含む。） ロ 法務省令で定める要件に適合する営利を目的としない団体により受け入れられて行う知識の修得及び当該団体の策定した計画に基づき、当該団体の責任及び監理の下に本邦の公私の機関との雇用契約に基づいて当該機関の業務に従事して行う技能等の修得をする活動 二 次のイ又はロのいずれかに該当する活動 イ 前号イに掲げる活動に従事して技能等を修得した者が、当該技能等に習熟するため、法務大臣が指定する本邦の公私の機関との雇用契約に基づいて当該機関において当該技能等を要する業務に従事す

	る活動 ロ　前号ロに掲げる活動に従事して技能等を修得した者が、当該技能等に習熟するため、法務大臣が指定する本邦の公私の機関との雇用契約に基づいて当該機関において当該技能等を要する業務に従事する活動（法務省令で定める要件に適合する営利を目的としない団体の責任及び監理の下に当該業務に従事するものに限る。）

三

在留資格	本邦において行うことができる活動
文化活動	収入を伴わない学術上若しくは芸術上の活動又は我が国特有の文化若しくは技芸について専門的な研究を行い若しくは専門家の指導を受けてこれを修得する活動（四の表の留学の項から研修の項までの下欄に掲げる活動を除く。）
短期滞在	本邦に短期間滞在して行う観光、保養、スポーツ、親族の訪問、見学、講習又は会合への参加、業務連絡その他これらに類似する活動

四

在留資格	本邦において行うことができる活動
留学	本邦の大学、高等専門学校、高等学校（中等教育学校の後期課程を含む。）若しくは特別支援学校の高等部、中学校（義務教育学校の後期課程及び中等教育学校の前期課程を含む。）若しくは特別支援学校の中学部、小学校（義務教育学校の前期課程を含む。）若しくは特別支援学校の小学部、専修学校若しくは各種学校又は設備及び編制に関してこれらに準ずる機関において教育を受ける活動
研修	本邦の公私の機関により受け入れられて行う技能等の修得をする活動（二の表の技能実習の項の下欄第一号及びこの表の留学の項の下欄に掲げる活動を除く。）
家族滞在	一の表、二の表又は三の表の上欄の在留資格（外交、公用、技能実習及び短期滞在を除く。）をもつて在留する者又はこの表の留学の在留資格をもつて在留する者の扶養を受ける配偶者又は子として行う日常的な活動

五

在留資格	本邦において行うことができる活動
特定活動	法務大臣が個々の外国人について特に指定する活動

別表第二（第二条の二、第七条、第二十二条の三、第二十二条の四、第六十一条の二の二、第六十一条の二の八関係）

在留資格	本邦において有する身分又は地位
永住者	法務大臣が永住を認める者
日本人の配偶者等	日本人の配偶者若しくは特別養子又は日本人の子として出生した者
永住者の配偶者等	永住者等の配偶者又は永住者等の子として本邦で出生しその後引き続き本邦に在留している者
定住者	法務大臣が特別な理由を考慮し一定の在留期間を指定して居住を認める者

附　則（平成二五・六・一九法四九）（抄）

（施行期日）

第一条　この法律は、公布の日から起算して三年を超えない範囲内において政令で定める日から施行する。（後略）

附　則（平成二五・一一・二七法八六）（抄）

（施行期日）

第一条　この法律は、公布の日から起算して六月を超えない範囲内において政令で定める日（平成二六・五・二〇―平成二六政一六五）から施行する。

（罰則の適用等に関する経過措置）

第一四条　この法律の施行前にした行為に対する罰則の適用については、なお従前の例による。

第一六条　この法律の施行前に附則第二条の規定による改正前の刑法第二百八条の二（危険運転致死傷）（附則第十四条の規定によりなお従前の例によることとされる場合における当該規定を含む。）の罪を犯した者に対する附則第五条の規定による改正後の出入国管理及び難民認定法第五条第一項第九号の二、第二十四条第四号の二、第二十四条の三第三号、第六十一条の二の二第一項第四号及び第六十一条の二の四第一項第七号の規定の適用については、これらの規定中「第十六条の罪又は」とあるのは「第十六条の罪、」と、「第六条第一項」とあるのは「第六条第一項の罪又は同法附則第二条の規定による改正前の刑法第二百八条の二（自動車の運転により人を死傷させる行為等の処罰に関する法律附則第十四条の規定によりなお従前の例によることとされる場合における当該規定を含む。）」とする。

附　則（平成二六・五・三〇法四二）（抄）

（施行期日）

第一条　この法律は、公布の日から起算して二年を超えない範囲内において政令で定める日（平成二八・四・一―平成二七政二九）から施行する。（後略）

附　則（平成二六・六・一三法六九）（抄）

（施行期日）

第一条　この法律は、行政不服審査法（平成二十六年法律第六十八号）の施行の日から施行する。

第五条及び第六条　（道路交通法の同改正附則参照）

（その他の経過措置の政令への委任）

第一〇条　附則第五条から前条までに定めるもののほか、この法律の施行に関し必要な経過措置（中略）は、政令で定める。

附　則（平成二六・六・一八法七四）（抄）

（施行期日）

第一条　この法律は、平成二十七年四月一日から施行する。ただし、次の各号に掲げる規定は、当該各号に定める日から施行する。

一　第一条中出入国管理及び難民認定法第五十二条に一項を加える改正規定及び同法第五十九条の二第一項の改正規定並びに附則第六条の規定　公布の日

二　第一条中出入国管理及び難民認定法（中略）第六条第一項ただし書の改正規定、同法第十四条の次に一条を加える改正規定、同法第十五条第六項、第二十三条第一項及び第二十四条の改正規定、同法第四章第四節中第二十六条の二の次に一条を加える改正規定並びに同法第五十七条、第五十九条第一項、第六十一条の二の四第一項第二号、第七十条第一項、第七十二条、第七十三条の二第二項第三号、第七十七条第二号及び別表第一の四の表留学の項の改正規定並びに附則第四条（中略）の規定（中略）　平成二十七年一月一日

三　第二条の規定（中略）　公布の日から起算して二年六月を超えない範囲内において政令で定める日

（退去強制に関する経過措置）

第二条　この法律の施行の日（以下「施行日」という。）前に第一条の規定による改正前の出入国管理及び難民認定法（以下「旧入管法」という。）第二十四条第四号イに規定する行為を行った者に対する退去強制については、なお従前の例による。

（在留資格に関する経過措置）

第三条①　この法律の施行の際現に旧入管法別表第一の二の表の投資・経営の在留資格をもって在留する者は、第一条の規定による改正後の出入国管理及び難民認定法（以下「新入管法」という。）別表第一の二の表の経営・管理の在留資格をもって在留する者とみなす。この場合において、当該在留資格に伴う在留期間は、当該投資・経営の在留資格に伴う在留期間が満了する日に応当する日までの期間とする。

②　この法律の施行の際現に旧入管法別表第一の二の表の技術又は人文知識・国際業務の在留資格をもって在留する者は、新入管法別表第一の二の表の技術・人文知識・国際業務の在留資格をもって在留する者とみなす。この場合において、当該在留資格に伴う在留期間は、当該技術又は人文知識・国際業務の在留資格に伴う在留期間が満了する日に応当する日までの期間とする。

③　この法律の施行の際現に旧入管法別表第一の五の表の上欄の在留資格（以下この項において「旧在留資格」という。）をもって在留する者は、新入管法別表第一の五の表の上欄の在留資格（以下この項において「新在留資格」という。）をもって在留する者とみなす。この場合において、新在留資格に応じて行うことのできる活動は旧在留資格に応じて行うことのできた活動とし、新在留資格に伴う在留期間は旧在留資格に伴う在留期間が満了する日に応当する日までの期間とする。

④　この法律の施行の際現に旧入管法別表第一の二の表の投資・経営、技術若しくは人文知識・国際業務の在留資格又は旧入管法別表第一の五の表の上欄の在留資格をもって在留する者が旧入管法第十九条第二項の許可を受けているときは、当該許可は、前三項の規定によりみなされる新入管法の在留資格について受けた新入管法第十九条第二項の許可とみなす。この場合において、旧入管法第十九条第二項の規定に基づき付された条件は、新入管法第十九条第二項の規定に基づき付された条件とみなす。

⑤　この法律の施行の際現に旧入管法別表第一の五の表の下欄（二に係る部分に限る。）に掲げる活動のうち次の各号に掲げるものを行う者としての同表の上欄の在留資格をもって在留する者であってその後引き続き本邦に在留するものは、新入管法第二十条の二第一項（第一号に係る部分に限る。）の規定にかかわらず、高度専門職の在留資格（新入管法別表第一の二の表の高度専門職の項の下欄第二号に係るものに限る。）への変更を受けることができる。この場合において、新入管法別表第一の二の表の高度専門職の項の下欄第二号中「前号に掲げる活動」とあるのは、「出入国管理及び難民認定法の一部を改正する法律（平成二十六年法律第七十四号）附則第三条第五項各号に掲げる活動」とする。

一　本邦の公私の機関との契約に基づいて研究、研究の指導若しくは教育をする活動又は当該活動と併せて当該活動と関連する事業を自ら経営し若しくは当該機関以外の本邦の公私の機関との契約に基づいて研究、研究の指導若しくは教育をする活動

二　本邦の公私の機関との契約に基づいて自然科学若しくは人文科学の分野に属する知識若しくは技術を要する業務に従事する活動又は当該活動と併せて当該活動と関連する事業を自ら経営する活動

三　本邦の営利を目的とする法人若しくは法律上資格を有する者が行うこととされている法律若しくは会計に係る業務を行うための事務所の経営若しくは管理に従事する活動又は当該活動と併せて当該活動と関連する事業を自ら経営する活動

（在留資格認定証明書に関する経過措置）

第四条　法務大臣は、施行日以後に本邦に上陸しようとする外国人であって次の各号に掲げる活動を行おうとするものから、あらかじめ申請があったときは、当該外国人に対し、法務省令で定めるところにより、施行日前に、当該各号に定める在留資格に係る在留資格認定証明書を交付することができる。

一　新入管法別表第一の二の表の高度専門職の項の下欄第一号イからハまでに掲げる活動　同表の高度専門職の在留資格（同表の高度専門職の項の下欄第一号イからハまでに係るものに限る。）
二　新入管法別表第一の二の表の経営・管理の項の下欄に掲げる活動　同表の経営・管理の在留資格
三　新入管法別表第一の二の表の技術・人文知識・国際業務の項の下欄に掲げる活動　同表の技術・人文知識・国際業務の在留資格

（罰則に関する経過措置）
第五条　施行日前にした行為に対する罰則の適用については、なお従前の例による。

（政令への委任）
第六条　この附則に規定するもののほか、この法律の施行に伴い必要な経過措置は、政令で定める。

附　則（平成二七・六・二四法四六）（抄）

（施行期日）
第一条　この法律は、平成二十八年四月一日から施行する。（後略）

○国籍法

（昭和二五・五・四 法 一 四 七）

施行 昭和二五・七・一（附則）
改正 昭和二七法二六八、昭和五九法四五、平成五法八九、平成一六法一四七、平成二〇法八八、平成二六法七〇

（この法律の目的）
第一条 日本国民たる要件は、この法律の定めるところによる。

（出生による国籍の取得）
第二条 子は、次の場合には、日本国民とする。
一 出生の時に父又は母が日本国民であるとき。
二 出生前に死亡した父が死亡の時に日本国民であつたとき。
三 日本で生まれた場合において、父母がともに知れないとき、又は国籍を有しないとき。

（認知された子の国籍の取得）
第三条① 父又は母が認知した子で二十歳未満のもの（日本国民であつた者を除く。）は、認知をした父又は母が子の出生の時に日本国民であつた場合において、その父又は母が現に日本国民であるとき、又はその死亡の時に日本国民であつたときは、法務大臣に届け出ることによつて、日本の国籍を取得することができる。
② 前項の規定による届出をした者は、その届出の時に日本の国籍を取得する。

（帰化）
第四条① 日本国民でない者（以下「外国人」という。）は、帰化によつて、日本の国籍を取得することができる。
② 帰化をするには、法務大臣の許可を得なければならない。

第五条① 法務大臣は、次の条件を備える外国人でなければ、その帰化を許可することができない。
一 引き続き五年以上日本に住所を有すること。
二 二十歳以上で本国法によつて行為能力を有すること。
三 素行が善良であること。
四 自己又は生計を一にする配偶者その他の親族の資産又は技能によつて生計を営むことができること。
五 国籍を有せず、又は日本の国籍の取得によつてその国籍を失うべきこと。
六 日本国憲法施行の日以後において、日本国憲法又はその下に成立した政府を暴力で破壊することを企て、若しくは主張し、又はこれを企て、若しくは主張する政党その他の団体を結成し、若しくはこれに加入したことがないこと。
② 法務大臣は、外国人がその意思にかかわらずその国籍を失うことができない場合において、日本国民との親族関係又は境遇につき特別の事情があると認めるときは、その者が前項第五号に掲げる条件を備えないときでも、帰化を許可することができる。

第六条 次の各号の一に該当する外国人で現に日本に住所を有するものについては、法務大臣は、その者が前条第一項第一号に掲げる条件を備えないときでも、帰化を許可することができる。
一 日本国民であつた者の子（養子を除く。）で引き続き三年以上日本に住所又は居所を有するもの
二 日本で生まれた者で引き続き三年以上日本に住所若しくは居所を有し、又はその父若しくは母（養父母を除く。）が日本で生まれたもの
三 引き続き十年以上日本に居所を有する者

第七条 日本国民の配偶者たる外国人で引き続き三年以上日本に住所又は居所を有し、かつ、現に日本に住所を有するものについては、法務大臣は、その者が第五条第一項第一号及び第二号の条件を備えないときでも、帰化を許可することができる。日本国民の配偶者たる外国人で婚姻の日から三年を経過し、かつ、引き続き一年以上日本に住所を有するものについても、同様とする。

第八条 次の各号の一に該当する外国人については、法務大臣は、その者が第五条第一項第一号、第二号及び第四号の条件を備えないときでも、帰化を許可することができる。
一 日本国民の子（養子を除く。）で日本に住所を有するもの
二 日本国民の養子で引き続き一年以上日本に住所を有し、かつ、縁組の時本国法により未成年であつたもの
三 日本の国籍を失つた者（日本に帰化した後日本の国籍を失つた者を除く。）で日本に住所を有するもの
四 日本で生まれ、かつ、出生の時から国籍を有しない者でその時から引き続き三年以上日本に住所を有するもの

第九条 日本に特別の功労のある外国人については、法務大臣は、第五条第一項の規定にかかわらず、国会の承認を得て、その帰化を許可することができる。

第一〇条① 法務大臣は、帰化を許可したときは、官報にその旨を告示しなければならない。
② 帰化は、前項の告示の日から効力を生ずる。

（国籍の喪失）
第一一条① 日本国民は、自己の志望によつて外国の国籍を取得したときは、日本の国籍を失う。
② 外国の国籍を有する日本国民は、その外国の法令によりその国の国籍を選択したときは、日本の国籍を失う。

第一二条 出生により外国の国籍を取得した日本国民で国外で生まれたものは、戸籍法（昭和二十二年法律第二百二十四号）の定めるところにより日本の国籍を留保する意思を表示しなければ、その出生の時にさかのぼつて日本の国籍を失う。

第一三条① 外国の国籍を有する日本国民は、法務大臣に届け出ることによつて、日本の国籍を離脱することができる。
② 前項の規定による届出をした者は、その届出の時に日本の国籍を失う。

（国籍の選択）
第一四条① 外国の国籍を有する日本国民は、外国及び日本の国籍を有することとなつた時が二十歳に達する以前であるときは二十二歳に達するまでに、その時が二十歳に達した後であるときはその時から二年以内に、いずれかの国籍を選択しなければならない。
② 日本の国籍の選択は、外国の国籍を離脱することによるほかは、戸籍法の定めるところにより、日本の国籍を選択し、かつ、外国の国籍を放棄する旨の宣言（以下「選択の宣言」という。）をすることによつてする。

第一五条① 法務大臣は、外国の国籍を有する日本国民で前条第一項に定める期限内に日本の国籍の選択をしないものに対して、書面により、国籍の選択をすべきことを催告することができる。
② 前項に規定する催告は、これを受けるべき者の所在を知ることができないときその他書面によつてすることができないやむを得ない事情があるときは、催告すべき事項を官報に掲載してすることができる。この場合における催告は、官報に掲載された日の翌日に到達したものとみなす。
③ 前二項の規定による催告を受けた者は、催告を受けた日から一月以内に日本の国籍の選択をしなければ、その期間が経過した時に日本の国籍を失う。ただし、その者が天災その他その責めに帰することができない事由によつてその期間内に日本の国籍の選択をすることができない場合において、その選択をすることができるに至つた時から二週間以内にこれをしたときは、この限りでない。

第一六条① 選択の宣言をした日本国民は、外国の国籍の離脱に努めなければならない。
② 法務大臣は、選択の宣言をした日本国民で外国の国籍を失つていないものが自己の志望によりその外国の公務員の職（その国の国籍を有しない者であつても就任することができる職を除く。）に就任した場合において、その就任が日本の国籍を選択した趣旨に著しく反すると認めるときは、その者に対し日本の国籍の喪失の宣告をすることができる。
③ 前項の宣告に係る聴聞の期日における審理は、公開により行わなければならない。
④ 第二項の宣告は、官報に告示してしなければならない。
⑤ 第二項の宣告を受けた者は、前項の告示の日に日本の国籍を失う。

（国籍の再取得）
第一七条① 第十二条の規定により日本の国籍を失つた者で二十歳未満のものは、日本に住所を有するときは、法務大臣に届け出ることによつて、日本の国籍を取得することができる。
② 第十五条第二項の規定による催告を受けて同条第三項の規定により日本の国籍を失つた者は、第五条第一項第五号に掲げる条件を備えるときは、日本の国籍を失つたことを知つた時から一年以内に法務大臣に届け出ることによつて、日本の国籍を取得することができる。ただし、天災その他その者の責めに帰することができない事由によつてその期間内に届け出ることができないときは、その期間は、これをすることができるに至つた時から一月とする。
③ 前二項の規定による届出をした者は、その届出の時に日本の国籍を取得する。

（法定代理人がする届出等）
第一八条 第三条第一項若しくは前条第一項の規定による国籍取得の届出、帰化の許可の申請、選択の宣言又は国籍離脱の届出は、国籍の取得、選択又は離脱をしようとする者が十五歳未満であるときは、法定代理人が代わつてする。

（行政手続法の適用除外）
第一八条の二 第十五条第一項の規定による催告については、行政手続法（平成五年法律第八十八号）第三十六条の三の規定は、適用しない。

（省令への委任）
第一九条 この法律に定めるもののほか、国籍の取得及び離脱に関する手続その他この法律の施行に関し必要な事項は、法務省令で定める。

（罰則）
第二〇条① 第三条第一項の規定による届出をする場合において、虚偽の届出をした者は、一年以下の懲役又は二十万円以下の罰金に処する。
② 前項の罪は、刑法（明治四十年法律第四十五号）第二条の例に従う。

附 則（抄）

② 国籍法（明治三十二年法律第六十六号）は、廃止する。
⑤ この法律の施行前日本に帰化した者の子で従前の国籍法第十五条第一項の規定によつて日本の国籍を取得したものは、第六条第四号の規定の適用については、日本に帰化した者とみなす。この法律の施行前日本国民の養子又は入夫となつた者も、また、同様である。

○外国人登録法

（昭和二十七年四月二十八日
法律第百二十五号）

最近改正　平成二一年七月一五日法律第七九号（出入国管理及び難民認定法及び日本国との平和条約に基づき日本の国籍を離脱した者等の出入国管理に関する特例法の一部を改正する等の法律）（廃止）

（目的）

第一条　この法律は、本邦に在留する外国人の登録を実施することによつて外国人の居住関係及び身分関係を明確ならしめ、もつて在留外国人の公正な管理に資することを目的とする。

（定義）

第二条　この法律において「外国人」とは、日本の国籍を有しない者のうち、出入国管理及び難民認定法（昭和二十六年政令第三百十九号。以下「入管法」という。）の規定による仮上陸の許可、寄港地上陸の許可、通過上陸の許可、乗員上陸の許可、緊急上陸の許可及び遭難による上陸の許可を受けた者以外の者をいう。

2　日本の国籍以外の二以上の国籍を有する者は、この法律の適用については、旅券（入管法第二条第五号に定める旅券をいう。以下同じ。）を最近に発給した機関の属する国の国籍を有するものとみなす。

（新規登録）

第三条　本邦に在留する外国人は、本邦に入つたとき（入管法第二十六条の規定による再入国の許可を受けて出国した者が再入国したとき及び入管法第六十一条の二の十二の規定による難民旅行証明書の交付を受けて出国した者が当該難民旅行証明書により入国したときを除く。）はその上陸の日から九十日以内に、本邦において外国人となつたとき又は出生その他の事由により入管法第三章に規定する上陸の手続を経ることなく本邦に在留することとなつたときはそれぞれその外国人となつた日又は出生その他当該事由が生じた日から六十日以内に、その居住地の市町村（東京都の特別区の存する区域及び地方自治法（昭和二十二年法律第六十七号）第二百五十二条の十九第一項の指定都市にあつては区。以下同じ。）の長に対し、次に掲げる書類及び写真を提出し、登録の申請をしなければならない。

一　外国人登録申請書一通
二　旅券
三　写真二葉

2　前項の申請の場合において、十六歳に満たない者については、写真を提出することを要しない。

3　市町村の長は、第一項の申請の場合において、やむを得ない事由があると認めるときは、同項に定める期間を六十日を限り延長することができる。

4　外国人は、第一項の申請をした場合には、重ねて同項の申請をすることができない。

第四条　市町村の長は、前条第一項の申請があつたときは、当該申請に係る外国人について次に掲げる事項を外国人登録原票（以下「登録原票」という。）に登録し、これを市町村の事務所に備えなければならない。ただし、当該外国人が、入管法別表第二の上欄の永住者の在留資格をもつて在留する者（以下「永住者」という。）又は日本国との平和条約に基づき日本の国籍を離脱した者等の出入国管理に関する特例法（平成三年法律第七十一号）に定める特別永住者（以下「特別永住者」という。）である場合にあつては第九号及び第二十号に掲げる事項を、入管法の規定により一年未満の在留期間を決定され、その期間内にある者（在留期間の更新又は在留資格の変更により、当初の在留期間の始期から起算して一年以上本邦に在留することができることとなつた者を除く。以下「一年未満在留者」という。）である場合にあつては第十八号及び第十九号に掲げる事項を、それぞれ登録原票に登録することを要しない。

一　登録番号
二　登録の年月日
三　氏名
四　出生の年月日
五　男女の別
六　国籍
七　国籍の属する国における住所又は居所
八　出生地
九　職業
十　旅券番号
十一　旅券発行の年月日
十二　上陸許可の年月日
十三　在留の資格（入管法に定める在留資格及び特別永住者として永住することができる資格をいう。）
十四　在留期間（入管法に定める在留期間をいう。）
十五　居住地
十六　世帯主の氏名
十七　世帯主との続柄
十八　申請に係る外国人が世帯主である場合には、世帯を構成する者（当該世帯主を除く。）の氏名、出生の年月日、国籍及び世帯主との続柄
十九　本邦にある父母及び配偶者（申請に係る外国人が世帯主である場合には、その世帯を構成する者である父母及び配偶者を除く。）の氏名、出生の年月日及び国籍
二十　勤務所又は事務所の名称及び所在地

2　市町村の長は、前項の登録をした場合には、当該登録原票の写票を作成し、これを法務大臣に送付しなければならない。

（登録原票の管理）

第四条の二　市町村の長は、登録原票を当該市町村の事務所に備えるに当たつては、記載内容の漏えい、滅失、き損の防止その他の登録原票の適切な管理のために必要な措置を講ずるものとする。

（登録原票の開示等）

第四条の三　市町村の長は、次項から第五項までの規定又は他の法律の規定に基づく請求があつた場合を除き、登録原票を開示してはならない。

2　外国人は、市町村の長に対し、当該外国人に係る登録原票の写し又は登録原票に登録した事項に関する証明書（以下「登録原票記載事項証明書」という。）の交付を請求することができる。

3　外国人の代理人又は同居の親族（婚姻の届出をしていないが、事実上当該外国人と婚姻関係と同様の事情にある者を含む。以下同じ。）は、市町村の長に対し、当該外国人に係る登録原票の写し又は登録原票記載事項証明書の交付を請求することができる。

4　国の機関又は地方公共団体は、法律の定める事務の遂行のため登録原票の記載を利用する必要があると認める場合においては、市町村の長に対し、登録原票の写し又は登録原票記載事項証明書の交付を請求することができる。

5　弁護士その他政令で定める者は、法律の定める事務又は業務の遂行のため登録原票の記載を利用する必要があると認める場合においては、市町村の長に対し、登録原票記載事項証明書の交付を請求することができる。ただし、登録原票の記載のうち、第四条第一項第三号から第七号まで及び第十五号から第十七号までに掲げる事項以外のものについては、それらの開示を特に必要とする場合に限る。

6　前三項の請求は、請求を必要とする理由その他法務省令で定める事項を明らかにしてしなければならない。

（登録証明書の交付）

第五条　市町村の長は、第四条第一項の登録をした場合には、当該申請に係る外国人について同項各号（第十八号及び第十九号を除く。）に掲げる事項を記載した外国人登録証明書（以下「登録証明書」という。）を作成し、これを当該申請をした者に交付しなければならない。

2　前項の場合において、第三条第一項の申請に関する調査その他事務上やむを得ない理由によりその場で登録証明書を交付することができないときは、市町村の長は、法務省令で定めるところにより、書面で期間を指定して、その期間内にこれを交付することができる。

（登録証明書の引替交付）

第六条　外国人は、その登録証明書が著しくき損し、又は汚損した場合には、その居住地の市町村の長に対し、次に掲げる書類及び写真にその登録証明書を添えて提出し、登録証明書の引替交付を申請することができる。

一　登録証明書交付申請書一通
二　旅券
三　写真二葉

2　前項の申請の場合において、十六歳に満たない者については、写真を提出することを要しない。

3　市町村の長は、第一項の申請があつたときは、登録原票の記載が事実に合つているかどうかの確認をしなければならない。

4　市町村の長は、前項の確認をしたときは、登録原票に基づき新たに登録証明書を交付しなければならない。

5　前条第二項の規定は、前項の場合に準用する。

6　市町村の長は、著しくき損し、又は汚損した登録証明書を携帯する外国人に対し、当該登録証明書を返納して第一項の申請をすべきことを命ずることができる。

7　市町村の長は、第一項の申請があつた場合には、その外国人の登録原票を新たな登録原票に書き換えることができる。

第六条の二　外国人は、第八条第一項若しくは第二項、第九条第一項若しくは第二項、第九条の二第一項又は第九条の三第一項の変更の登録の申請を行う場合において、その所持する登録証明書の第八条第三項、第九条第三項、第九条の二第二項又は第九条の三第二項に規定する記載を行う欄の全部に記載がされているとき、又は当該変更の登録が第四条第一項第三号若しくは第六号に掲げる事項に係るときは、その所持する登録証明書を返納するとともに、次に掲げる書類及び写真を提出し、登録証明書の引替交付の申請を併せてしなければならない。

一　登録証明書交付申請書一通
二　旅券
三　写真二葉

2　市町村の長は、外国人から第十条第一項の変更の登録によりその記載が事実に合わなくなつた登録証明書の提出があつた場合において、当該登録証明書の同条第二項に規定する記載を行う欄の全部に記載がされているとき、又は第十条の二第一項の規定による登録原票の記載の訂正を行つた場合において、当該訂正に係る外国人の所持する登録証明書の同条第三項に規定する記載を行う欄の全部に記載がされているとき、若しくは当該訂正が第四条第一項第三号、第四号、第五号若しくは第六号に掲げる事項に係るときは、当該外国人に対し、その所持する登録証明書を返納するとともに、前項各号に掲げる書類及び写真を提出し、登録証明書の引替交付の申請をすべきことを命ずるものとする。

3　前二項の申請の場合において、十六歳に満たない者については、写真を提出することを要しない。

4　市町村の長は、第一項又は第二項の申請があつたときは、登録原票の記載が事実に合つているかどうかの確認をしなければならない。

5 市町村の長は、前項の確認をしたときは、登録原票に基づき新たに登録証明書を交付しなければならない。
6 第五条第二項及び前条第七項の規定は、第一項又は第二項の申請があつた場合に準用する。

（登録証明書の再交付）

第七条 外国人は、紛失、盗難又は滅失により登録証明書を失つた場合には、その事実を知つたときから十四日以内に、その居住地の市町村の長に対し、次に掲げる書類及び写真を提出して、登録証明書の再交付を申請しなければならない。入管法第二十六条の規定による再入国の許可を受けて出国した者が再入国をし、又は入管法第六十一条の二の十二の規定による難民旅行証明書の交付を受けて出国した者が当該難民旅行証明書により入国した際、紛失、盗難又は滅失以外の事由により登録証明書を所持していない場合においても、同様とする。
一 登録証明書交付申請書一通
二 旅券
三 写真二葉
四 前各号に掲げるものを除くほか、市町村の長が特に必要と認める書類
2 前項の申請の場合において、十六歳に満たない者については、写真を提出することを要しない。
3 市町村の長は、第一項の申請があつたときは、登録原票の記載が事実に合つているかどうかの確認をしなければならない。
4 市町村の長は、前項の確認をしたときは、登録原票に基づき新たに登録証明書を交付しなければならない。
5 第五条第二項の規定は、前項の場合に準用する。
6 第四項の規定により登録証明書を交付したときは、交付の日前に当該外国人に対して交付された登録証明書は、その効力を失う。
7 外国人は、第四項の規定により登録証明書の交付を受けた場合において、前項の規定により効力を失つた登録証明書を回復するに至つたときは、速やかにその居住地の市町村の長に対し、当該登録証明書を返納しなければならない。
8 第六条第七項の規定は、第一項の申請があつた場合に準用する。

（居住地変更登録）

第八条 外国人は、居住地を変更した場合（同一の市町村の区域内で居住地を変更した場合を除く。）には、新居住地に移転した日から十四日以内に、新居住地の市町村の長に対し、変更登録申請書を提出して、居住地変更の登録を申請しなければならない。
2 外国人は、同一の市町村の区域内で居住地を変更した場合には、新居住地に移転した日から十四日以内に、その市町村の長に対し、変更登録申請書を提出して、居住地変更の登録を申請しなければならない。
3 外国人は、第一項又は前項の申請をする場合には、第六条の二第一項の登録証明書の引替交付の申請を併せて行わなければならないときを除き、その所持する登録証明書を提出しなければならない。この場合において、市町村の長は、当該登録証明書に居住地の変更に係る記載を行い、これを当該外国人に返還しなければならない。
4 市町村の長は、第一項の申請があつたときは、旧居住地の市町村の長に対し、すみやかに当該外国人に係る登録原票の送付を請求しなければならない。
5 前項の規定による請求を受けた市町村の長は、請求をした市町村の長に対し、すみやかに当該外国人に係る登録原票を送付しなければならない。
6 市町村の長は、第二項の申請があつたとき、又は前項の規定による登録原票の送付を受けたときは、当該外国人に係る登録原票に居住地変更の登録をしなければならない。
7 市町村の長は、第一項又は第二項の申請の場合において、やむを得ない理由があると認めるときは、同項に定める期間を十四日を限り延長することができる。

（居住地の変更と登録証明書の交付）

第八条の二 第三条第一項、第六条第一項、第六条の二第一項若しくは第二項、第七条第一項又は第十一条第一項若しくは第二項の申請をした外国人が、その申請に伴つて交付される登録証明書を受領する前に前条第一項の申請をしたときは、同条の規定によるほか、次に定めるところによる。
一 登録証明書の交付は、新居住地の市町村の長を経由して行う。
二 新居住地の市町村の長は、必要があると認めるときは、法務省令で定めるところにより、書面で、旧居住地の市町村の長が第五条第二項（第六条第五項、第六条の二第六項、第七条第五項及び第十一条第五項において準用する場合を含む。）の規定により指定した期間を変更することができる。
三 旧居住地の市町村の長は、前条第四項の規定による請求を受けたときは、新居住地の市町村の長に対し、速やかに、当該外国人に交付すべき登録証明書を送付しなければならない。

（居住地以外の記載事項の変更登録）

第九条 外国人は、登録原票の記載事項のうち、第四条第一項第三号、第六号、第九号、第十三号、第十四号又は第二十号に掲げる事項に変更を生じた場合（次条第一項及び第九条の三第一項に規定する場合を除く。）には、その変更を生じた日から十四日以内に、その居住地の市町村の長に対し、変更登録申請書及びその変更を生じたことを証する文書を提出して、その記載事項の変更の登録を申請しなければならない。
2 外国人は、登録原票の記載事項のうち、第四条第一項第七号、第十号、第十

一号又は第十六号から第十九号までに掲げる事項に変更を生じた場合には、第六条第一項、第六条の二第一項若しくは第二項、第七条第一項、第八条第一項若しくは第二項、前項、次条第一項、第九条の三第一項又は第十一条第一項若しくは第二項の申請のうち当該変更を生じた日後における最初の申請をする時までに、その居住地の市町村の長に対し、変更登録申請書及びその変更を生じたことを証する文書を提出して、その記載事項の変更の登録を申請しなければならない。

3　外国人は、第一項の申請又は前項の申請（第四条第一項第十八号又は第十九号に掲げる事項に変更を生じた場合を除く。）をする場合には、第六条の二第一項の登録証明書の引替交付の申請を併せて行わなければならないときを除き、その所持する登録証明書を提出しなければならない。この場合において、市町村の長は当該登録証明書に当該申請に係る事項の変更に係る記載を行い、これを当該外国人に返還しなければならない。

4　市町村の長は、第一項又は第二項の申請があつたときは、当該外国人に係る登録原票に当該申請に係る事項の変更の登録をしなければならない。この場合において、第一項の申請が第四条第一項第十三号に掲げる事項に永住者又は特別永住者としての在留の資格への変更を生じたものに係るときは、市町村の長は、同項第九号及び第二十号に掲げる事項を消除しなければならない。

5　第八条第七項の規定は、第一項の申請について準用する。

第九条の二　永住者又は特別永住者としての在留の資格で登録を受けている外国人は、登録原票の記載事項のうち、第四条第一項第十三号及び第十四号に掲げる事項に変更を生じた場合には、その変更を生じた日から十四日以内に、その居住地の市町村の長に対し、変更登録申請書及びその変更を生じたことを証する文書を提出して、同項第十三号及び第十四号に掲げる事項の変更並びに同項第九号及び第二十号に掲げる事項の登録を申請しなければならない。

2　外国人は、前項の申請をする場合には、第六条の二第一項の登録証明書の引替交付の申請を併せてしなければならないときを除き、その所持する登録証明書を提出しなければならない。この場合において、市町村の長は、当該登録証明書に第四条第一項第十三号及び第十四号に掲げる事項の変更並びに同項第九号及び第二十号に掲げる事項に係る記載を行い、これを当該外国人に返還しなければならない。

3　市町村の長は、第一項の申請があつたときは、当該外国人に係る登録原票に、第四条第一項第十三号及び第十四号に掲げる事項の変更並びに同項第九号及び第二十号に掲げる事項を登録しなければならない。

4　第八条第七項の規定は、第一項の申請について準用する。

第九条の三　一年未満在留者は、在留期間の更新又は在留資格の変更により、当初の在留期間の始期から起算して一年以上本邦に在留することができることとなつたときには、在留の資格又は在留期間に変更を生じた日から十四日以内に、その居住地の市町村の長に対し、変更登録申請書及びその変更を生じたことを証する文書を提出して、第四条第一項第十三号又は第十四号に掲げる事項の変更並びに同項第十八号及び第十九号に掲げる事項の登録を申請しなければならない。

2　外国人は、前項の申請をする場合には、第六条の二第一項の登録証明書の引替交付の申請を併せてしなければならないときを除き、その所持する登録証明書を提出しなければならない。この場合において、市町村の長は、当該登録証明書に当該申請に係る事項の変更に係る記載を行い、これを当該外国人に返還しなければならない。

3　市町村の長は、第一項の申請があつたときは、当該外国人に係る登録原票に、第四条第一項第十三号又は第十四号に掲げる事項の変更並びに同項第十八号及び第十九号に掲げる事項を登録しなければならない。この場合において、第一項の申請が第四条第一項第十三号に掲げる事項に永住者又は特別永住者としての在留の資格への変更を生じたものに係るときは、市町村の長は、同項第九号及び第二十号に掲げる事項を消除しなければならない。

4　第八条第七項の規定は、第一項の申請について準用する。

（市町村又は都道府県の廃置分合等に伴う変更登録）

第十条　市町村の長は、市町村又は都道府県の廃置分合、境界変更又は名称の変更により登録原票の記載が事実に合わなくなつたときは、登録原票に変更の登録をしなければならない。

2　市町村の長は、当該市町村の区域内に居住地を有する外国人が、前項に規定する理由によりその記載が事実に合わなくなつた登録証明書を提出したときは、第六条の二第二項の規定により登録証明書の引替交付の申請をすべきことを命ずる場合を除き、当該登録証明書にその変更に係る記載を行わなければならない。

（登録の訂正）

第十条の二　第八条第一項及び第二項、第九条第一項及び第二項、第九条の二第一項、第九条の三第一項並びに前条第一項に規定する場合を除くほか、市町村の長は、登録原票の記載が事実に合つていないことを知つたときは、その記載を訂正しなければならない。

2　市町村の長は、前項の規定による訂正を行つたときは、第六条の二第二項の規定により登録証明書の引替交付の申請をすべきことを命ずる場合を除き、当該外国人に対し、その所持する登録証明書を提出すべきことを命ずることができる。

3 前項の規定による登録証明書の提出を受けた市町村の長は、当該登録証明書に訂正に係る記載を行い、これを当該外国人に返還しなければならない。

（登録証明書の切替交付）

第十一条 外国人は、第四条第一項の登録を受けた日（第六条第三項、第六条の二第四項若しくは第七条第三項の確認又はこの項若しくは次項の申請に基づく確認（第三項において「登録後の確認」という。）を受けた場合には、最後に確認を受けた日。この項において「登録等を受けた日」という。）の後の当該外国人の五回目（登録等を受けた日に当該外国人が永住者又は特別永住者であるときは、七回目）の誕生日（当該外国人の誕生日が二月二十九日であるときは、当該外国人の誕生日は二月二十八日であるものとみなす。）から三十日以内に、その居住地の市町村の長に対し、次に掲げる書類及び写真を提出して、登録原票の記載が事実に合つているかどうかの確認を申請しなければならない。ただし、第三条第一項の申請をした日（第六条第一項、第六条の二第一項若しくは第二項又は第七条第一項の申請をしたことがある者であるときは、その申請をした日）において十六歳未満であつた者については、この限りでない。

一 登録事項確認申請書一通

二 旅券

三 写真二葉

2 前項ただし書に規定する者は、十六歳に達した日から三十日以内に、同項の確認を申請しなければならない。

3 第一項に規定する登録（登録後の確認を受けた場合には、最後に受けた確認。以下この項において同じ。）の時に次に掲げる者に該当する外国人については、第一項の申請をしなければならない期間は、同項の規定にかかわらず、当該市町村の長が、法務省令で定めるところにより、当該登録の時に当該登録を受けた日から一年以上五年未満の範囲内において指定する日から三十日以内とする。

一 在留の資格のあることが確認されていない者

二 第十四条の規定による署名をしていない者

4 市町村の長は、第一項又は第二項の申請に基づく確認をしたときは、登録原票に基づき新たに登録証明書を交付しなければならない。

5 第五条第二項の規定は、前項の場合に準用する。

6 外国人は、第四項の規定による登録証明書の交付を受ける場合には、その所持する登録証明書を市町村の長に返納しなければならない。ただし、交付される登録証明書を第十五条第三項の規定により代理人が受領する場合には、その受領の日から十四日以内に返納すれば足りる。

7 市町村の長は、第四項の規定により登録証明書を交付したときは、交付の日前に当該外国人に対して交付された登録証明書に係る第六条第四項、第六条の二第五項又は第七条第四項の規定による登録証明書を交付することができない。

8 第四項の規定により登録証明書が交付されたときは、交付の日前に当該外国人に対して交付された登録証明書は、その効力を失う。

9 外国人は、第四項の規定による登録証明書の交付を受けた場合において、前項の規定により効力を失つた登録証明書を回復するに至つたときは、速やかにその居住地の市町村の長に対し、当該登録証明書を返納しなければならない。

10 第六条第七項の規定は、第一項又は第二項の申請があつた場合に準用する。

（登録証明書の返納）

第十二条 外国人は、本邦を出国する場合（入管法第二十六条の規定による再入国の許可を受けて出国する場合及び入管法第六十一条の二の十二の規定による難民旅行証明書の交付を受けて出国する場合を除く。）には、その者が出国する出入国港（入管法に定める出入国港をいう。）において入国審査官（入管法に定める入国審査官をいう。以下同じ。）に登録証明書を返納しなければならない。

2 外国人は、外国人でなくなつた場合には、その事由が生じた日から十四日以内に、居住地の市町村の長に登録証明書を返納しなければならない。

3 外国人が死亡した場合には、第十五条第二項各号に掲げる者（十六歳に満たない者を除く。）が、当該各号列記の順位により、その死亡の日から十四日以内に、死亡した外国人が居住していた市町村の長に、死亡した外国人の登録証明書を返納しなければならない。ただし、当該外国人の居住地が死亡地と異なる場合には、死亡地の属する市町村の長を経由して居住地の市町村の長に返納することができる。

（登録証明書の受領、携帯及び提示）

第十三条 外国人は、市町村の長が交付し、又は返還する登録証明書を受領し、常にこれを携帯していなければならない。ただし、十六歳に満たない外国人は、登録証明書を携帯していることを要しない。

2 外国人は、入国審査官、入国警備官（入管法に定める入国警備官をいう。）、警察官、海上保安官その他法務省令で定める国又は地方公共団体の職員がその職務の執行に当たり登録証明書の提示を求めた場合には、これを提示しなければならない。

3 前項に規定する職員は、その事務所以外の場所において登録証明書の提示を求める場合には、その身分を示す証票を携帯し、請求があるときは、これを提示しなければならない。

（署名）

第十四条　十六歳以上の外国人（一年未満在留者を除く。）は、第三条第一項、第六条第一項、第六条の二第一項若しくは第二項、第七条第一項又は第十一条第一項若しくは第二項の申請をする場合には、これらの規定による申請に係る申請書の提出と同時に、登録原票及び署名原紙に署名をしなければならない。ただし、その申請が第十五条第二項の規定により代理人によつてなされたとき、その他その申請に係る申請書の提出と同時に署名をすることができないときは、この限りでない。

2　十六歳以上の一年未満在留者は、第九条の三第一項の申請をする場合には、同項の規定による申請に係る申請書の提出と同時に、登録原票に署名をしなければならない。ただし、その申請が第十五条第二項の規定により代理人によつてなされたとき、その他その申請に係る申請書の提出と同時に署名をすることができないときは、この限りでない。

3　署名の方法その他前二項の規定による署名について必要な事項は、政令で定める。

4　市町村の長は、第五条第一項、第六条第四項、第六条の二第五項、第七条第四項又は第十一条第四項の規定により外国人に交付する登録証明書に、当該登録証明書の交付に係る申請の時に当該外国人が第一項の規定により登録原票又は署名原紙にした署名を転写するものとする。

（本人の出頭義務と代理人による申請等）

第十五条　この法律に定める申請、登録証明書の受領若しくは提出又は署名は、自ら当該市町村の事務所に出頭して行わなければならない。

2　外国人が十六歳に満たない場合又は疾病その他身体の故障により自ら申請若しくは登録証明書の受領若しくは提出をすることができない場合には、前項に規定する申請又は登録証明書の受領若しくは提出は、当該外国人と同居する次の各号に掲げる者（十六歳に満たない者を除く。）が、当該各号列記の順位により、当該外国人に代わつてしなければならない。外国人又は外国人であつた者が十六歳に満たない場合においては、第七条第七項又は第十二条第一項若しくは第二項の規定による登録証明書の返納についても、同様とする。

一　配偶者

二　子

三　父又は母

四　前各号に掲げる者以外の親族

五　その他の同居者

3　第一項及び前項前段の規定にかかわらず、第八条第一項若しくは第二項、第九条第一項若しくは第二項若しくは第九条の二第一項の申請又は第五条第二項（第六条第五項、第六条の二第六項、第七条第五項及び第十一条第五項において準用する場合を含む。）の規定による市町村の長の指定する期間内に交付される登録証明書の受領については、当該外国人の同居の親族（十六歳に満たない者を除く。）が当該外国人又は当該外国人と同居する前項第一号から第三号までに掲げる者（十六歳に満たない者を除く。）に代わつてこれらを行うことができる。

（事実の調査）

第十五条の二　市町村の長は、第三条第一項、第六条第一項、第六条の二第一項若しくは第二項、第七条第一項、第八条第一項若しくは第二項、第九条第一項若しくは第二項、第九条の二第一項、第九条の三第一項又は第十一条第一項若しくは第二項の申請があつた場合において、申請の内容について事実に反することを疑うに足りる相当な理由があるときは、外国人登録の正確な実施を図るため、その職員に事実の調査をさせることができる。この場合において、必要があるときは、当該申請をした外国人に出頭を求めることができる。

2　前項の調査のため必要があるときは、市町村の職員は、当該申請をした外国人その他の関係人に対し質問をし、又は文書の提示を求めることができる。

3　市町村の職員は、市町村の事務所以外の場所において前項の行為をする場合には、その身分を示す証票を携帯し、当該申請をした外国人その他の関係者の請求があるときは、これを提示しなければならない。

（行政手続法の適用除外）

第十五条の三　この法律の規定に基づく処分については、行政手続法（平成五年法律第八十八号）第二章及び第三章の規定は、適用しない。

（変更登録の報告）

第十六条　市町村の長は、第八条第六項、第九条第四項、第九条の二第三項、第九条の三第三項又は第十条第一項の規定により変更登録をした場合には、法務大臣にその旨を報告しなければならない。

（事務の区分）

第十六条の二　この法律の規定により市町村が処理することとされている事務は、地方自治法第二条第九項第一号に規定する第一号法定受託事務とする。

（政令等への委任）

第十七条　この法律に特別の定めがあるもののほか、この法律の実施のための手続その他その執行について必要な細則は、法務省令（市町村の長の行うべき事務については、政令）で定める。

（罰則）

第十八条　次の各号の一に該当する者は、一年以下の懲役若しくは禁錮又は二十万円以下の罰金に処する。

一　第三条第一項、第七条第一項又は第十一条第一項若しくは第二項の規定に違反してこれらの規定による申請をしないでこれらの項に規定する期間を超えて本邦に在留する者

一の二　第六条の二第一項の申請をしない者

二　第三条第一項、第七条第一項、第八条第一項若しくは第二項、第九条第一項、第九条の二第一項、第九条の三第一項又は第十一条第一項若しくは第二項の規定による申請（第十五条第二項又は第三項の規定による場合の申請を含む。）に関し虚偽の申請をした者

三　第三条第一項、第七条第一項、第八条第一項若しくは第二項、第九条第一項、第九条の二第一項、第九条の三第一項又は第十一条第一項若しくは第二項の規定による申請（第十五条第二項又は第三項の規定による場合の申請を含む。）を妨げた者

四　第三条第四項の規定に違反した者

五　第六条第六項、第六条の二第二項若しくは第十条の二第二項の規定による命令に従わず、又はこれらの規定による命令による申請若しくは登録証明書の提出（第十五条第二項の規定による場合の申請若しくは提出を含む。）を妨げた者

六　第十三条第一項の規定に違反して登録証明書を受領せず、又は市町村の長が交付し若しくは返還する登録証明書の受領（第十五条第二項及び第三項の規定による場合の受領を含む。）を妨げた者

七　第十三条第二項の規定に違反して登録証明書の提示を拒んだ者

八　第十四条の規定に違反して署名をせず、又はこれを妨げた者

九　他人名義の登録証明書を行使した者

十　行使の目的をもつて、登録証明書を譲り渡し、若しくは貸与し、又は他人名義の登録証明書の譲渡若しくは貸与を受けた者

2　前項の罪を犯した者には、懲役又は禁錮及び罰金を併科することができる。

第十八条の二　次の各号の一に該当する者は、二十万円以下の罰金に処する。

一　第七条第七項、第十一条第六項若しくは第九項又は第十二条第一項若しくは第二項の規定に違反した者

二　第八条第一項若しくは第二項、第九条の二第一項又は第九条の三第一項の規定に違反してこれらの規定による申請をしないでこれらの項に規定する期間を超えて本邦に在留する者

三　第九条第二項の規定による申請（第十五条第二項又は第三項の規定による場合の申請を含む。）に関し虚偽の申請をした者

四　第十三条第一項の規定に違反して登録証明書を携帯しなかつた者（特別永住者を除く。）

第十九条　特別永住者が第十三条第一項の規定に違反して登録証明書を携帯しなかつたときは、十万円以下の過料に処する。

第十九条の二　第十五条第二項に規定する場合において、同項各号に掲げる者が、第三条第一項、第六条の二第一項、第七条第一項、第八条第一項若しくは第二項、第九条第一項、第九条の二第一項、第九条の三第一項若しくは第十一条第一項若しくは第二項の規定に違反して、これらの規定による申請をせず、第六条第六項、第六条の二第二項若しくは第十条の二第二項の規定による命令に従わず、第十三条第一項の規定に違反して登録証明書を受領せず、又は第七条第七項若しくは第十二条第一項若しくは第二項の規定に違反して登録証明書の返納をしなかつたときは、五万円以下の過料に処する。同条第三項本文の規定に違反して登録証明書の返納をしなかつた者も、同様とする。

第十九条の三　偽りその他不正の手段により、第四条の三第二項から第五項までの登録原票の写し又は登録原票記載事項証明書の交付を受けた者は、五万円以下の過料に処する。

（過料についての裁判の管轄）

第二十条　前二条の規定による過料についての裁判は、簡易裁判所が行う。

○外国人登録法施行令

（平成四年十月十四日
政令第三百三十九号）

最近改正　平成二三年一二月二六日政令第四二一号（出入国管理及び難民認定法及び日本国との平和条約に基づき日本の国籍を離脱した者等の出入国管理に関する特例法の一部を改正する等の法律の施行に伴う関係政令の整備及び経過措置に関する政令）（廃止）

（登録原票への写真のはり付け）

第一条　市町村（東京都の特別区の存する区域及び地方自治法（昭和二十二年法律第六十七号）第二百五十二条の十九第一項の指定都市にあっては、区。以下同じ。）の長は、外国人登録法（以下「法」という。）第四条第一項の登録又は法第六条第三項、第六条の二第四項若しくは第七条第三項の確認若しくは法第十一条第一項若しくは第二項の申請に基づく確認をしたときは、当該登録又は確認に係る法第三条第一項、第六条第一項、第六条の二第一項若しくは第二項、第七条第一項又は第十一条第一項若しくは第二項の申請（以下「登録又は確認の申請」という。）において外国人から提出された写真二葉のうちの一葉を、当該外国人の外国人登録原票（以下「登録原票」という。）にはり付けるものとする。

（登録原票記載事項証明書の交付を請求することができる者）

第二条　法第四条の三第五項に規定する政令で定める者は、別表に掲げる法人並びに司法書士法（昭和二十五年法律第百九十七号）第三条第一項第六号及び第七号に規定する業務に従事する場合における同条第二項に規定する司法書士とする。

（登録証明書の交付後の措置）

第三条　市町村の長は、外国人から登録又は確認の申請があった場合において、当該登録又は確認の申請に係る法第五条第一項、第六条第四項、第六条の二第五項、第七条第四項又は第十一条第四項の規定による外国人登録証明書（以下「登録証明書」という。）の交付をしたときは、法務省令で定めるところにより、その旨を登録原票に記載し、かつ、法務大臣に報告しなければならない。

（登録証明書の引替交付申請命令の方式）

第四条　市町村の長は、法第六条第六項又は第六条の二第二項の規定により外国人に対し登録証明書の引替交付の申請をすべきことを命ずる場合には、法務省令で定めるところにより、当該外国人に対しその旨を記載した文書を交付しなければならない。

（登録の訂正の報告等）

第五条　市町村の長は、法第十条の二第一項の規定により登録原票の記載を訂正した場合には、法務省令で定めるところにより、法務大臣にその旨を報告しなければならない。

2　市町村の長は、法第十条の二第二項の規定により外国人に対し登録証明書を提出すべきことを命ずる場合には、法務省令で定めるところにより、当該外国人に対しその旨を記載した文書を交付しなければならない。

（登録原票の閉鎖等）

第六条　市町村の長は、法第四条第一項の規定による登録をした外国人について次のいずれかの事由が生じたときは、当該外国人の登録原票を閉鎖するものとする。この場合において、第一号に規定する事由が生じたものであるときは、併せて、法務省令で定めるところにより、法務大臣にその旨を報告しなければならない。

一　法第十二条第二項又は第三項の規定により登録証明書の返納を受けたとき。

二　出入国管理及び難民認定法（昭和二十六年政令第三百十九号。以下「入管法」という。）に定める入国審査官から当該外国人が入管法第二十六条の規定による再入国の許可（以下「再入国許可」という。）又は入管法第六十一条の二の十二の規定による難民旅行証明書（以下「難民旅行証明書」という。）の交付を受けることなく本邦を出国した旨の通知を受けたとき。

三　法務大臣から再入国許可又は難民旅行証明書の交付を受けて出国した当該外国人が当該再入国許可又は難民旅行証明書の有効期間内にそれぞれ入管法第二十六条第一項に定める再入国をせず、又は入管法第六十一条の二の十二第四項に定める入国をしなかった旨の通知を受けたとき。

（署名の方法等）

第七条　法第十四条第一項又は第二項の規定による署名は、登録原票及び署名原紙に同じ文字（漢字、仮名、ローマ字その他の言語の表記のための符号をいう。以下同じ。）及び書体でしなければならない。

2　この政令の規定により署名をした場合において、市町村の長がその場で当該署名が鮮明でないと認めてその旨を指摘したときは、その場で署名をし直さなければならない。

3　法第十四条第一項又は第二項の規定による署名は、当該署名に係る申請において自己の署名のある旅券（入管法第二条第五号に定める旅券をいう。以下同じ。）を提出した外国人（この政令の規定による署名をしたことがある外国人を除く。）にあっては当該旅券にした署名と同じ文字及び書体で、この政令の規定による署名をしたことがある外国人にあってはそのうち最近にした署名と同じ文字及び書体でしなければならない。

4　外国人は、前項の規定にかかわらず、法務省令で定めるところにより、市町村の長の承認を受けて、旅券にした署名又は最近にした署名と異なる文字又は書体で署名をすることができる。この場合においては、登録原票に、併せて、当該旅券にした署名又は最近にした署名と同じ文字及び書体の署名をしなければならない。

（統計等の報告）

第八条　市町村の長は、統計その他法務大臣が必要と認めて要求する外国人登録に関する事項に関し、法務大臣に報告しなければならない。

（事務の区分）

第九条　この政令の規定により市町村が処理することとされている事務は、地方自治法第二条第九項第一号に規定する第一号法定受託事務とする。

（省令への委任）

第十条　この政令に定めるもののほか、法第十四条の規定による署名に関して必要な事項は、法務省令で定める。

○外国人登録法施行規則

（平成四年十一月二十七日）
（法務省令第三十六号）

最近改正　平成二三年一二月二六日法務省令第四三号（出入国管理及び難民認定法及び日本国との平和条約に基づき日本の国籍を離脱した者等の出入国管理に関する特例法の一部を改正する等の法律の施行に伴う法務省関係省令の整備及び経過措置に関する省令）（廃止）

（新規登録の申請及び写真の要件）

第一条　外国人登録法（以下「法」という。）第三条第一項に規定する新規登録の申請は、別記第一号様式による外国人登録申請書に所定の事項を記載して行わなければならない。

2　法第三条第一項、第六条第一項、第六条の二第一項若しくは第二項、第七条第一項又は第十一条第一項若しくは第二項の申請（以下「登録又は確認の申請」という。）に際し提出する写真は、別表第一に定める要件を満たしたものとし、かつ、裏面に氏名を記入したものとする。

（新規登録の方法）

第二条　法第四条第一項の登録は、別記第二号様式による外国人登録原票（以下「登録原票」という。）の所定の欄に、同項各号に掲げる事項を記入して行うものとする。この場合において、同項第一号の登録番号については、あらかじめ番号を付した別記第三号様式による外国人登録番号台帳を法務大臣が配布することにより指定する番号を登録するものとする。

2　法第四条第二項に規定する写票は、別記第四号様式による。

3　法第四条第二項の規定による写票の送付は、法務大臣が必要と認めて別に要求する場合を除き、法第五条第一項の規定により外国人登録証明書（以下「登録証明書」という。）を交付した時に行うものとする。

4　市町村（東京都の特別区の存する区域及び地方自治法（昭和二十二年法律第六十七号）第二百五十二条の十九第一項の指定都市にあっては、区。以下同じ。）の長は、第一項の登録をしたときは、登録原票の所定の位置に職印を押すものとする。

（登録原票の写し等の交付の請求につき明らかにしなければならない事項）

第三条　法第四条の三第六項に規定する法務省令で定める事項は、次に掲げる事項とする。

一　登録原票の写し又は登録原票記載事項証明書の交付を請求する者の資格並びに氏名及び住所又は居所（外国人にあっては居住地）

二　請求に係る外国人の氏名、居住地その他当該外国人を特定するに足りる事項

（登録証明書の様式等）

第四条　法第五条第一項、第六条第四項、第六条の二第五項、第七条第四項又は第十一条第四項の規定により交付する登録証明書は、十六歳以上の者にあっては別記第五号様式甲、十六歳に満たない者にあっては別記第五号様式乙による。

2　前項に規定する別記第五号様式乙による登録証明書の用紙は、法務大臣が配布するものとする。

3　市町村の長は、登録証明書を作成したときは、当該登録証明書の所定の位置に職印を押すものとする。

（登録証明書の交付後の措置）

第五条　外国人登録法施行令（以下「令」という。）第三条に規定する登録証明書を交付した旨の報告は、法第五条第一項の規定により登録証明書を交付したときは別記第四号様式による外国人登録証明書交付報告書、法第六条第四項、第六条の二第五項、第七条第四項又は第十一条第四項の規定により登録証明書を交付したときは別記第六号様式による外国人登録証明書交付報告書を送付することによって行うものとする。

2　令第三条に規定する登録証明書の交付をしたときは、登録原票の所定の欄に当該登録証明書の番号及び交付年月日その他所定の事項を記載するものとする。

（登録証明書の交付についての期間の指定）

第六条　市町村の長が法第五条第二項（法第六条第五項、第六条の二第六項、第七

条第五項又は第十一条第五項において準用する場合を含む。）の規定により登録証明書の交付について指定する期間は、交付することができる見込みの日から七日間とする。

2　市町村の長は、前項の規定により指定した期間内に登録証明書を交付できない事務上やむを得ない理由があるときは、更に交付の期間を指定することができる。この場合においては、前項の規定を準用する。

3　市町村の長は、前二項に規定する期間を指定する場合には、別記第七号様式による外国人登録証明書交付予定期間指定書を当該指定に係る外国人に交付するものとする。

（登録証明書の引替交付）

第七条　法第六条第一項又は第六条の二第一項若しくは第二項に規定する登録証明書の引替交付の申請は、別記第八号様式による外国人登録証明書交付申請書に所定の事項を記載して行わなければならない。

2　令第四条に規定する登録証明書の引替交付の申請をすべきことを命ずる旨を記載した文書は、別記第九号様式による。

（登録証明書の再交付）

第八条　法第七条第一項に規定する登録証明書の再交付の申請は、別記第八号様式による外国人登録証明書交付申請書に所定の事項を記載して行わなければならない。

（居住地変更登録）

第九条　法第八条第一項又は第二項に規定する居住地変更登録の申請は、別記第十号様式による変更登録申請書・家族事項等登録申請書に所定の事項を記載して行わなければならない。

2　市町村の長は、法第八条第一項の規定による申請があったときは、その申請の日から三日以内に同条第四項の規定による登録原票の送付の請求を行うものとする。

3　前項に規定する請求を受けた市町村の長は、その請求を受けた日から三日以内に、請求をした市町村の長に法第八条第五項の規定により登録原票を送付するものとする。ただし、法第八条の二第三号の規定により登録証明書を送付する場合において、地方入国管理局の長から第二十条第四項の規定による登録証明書の送付を受けていないときは、その送付を受けた日から三日以内に登録原票を送付するものとする。

（居住地の変更と登録証明書の交付）

第十条　法第八条の二第二号の規定により新居住地の市町村の長が旧居住地の市町村の長の指定した登録証明書の交付の期間を変更する場合には、当該新居住地の市町村の長は、当該登録証明書の送付を受ける見込みの日から七日間を指定して変更するものとする。

2　市町村の長は、前項に規定する期間の変更をする場合には、別記第七号様式による外国人登録証明書交付予定期間変更指定書を当該期間変更を受ける外国人に交付するものとする。

3　法第八条の二第三号の規定により送付する登録証明書は、前条第三項の規定により送付する登録原票とともに送付するものとする。

（居住地以外の記載事項の変更登録）

第十一条　法第九条第一項若しくは第二項、第九条の二第一項又は第九条の三第一項に規定する居住地以外の記載事項の変更登録の申請は、別記第十号様式による変更登録申請書・家族事項等登録申請書に所定の事項を記載して行わなければならない。

（登録の訂正）

第十二条　外国人は、法第十条の二第一項の規定による登録の訂正を受けたい旨を申し立てるときは、市町村の長に別記第十一号様式による登録事項訂正申立書を提出するものとする。

2　令第五条第一項に規定する登録の訂正の報告は、別記第十二号様式による登録事項訂正報告書を送付することによって行うものとする。

3　令第五条第二項に規定する登録証明書を提出すべきことを命ずる旨を記載した文書は、別記第十三号様式による。

（登録証明書の切替交付）

第十三条　法第十一条第一項又は第二項に規定する確認の申請は、別記第八号様式による登録事項確認申請書に所定の事項を記載して行わなければならない。

2　法第十一条第三項の規定により市町村の長が指定する日は、次の各号に掲げる者について、それぞれ当該各号に定める日とし、その者に交付する登録証明書にその日を記載して指定するものとする。

一　在留の資格のあることが確認されていない者（次号に掲げる者を除く。）　法第四条第一項の登録を受けた日（法第六条第三項、第六条の二第四項若しくは第七条第三項の確認又は第十一条第一項若しくは第二項の申請に基づく確認を受けた場合には、最後に確認を受けた日。以下「登録等を受けた日」という。）から一年を経過する日

二　一時庇護のための上陸の許可を受けた者　登録等を受けた日から二年を経過する日

三　出入国管理及び難民認定法（昭和二十六年政令第三百十九号。以下「入管法」という。）の規定により一年未満の在留期間を決定され、その期間内にある十六歳以上の外国人（在留期間の更新又は在留資格の変更により、当初の在留期間の始期から起算して一年以上本邦に在留することができることとなった者を除く。）で、法第十四条第一項に規定する署名をしていない者　登録等を受けた日から一年を経過する日

四　法第十四条第一項に規定する申請が法第十五条第二項の規定により代理人

によってなされたことその他申請書の提出と同時に署名をすることができない理由があるため署名をしていない者　次に掲げる場合の区分に応じそれぞれ次に掲げる日

イ　法第十五条第二項に規定する疾病その他身体の故障その他申請書の提出と同時に署名をすることができない理由がなくなる見込みの日（以下この号において「見込みの日」という。）が、一年以内に到来するとき。　登録等を受けた日から一年を経過する日

ロ　見込みの日が、一年以内に到来しないとき。　見込みの日を勘案して、登録等を受けた日から二年、三年又は四年を経過する日

五　前二号に掲げる理由以外の理由により法第十四条に規定する署名をしていない者　登録等を受けた日から二年を経過する日

（登録原票の閉鎖等）

第十四条　令第六条に規定する報告は、別記第十四号様式による外国人登録原票閉鎖報告書を送付することによって行うものとする。

2　入国審査官（入管法に定める入国審査官をいう。）は、法第四条第一項の規定により登録をした外国人が本邦を出国（入管法第二十六条の規定による再入国の許可（以下「再入国許可」という。）を受けて出国する場合及び入管法第六十一条の二の六の規定による難民旅行証明書（以下「難民旅行証明書」という。）の交付を受けて出国する場合を除く。）したときは、その旨を当該外国人が居住していた市町村の長に通知するものとする。

3　法務大臣は、再入国許可又は難民旅行証明書の交付を受けて本邦を出国した外国人が、当該再入国許可又は難民旅行証明書の有効期間内にそれぞれ入管法第二十六条第一項に定める再入国をせず、又は入管法第六十一条の二の六第三項に定める入国をしなかったときは、その旨を当該外国人が居住していた市町村の長に通知するものとする。

（職権を有する職員）

第十五条　法第十三条第二項に規定する国又は地方公共団体の職員は、次のとおりとする。

一　外国人登録事務に従事する職員

二　麻薬取締官

三　公安調査官

四　職業安定法（昭和二十二年法律第百四十一号）第八条に規定する公共職業安定所の職員

2　前項第一号の職員がその事務所以外の場所において登録証明書の提示を求める場合に携帯する証票は、別記第十五号様式による。

（署名）

第十六条　法第十四条第一項に規定する署名原紙は、別記第十六号様式による。

2　署名は、登録原票及び署名原紙の所定の欄にあらかじめはり付けられた署名用紙にするものとする。

3　令第七条第四項に規定する市町村の長の承認を受けようとする外国人は、別記第十九号様式による署名変更等承認願い書を市町村の長に提出しなければならない。

（代理人による申請等）

第十七条　法第十五条第二項に規定する代理人（十六歳に満たない外国人の代理人を除く。）は、申請又は登録証明書の受領若しくは提出をするため市町村の事務所に出頭した場合において、市町村の長が求めたときは、その代理を必要とする事由を証するに足りる文書を提出しなければならない。

2　法第十五条第二項又は第三項に規定する代理人は、申請又は登録証明書の受領、提出若しくは返納をするため市町村の事務所に出頭した場合において、市町村の長が求めたときは、申請又は登録証明書の交付、提出若しくは返納に係る本人との身分関係又は居住関係を証するに足りる文書を提出しなければならない。

3　法第十五条第三項の規定により外国人の同居の親族が当該外国人に代わって登録証明書を受領する場合には、別記第二十号様式による外国人登録証明書代理受領書を市町村の長に提出しなければならない。

（証票）

第十八条　法第十五条の二第三項の規定により市町村の職員が携帯する証票は、別記第十五号様式による。

（変更登録の報告）

第十九条　法第十六条に規定する変更登録の報告は、法第八条第六項、第九条第四項、第九条の二第三項又は第九条の三第三項の規定により変更登録をした場合にあっては別記第二十一号様式、法第十条第一項の規定により変更登録をした場合にあっては別記第二十二号様式による変更登録報告書を送付することによって行うものとする。

（登録証明書の調製）

第二十条　法附則第九項に規定する法務省令で定める事務は、別記第五号様式甲の登録証明書の調製に関する事務とする。

2　市町村の長は、地方入国管理局の長に対し前項に規定する事務の処理を求める場合は、登録又は確認の申請があった日（法第八条第四項の規定により登録原票の送付を請求しているときは、当該登録原票の送付を受けた日）から三日以内に、登録証明書の調製のために必要な事項を磁気ディスクに記録（磁気ディスクへの記録のための電子計算機が備えられていないことその他やむを得ない理由により、磁気ディスクへの記録ができないときを除く。）するとともに、別記第十六号様式による外国人登録証明書調製用台紙（以下「調製用台紙」という。）を作成し、当該調製用台紙、写真及び署名

原紙（以下「調製用文書等」と総称する。）を別表第二に掲げる地方入国管理局又はその支局に送付するものとする。

3　前項に規定する磁気ディスクへの記録は、電子計算機の操作によるものとし、記録の方法に関する技術的基準については、法務大臣が定める。

4　地方入国管理局の長は、第二項に規定する調製用文書等の送付を受け、登録証明書を調製するときは、法務大臣から配布を受けた調製用機器を用いて登録証明書を作製し、当該調製用文書等の送付を受けた日から三日以内にその登録証明書を当該市町村の長に送付するものとする。この場合において、地方入国管理局の長は、市町村の長から第二項に規定する磁気ディスクの送付を受けているときは、当該磁気ディスクを併せて送付するものとする。

5　地方入国管理局の長は、前項の規定により登録証明書を調製したときは、その旨を法務大臣に報告するとともに、調製用文書等を法務大臣に送付するものとする。

別表第一（第一条関係）

（単位：ミリメートル）

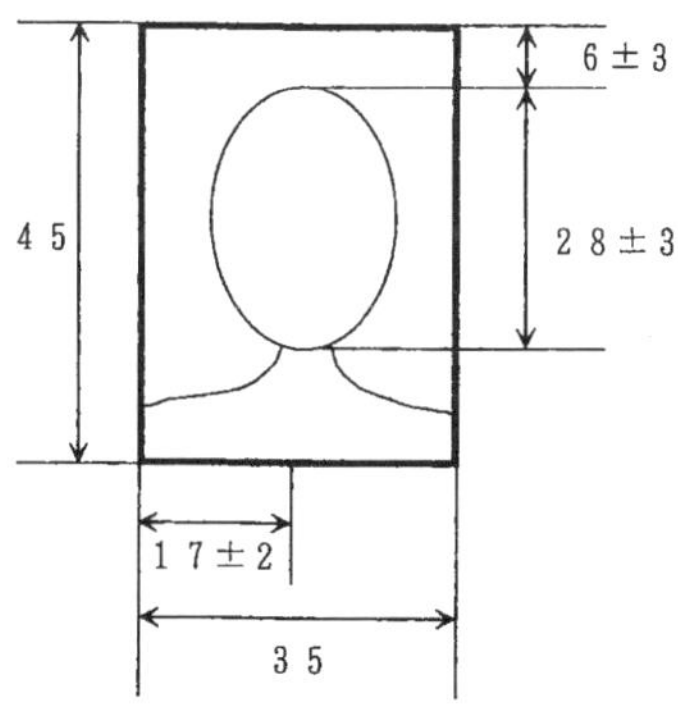

1　申請者本人のみが撮影されたもの
2　提出の日前6か月以内に撮影されたもの
3　縁を除いた部分の寸法が，上記図画面の各寸法を満たしたもの（顔の寸法は，てっぺん（髪を含む。）からあごの先まで）
4　無帽で正面を向いたもの
5　背景（影を含む。）がないもの
6　鮮明であるもの

○難民の地位に関する条約（昭和五六・一〇・一五 条 二 一）

発効　昭和五七・一・一（昭和五六外告三五九）

目次

前文

締約国は、

国際連合憲章及び千九百四十八年十二月十日に国際連合総会により承認された世界人権宣言が、人間は基本的な権利及び自由を差別を受けることなく享有するとの原則を確認していることを考慮し、

国際連合が、種々の機会に難民に対する深い関心を表明し並びに難民に対して基本的な権利及び自由のできる限り広範な行使を保証することに努力してきたことを考慮し、

難民の地位に関する従前の国際協定を修正し及び統合すること並びにこれらの文書の適用範囲及びこれらの文書に定める保護を新たな協定において拡大することが望ましいと考え、

難民に対する庇護の付与が特定の国にとつて不当に重い負担となる可能性のあること並びに国際的な広がり及び国際的な性格を有すると国際連合が認める問題についての満足すべき解決は国際協力なしには得ることができないことを考慮し、

すべての国が、難民問題の社会的及び人道的性格を認識して、この問題が国家間の緊張の原因となることを防止するため可能なすべての措置をとることを希望し、

国際連合難民高等弁務官が難民の保護について定める国際条約の適用を監督する任務を有していることに留意し、また、各国と国際連合難民高等弁務官との協力により、難民問題を処理するためにとられる措置の効果的な調整が可能となることを認めて、

次のとおり協定した。

第一章　一般規定

第一条　「難民」の定義

A　この条約の適用上、「難民」とは、次の者をいう。

(1)　千九百二十六年五月十二日の取極、千九百二十八年六月三十日の取極、千九百三十三年十月二十八日の条約、千九百三十八年二月十日の条約、千九百三十九年九月十四日の議定書又は国際避難民機関憲章により難民と認められている者

国際避難民機関がその活動期間中いずれかの者について難民としての要件を満たしていないと決定したことは、当該者が(2)の条件を満たす場合に当該者に対し難民の地位を与えることを妨げるものではない。

(2)　千九百五十一年一月一日前に生じた事件の結果として、かつ、人種、宗教、国籍若しくは特定の社会的集団の構成員であること又は政治的意見を理由に迫害を受けるおそれがあるという十分に理由のある恐怖を有するために、国籍国の外にいる者であつて、その国籍国の保護を受けることができないもの又はそのような恐怖を有するためにその国籍国の保護を受けることを望まないもの及びこれらの事件の結果として常居所を有していた国の外にいる無国籍者であつて、当該常居所を有していた国に帰ることができないもの又はそのような恐怖を有するために当該常居所を有していた国に帰ることを望まないもの

二以上の国籍を有する者の場合には、「国籍国」とは、その者がその国籍を有する国のいずれをもいい、迫害を受けるおそれがあるという十分に理由のある恐怖を有するという正当な理由なくいずれか一の国籍国の保護を受けなかつたとしても、国籍国の保護がないとは認められない。

B

(1)　この条約の適用上、Aの「千九百五十一年一月一日前に生じた事件」とは、次の事件のいずれかをいう。

(a)　千九百五十一年一月一日前に欧州において生じた事件

(b)　千九百五十一年一月一日前に欧州又は他の地域において生じた事件

各締約国は、署名、批准又は加入の際に、この条約に基づく自国の義務を履行するに当たつて(a)又は(b)のいずれの規定を適用するかを選択する宣言を行う。

(2)　(a)の規定を適用することを選択した国は、いつでも、(b)の規定を適用することを選択する旨を国際連合事務総長に通告することにより、自国の義務を拡大することができる。

C　Aの規定に該当する者についてのこの条約の適用は、当該者が次の場合のいずれかに該当する場合には、終止する。

(1)　任意に国籍国の保護を再び受けている場合

(2)　国籍を喪失していたが、任意にこれを回復した場合

(3)　新たな国籍を取得し、かつ、新たな国籍国の保護を受けている場合

(4)　迫害を受けるおそれがあるという恐怖を有するため、定住していた国を離れ又は定住していた国の外にとどまつていたが、当該定住していた国に任意に再び定住するに至つた場合

(5)　難民であると認められる根拠となつた事由が消滅したため、国籍国の保護を受けることを拒むことができなくなつた場合

ただし、この(5)の規定は、A(1)の規定に該当する難民であつて、国籍国の保護を受けることを拒む理由として過去における迫害に起因するやむを得ない事情を援用することができるものについては、適用しない。

(6)　国籍を有していない場合において、難民であると認められる根拠となつた事由が消滅したため、常居所を有していた国に帰ることができるとき。

ただし、この(6)の規定は、A(1)の規定に該当する難民であつて、常居所を有していた国に帰ることを拒む理由として過去における迫害に起因するやむを得ない事情を援用することができるものについては、適用しない。

D　この条約は、国際連合難民高等弁務官以外の国際連合の機関の保護又は援助を現に受けている者については、適用しない。

これらの保護又は援助を現に受けている者の地位に関する問題が国際連合総会の採択する関連決議に従つて最終的に解決されることなくこれらの保護又は援助の付与が終止したときは、これらの者は、その終止により、この条約により与えられる利益を受ける。

E　この条約は、居住国の権限のある機関によりその国の国籍を保持することに伴う権利及び義務と同等の権利を有し及び同等の義務を負うと認められる者については、適用しない。

F　この条約は、次のいずれかに該当すると考えられる相当な理由がある者については、適用しない。

(a)　平和に対する犯罪、戦争犯罪及び人道に対する犯罪に関して規定する国際文書の定めるこれらの犯罪を行つたこと。

(b)　難民として避難国に入国することが許可される前に避難国の外で重大な犯罪（政治犯罪を除く。）を行つたこと。

(c)　国際連合の目的及び原則に反する行為を行つたこと。

第二条　一般的義務

すべての難民は、滞在する国に対し、特に、その国の法令を遵守する義務及び公の秩序を維持するための措置に従う義務を負う。

第三条　無差別

締約国は、難民に対し、人種、宗教又は出身国による差別なしにこの条約を適用する。

第四条　宗教

締約国は、その領域内の難民に対し、宗教を実践する自由及び子の宗教的教育についての自由に関し、自国民に与える待遇と少なくとも同等の好意的待遇を与える。

第五条　この条約に係わりなく与えられる権利

この条約のいかなる規定も、締約国がこの条約に係わりなく難民に与える権利及び利益を害するものと解してはならない。

第六条　「同一の事情の下で」の意味

この条約の適用上、「同一の事情の下で」とは、その性格上難民が満たすことのできない要件を除くほか、ある者が難民でないと仮定した場合に当該者が特定の権利を享受するために満たさなければならない要件（滞在又は居住の期間及び条件に関する要件を含む。）が満たされていることを条件として、ということを意味する。

第七条　相互主義の適用の免除

1　締約国は、難民に対し、この条約が一層有利な規定を設けている場合を除くほか、一般に外国人に対して与える待遇と同一の待遇を与える。

2　すべての難民は、いずれかの締約国の領域内に三年間居住した後は、当該締約国の領域内において立法上の相互主義を適用されることはない。

3　締約国は、自国についてこの条約の効力が生ずる日に相互の保証なしに難民に既に認めている権利及び利益が存在する場合には、当該権利及び利益を引き続き与える。

4　締約国は、2及び3の規定により認められる権利及び利益以外の権利及び利益を相互の保証なしに難民に与えることの可能性並びに2に規定する居住の条件を満たしていない難民並びに3に規定する権利及び利益が認められていない難民に対しても相互主義を適用しないことの可能性を好意的に考慮する。

5　2及び3の規定は、第十三条、第十八条、第十九条、第二十一条及び第二十二条に規定する権利及び利益並びにこの条約に規定していない権利及び利益のいずれについても、適用する。

第八条　例外的措置の適用の免除

締約国は、特定の外国の国民の身体、財産又は利益に対してとることのある例外的措置については、形式上当該外国の国民である難民に対し、その国籍のみを理由としてこの措置を適用してはならない。前段に定める一般原則を適用することが法制上できない締約国は、適当な場合には、当該難民について当該例外的措置の適用を免除する。

第九条　暫定措置

この条約のいかなる規定も、締約国が、戦時に又は他の重大かつ例外的な状況において、特定の個人について国の安全のために不可欠であると認める措置を暫定的にとることを妨げるものではない。もつとも、当該特定の個人について真に難民であるか難民でないか又は当該特定の個人について当該不可欠であると認める措置を引き続き適用することが国の安全のために必要であるか必要でないかを当該締約国が決定するまでの間に限る。

第一〇条　居住の継続

1　第二次世界戦争中に退去を強制されていずれかの締約国の領域に移動させられ、かつ、当該領域内に居住している難民は、この滞在を強制された期間合法的に当該領域内に居住していたものとみなす。

2　難民が第二次世界戦争中にいずれかの締約国の領域からの退去を強制され、かつ、居住のため当該領域にこの条約の効力発生の日前に帰つた場合には、この強制された退去の前後の居住期間は、継続的な居住が必要とされるいかなる場合においても継続した一の期間とみなす。

第一一条　難民である船員

締約国は、自国を旗国とする船舶の常傭の乗組員として勤務している難民については、自国の領域における定住について好意的考慮を払うものとし、特に他の国における定住を容易にすることを目的として、旅行証明書を発給し又は自国の領域に一時的に入国を許可することについて好意的考慮を払う。

第二章　法的地位

第一二条　属人法

1　難民については、その属人法は住所を有する国の法律とし、住所を有しないときは、居所を有する国の法律とするものとする。

2　難民が既に取得した権利であつて属人法に基づくもの特に婚姻に伴う権利は、難民が締約国の法律に定められる手続に従うことが必要な場合にはこれに従うことを条件として、当該締約国により尊重される。ただし、この権利は、当該難民が難民でないとした場合においても当該締約国の法律により認められるものでなければならない。

第一三条　動産及び不動産

締約国は、難民に対し、動産及び不動産の所有権並びに動産及び不動産についてのその他の権利の取得並びに動産及び不動産に関する賃貸借その他の契約に関し、できる限り有利な待遇を与えるものとし、いかなる場合にも、同一の事情の下で一般に外国人に対して与える待遇よりも不利でない待遇を与える。

第一四条　著作権及び工業所有権

難民は、発明、意匠、商標、商号等の工業所有権の保護並びに文学的、美術的及び学術的著作物についての権利の保護に関しては、常居所を有する国において、その国の国民に与えられる保護と同一の保護を与えられるものとし、他のいずれの締約国の領域においても、当該難民が常居所を有する国の国民に対して当該締約国の領域において与えられる保護と同一の保護を与えられる。

第一五条　結社の権利

締約国は、合法的にその領域内に滞在する難民に対し、非政治的かつ非営利的な団体及び労働組合に係る事項に関し、同一の事情の下で外国の国民に与える待遇のうち最も有利な待遇を与える。

第一六条　裁判を受ける権利

1　難民は、すべての締約国の領域において、自由に裁判を受ける権利を有する。

2　難民は、常居所を有する締約国において、裁判を受ける権利に関連する事項（法律扶助及び訴訟費用の担保の免除を含む。）につき、当該締約国の国民に与えられる待遇と同一の待遇を与えられる。

3　難民は、常居所を有する締約国以外の締約国において、2に規定する事項につき、当該常居所を有する締約国の国民に与えられる待遇と同一の待遇を与えられる。

第三章　職業

第一七条　賃金が支払われる職業

1　締約国は、合法的にその領域内に滞在する難民に対し、賃金が支払われる職業に従事する権利に関し、同一の事情の下で外国の国民に与える待遇のうち最も有利な待遇を与える。

2　いかなる場合にも、締約国が国内労働市場の保護のため外国人又は外国人の雇用に関してとる制限的措置は、当該締約国についてこの条約の効力が生ずる日に既にそれらの措置の適用を免除されている難民又は次の条件のいずれかを満たす難民については、適用しない。

(a)　当該締約国に三年以上居住していること。

(b)　当該難民が居住している当該締約国の国籍を有する配偶者があること。難民は、その配偶者を遺棄した場合には、この(b)の規定による利益を受けることができない。

(c)　当該難民が居住している当該締約国の国籍を有する子があること。

3　締約国は、賃金が支払われる職業に関し、すべての難民、特に、労働者募集計画又は移住者受入計画によつて当該締約国の領域に入国した難民の権利を自国民の権利と同一のものとすることについて好意的考慮を払う。

第一八条　自営業

締約国は、合法的にその領域内にいる難民に対し、独立して農業、工業、手工業及び商業に従事する権利並びに商業上及び産業上の会社を設立する権利に関し、できる限り有利な待遇を与えるものとし、いかなる場合にも、同一の事情の下で一般に外国人に対して与える待遇よりも不利でない待遇を与える。

第一九条　自由業

1　締約国は、合法的にその領域内に滞在する難民であつて、当該締約国の権限のある機関が承認した資格証書を有し、かつ、自由業に従事することを希望するものに対し、できる限り有利な待遇を与えるものとし、いかなる場合にも、同一の事情の下で一般に外国人に対して与える待遇よりも不利でない待遇を与える。

2　締約国は、自国が国際関係について責任を有する領域（本土地域を除く。）内に1に規定する難民が定住することを確保するため、自国の憲法及び法律に従つて最善の努力を払う。

第四章　福祉

第二〇条　配給

難民は、供給が不足する物資の分配を規制する配給制度であつて住民全体に適用されるものが存在する場合には、当該配給制度の適用につき、国民に与えられる待遇と同一の待遇を与えられる。

第二一条　住居

締約国は、住居に係る事項が法令の規制を受け又は公の機関の管理の下にある場合には、合法的にその領域内に滞在する難民に対し、住居に関し、できる限り有利な待遇を与えるものとし、いかなる場合にも、同一の事情の下で一般に外国人に対して与える待遇よりも不利でない待遇を与える。

第二二条　公の教育

1　締約国は、難民に対し、初等教育に関し、自国民に与える待遇と同一の待遇を与える。

2　締約国は、難民に対し、初等教育以外の教育、特に、修学の機会、学業に関する証明書、資格証書及び学位であつて外国において与えられたものの承認、授業料その他の納付金の減免並びに奨学金の給付に関し、できる限り有利な待遇を与えるものとし、いかなる場合にも、同一の事情の下で一般に外国人に対して与える待遇よりも不利でない待遇を与える。

第二三条　公的扶助

締約国は、合法的にその領域内に滞在する難民に対し、公的扶助及び公的援助に関し、自国民に与える待遇と同一の待遇を与える。

第二四条　労働法制及び社会保障

1　締約国は、合法的にその領域内に滞在する難民に対し、次の事項に関し、自国民に与える待遇と同一の待遇を与える。

(a)　報酬（家族手当がその一部を成すときは、これを含む。）、労働時間、時間外労働、有給休暇、家内労働についての制限、雇用についての最低年齢、見習及び訓練、女子及び年少者の労働並びに団体交渉の利益の享受に係る事項であつて、法令の規律を受けるもの又は行政機関の管理の下にあるもの

(b)　社会保障（業務災害、職業病、母性、疾病、廃疾、老齢、死亡、失業、家族的責任その他国内法令により社会保障制度の対象とされている給付事由に関する法規）。ただし、次の措置をとることを妨げるものではない。

(i)　当該難民が取得した権利又は取得の過程にあつた権利の維持に関し適当な措置をとること。

(ii)　当該難民が居住している当該締約国の国内法令において、公の資金から全額支給される給付の全部又は一部に関し及び通常の年金の受給のために必要な拠出についての条件を満たしていない者に支給される手当に関し、特別の措置を定めること。

2　業務災害又は職業病に起因する難民の死亡について補償を受ける権利は、この権利を取得する者が締約国の領域外に居住していることにより影響を受けない。

3　締約国は、取得された又は取得の過程にあつた社会保障についての権利の維持に関し他の締約国との間で既に締結した協定又は将来締結することのある協定の署名国の国民に適用される条件を難民が満たしている限り、当該協定による利益と同一の利益を当該難民に与える。

4　締約国は、取得された又は取得の過程にあつた社会保障についての権利の維持に関する協定であつて非締約国との間で現在効力を有し又は将来効力を有することのあるものによる利益と同一の利益をできる限り難民に与えることについて好意的考慮を払うものとする。

第五章　行政上の措置

第二五条　行政上の援助

1　難民がその権利の行使につき通常外国の機関の援助を必要とする場合において当該外国の機関の援助を求めることができないときは、当該難民が居住している締約国は、自国の機関又は国際機関により同様の援助が当該難民に与えられるように取り計らう。

2　1にいう自国の機関又は国際機関は、難民に対し、外国人が通常本国の機関から又は本国の機関を通じて交付を受ける文書又は証明書と同様の文書又は証明書を交付するものとし、また、その監督の下にこれらの文書又は証明書が交付されるようにする。

3　2の規定により交付される文書又は証明書は、外国人が本国の機関から又は本国の機関を通じて交付を受ける公文書に代わるものとし、反証のない限り信用が与えられるものとする。

4　生活に困窮する者に対する例外的な取扱いがある場合には、これに従うことを条件として、この条に規定する事務については手数料を徴収することができるが、その手数料は、妥当な、かつ、同種の事務について国民から徴収する手数料に相応するものでなければならない。

5　この条の規定は、第二十七条及び第二十八条の規定の適用を妨げるものではない。

第二六条　移動の自由

締約国は、合法的にその領域内にいる難民に対し、当該難民が同一の事情の下で一般に外国人に対して適用される規制に従うことを条件として、居住地を選択する権利及び当該締約国の領域内を自由に移動する権利を与える。

第二七条　身分証明書

締約国は、その領域内にいる難民であつて有効な旅行証明書を所持していないものに対し、身分証明書を発給する。

第二八条　旅行証明書

1　締約国は、合法的にその領域内に滞在する難民に対し、国の安全又は公の秩序のためやむを得ない理由がある場合を除くほか、その領域外への旅行のための旅行証明書を発給するものとし、この旅行証明書に関しては、附属書の規定が適用される。締約国は、その領域内にいる他の難民に対してもこの旅行証明書を発給することができるものとし、特に、その領域内にいる難民であつて合法的に居住している国から旅行証明書の発給を受けることができないものに対して旅行証明書を発給することについて好意的考慮を払う。

2　従前の国際協定の締約国が当該国際協定の定めるところにより難民に対して発給した旅行証明書は、この条約の締約国により有効なものとして認められ、かつ、この条の規定により発給されたものとして取り扱われる。

第二九条　公租公課

1　締約国は、難民に対し、同様の状態にある自国民に課している若しくは課することのある租税その他の公課（名称のいかんを問わない。）以外の公課を課してはならず、また、租税その他の公課（名称のいかんを問わない。）につき同様の状態にある自国民に課する額よりも高額のものを課してはならない。

2　1の規定は、行政機関が外国人に対して発給する文書（身分証明書を含む。）の発給についての手数料に関する法令を難民について適用することを妨げるものではない。

第三〇条　資産の移転

1　締約国は、自国の法令に従い、難民がその領域内に持ち込んだ資産を定住のために入国を許可された他の国に移転すること

を許可する。

2　締約国は、難民が入国を許可された他の国において定住するために必要となる資産（所在地のいかんを問わない。）につき当該難民から当該資産の移転の許可の申請があつた場合には、この申請に対し好意的考慮を払う。

第三一条　避難国に不法にいる難民

1　締約国は、その生命又は自由が第一条の意味において脅威にさらされていた領域から直接来た難民であつて許可なく当該締約国の領域に入国し又は許可なく当該締約国の領域内にいるものに対し、不法に入国し又は不法にいることを理由として刑罰を科してはならない。ただし、当該難民が遅滞なく当局に出頭し、かつ、不法に入国し又は不法にいることの相当な理由を示すことを条件とする。

2　締約国は、1の規定に該当する難民の移動に対し、必要な制限以外の制限を課してはならず、また、この制限は、当該難民の当該締約国における滞在が合法的なものとなるまでの間又は当該難民が他の国への入国許可を得るまでの間に限つて課することができる。締約国は、1の規定に該当する難民に対し、他の国への入国許可を得るために妥当と認められる期間の猶予及びこのために必要なすべての便宜を与える。

第三二条　追放

1　締約国は、国の安全又は公の秩序を理由とする場合を除くほか、合法的にその領域内にいる難民を追放してはならない。

2　1の規定による難民の追放は、法律の定める手続に従つて行われた決定によつてのみ行う。国の安全のためのやむを得ない理由がある場合を除くほか、1に規定する難民は、追放される理由がないことを明らかにする証拠の提出並びに権限のある機関又はその機関が特に指名する者に対する不服の申立て及びこのための代理人の出頭を認められる。

3　締約国は、1の規定により追放されることとなる難民に対し、他の国への入国許可を求めるのに妥当と認められる期間の猶予を与える。締約国は、この期間中必要と認める国内措置をとることができる。

第三三条　追放及び送還の禁止

1　締約国は、難民を、いかなる方法によつても、人種、宗教、国籍若しくは特定の社会的集団の構成員であること又は政治的意見のためにその生命又は自由が脅威にさらされるおそれのある領域の国境へ追放し又は送還してはならない。

2　締約国にいる難民であつて、当該締約国の安全にとつて危険であると認めるに足りる相当な理由があるもの又は特に重大な犯罪について有罪の判決が確定し当該締約国の社会にとつて危険な存在となつたものは、1の規定による利益の享受を要求することができない。

第三四条　帰化

締約国は、難民の当該締約国の社会への適応及び帰化をできる限り容易なものとする。締約国は、特に、帰化の手続が迅速に行われるようにするため並びにこの手続に係る手数料及び費用をできる限り軽減するため、あらゆる努力を払う。

第六章　実施規定及び経過規定

第三五条　締約国の機関と国際連合との協力

1　締約国は、国際連合難民高等弁務官事務所又はこれを承継する国際連合の他の機関の任務の遂行に際し、これらの機関と協力することを約束するものとし、特に、これらの機関のこの条約の適用を監督する責務の遂行に際し、これらの機関に便宜を与える。

2　締約国は、国際連合難民高等弁務官事務所又はこれを承継する国際連合の他の機関が国際連合の権限のある機関に報告することのできるよう、要請に応じ、次の事項に関する情報及び統計を適当な様式で提供することを約束する。

(a)　難民の状態

(b)　この条約の実施状況

(c)　難民に関する現行法令及び難民に関して将来施行される法令

第三六条　国内法令に関する情報

締約国は、国際連合事務総長に対し、この条約の適用を確保するために制定する法令を送付する。

第三七条　従前の条約との関係

この条約は、締約国の間において、千九百二十二年七月五日、千九百二十四年五月三十一日、千九百二十六年五月十二日、千九百二十八年六月三十日及び千九百三十五年七月三十日の取極、千九百三十三年十月二十八日及び千九百三十八年二月十日の条約、千九百三十九年九月十四日の議定書並びに千九百四十六年十月十五日の協定に代わるものとする。ただし、第二十八条2の規定の適用を妨げない。

第七章　最終条項

第三八条　紛争の解決

この条約の解釈又は適用に関する締約国間の紛争であつて他の方法によつて解決することができないものは、いずれかの紛争当事国の要請により、国際司法裁判所に付託する。

第三九条　署名、批准及び加入

1　この条約は、千九百五十一年七月二十八日にジュネーヴにおいて署名のために開放するものとし、その後国際連合事務総長に寄託する。この条約は、同日から同年八月三十一日までは国際連合の欧州事務所において、同年九月十七日から千九百五十二年十二月三十一日までは国際連合本部において、署名のために開放しておく。

2　この条約は、国際連合のすべての加盟国並びにこれらの加盟国以外の国であつて難民及び無国籍者の地位に関する全権委員会議に出席するよう招請されたもの並びに国際連合総会によりこの条約に署名するよう招請されるものによる署名のために開放しておく。この条約は、批准されなければならない。批准書は、国際連合事務総長に寄託する。

3　この条約は、千九百五十一年七月二十八日から2に規定する国による加入のために開放しておく。加入は、加入書を国際連合事務総長に寄託することによつて行う。

第四〇条　適用地域条項

1　いずれの国も、署名、批准又は加入の際に、自国が国際関係について責任を有する領域の全部又は一部についてこの条約を適用することを宣言することができる。宣言は、その国についてこの条約の効力が生ずる時に効力を生ずる。

2　いずれの国も、署名、批准又は加入の後1の宣言を行う場合には、国際連合事務総長にその宣言を通告するものとし、当該宣言は、国際連合事務総長が当該宣言の通告を受領した日の後九十日目の日又はその国についてこの条約の効力が生ずる日のいずれか遅い日に効力を生ずる。

3　関係国は、署名、批准又は加入の際にこの条約を適用することをしなかつた領域についてこの条約を適用するため、憲法上必要があるときはこれらの領域の政府の同意を得ることを条件として必要な措置をとることの可能性について検討する。

第四一条　連邦条項

締約国が連邦制又は非単一制の国である場合には、次の規定を適用する。

(a)　この条約の規定であつてその実施が連邦の立法機関の立法権の範囲内にあるものについては、連邦の政府の義務は、連邦制をとつていない締約国の義務と同一とする。

(b)　この条約の規定であつてその実施が邦、州又は県の立法権の範囲内にあり、かつ、連邦の憲法制度上邦、州又は県が立法措置をとることを義務付けられていないものについては、連邦の政府は、邦、州又は県の適当な機関に対し、できる限り速やかに、好意的な意見を付してその規定を通報する。

(c)　この条約の締約国である連邦制の国は、国際連合事務総長を通じて他の締約国から要請があつたときは、この条約の規定の実施に関する連邦及びその構成単位の法令及び慣行についての説明を提示し、かつ、立法その他の措置によりこの条約の規定の実施が行われている程度を示す。

第四二条　留保

1　いずれの国も、署名、批准又は加入の際に、第一条、第三条、第四条、第十六条1、第三十三条及び第三十六条から第四十六条までの規定を除くほか、この条約の規定について留保を付することができる。

2　1の規定に基づいて留保を付した国は、国際連合事務総長にあてた通告により、いつでも当該留保を撤回することができる。

第四三条　効力発生

1　この条約は、六番目の批准書又は加入書が寄託された日の後九十日目の日に効力を生ずる。

2　この条約は、六番目の批准書又は加入書が寄託された後に批准し又は加入する国については、その批准書又は加入書が寄託された日の後九十日目の日に効力を生ずる。

第四四条　廃棄

1　いずれの締約国も、国際連合事務総長にあてた通告により、いつでもこの条約を廃棄することができる。

2　廃棄は、国際連合事務総長が1の通告を受領した日の後一年で当該通告を行つた締約国について効力を生ずる。

3　第四十条の規定に基づいて宣言又は通告を行つた国は、その後いつでも、国際連合事務総長にあてた通告により、同条の規定に基づく宣言又は通告により指定した領域についてこの条約の適用を終止する旨の宣言を行うことができる。当該宣言は、国際連合事務総長がこれを受領した日の後一年で効力を生ずる。

第四五条　改正

1　いずれの締約国も、国際連合事務総長にあてた通告により、いつでもこの条約の改正を要請することができる。

2　国際連合総会は、1の要請についてとるべき措置があるときは、その措置を勧告する。

第四六条　国際連合事務総長による通報

国際連合事務総長は、国際連合のすべての加盟国及びこれらの加盟国以外の国で第三十九条に規定するものに対し、次の事項を通報する。

(a)　第一条Bの規定による宣言及び通告

(b)　第三十九条の規定による署名、批准及び加入

(c)　第四十条の規定による宣言及び通告

(d)　第四十二条の規定による留保及びその撤回

(e)　第四十三条の規定に基づきこの条約の効力が生ずる日

(f)　第四十四条の規定による廃棄及び通告

(g)　前条の規定による改正の要請

以上の証拠として、下名は、各自の政府から正当に委任を受けてこの条約に署名した。

千九百五十一年七月二十八日にジュネーヴで、ひとしく正文である英語及びフランス語により本書一通を作成した。本書は、国際連合に寄託するものとし、その認証謄本は、国際連合のすべての加盟国及びこれらの加盟国以外の国で第三十九条に規定するものに送付する。

附属書

第一項

1　第二十八条に規定する旅行証明書の様式は、付録に定める様式と同様のものとする。

2　1の旅行証明書は、少なくとも二の言語で作成するものとし、そのうちの一の言語は、英語又はフランス語とする。

第二項

旅行証明書の発給国の規則に別段の定めがある場合を除くほか、子は、両親のいずれか一方の旅行証明書に又は例外的な事情のある場合には成人である他の難民の旅行証明書に併記することができる。

第三項

旅行証明書の発給について徴収する手数料の額は、国民に対

する旅券の発給についての手数料の最低額を超えてはならない。

第四項
特別の場合又は例外的な場合を除くほか、旅行証明書は、できる限り多数の国について有効なものとして発給する。

第五項
旅行証明書の有効期間は、その発給機関の裁量により一年又は二年とする。

第六項
1 旅行証明書の有効期間の更新又は延長は、当該旅行証明書の名義人が合法的に他の国の領域内に居住するに至つておらず、かつ、当該旅行証明書の発給機関のある国の領域内に合法的に居住している限り、当該発給機関の権限に属する。新たな旅行証明書の発給は、前段の条件と同一の条件が満たされる限り、従前の旅行証明書の発給機関の権限に属する。

2 外交機関又は領事機関で特にその権限を与えられているものは、自国の政府が発給した旅行証明書の有効期間を六箇月を超えない範囲で延長する権限を有する。

3 締約国は、既にその領域内に合法的に居住していない難民であつて合法的に居住している国から旅行証明書を取得することができないものに対し、旅行証明書の有効期間の更新若しくは延長又は新たな旅行証明書の発給について好意的考慮を払う。

第七項
締約国は、第二十八条の規定により発給された旅行証明書を有効なものとして認める。

第八項
難民が赴くことを希望する国の権限のある機関は、当該難民の入国を認める用意があり、かつ、当該難民の入国に査証が必要であるときは、当該難民の旅行証明書に査証を与える。

第九項
1 締約国は、最終の目的地である領域の査証を取得している難民に対し、通過査証を発給することを約束する。

2 1の通過査証の発給は、一般に外国人に対して査証の発給を拒むことのできる正当な事由によつて拒むことができる。

第十項
出国査証、入国査証又は通過査証の発給についての手数料の額は、外国の旅券に査証を与える場合の手数料の最低額を超えてはならない。

第十一項
いずれかの締約国から旅行証明書の発給を受けていた難民が他の締約国の領域内に合法的に居住するに至つたときは、新たな旅行証明書を発給する責任は、第二十八条の規定により当該他の締約国の領域の権限のある機関が負うものとし、当該難民は、当該機関に旅行証明書の発給を申請することができる。

第十二項
新たな旅行証明書の発給機関は、従前の旅行証明書を回収するものとし、当該従前の旅行証明書にこれを発給国に返送しなければならない旨の記載があるときは、当該従前の旅行証明書を当該発給国に返送する。そのような記載がないときは、当該発給機関は、回収した旅行証明書を無効なものとする。

第十三項
1 締約国は、第二十八条の規定により発給した旅行証明書の名義人に対し、その旅行証明書の有効期間内のいずれの時点においても当該締約国の領域に戻ることを許可することを約束する。

2 締約国は、1の規定に従うことを条件として、旅行証明書の名義人に対し、出入国について定める手続に従うことを要求することができる。

3 締約国は、例外的な場合又は難民の滞在が一定の期間に限つて許可されている場合には、難民が当該締約国の領域に戻ることのできる期間を旅行証明書の発給の際に三箇月を下らない期間に限定することができる。

第十四項
前項の規定のみを例外として、この附属書の規定は、締約国の領域に係る入国、通過、滞在、定住及び出国の条件を規律する法令に何ら影響を及ぼすものではない。

第十五項
旅行証明書の発給があつたこと及び旅行証明書に記入がされていることは、その名義人の地位（特に国籍）を決定し又はこれに影響を及ぼすものではない。

第十六項
旅行証明書の発給は、その名義人に対し、当該旅行証明書の発給国の外交機関又は領事機関による保護を受ける権利をいかなる意味においても与えるものではなく、また、これらの機関に対し、保護の権利を与えるものでもない。

付録（略）

○難民の地位に関する議定書（昭和五七・一・一条二）

発効　昭和五七・一・一（昭和五七外告二）

この議定書の締約国は、

千九百五十一年七月二十八日にジュネーヴで作成された難民の地位に関する条約（以下「条約」という。）が、千九百五十一年一月一日前に生じた事件の結果として難民となつた者にのみ適用されることを考慮し、

条約が採択された後新たな事態により難民が生じたこと及びこれらの難民が条約の適用を受けることができないことを考慮し、

千九百五十一年一月一日前という制限を考慮に入れない場合に条約の定義に該当することとなるすべての難民に等しい地位を与えることが望ましいと考えて、

次のとおり協定した。

第一条　一般規定

1　この議定書の締約国は、2に定義する難民に対し、条約第二条から第三十四条までの規定を適用することを約束する。

2　この議定書の適用上、「難民」とは、3の規定の適用があることを条件として、条約第一条を同条A(2)の「千九百五十一年一月一日前に生じた事件の結果として、かつ、」及び「これらの事件の結果として」という文言が除かれているものとみなした場合に同条の定義に該当するすべての者をいう。

3　この議定書は、この議定書の締約国によりいかなる地理的な制限もなしに適用される。ただし、既に条約の締約国となつている国であつて条約第一条B(1)(a)の規定を適用する旨の宣言を行つているものについては、この宣言は、同条B(2)の規定に基づいてその国の義務が拡大されていない限り、この議定書についても適用される。

第二条　締約国の機関と国際連合との協力

1　この議定書の締約国は、国際連合難民高等弁務官事務所又はこれを承継する国際連合の他の機関の任務の遂行に際し、これらの機関と協力することを約束するものとし、特に、これらの機関のこの議定書の適用を監督する責務の遂行に際し、これらの機関に便宜を与える。

2　この議定書の締約国は、国際連合難民高等弁務官事務所又はこれを承継する国際連合の他の機関が国際連合の権限のある機関に報告することのできるよう、要請に応じ、次の事項に関する情報及び統計を適当な様式で提供することを約束する。

(a)　難民の状態

(b)　この議定書の実施状況

(c)　難民に関する現行法令及び難民に関して将来施行される法令

第三条　国内法令に関する情報

この議定書の締約国は、国際連合事務総長に対し、この議定書の適用を確保するために制定する法令を送付する。

第四条　紛争の解決

この議定書の解釈又は適用に関するこの議定書の締約国間の紛争であつて他の方法によつて解決することができないものは、いずれかの紛争当事国の要請により、国際司法裁判所に付託する。

第五条　加入

この議定書は、条約のすべての締約国並びにこれらの締約国以外の国であつて国際連合又はいずれかの専門機関の加盟国であるもの及び国際連合総会によりこの議定書に加入するよう招請されるものによる加入のために開放しておく。加入は、加入書を国際連合事務総長に寄託することによつて行う。

第六条　連邦条項

この議定書の締約国が連邦制又は非単一制の国である場合には、次の規定を適用する。

(a)　第一条1の規定により適用される条約の規定であつてこれらの規定の実施が連邦の立法機関の立法権の範囲内にあるものについては、連邦の政府の義務は、連邦制をとつていないこの議定書の締約国の義務と同一とする。

(b)　第一条1の規定により適用される条約の規定であつてこれらの規定の実施が邦、州又は県の立法権の範囲内にあり、かつ、連邦の憲法制度上邦、州又は県が立法措置をとることを義務付けられていないものについては、連邦の政府は、邦、州又は県の適当な機関に対し、できる限り速やかに、好意的な意見を付してその規定を通報する。

(c)　この議定書の締約国である連邦制の国は、国際連合事務総長を通じてこの議定書の他の締約国から要請があつたときは、第一条1の規定により適用される条約の規定の実施に関する連邦及びその構成単位の法令及び慣行についての説明を提示し、かつ、立法その他の措置によりこれらの規定の実施が行われている程度を示す。

第七条　留保及び宣言

1　いずれの国も、この議定書への加入の際に、第四条の規定について及び第一条の規定による条約のいずれかの規定の適用（条約の第一条、第三条、第四条、第十六条1及び第三十三条の規定の適用を除く。）について留保を付することができる。ただし、条約の締約国がこの条の規定に基づいて付する留保については、その効果は、条約の適用を受ける難民には及ばない。

2　条約第四十二条の規定に基づいて条約の締約国が条約の規定に付した留保は、撤回されない限り、この議定書に基づく義務についても有効なものとする。

3　1の規定に基づいて留保を付した国は、国際連合事務総長にあてた通告により、いつでも当該留保を撤回することができる。

4　条約の締約国であつてこの議定書に加入するものが条約第四十条1又は2の規定により行つた宣言は、この議定書についても適用があるものとみなす。ただし、当該条約の締約国がこの議定書に加入する際に国際連合事務総長に対して別段の通告をした場合は、この限りでない。同条2及び3並びに条約第四十四条3の規定は、この議定書について準用する。

第八条　効力発生

1　この議定書は、六番目の加入書が寄託された日に効力を生ずる。

2　この議定書は、六番目の加入書が寄託された後に加入する国については、その加入書が寄託された日に効力を生ずる。

第九条　廃棄

1　この議定書のいずれの締約国も、国際連合事務総長にあてた通告により、いつでもこの議定書を廃棄することができる。

2　廃棄は、国際連合事務総長が1の通告を受領した日の後一年で当該通告を行つたこの議定書の締約国について効力を生ずる。

第一〇条　国際連合事務総長による通報

国際連合事務総長は、第五条に規定する国に対し、この議定書の効力発生の日並びにこの議定書に関する加入、留保、留保の撤回、廃棄、宣言及び通告を通報する。

第一一条　国際連合事務局への寄託

中国語、英語、フランス語、ロシア語及びスペイン語をひとしく正文とするこの議定書の本書は、国際連合総会議長及び国際連合事務総長が署名した上、国際連合事務局に寄託する。国際連合事務総長は、その認証謄本を国際連合のすべての加盟国及びこれらの加盟国以外の国で第五条に規定するものに送付する。

出入国管理及び難民認定法の一部を改正する法律をここに公布する。

御　名　御　璽

平成二十八年十一月二十八日

内閣総理大臣　安倍　晋三

法律第八十八号

出入国管理及び難民認定法の一部を改正する法律

出入国管理及び難民認定法（昭和二十六年政令第三百十九号）の一部を次のように改正する。

第十九条の十六第二号中「技術・人文知識・国際業務」の下に「、介護」を加える。

第二十二条の四第一項第二号中「偽り」を「前号に掲げるもののほか、偽り」に改め、「の申請に係る本邦において行おうとする活動が虚偽のものでなく、別表第一の下欄に掲げる活動又は別表第二の下欄に掲げる身分若しくは地位を有する者としての活動のいずれかに該当するものとして、当該上陸許可の証印等」を削り、同項第三号を削り、同項第四号中「前三号」を「前二号」に改め、同号を同項第三号とし、同項第五号を同項第四号とし、同号の次に次の一号を加える。

五　別表第一の上欄の在留資格をもつて在留する者が、当該在留資格に応じ同表の下欄に掲げる活動を行つておらず、かつ、他の活動を行い又は行おうとして在留していること（正当な理由がある場合を除く。）。

第二十二条の四第七項に次のただし書を加える。

ただし、同項（第五号に係るものに限る。）の規定により在留資格を取り消す場合において、当該外国人が逃亡すると疑うに足りる相当の理由がある場合は、この限りでない。

第二十二条の四第八項中「前項」を「前項本文」に改め、同条第九項中「第七項」を「第七項本文」に改める。

第二十四条第二号の三中「第二十二条の四第七項」を「第二十二条の四第七項本文」に改め、同号を同条第二号の四とし、同条第二号の二の次に次の一号を加える。

二の三　第二十二条の四第一項（第五号に係るものに限る。）の規定により在留資格を取り消された者（同条第七項本文の規定により期間の指定を受けた者を除く。）

第二十四条第三号の四イ中「から第三号の二まで」を「、第二号、第三号から第三号の三まで」に改め、同条第四号ルを次のように改める。

ル　次に掲げる行為をあおり、唆し、又は助けた者

(1)　他の外国人が不法に本邦に入り、又は上陸すること。

(2)　他の外国人が偽りその他不正の手段により、上陸の許可等を受けて本邦に上陸し、又は前節の規定による許可を受けること。

第二十四条の三中「第二十四条第二号の三」を「第二十四条第二号の四」に改める。

第五十九条の二第一項中「若しくは第二十二条の四第一項の規定による在留資格の取消し」を削り、「、入国審査官に」を「入国審査官に、第二十二条の四第一項の規定による在留資格の取消しに関する処分を行うため必要がある場合には入国審査官又は入国警備官に、それぞれ」に改め、同条第二項中「入国審査官」の下に「又は入国警備官」を加え、同条第三項中「又は入国審査官」を「、入国審査官又は入国警備官」に改める。

第六十一条の二の八第二項中「第九項まで」の下に「（第七項ただし書を除く。）」を加え、「同条第七項」を「同条第七項本文」に改める。

第六十一条の三の二第二項第四号中「第十九条の十九第一項」の下に「及び第五十九条の二第一項」を加える。

第七十条第一項第二号の次に次の一号を加える。

二の二　偽りその他不正の手段により、上陸の許可等を受けて本邦に上陸し、又は第四章第二節の規定による許可を受けた者

第七十条第一項第三号の二中「第二十二条の四第七項」を「第二十二条の四第七項本文」に改め、同号を同項第三号の三とし、同項第三号の次に次の一号を加える。

三の二　第二十二条の四第一項（第五号に係るものに限る。）の規定により在留資格を取り消された者（同条第七項本文の規定により期間の指定を受けた者を除く。）で本邦に残留するもの

第七十条の二中「、第二号」を「から第二号の二まで」に改める。

第七十三条の二第二項第三号中「から第三号の二まで」を「、第二号、第三号から第三号の三まで」に改める。

第七十四条の六中「又は第二号」を「若しくは第二号」に改め、「いう。）」の下に「又は同項第二号の二に規定する行為」を加える。

別表第一の二の表高度専門職の項の下欄第二号ニ中「技術・人文知識・国際業務の項」の下に「、介護の項」を加え、同表技術・人文知識・国際業務の項中「、企業内転勤の項及び興行の項」を「及び企業内転勤の項から興行の項まで」に改め、同表企業内転勤の項の次に次のように加える。

介護	本邦の公私の機関との契約に基づいて介護福祉士の資格を有する者が介護又は介護の指導を行う業務に従事する活動

附　則

（施行期日）

第一条　この法律は、公布の日から起算して三月を超えない範囲内において政令で定める日から施行する。ただし、次の各号に掲げる規定は、当該各号に定める日から施行する。

一　附則第四条の規定　公布の日から起算して九月を超えない範囲内において政令で定める日

二　第十九条の十六第二号及び別表第一の二の表の改正規定並びに附則第五条の規定　公布の日から起算して一年を超えない範囲内において政令で定める日

（在留資格の取消しに関する経過措置）

第二条　この法律の施行の日（次条において「施行日」という。）前に受けた上陸許可の証印等（この法律による改正前の出入国管理及び難民認定法（次条第一項において「旧法」という。）第二十二条の四第一項第二号に規定する上陸許可の証印等をいう。）について同項第三号に掲げる事実が判明した場合における在留資格の取消しについては、なお従前の例による。

（退去強制に関する経過措置）

第三条　施行日前に旧法第二十二条の四第一項（第三号に係るものに限る。以下この項において同じ。）の規定により在留資格を取り消された者及び前条の規定によりなお従前の例によることとされる場合における旧法第二十二条の四第一項の規定により在留資格を取り消された者に対する退去強制については、なお従前の例による。

2　この法律による改正後の出入国管理及び難民認定法（次条において「新法」という。）第二十四条第四号ル（(2)に係る部分に限る。）の規定は、施行日以後に同号ル(2)に掲げる行為をあおり、唆し、又は助けた者について適用する。

（在留資格認定証明書に関する経過措置）

第四条　法務大臣は、附則第一条第二号に掲げる規定の施行の日（以下「第二号施行日」という。）以後に本邦に上陸しようとする外国人であって新法別表第一の二の表の介護の項の下欄に掲げる活動を行おうとするものから、あらかじめ申請があったときは、法務省令で定めるところにより、第二号施行日前に、当該外国人に対し、同表の介護の在留資格に係る在留資格認定証明書を交付することができる。

（罰則に関する経過措置）

第五条　第二号施行日前にした行為に対する罰則の適用については、なお従前の例による。

（政令への委任）

第六条　附則第二条から前条までに規定するもののほか、この法律の施行に伴い必要な経過措置は、政令で定める。

法務大臣　金田　勝年
内閣総理大臣　安倍　晋三

外国人の技能実習の適正な実施及び技能実習生の保護に関する法律をここに公布する。

御　名　御　璽

平成二十八年十一月二十八日

内閣総理大臣　安倍　晋三

法律第八十九号

外国人の技能実習の適正な実施及び技能実習生の保護に関する法律

目次

第一章　総則

（目的）

第一条　この法律は、技能実習に関し、基本理念を定め、国等の責務を明らかにするとともに、技能実習計画の認定及び監理団体の許可の制度を設けること等により、出入国管理及び難民認定法（昭和二十六年政令第三百十九号。次条及び第四十八条第一項において「入管法」という。）その他の出入国に関する法令及び労働基準法（昭和二十二年法律第四十九号）、労働安全衛生法（昭和四十七年法律第五十七号）その他の労働に関する法令と相まって、技能実習の適正な実施及び技能実習生の保護を図り、もって人材育成を通じた開発途上地域等への技能、技術又は知識（以下「技能等」という。）の移転による国際協力を推進することを目的とする。

（定義）

第二条　この法律において「技能実習」とは、企業単独型技能実習及び団体監理型技能実習をいい、「技能実習生」とは、企業単独型技能実習生及び団体監理型技能実習生をいう。

2　この法律において「企業単独型技能実習」とは、次に掲げるものをいう。

一　第一号企業単独型技能実習（本邦の公私の機関の外国にある事業所の職員である外国人（入管法第二条第二号に規定する外国人をいう。以下同じ。）又は本邦の公私の機関と主務省令で定める密接な関係を有する外国の公私の機関の外国にある事業所の職員である外国人が、技能等を修得するため、在留資格（入管法別表第一の二の表の技能実習の項の下欄第一号イに係るものに限る。）をもって、これらの本邦の公私の機関により受け入れられて必要な講習を受けること及び当該機関との雇用契約に基づいて当該機関の本邦にある事業所において当該技能等に係る業務に従事することをいう。以下同じ。）

二　第二号企業単独型技能実習（第一号企業単独型技能実習を修了した者が、技能等に習熟するため、在留資格（入管法別表第一の二の表の技能実習の項の下欄第二号イに係るものに限る。）をもって、本邦の公私の機関との雇用契約に基づいて当該機関の本邦にある事業所において当該技能等を要する業務に従事することをいう。以下同じ。）

三　第三号企業単独型技能実習（第二号企業単独型技能実習を修了した者が、技能等に熟達するため、在留資格（入管法別表第一の二の表の技能実習の項の下欄第三号イに係るものに限る。）をもって、本邦の公私の機関との雇用契約に基づいて当該機関の本邦にある事業所において当該技能等を要する業務に従事することをいう。以下同じ。）

3　この法律において「企業単独型技能実習生」とは、次に掲げるものをいう。

一　第一号企業単独型技能実習生（第一号企業単独型技能実習を行う外国人をいう。以下同じ。）

二　第二号企業単独型技能実習生（第二号企業単独型技能実習を行う外国人をいう。以下同じ。）

三　第三号企業単独型技能実習生（第三号企業単独型技能実習を行う外国人をいう。以下同じ。）

4　この法律において「団体監理型技能実習」とは、次に掲げるものをいう。
一　第一号団体監理型技能実習（外国人が、技能等を修得するため、在留資格（入管法別表第一の二の表の技能実習の項の下欄第一号ロに係るものに限る。）をもって、本邦の営利を目的としない法人により受け入れられて必要な講習を受けること及び当該法人による実習監理を受ける本邦の公私の機関との雇用契約に基づいて当該機関の本邦にある事業所において当該技能等に係る業務に従事することをいう。以下同じ。）
二　第二号団体監理型技能実習（第一号団体監理型技能実習を修了した者が、技能等に習熟するため、在留資格（入管法別表第一の二の表の技能実習の項の下欄第二号ロに係るものに限る。）をもって、本邦の営利を目的としない法人による実習監理を受ける本邦の公私の機関との雇用契約に基づいて当該機関の本邦にある事業所において当該技能等を要する業務に従事することをいう。以下同じ。）
三　第三号団体監理型技能実習（第二号団体監理型技能実習を修了した者が、技能等に熟達するため、在留資格（入管法別表第一の二の表の技能実習の項の下欄第三号ロに係るものに限る。）をもって、本邦の営利を目的としない法人による実習監理を受ける本邦の公私の機関との雇用契約に基づいて当該機関の本邦にある事業所において当該技能等を要する業務に従事することをいう。以下同じ。）
5　この法律において「団体監理型技能実習生」とは、次に掲げるものをいう。
一　第一号団体監理型技能実習生（第一号団体監理型技能実習を行う外国人をいう。以下同じ。）
二　第二号団体監理型技能実習生（第二号団体監理型技能実習を行う外国人をいう。以下同じ。）
三　第三号団体監理型技能実習生（第三号団体監理型技能実習を行う外国人をいう。以下同じ。）
6　この法律において「実習実施者」とは、企業単独型実習実施者及び団体監理型実習実施者をいう。
7　この法律において「企業単独型実習実施者」とは、実習認定（第八条第一項の認定（第十一条第一項の規定による変更の認定があったときは、その変更後のもの）をいう。以下同じ。）を受けた第八条第一項に規定する技能実習計画に基づき、企業単独型技能実習を行わせる者をいう。
8　この法律において「団体監理型実習実施者」とは、実習認定を受けた第八条第一項に規定する技能実習計画に基づき、団体監理型技能実習を行わせる者をいう。
9　この法律において「実習監理」とは、団体監理型実習実施者等（団体監理型実習実施者又は団体監理型技能実習を行わせようとする者をいう。以下同じ。）と団体監理型技能実習生等（団体監理型技能実習生又は団体監理型技能実習生になろうとする者をいう。以下同じ。）との間における雇用関係の成立のあっせん及び団体監理型実習実施者に対する団体監理型技能実習の実施に関する監理を行うことをいう。
10　この法律において「監理団体」とは、監理許可（第二十三条第一項の許可（第三十二条第一項の規定による変更の許可があったとき、又は第三十七条第二項の規定による第二十三条第一項第二号に規定する特定監理事業に係る許可への変更があったときは、これらの変更後のもの）をいう。以下同じ。）を受けて実習監理を行う事業（以下「監理事業」という。）を行う本邦の営利を目的としない法人をいう。

（基本理念）
第三条　技能実習は、技能等の適正な修得、習熟又は熟達（以下「修得等」という。）のために整備され、かつ、技能実習生が技能実習に専念できるようにその保護を図る体制が確立された環境で行われなければならない。
2　技能実習は、労働力の需給の調整の手段として行われてはならない。

（国及び地方公共団体の責務）
第四条　国は、この法律の目的を達成するため、前条の基本理念に従って、技能実習の適正な実施及び技能実習生の保護を図るために必要な施策を総合的かつ効果的に推進しなければならない。
2　地方公共団体は、前項の国の施策と相まって、地域の実情に応じ、技能実習の適正な実施及び技能実習生の保護を図るために必要な施策を推進するように努めなければならない。

（実習実施者、監理団体等の責務）
第五条　実習実施者は、技能実習の適正な実施及び技能実習生の保護について技能実習を行わせる者としての責任を自覚し、第三条の基本理念にのっとり、技能実習を行わせる環境の整備に努めるとともに、国及び地方公共団体が講ずる施策に協力しなければならない。
2　監理団体は、技能実習の適正な実施及び技能実習生の保護について重要な役割を果たすものであることを自覚し、実習監理の責任を適切に果たすとともに、国及び地方公共団体が講ずる施策に協力しなければならない。
3　実習実施者又は監理団体を構成員とする団体は、実習実施者又は監理団体に対し、技能実習の適正な実施及び技能実習生の保護を図るために必要な指導及び助言をするように努めなければならない。

（技能実習生の責務）
第六条　技能実習生は、技能実習に専念することにより、技能等の修得等をし、本国への技能等の移転に努めなければならない。

（基本方針）
第七条　主務大臣は、技能実習の適正な実施及び技能実習生の保護に関する基本方針（以下この条において「基本方針」という。）を定めなければならない。
2　基本方針には、次に掲げる事項について定めるものとする。
一　技能実習の適正な実施及び技能実習生の保護に関する基本的事項
二　技能実習の適正な実施及び技能実習生の保護を図るための施策に関する事項
三　技能実習の適正な実施及び技能実習生の保護に際し配慮すべき事項
四　技能等の移転を図るべき分野その他技能等の移転の推進に関する事項
3　主務大臣は、必要がある場合には、基本方針において、特定の職種に係る技能実習の適正な実施及び技能実習生の保護を図るための施策を定めるものとする。
4　主務大臣は、基本方針を定め、又はこれを変更しようとするときは、あらかじめ、関係行政機関の長に協議しなければならない。
5　主務大臣は、基本方針を定め、又はこれを変更したときは、遅滞なく、これを公表しなければならない。

第二章　技能実習

第一節　技能実習計画

（技能実習計画の認定）
第八条　技能実習を行わせようとする本邦の個人又は法人（親会社（会社法（平成十七年法律第八十六号）第二条第四号に規定する親会社をいう。）とその子会社（同条第三号に規定する子会社をいう。）の関係その他主務省令で定める密接な関係を有する複数の法人が技能実習を共同で行わせる場合はこれら複数の法人）は、主務省令で定めるところにより、技能実習生ごとに、技能実習の実施に関する計画（以下「技能実習計画」という。）を作成し、これを主務大臣に提出して、その技能実習計画が適当である旨の認定を受けることができる。
2　技能実習計画には、次に掲げる事項を記載しなければならない。
一　前項に規定する本邦の個人又は法人（以下この条、次条及び第十二条第五項において「申請者」という。）の氏名又は名称及び住所並びに法人にあっては、その代表者の氏名
二　法人にあっては、その役員の氏名及び住所
三　技能実習を行わせる事業所の名称及び所在地
四　技能実習生の氏名及び国籍

五　技能実習の区分（第一号企業単独型技能実習、第二号企業単独型技能実習若しくは第三号企業単独型技能実習又は第一号団体監理型技能実習、第二号団体監理型技能実習若しくは第三号団体監理型技能実習の区分をいう。次条第二号において同じ。）

六　技能実習の目標（技能実習を修了するまでに職業能力開発促進法（昭和四十四年法律第六十四号）第四十四条第一項の技能検定（次条において「技能検定」という。）又は主務省令で指定する試験（次条及び第五十二条において「技能実習評価試験」という。）に合格することその他の目標をいう。次条において同じ。）、内容及び期間

七　技能実習を行わせる事業所ごとの技能実習の実施に関する責任者の氏名

八　団体監理型技能実習に係るものである場合は、実習監理を受ける監理団体の名称及び住所並びに代表者の氏名

九　報酬、労働時間、休日、休暇、宿泊施設、技能実習生が負担する食費及び居住費その他の技能実習生の待遇

十　その他主務省令で定める事項

3　技能実習計画には、次条各号に掲げる事項を証する書面その他主務省令で定める書類を添付しなければならない。

4　団体監理型技能実習を行わせようとする申請者は、実習監理を受ける監理団体（その技能実習計画が第三号団体監理型技能実習に係るものである場合は、監理許可（第二十三条第一項第一号に規定する一般監理事業に係るものに限る。）を受けた者に限る。）の指導に基づき、技能実習計画を作成しなければならない。

5　申請者は、実費を勘案して主務省令で定める額の手数料を納付しなければならない。

（認定の基準）

第九条　主務大臣は、前条第一項の認定の申請があった場合において、その技能実習計画が次の各号のいずれにも適合するものであると認めるときは、その認定をするものとする。

一　修得等をさせる技能等が、技能実習生の本国において修得等が困難なものであること。

二　技能実習の目標及び内容が、技能実習の区分に応じて主務省令で定める基準に適合していること。

三　技能実習の期間が、第一号企業単独型技能実習又は第一号団体監理型技能実習に係るものである場合は一年以内、第二号企業単独型技能実習若しくは第三号企業単独型技能実習又は第二号団体監理型技能実習若しくは第三号団体監理型技能実習に係るものである場合は二年以内であること。

四　第二号企業単独型技能実習又は第二号団体監理型技能実習に係るものである場合はそれぞれ当該技能実習計画に係る技能等に係る第一号企業単独型技能実習又は第一号団体監理型技能実習に係る技能実習計画、第三号企業単独型技能実習又は第三号団体監理型技能実習に係るものである場合はそれぞれ当該技能実習計画に係る技能等に係る第二号企業単独型技能実習又は第二号団体監理型技能実習に係る技能実習計画において定めた技能検定又は技能実習評価試験の合格に係る目標が達成されていること。

五　技能実習を修了するまでに、技能実習生が修得等をした技能等の評価を技能検定若しくは技能実習評価試験又は主務省令で定める評価により行うこと。

六　技能実習を行わせる体制及び事業所の設備が主務省令で定める基準に適合していること。

七　技能実習を行わせる事業所ごとに、主務省令で定めるところにより技能実習の実施に関する責任者が選任されていること。

八　団体監理型技能実習に係るものである場合は、申請者が、技能実習計画の作成について指導を受けた監理団体（その技能実習計画が第三号団体監理型技能実習に係るものである場合は、監理許可（第二十三条第一項第一号に規定する一般監理事業に係るものに限る。）を受けた者に限る。）による実習監理を受けること。

九　技能実習生に対する報酬の額が日本人が従事する場合の報酬の額と同等以上であることその他技能実習生の待遇が主務省令で定める基準に適合していること。

十　第三号企業単独型技能実習又は第三号団体監理型技能実習に係るものである場合は、申請者が技能等の修得等をさせる能力につき高い水準を満たすものとして主務省令で定める基準に適合していること。

十一　申請者が技能実習の期間において同時に複数の技能実習生に技能実習を行わせる場合は、その数が主務省令で定める数を超えないこと。

（認定の欠格事由）

第十条　次の各号のいずれかに該当する者は、第八条第一項の認定を受けることができない。

一　禁錮以上の刑に処せられ、その執行を終わり、又は執行を受けることがなくなった日から起算して五年を経過しない者

二　この法律の規定その他出入国若しくは労働に関する法律の規定（第四号に規定する規定を除く。）であって政令で定めるもの又はこれらの規定に基づく命令の規定により、罰金の刑に処せられ、その執行を終わり、又は執行を受けることがなくなった日から起算して五年を経過しない者

三　暴力団員による不当な行為の防止等に関する法律（平成三年法律第七十七号）の規定（同法第五十条（第二号に係る部分に限る。）及び第五十二条の規定を除く。）により、又は刑法（明治四十年法律第四十五号）第二百四条、第二百六条、第二百八条、第二百八条の二、第二百二十二条若しくは第二百四十七条の罪若しくは暴力行為等処罰に関する法律（大正十五年法律第六十号）の罪を犯したことにより、罰金の刑に処せられ、その執行を終わり、又は執行を受けることがなくなった日から起算して五年を経過しない者

四　健康保険法（大正十一年法律第七十号）第二百八条、第二百十三条の二若しくは第二百十四条第一項、船員保険法（昭和十四年法律第七十三号）第百五十六条、第百五十九条若しくは第百六十条第一項、労働者災害補償保険法（昭和二十二年法律第五十号）第五十一条前段若しくは第五十四条第一項（同法第五十一条前段の規定に係る部分に限る。）、厚生年金保険法（昭和二十九年法律第百十五号）第百二条、第百三条の二若しくは第百四条第一項（同法第百二条又は第百三条の二の規定に係る部分に限る。）、労働保険の保険料の徴収等に関する法律（昭和四十四年法律第八十四号）第四十六条前段若しくは第四十八条第一項（同法第四十六条前段の規定に係る部分に限る。）又は雇用保険法（昭和四十九年法律第百十六号）第八十三条若しくは第八十六条（同法第八十三条の規定に係る部分に限る。）の規定により、罰金の刑に処せられ、その執行を終わり、又は執行を受けることがなくなった日から起算して五年を経過しない者

五　成年被後見人若しくは被保佐人又は破産手続開始の決定を受けて復権を得ない者

六　第十六条第一項の規定により実習認定を取り消され、当該取消しの日から起算して五年を経過しない者

七　第十六条第一項の規定により実習認定を取り消された者が法人である場合（同項第三号の規定により実習認定を取り消された場合については、当該法人が第二号又は第四号に規定する者に該当することとなったことによる場合に限る。）において、当該取消しの処分を受ける原因となった事項が発生した当時現に当該法人の役員（業務を執行する社員、取締役、執行役又はこれらに準ずる者をいい、相談役、顧問その他いかなる名称を有する者であるかを問わず、法人に対し業務を執行する社員、取締役、執行役又はこれらに準ずる者と同等以上の支配力を有するものと認められる者を含む。第十一号、第二十五条第一項第五号及び第二十六条第五号において同じ。）であった者で、当該取消しの日から起算して五年を経過しないもの

八　第八条第一項の認定の申請の日前五年以内に出入国又は労働に関する法令に関し不正又は著しく不当な行為をした者

九　暴力団員による不当な行為の防止等に関する法律第二条第六号に規定する暴力団員（以下この号において「暴力団員」という。）又は暴力団員でなくなった日から五年を経過しない者（第十二号及び第二十六条第六号において「暴力団員等」という。）

十　営業に関し成年者と同一の行為能力を有しない未成年者であって、その法定代理人が前各号又は次号のいずれかに該当するもの
十一　法人であって、その役員のうちに前各号のいずれかに該当する者があるもの
十二　暴力団員等がその事業活動を支配する者

（技能実習計画の変更）
第十一条　実習実施者は、実習認定を受けた技能実習計画（以下「認定計画」という。）について第八条第二項各号（第五号を除く。）に掲げる事項の変更（主務省令で定める軽微な変更を除く。）をしようとするときは、主務大臣の認定を受けなければならない。
2　第八条第三項から第五項まで及び前二条の規定は、前項の認定について準用する。

（機構による認定の実施）
第十二条　主務大臣は、外国人技能実習機構（以下この章において「機構」という。）に、第八条第一項の認定（前条第一項の規定による変更の認定を含む。第四項において同じ。）に関する事務（以下「認定事務」という。）の全部又は一部を行わせることができる。
2　主務大臣は、前項の規定により機構に認定事務の全部又は一部を行わせるときは、当該認定事務の全部又は一部を行わないものとする。
3　機構が認定事務の全部又は一部を行う場合における第八条から前条までの規定の適用については、第八条第一項、第九条及び前条第一項の規定中「主務大臣」とあるのは、「機構」とする。
4　機構は、第八条第一項の認定を行ったときは、遅滞なく、その旨を主務大臣に報告しなければならない。
5　主務大臣が第一項の規定により機構に認定事務の全部又は一部を行わせるときは、申請者は、第八条第五項（前条第二項において準用する場合を含む。）に規定する手数料を機構に納付しなければならない。
6　前項の規定により機構に納付された手数料は、機構の収入とする。
7　主務大臣は、第一項の規定により機構に認定事務の全部若しくは一部を行わせることとするとき、又は機構に行わせていた認定事務の全部若しくは一部を行わせないこととするときは、その旨を公示しなければならない。

（報告徴収等）
第十三条　主務大臣は、この章（次節を除く。）の規定を施行するために必要な限度において、実習実施者若しくは実習実施者であった者（以下この項及び次条第一項において「実習実施者等」という。）、監理団体若しくは監理団体であった者（以下この項、次条第一項及び第三十五条第一項において「監理団体等」という。）若しくは実習実施者等若しくは監理団体等の役員若しくは職員（以下この項において「役職員」という。）若しくは役職員であった者（以下この項及び次条第一項において「役職員等」という。）に対し、報告若しくは帳簿書類の提出若しくは提示を命じ、若しくは実習実施者等若しくは役職員等に対し出頭を求め、又は当該主務大臣の職員に関係者に対して質問させ、若しくは実習実施者等若しくは監理団体等に係る事業所その他技能実習に関係のある場所に立ち入り、その設備若しくは帳簿書類その他の物件を検査させることができる。
2　前項の規定による質問又は立入検査を行う場合においては、当該主務大臣の職員は、その身分を示す証明書を携帯し、かつ、関係者の請求があるときは、これを提示しなければならない。
3　第一項の規定による権限は、犯罪捜査のために認められたものと解釈してはならない。

（機構による事務の実施）
第十四条　主務大臣は、第十二条第一項の規定により機構に認定事務の全部又は一部を行わせるときは、この節の規定を施行するために必要な限度において、次に掲げる事務を機構に行わせることができる。
一　実習実施者等若しくは監理団体等又は役職員等に対して必要な報告又は帳簿書類の提出若しくは提示を求める事務
二　その職員をして、関係者に対して質問させ、又は実地に実習実施者等若しくは監理団体等の設備若しくは帳簿書類その他の物件を検査させる事務
2　主務大臣は、前項の規定により機構に報告若しくは帳簿書類の提出若しくは提示を求めさせ、又は質問若しくは検査を行わせる場合には、機構に対し、必要な事項を示してこれを実施すべきことを指示するものとする。
3　機構は、前項の指示に従って第一項に規定する報告若しくは帳簿書類の提出若しくは提示を求め、又は質問若しくは検査を行ったときは、その結果を主務大臣に報告しなければならない。

（改善命令等）
第十五条　主務大臣は、実習実施者が認定計画に従って技能実習を行わせていないと認めるとき、又はこの法律その他出入国若しくは労働に関する法律若しくはこれらに基づく命令の規定に違反した場合において、技能実習の適正な実施を確保するために必要があると認めるときは、当該実習実施者に対し、期限を定めて、その改善に必要な措置をとるべきことを命ずることができる。
2　主務大臣は、前項の規定による命令をした場合には、その旨を公示しなければならない。

（認定の取消し等）
第十六条　主務大臣は、次の各号のいずれかに該当するときは、実習認定を取り消すことができる。
一　実習実施者が認定計画に従って技能実習を行わせていないと認めるとき。
二　認定計画が第九条各号のいずれかに適合しなくなったと認めるとき。
三　実習実施者が第十条各号のいずれかに該当することとなったとき。
四　第十三条第一項の規定による報告若しくは帳簿書類の提出若しくは提示をせず、若しくは虚偽の報告若しくは虚偽の帳簿書類の提出若しくは提示をし、又は同項の規定による質問に対して答弁をせず、若しくは虚偽の答弁をし、若しくは同項の規定による検査を拒み、妨げ、若しくは忌避したとき。
五　第十四条第一項の規定により機構が行う報告若しくは帳簿書類の提出若しくは提示の求めに虚偽の報告若しくは虚偽の帳簿書類の提出若しくは提示をし、又は同項の規定により機構の職員が行う質問に対して虚偽の答弁をしたとき。
六　前条第一項の規定による命令に違反したとき。
七　出入国又は労働に関する法令に関し不正又は著しく不当な行為をしたとき。
2　主務大臣は、前項の規定による実習認定の取消しをした場合には、その旨を公示しなければならない。

（実施の届出）
第十七条　実習実施者は、技能実習を開始したときは、遅滞なく、開始した日その他主務省令で定める事項を主務大臣に届け出なければならない。

（機構による届出の受理）
第十八条　主務大臣は、機構に、前条の規定による届出の受理に係る事務を行わせることができる。
2　主務大臣が前項の規定により機構に届出の受理に係る事務を行わせるときは、前条の規定による届出をしようとする者は、同条の規定にかかわらず、機構に届け出なければならない。
3　機構は、前項の規定による届出を受理したときは、主務大臣にその旨を報告しなければならない。
4　主務大臣は、第一項の規定により機構に届出の受理に係る事務を行わせることとするとき、又は機構に行わせていた届出の受理に係る事務を行わせないこととするときは、その旨を公示しなければならない。

（技能実習を行わせることが困難となった場合の届出等）
第十九条　企業単独型実習実施者は、企業単独型技能実習を行わせることが困難となったときは、遅滞なく、企業単独型技能実習を行わせることが困難となった企業単独型技能実習生の氏名、その企業単独型技能実習生の企業単独型技能実習の継続のための措置その他の主務省令で定める事項を主務大臣に届け出なければならない。

2　団体監理型実習実施者は、団体監理型技能実習を行わせることが困難となったときは、遅滞なく、団体監理型技能実習を行わせることが困難となった団体監理型技能実習生の氏名、その団体監理型技能実習生の団体監理型技能実習の継続のための措置その他の主務省令で定める事項を実習監理を受ける監理団体に通知しなければならない。

3　第一項の規定による届出の受理に係る事務については、前条の規定を準用する。

（帳簿の備付け）

第二十条　実習実施者は、技能実習に関して、主務省令で定める帳簿書類を作成し、技能実習を行わせる事業所に備えて置かなければならない。

（実施状況報告）

第二十一条　実習実施者は、技能実習を行わせたときは、主務省令で定めるところにより、技能実習の実施の状況に関する報告書を作成し、主務大臣に提出しなければならない。

2　前項の規定による報告書の受理に係る事務については、第十八条の規定を準用する。

（主務省令への委任）

第二十二条　この節に定めるもののほか、技能実習計画の認定の手続その他この節の規定の実施に関し必要な事項は、主務省令で定める。

第二節　監理団体

（監理団体の許可）

第二十三条　監理事業を行おうとする者は、次に掲げる事業の区分に従い、主務大臣の許可を受けなければならない。

一　一般監理事業（監理事業のうち次号に掲げるもの以外のものをいう。以下同じ。）

二　特定監理事業（第一号団体監理型技能実習又は第二号団体監理型技能実習のみを行わせる団体監理型実習実施者について実習監理を行う事業をいう。以下同じ。）

2　前項の許可を受けようとする者（第七項、次条及び第二十五条において「申請者」という。）は、主務省令で定めるところにより、次に掲げる事項を記載した申請書を主務大臣に提出しなければならない。

一　名称及び住所並びに代表者の氏名

二　役員の氏名及び住所

三　監理事業を行う事業所の名称及び所在地

四　一般監理事業又は特定監理事業の別

五　第四十条第一項の規定により選任する監理責任者の氏名及び住所

六　外国の送出機関（団体監理型技能実習生になろうとする者からの団体監理型技能実習に係る求職の申込みを適切に本邦の監理団体に取り次ぐことができる者として主務省令で定める要件に適合するものをいう。第二十五条第一項第六号において同じ。）より団体監理型技能実習生になろうとする者からの団体監理型技能実習に係る求職の申込みの取次ぎを受けようとする場合にあっては、その氏名又は名称及び住所並びに法人にあっては、その代表者の氏名

七　その他主務省令で定める事項

3　前項の申請書には、監理事業を行う事業所ごとの監理事業に係る事業計画書、第二十五条第一項各号に掲げる事項を証する書面その他主務省令で定める書類を添付しなければならない。

4　前項の事業計画書には、主務省令で定めるところにより、監理事業を行う事業所ごとの実習監理を行う団体監理型実習実施者の見込数、当該団体監理型実習実施者における団体監理型技能実習生の見込数その他監理事業に関する事項を記載しなければならない。

5　主務大臣は、第一項の許可の申請を受けたときは、第二項の申請書及び第三項の書類に係る事実関係につき調査を行うものとする。

6　厚生労働大臣は、第一項の許可をしようとするときは、あらかじめ、労働政策審議会の意見を聴かなければならない。

7　申請者は、実費を勘案して主務省令で定める額の手数料を納付しなければならない。

（機構による事実関係の調査の実施）

第二十四条　主務大臣は、機構に、前条第五項の事実関係の調査の全部又は一部を行わせることができる。

2　主務大臣は、前項の規定により機構に調査の全部又は一部を行わせるときは、当該調査の全部又は一部を行わないものとする。この場合において、主務大臣は、前条第一項の許可をするときは、機構が第四項の規定により報告する調査の結果を考慮しなければならない。

3　主務大臣が第一項の規定により機構に調査の全部又は一部を行わせるときは、申請者は、前条第二項の規定にかかわらず、同項の申請書を機構に提出するとともに、機構が行う当該調査を受けなければならない。

4　機構は、前項の申請書を受理したときは、主務大臣にその旨を報告するとともに、同項の調査を行ったときは、遅滞なく、当該調査の結果を主務大臣に報告しなければならない。

5　主務大臣が第一項の規定により機構に調査の全部又は一部を行わせるときは、申請者は、実費を勘案して主務省令で定める額の手数料を機構に納付しなければならない。

6　前項の規定により機構に納付された手数料は、機構の収入とする。

7　主務大臣は、第一項の規定により機構に調査の全部若しくは一部を行わせることとするとき、又は機構に行わせていた調査の全部若しくは一部を行わせないこととするときは、その旨を公示しなければならない。

（許可の基準等）

第二十五条　主務大臣は、第二十三条第一項の許可の申請があった場合において、その申請者が次の各号のいずれにも適合するものであると認めるときでなければ、その許可をしてはならない。

一　本邦の営利を目的としない法人であって主務省令で定めるものであること。

二　監理事業を第三十九条第三項の主務省令で定める基準に従って適正に行うに足りる能力を有するものであること。

三　監理事業を健全に遂行するに足りる財産的基礎を有するものであること。

四　個人情報（個人に関する情報であって、特定の個人を識別することができるもの（他の情報と照合することにより特定の個人を識別することができることとなるものを含む。）をいう。第四十条第一項第四号及び第四十三条において同じ。）を適正に管理し、並びに団体監理型実習実施者等及び団体監理型技能実習生等の秘密を守るために必要な措置を講じていること。

五　監理事業を適切に運営するための次のいずれかの措置を講じていること。

イ　役員が団体監理型実習実施者と主務省令で定める密接な関係を有する者のみにより構成されていないことその他役員の構成が監理事業の適切な運営の確保に支障を及ぼすおそれがないものとすること。

ロ　監事その他法人の業務を監査する者による監査のほか、団体監理型実習実施者と主務省令で定める密接な関係を有しない者であって主務省令で定める要件に適合するものに、主務省令で定めるところにより、役員の監理事業に係る職務の執行の監査を行わせるものとすること。

六　外国の送出機関から団体監理型技能実習生になろうとする者からの団体監理型技能実習に係る求職の申込みの取次ぎを受けようとする場合にあっては、外国の送出機関との間で当該取次ぎに係る契約を締結していること。

七　第二十三条第一項の許可の申請が一般監理事業に係るものである場合は、申請者が団体監理型技能実習の実施状況の監査その他の業務を遂行する能力につき高い水準を満たすものとして主務省令で定める基準に適合していること。

八　前各号に定めるもののほか、申請者が、監理事業を適正に遂行することができる能力を有するものであること。

2　主務大臣は、第二十三条第一項の許可をしないときは、遅滞なく、理由を示してその旨を申請者に通知しなければならない。

3　主務大臣は、前条第一項の規定により機構に調査の全部又は一部を行わせるときは、前項の通知を機構を経由して行わなければならない。

（許可の欠格事由）

第二十六条　次の各号のいずれかに該当する者は、第二十三条第一項の許可を受けることができない。

一　第十条第二号、第四号又は第十二号に該当する者

二　第三十七条第一項の規定により監理許可を取り消され、当該取消しの日から起算して五年を経過しない者

三　第三十七条第一項の規定による監理許可の取消しの処分に係る行政手続法（平成五年法律第八十八号）第十五条の規定による通知があった日から当該処分をする日又は処分をしないことを決定する日までの間に、第三十四条第一項の規定による監理事業の廃止の届出をした者（当該事業の廃止について相当の理由がある者を除く。）で、当該届出の日から起算して五年を経過しないもの

四　第二十三条第一項の許可の申請の日前五年以内に出入国又は労働に関する法令に関し不正又は著しく不当な行為をした者

五　役員のうちに次のいずれかに該当する者があるもの

イ　第十条第一号、第三号、第五号、第九号又は第十号に該当する者

ロ　第一号（第十条第十二号に係る部分を除く。）又は前号に該当する者

ハ　第三十七条第一項の規定により監理許可を取り消された場合（同項第一号の規定により監理許可を取り消された場合については、第一号（第十条第十二号に係る部分を除く。）に該当する者となったことによる場合に限る。）において、当該取消しの処分を受ける原因となった事項が発生した当時現に当該処分を受けた者の役員であった者で、当該取消しの日から起算して五年を経過しないもの

ニ　第三号に規定する期間内に第三十四条第一項の規定による監理事業の廃止の届出をした場合において、同号の通知の日前六十日以内に当該届出をした者（当該事業の廃止について相当の理由がある者を除く。）の役員であった者で、当該届出の日から起算して五年を経過しないもの

六　暴力団員等をその業務に従事させ、又はその業務の補助者として使用するおそれのある者

（職業安定法の特例等）

第二十七条　監理団体は、職業安定法（昭和二十二年法律第百四十一号）第三十条第一項及び第三十三条第一項の規定にかかわらず、技能実習職業紹介事業（監理団体の実習監理を受ける団体監理型実習実施者等のみを求人者とし、当該監理団体の実習監理に係る団体監理型技能実習生等のみを求職者とし、求人及び求職の申込みを受け、求人者と求職者との間における技能実習に係る雇用関係の成立をあっせんすることを業として行うものをいう。以下この条において同じ。）を行うことができる。

2　監理団体が行う技能実習職業紹介事業に関しては、監理団体を職業安定法第四条第八項に規定する職業紹介事業者、同法第三十二条の三第一項に規定する有料職業紹介事業者若しくは同法第三十三条第一項の許可を受けた者又は雇用対策法（昭和四十一年法律第百三十二号）第二条に規定する職業紹介機関とみなして、職業安定法第五条の二、第五条の三、第五条の五から第五条の七まで、第三十二条の十二及び第三十二条の十三（これらの規定を同法第三十三条第四項において準用する場合を含む。）、第三十三条の五から第三十四条まで並びに第四十八条並びに雇用対策法第二章の規定を適用する。この場合において、職業安定法第五条の三第三項、第三十二条の十三（同法第三十三条第四項において準用する場合を含む。）及び第三十三条の六の規定中「厚生労働省令」とあるのは「主務省令」と、同法第三十二条の十二第一項及び第三項（これらの規定を同法第三十三条第四項において準用する場合を含む。）、第三十三条の六並びに第四十八条並びに雇用対策法第十一条及び第十二条第一項の規定中「厚生労働大臣」とあるのは「主務大臣」とする。

3　前項において読み替えて適用する職業安定法第三十二条の十二第一項（同法第三十三条第四項において準用する場合を含む。）の規定による届出の受理に係る事務については、第十八条の規定を準用する。

4　前三項に定めるもののほか、技能実習職業紹介事業に関し必要な事項は、主務省令で定める。

（監理費）

第二十八条　監理団体は、監理事業に関し、団体監理型実習実施者等、団体監理型技能実習生等その他の関係者から、いかなる名義でも、手数料又は報酬を受けてはならない。

2　監理団体は、前項の規定にかかわらず、監理事業に通常必要となる経費等を勘案して主務省令で定める適正な種類及び額の監理費を団体監理型実習実施者等へあらかじめ用途及び金額を明示した上で徴収することができる。

（許可証）

第二十九条　主務大臣は、第二十三条第一項の許可をしたときは、監理事業を行う事業所の数に応じ、許可証を交付しなければならない。

2　許可証の交付を受けた者は、当該許可証を、監理事業を行う事業所ごとに備え付けるとともに、関係者から請求があったときは提示しなければならない。

3　許可証の交付を受けた者は、当該許可証を亡失し、又は当該許可証が滅失したときは、速やかにその旨を主務大臣に届け出て、許可証の再交付を受けなければならない。

4　主務大臣は、機構に、第一項の規定による交付又は前項の規定による再交付に係る事務を行わせることができる。

5　主務大臣は、前項の規定により機構に第一項の規定による交付若しくは第三項の規定による再交付に係る事務を行わせることとするとき、又は機構に行わせていた第一項の規定による交付若しくは第三項の規定による再交付に係る事務を行わせないこととするときは、その旨を公示しなければならない。

（許可の条件）

第三十条　監理許可には、条件を付し、及びこれを変更することができる。

2　前項の条件は、監理許可の趣旨に照らして、又は当該監理許可に係る事項の確実な実施を図るために必要な最小限度のものに限り、かつ、当該監理許可を受ける者に不当な義務を課することとなるものであってはならない。

（許可の有効期間等）

第三十一条　第二十三条第一項の許可の有効期間（次項の規定により許可の有効期間の更新を受けた場合にあっては、当該更新された有効期間）は、当該許可の日（次項の規定により許可の有効期間の更新を受けた場合にあっては、当該更新前の許可の有効期間が満了する日の翌日）から起算して三年を下らない期間であって監理事業の実施に関する能力及び実績を勘案して政令で定める期間とする。

2　前項に規定する許可の有効期間（以下この条において「許可の有効期間」という。）の満了後引き続き当該許可に係る監理事業（次条第一項の規定による変更の許可があったとき、又は第三十七条第二項の規定による特定監理事業に係る許可への変更があったときは、これらの変更後の許可に係るもの）を行おうとする者は、許可の有効期間の更新を受けなければならない。

3　主務大臣は、許可の有効期間の更新の申請があった場合において、当該申請が第二十五条第一項各号のいずれかに適合していないと認めるときは、当該許可の有効期間の更新をしてはならない。

4　許可の有効期間の更新を受けようとする者は、実費を勘案して主務省令で定める額の手数料を納付しなければならない。

5　第二十三条第二項から第五項まで、第二十四条、第二十五条第二項及び第三項、第二十六条（第二号、第三号並びに第五号ハ及びニを除く。）並びに第二十九条の規定は、許可の有効期間の更新について準用する。

（変更の許可等）

第三十二条　監理団体は、監理許可に係る事業の区分を変更しようとするときは、主務大臣の許可を受けなければならない。この場合において、監理団体は、許可証の書換えを受けなければならない。

2　前項の許可については、第二十三条第二項から第五項まで及び第七項、第二十四条、第二十五条、第二十六条（第二号、第三号並びに第五号ハ及びニを除く。）並びに第二十九条の規定を準用する。

3　監理団体は、第二十三条第二項各号（第四号を除く。）に掲げる事項（主務省令で定めるものを除く。）に変更があったときは、変更の日から一月以内に、その旨を主務大臣に届け出なければならない。この場合において、当該変更に係る事項が監理事業を行う事業所の新設に係るものであるときは、当該事業所に係る事業計画書その他主務省令で定める書類を添付しなければならない。

4　第二十三条第四項の規定は、前項の事業計画書について準用する。

5　主務大臣は、第三項の規定による監理事業を行う事業所の新設に係る変更の届出があったときは、当該新設に係る事業所の数に応じ、許可証を交付しなければならない。

6　監理団体は、第三項の規定による届出をする場合において、当該届出に係る事項が許可証の記載事項に該当するときは、その書換えを受けなければならない。

7　第三項の規定による届出の受理に係る事務については第十八条の規定を、第五項の規定による許可証の交付に係る事務については第二十九条第四項及び第五項の規定を、それぞれ準用する。

（技能実習の実施が困難となった場合の届出）

第三十三条　監理団体は、第十九条第二項の規定による通知を受けた場合その他実習監理を行う団体監理型実習実施者が団体監理型技能実習を行わせることが困難となったと認めるときは、遅滞なく、当該通知に係る事項その他の主務省令で定める事項を主務大臣に届け出なければならない。

2　前項の規定による届出の受理に係る事務については、第十八条の規定を準用する。

（事業の休廃止）

第三十四条　監理団体は、監理事業を廃止し、又はその全部若しくは一部を休止しようとするときは、その廃止又は休止の日の一月前までに、その旨及び当該監理団体が実習監理を行う団体監理型実習実施者に係る団体監理型技能実習の継続のための措置その他の主務省令で定める事項を主務大臣に届け出なければならない。

2　前項の規定による届出の受理に係る事務については、第十八条の規定を準用する。

（報告徴収等）

第三十五条　主務大臣は、この節の規定を施行するために必要な限度において、団体監理型技能実習関係者（監理団体等又は団体監理型実習実施者若しくは団体監理型実習実施者であった者をいう。以下この項において同じ。）若しくは団体監理型技能実習関係者の役員若しくは職員（以下この項において「役職員」という。）若しくは役職員であった者（以下この項において「役職員等」という。）に対し、報告若しくは帳簿書類の提出若しくは提示を命じ、若しくは団体監理型技能実習関係者若しくは役職員等に対し出頭を求め、又は当該主務大臣の職員に関係者に対して質問させ、若しくは団体監理型技能実習関係者に係る事業所その他団体監理型技能実習に関係のある場所に立ち入り、その設備若しくは帳簿書類その他の物件を検査させることができる。

2　第十三条第二項の規定は前項の規定による質問又は立入検査について、同条第三項の規定は前項の規定による権限について、それぞれ準用する。

（改善命令等）

第三十六条　主務大臣は、監理団体が、この法律その他出入国若しくは労働に関する法律又はこれらに基づく命令の規定に違反した場合において、監理事業の適正な運営を確保するために必要があると認めるときは、当該監理団体に対し、期限を定めて、その監理事業の運営を改善するために必要な措置をとるべきことを命ずることができる。

2　主務大臣は、前項の規定による命令をした場合には、その旨を公示しなければならない。

（許可の取消し等）

第三十七条　主務大臣は、監理団体が次の各号のいずれかに該当するときは、監理許可を取り消すことができる。

一　第二十五条第一項各号のいずれかに適合しなくなったと認めるとき。

二　第二十六条各号（第二号、第三号並びに第五号ハ及びニを除く。）のいずれかに該当することとなったとき。

三　第三十条第一項の規定により付された監理許可の条件に違反したとき。

四　この法律の規定若しくは出入国若しくは労働に関する法律の規定であって政令で定めるもの又はこれらの規定に基づく命令若しくは処分に違反したとき。

五　出入国又は労働に関する法令に関し不正又は著しく不当な行為をしたとき。

2　主務大臣は、監理許可（一般監理事業に係るものに限る。）を受けた監理団体が第二十五条第一項第七号の主務省令で定める基準に適合しなくなったと認めるときは、職権で、当該監理許可を特定監理事業に係るものに変更することができる。

3　主務大臣は、監理団体が第一項第一号又は第三号から第五号までのいずれかに該当するときは、期間を定めて当該監理事業の全部又は一部の停止を命ずることができる。

4　主務大臣は、第一項の規定による監理許可の取消し、第二項の規定による監理許可の変更又は前項の規定による命令をした場合には、その旨を公示しなければならない。

（名義貸しの禁止）

第三十八条　監理団体は、自己の名義をもって、他人に監理事業を行わせてはならない。

（認定計画に従った実習監理等）

第三十九条　監理団体は、認定計画に従い、団体監理型技能実習生が団体監理型技能実習を行うために必要な知識の修得をさせるよう努めるとともに、団体監理型技能実習を実習監理しなければならない。

2　監理団体は、その実習監理を行う団体監理型実習実施者が団体監理型技能実習生が修得等をした技能等の評価を行うに当たっては、当該団体監理型実習実施者に対し、必要な指導及び助言を行わなければならない。

3　前二項に規定するもののほか、監理団体は、団体監理型技能実習の実施状況の監査その他の業務の実施に関し主務省令で定める基準に従い、その業務を実施しなければならない。

（監理責任者の設置等）

第四十条　監理団体は、監理事業に関し次に掲げる事項を統括管理させるため、主務省令で定めるところにより、監理事業を行う事業所ごとに監理責任者を選任しなければならない。

一　団体監理型技能実習生の受入れの準備に関すること。

二　団体監理型技能実習生の技能等の修得等に関する団体監理型実習実施者への指導及び助言並びに団体監理型実習実施者との連絡調整に関すること。

三　次節に規定する技能実習生の保護その他団体監理型技能実習生の保護に関すること。

四　団体監理型実習実施者等及び団体監理型技能実習生等の個人情報の管理に関すること。

五　団体監理型技能実習生の労働条件、産業安全及び労働衛生に関し、第九条第七号に規定する責任者との連絡調整に関すること。

六　国及び地方公共団体の機関であって技能実習に関する事務を所掌するもの、機構その他関係機関との連絡調整に関すること。

2　監理責任者は、次に掲げる者以外の者でなければならない。

一　第二十六条第五号イ（第十条第十号に係る部分を除く。）又はロからニまでに該当する者

二　前項の規定による選任の日前五年以内又はその選任の日以後に出入国又は労働に関する法令に関し不正又は著しく不当な行為をした者

三　未成年者

3　監理団体は、団体監理型実習実施者が、団体監理型技能実習に関し労働基準法、労働安全衛生法その他の労働に関する法令に違反しないよう、監理責任者をして、必要な指導を行わせなければならない。

4　監理団体は、団体監理型実習実施者が、団体監理型技能実習に関し労働基準法、労働安全衛生法その他の労働に関する法令に違反していると認めるときは、監理責任者をして、是正のため必要な指示を行わせなければならない。

5　監理団体は、前項に規定する指示を行ったときは、速やかに、その旨を関係行政機関に通報しなければならない。

（帳簿の備付け）

第四十一条　監理団体は、監理事業に関して、主務省令で定める帳簿書類を作成し、監理事業を行う事業所に備えて置かなければならない。

（監査報告等）

第四十二条　監理団体は、その実習監理を行う団体監理型実習実施者について、第三十九条第三項の主務省令で定める基準に従い監査を行ったときは、当該監査の終了後遅滞なく、監査報告書を作成し、主務大臣に提出しなければならない。

2　監理団体は、主務省令で定めるところにより、監理事業を行う事業所ごとに監理事業に関する事業報告書を作成し、主務大臣に提出しなければならない。

3　第一項の規定による監査報告書の受理及び前項の規定による事業報告書の受理に係る事務については、第十八条の規定を準用する。

（個人情報の取扱い）

第四十三条　監理団体は、監理事業に関し、団体監理型実習実施者等及び団体監理型技能実習生等の個人情報を収集し、保管し、又は使用するに当たっては、監理事業の目的の達成に必要な範囲内で団体監理型実習実施者等及び団体監理型技能実習生等の個人情報を収集し、並びにその収集の目的の範囲内でこれを保管し、及び使用しなければならない。ただし、本人の同意がある場合その他正当な事由がある場合は、この限りでない。

2　監理団体は、団体監理型実習実施者等及び団体監理型技能実習生等の個人情報を適正に管理するために必要な措置を講じなければならない。

（秘密保持義務）

第四十四条　監理団体の役員若しくは職員又はこれらの者であった者は、正当な理由なく、その業務に関して知ることができた秘密を漏らし、又は盗用してはならない。

（主務省令への委任）

第四十五条　この節に定めるもののほか、監理団体の許可の手続その他この節の規定の実施に関し必要な事項は、主務省令で定める。

第三節　技能実習生の保護

（禁止行為）

第四十六条　実習監理を行う者（第四十八条第一項において「実習監理者」という。）又はその役員若しくは職員（次条において「実習監理者等」という。）は、暴行、脅迫、監禁その他精神又は身体の自由を不当に拘束する手段によって、技能実習生の意思に反して技能実習を強制してはならない。

第四十七条　実習監理者等は、技能実習生等（技能実習生又は技能実習生になろうとする者をいう。以下この条において同じ。）又はその配偶者、直系若しくは同居の親族その他技能実習生等と社会生活において密接な関係を有する者との間で、技能実習に係る契約の不履行について違約金を定め、又は損害賠償額を予定する契約をしてはならない。

2　実習監理者等は、技能実習生等に技能実習に係る契約に付随して貯蓄の契約をさせ、又は技能実習生等との間で貯蓄金を管理する契約をしてはならない。

第四十八条　技能実習を行わせる者若しくは実習監理者又はこれらの役員若しくは職員（次項において「技能実習関係者」という。）は、技能実習生の旅券（入管法第二条第五号に規定する旅券をいう。第百十一条第五号において同じ。）又は在留カード（入管法第十九条の三に規定する在留カードをいう。同号において同じ。）を保管してはならない。

2　技能実習関係者は、技能実習生の外出その他の私生活の自由を不当に制限してはならない。

（主務大臣に対する申告）

第四十九条　実習実施者若しくは監理団体又はこれらの役員若しくは職員（次項において「実習実施者等」という。）がこの法律又はこれに基づく命令の規定に違反する事実がある場合においては、技能実習生は、その事実を主務大臣に申告することができる。

2　実習実施者等は、前項の申告をしたことを理由として、技能実習生に対して技能実習の中止その他不利益な取扱いをしてはならない。

第四節　補則

（指導及び助言等）

第五十条　主務大臣は、この章の規定の施行に関し必要があると認めるときは、実習実施者及び監理団体に対し、技能実習の適正な実施及び技能実習生の保護のために必要な指導及び助言をすることができる。

2　主務大臣は、技能実習の適正な実施及び技能実習生の保護のため、技能実習生からの相談に応じ、必要な情報の提供、助言その他の援助を行うものとする。

（連絡調整等）

第五十一条　実習実施者及び監理団体は、第十九条第一項若しくは第三十三条第一項の規定による届出、第十九条第二項の規定による通知又は第三十四条第一項の規定による事業の廃止若しくは休止の届出をしようとするときは、当該実習実施者及び当該監理団体に係る技能実習生であって引き続き技能実習を行うことを希望するものが技能実習を行うことができるよう、他の実習実施者又は監理団体その他関係者との連絡調整その他の必要な措置を講じなければならない。

2　主務大臣は、前項に規定する措置の円滑な実施のためその他必要があると認めるときは、実習実施者、監理団体その他関係者に対する必要な指導及び助言を行うことができる。

（技能実習評価試験）

第五十二条　主務大臣は、実習実施者が円滑に技能等の評価を行うことができるよう、技能実習評価試験の振興に努めなければならない。

2　主務大臣は、公正な技能実習評価試験が実施されるよう、技能実習評価試験の基準を主務省令で定めるものとする。

（事業所管大臣への要請）

第五十三条　主務大臣は、技能実習の適正な実施及び技能実習生の保護のために必要があると認めるときは、特定の業種に属する事業を所管する大臣（次条第一項において「事業所管大臣」という。）に対して、当該特定の業種に属する事業に係る技能実習に関し必要な協力を要請することができる。

（事業協議会）

第五十四条　事業所管大臣は、当該事業所管大臣及びその所管する特定の業種に属する事業に係る実習実施者又は監理団体を構成員とする団体その他の関係者により構成される協議会（以下この条において「事業協議会」という。）を組織することができる。

2　事業協議会は、必要があると認めるときは、機構その他の事業協議会が必要と認める者をその構成員として加えることができる。

3　事業協議会は、その構成員が相互の連絡を図ることにより、技能実習の適正な実施及び技能実習生の保護に有用な情報を共有し、その構成員の連携の緊密化を図るとともに、その事業の実情を踏まえた技能実習の適正な実施及び技能実習生の保護に資する取組について協議を行うものとする。

4　事業協議会の事務に従事する者又は従事していた者は、正当な理由なく、当該事務に関して知ることができた秘密を漏らし、又は盗用してはならない。

5　前各項に定めるもののほか、事業協議会の組織及び運営に関し必要な事項は、事業協議会が定める。

（他の法律の規定に基づく措置の実施に関する要求等）
第五十五条　主務大臣は、技能実習の適正な実施及び技能実習生の保護のため必要があると認めるときは、関係行政機関の長に対し、技能実習の適正な実施及び技能実習生の保護に資する情報の提供をすることができる。
2　主務大臣は、技能実習の適正な実施及び技能実習生の保護を図るために実施し得る他の法律の規定に基づく措置があり、技能実習の適正な実施及び技能実習生の保護を図るため、当該措置が速やかに実施されることが必要であると認めるときは、当該措置の実施に関する事務を所掌する大臣に対し、当該措置の速やかな実施を求めることができる。
3　主務大臣は、前項の規定により同項の措置の速やかな実施を求めたときは、同項の大臣に対し、当該措置の実施状況について報告を求めることができる。
（地域協議会）
第五十六条　地域において技能実習に関する事務を所掌する国の機関は、当該機関及び地方公共団体の機関その他の関係機関により構成される協議会（以下この条において「地域協議会」という。）を組織することができる。
2　地域協議会は、必要があると認めるときは、機構その他の地域協議会が必要と認める者をその構成員として加えることができる。
3　地域協議会は、その構成員が相互の連絡を図ることにより、技能実習の適正な実施及び技能実習生の保護に有用な情報を共有し、その構成員の連携の緊密化を図るとともに、その地域の実情を踏まえた技能実習の適正な実施及び技能実習生の保護に資する取組について協議を行うものとする。
4　地域協議会の事務に従事する者又は従事していた者は、正当な理由なく、当該事務に関して知ることができた秘密を漏らし、又は盗用してはならない。
5　前各項に定めるもののほか、地域協議会の組織及び運営に関し必要な事項は、地域協議会が定める。

第三章　外国人技能実習機構

第一節　総則

（機構の目的）
第五十七条　外国人技能実習機構（以下「機構」という。）は、外国人の技能等の修得等に関し、技能実習の適正な実施及び技能実習生の保護を図り、もって人材育成を通じた開発途上地域等への技能等の移転による国際協力を推進することを目的とする。
（法人格）
第五十八条　機構は、法人とする。
（数）
第五十九条　機構は、一を限り、設立されるものとする。
（資本金）
第六十条　機構の資本金は、その設立に際し、政府及び政府以外の者が出資する額の合計額とする。
2　機構は、必要があるときは、主務大臣の認可を受けて、その資本金を増加することができる。
（名称）
第六十一条　機構は、その名称中に外国人技能実習機構という文字を用いなければならない。
2　機構でない者は、その名称中に外国人技能実習機構という文字を用いてはならない。
（登記）
第六十二条　機構は、政令で定めるところにより、登記しなければならない。
2　前項の規定により登記しなければならない事項は、登記の後でなければ、これをもって第三者に対抗することができない。
（一般社団法人及び一般財団法人に関する法律の準用）
第六十三条　一般社団法人及び一般財団法人に関する法律（平成十八年法律第四十八号）第四条及び第七十八条の規定は、機構について準用する。

第二節　設立

（発起人）
第六十四条　機構を設立するには、技能実習に関して専門的な知識と経験を有する者三人以上が発起人になることを必要とする。
（定款の作成等）
第六十五条　発起人は、速やかに、機構の定款を作成し、政府以外の者に対し機構に対する出資を募集しなければならない。
2　前項の定款には、次の事項を記載しなければならない。
一　目的
二　名称
三　事務所の所在地
四　資本金及び出資に関する事項
五　役員に関する事項
六　評議員会に関する事項
七　業務及びその執行に関する事項
八　財務及び会計に関する事項
九　定款の変更に関する事項
十　公告の方法
（設立の認可等）
第六十六条　発起人は、前条第一項の募集が終わったときは、速やかに、定款を主務大臣に提出して、設立の認可を申請しなければならない。
2　主務大臣は、機構の理事長となるべき者及び監事となるべき者を指名する。
3　前項の規定により指名された機構の理事長となるべき者及び監事となるべき者は、機構の成立の時において、第七十一条第一項の規定により、それぞれ理事長及び監事に任命されたものとする。
（事務の引継ぎ）
第六十七条　発起人は、前条第一項の認可を受けたときは、遅滞なく、その事務を同条第二項の規定により指名された機構の理事長となるべき者に引き継がなければならない。
2　前条第二項の規定により指名された機構の理事長となるべき者は、前項の規定による事務の引継ぎを受けたときは、遅滞なく、政府及び出資の募集に応じた政府以外の者に対し、出資金の払込みを求めなければならない。
（設立の登記）
第六十八条　第六十六条第二項の規定により指名された機構の理事長となるべき者は、前条第二項の規定による出資金の払込みがあったときは、遅滞なく、政令で定めるところにより、設立の登記をしなければならない。
2　機構は、設立の登記をすることにより成立する。

第三節　役員等

（役員）
第六十九条　機構に、役員として理事長一人、理事三人以内及び監事二人以内を置く。
（役員の職務及び権限）
第七十条　理事長は、機構を代表し、その業務を総理する。
2　理事は、理事長の定めるところにより、機構を代表し、理事長を補佐して機構の業務を掌理し、理事長に事故があるときはその職務を代理し、理事長が欠員のときはその職務を行う。
3　監事は、機構の業務を監査する。
4　監事は、監査の結果に基づき、必要があると認めるときは、理事長又は主務大臣に意見を提出することができる。

（役員の任命）
第七十一条　理事長及び監事は、主務大臣が任命する。
２　理事は、理事長が主務大臣の認可を受けて任命する。
（役員の任期）
第七十二条　役員の任期は、二年とする。ただし、補欠の役員の任期は、前任者の残任期間とする。
２　役員は、再任されることができる。
（役員の欠格条項）
第七十三条　政府又は地方公共団体の職員（非常勤の者を除く。）は、役員となることができない。
（役員の解任）
第七十四条　主務大臣又は理事長は、それぞれその任命に係る役員が前条の規定に該当するに至ったときは、その役員を解任しなければならない。
２　主務大臣又は理事長は、それぞれその任命に係る役員が次の各号のいずれかに該当するに至ったときその他役員たるに適しないと認めるときは、第七十一条の規定の例により、その役員を解任することができる。
一　破産手続開始の決定を受けたとき。
二　禁錮以上の刑に処せられたとき。
三　心身の故障のため職務を執行することができないと認められるとき。
四　職務上の義務違反があるとき。
（役員の兼職禁止）
第七十五条　役員（非常勤の者を除く。）は、営利を目的とする団体の役員となり、又は自ら営利事業に従事してはならない。ただし、主務大臣の承認を受けたときは、この限りでない。
（監事の兼職禁止）
第七十六条　監事は、理事長、理事、評議員又は機構の職員を兼ねてはならない。
（代表権の制限）
第七十七条　機構と理事長又は理事との利益が相反する事項については、これらの者は、代表権を有しない。この場合においては、監事が機構を代表する。
（代理人の選任）
第七十八条　理事長は、機構の職員のうちから、機構の業務の一部に関する一切の裁判上又は裁判外の行為を行う権限を有する代理人を選任することができる。
（職員の任命）
第七十九条　機構の職員は、理事長が任命する。
（役員及び職員の秘密保持義務）
第八十条　機構の役員若しくは職員又はこれらの職にあった者は、正当な理由なく、その職務上知ることができた秘密を漏らし、又は盗用してはならない。
（役員及び職員の地位）
第八十一条　機構の役員及び職員は、刑法その他の罰則の適用については、法令により公務に従事する職員とみなす。

第四節　評議員会

（設置）
第八十二条　機構に、第八十七条の業務（同条第一号に掲げる業務及びこれに附帯する業務を除く。以下この条において同じ。）の円滑な運営を図るため、評議員会を置く。
２　評議員会は、第八十七条の業務の運営に関する重要事項を審議する。
３　評議員会は、前項に規定するもののほか、第八十七条の業務の運営に関し、理事長の諮問に応じて重要事項について意見を述べ、又は必要と認める事項について理事長に建議することができる。
（組織）
第八十三条　評議員会は、評議員十五人以内をもって組織する。
（評議員）
第八十四条　評議員は、労働者を代表する者、事業主を代表する者及び技能実習に関して専門的な知識と経験を有する者のうちから、理事長が主務大臣の認可を受けて任命する。
２　評議員のうち、労働者を代表する者及び事業主を代表する者は、各同数とする。
３　評議員の任期は、四年とする。ただし、補欠の評議員の任期は、前任者の残任期間とする。
４　評議員は、再任されることができる。
（評議員の解任）
第八十五条　理事長は、評議員が第七十四条第二項各号のいずれかに該当するに至ったときは、前条第一項の規定の例により、その評議員を解任することができる。
（評議員の秘密保持義務等）
第八十六条　第八十条及び第八十一条の規定は、評議員について準用する。

第五節　業務

（業務の範囲）
第八十七条　機構は、第五十七条の目的を達成するため、次に掲げる業務を行う。
一　技能実習に関し行う次に掲げる業務
イ　第十二条第一項の規定により認定事務を行うこと。
ロ　第十四条第一項の規定により報告若しくは帳簿書類の提出若しくは提示を求め、又はその職員をして、質問させ、若しくは検査させること。
ハ　第十八条第一項（第十九条第三項、第二十一条第二項、第二十七条第三項、第三十二条第七項、第三十三条第二項、第三十四条第二項及び第四十二条第三項において準用する場合を含む。）の規定により届出、報告書、監査報告書又は事業報告書を受理すること。
ニ　第二十四条第一項（第三十一条第五項及び第三十二条第二項において準用する場合を含む。）の規定により事実関係の調査を行うこと。
ホ　第二十四条第三項（第三十一条第五項及び第三十二条第二項において準用する場合を含む。）の規定により申請書を受理すること。
ヘ　第二十九条第四項（第三十一条第五項並びに第三十二条第二項及び第七項において準用する場合を含む。）の規定により許可証の交付又は再交付に係る事務を行うこと。
二　技能実習の適正な実施及び技能実習生の保護を図るために技能実習生からの相談に応じ、必要な情報の提供、助言その他の援助を行う業務（次号に掲げる業務に該当するものを除く。）
三　技能実習を行うことが困難となった技能実習生であって引き続き技能実習を行うことを希望するものが技能実習を行うことができるよう、技能実習生からの相談に応じ、必要な情報の提供、助言その他の援助を行うとともに、実習実施者、監理団体その他関係者に対する必要な指導及び助言を行う業務
四　技能実習に関し、調査及び研究を行う業務
五　その他技能実習の適正な実施及び技能実習生の保護に関する業務
六　前各号に掲げる業務（これらに附帯する業務を含み、主務省令で定める業務を除く。）に係る手数料を徴収する業務
七　前各号に掲げる業務に附帯する業務
（業務の委託）
第八十八条　機構は、主務大臣の認可を受けて、前条の業務（同条第一号に掲げる業務及びこれに附帯する業務を除く。）の一部を委託することができる。
２　第八十条及び第八十一条の規定は、前項の規定による委託を受けた者（その者が法人である場合にあっては、その役員）又はその職員その他の当該委託を受けた業務に従事する者について準用する。

（業務方法書）
第八十九条　機構は、業務開始の際、業務方法書を作成し、主務大臣の認可を受けなければならない。これを変更しようとするときも、同様とする。
2　前項の業務方法書には、主務省令で定める事項を記載しなければならない。
（資料の交付の要請等）
第九十条　国又は地方公共団体は、機構がその業務を行うため特に必要があると認めて要請をしたときは、機構に対し、必要な資料を交付し、又はこれを閲覧させることができる。
2　機構は、その業務を行うため必要があると認めるときは、国の行政機関の長及び地方公共団体の長その他の執行機関に対して、資料の提供、意見の表明、説明その他必要な協力を求めることができる。

第六節　財務及び会計

（事業年度）
第九十一条　機構の事業年度は、毎年四月一日に始まり、翌年三月三十一日に終わる。
（予算等の認可）
第九十二条　機構は、毎事業年度、予算及び事業計画を作成し、当該事業年度の開始前に、主務大臣の認可を受けなければならない。これを変更しようとするときも、同様とする。
2　主務大臣は、前項の認可をしようとするときは、あらかじめ、財務大臣に協議しなければならない。
（財務諸表等）
第九十三条　機構は、毎事業年度、貸借対照表、損益計算書その他主務省令で定める書類及びこれらの附属明細書（以下この条において「財務諸表」という。）を作成し、当該事業年度の終了後三月以内に主務大臣に提出し、その承認を受けなければならない。
2　機構は、前項の規定により財務諸表を主務大臣に提出するときは、これに当該事業年度の事業報告書及び予算の区分に従い作成した決算報告書並びに財務諸表及び決算報告書に関する監事の意見書を添付しなければならない。
3　機構は、第一項の規定による主務大臣の承認を受けたときは、遅滞なく、財務諸表を官報に公告し、かつ、財務諸表並びに前項の事業報告書、決算報告書及び監事の意見書（以下この条において「財務諸表等」という。）を、各事務所に備え置き、主務省令で定める期間、公衆の縦覧に供しなければならない。
4　財務諸表等は、電磁的記録（電子的方式、磁気的方式その他人の知覚によっては認識することができない方式で作られる記録であって、電子計算機による情報処理の用に供されるものとして主務省令で定めるものをいう。次項において同じ。）をもって作成することができる。
5　財務諸表等が電磁的記録をもって作成されているときは、機構の事務所において、当該電磁的記録に記録された情報を電磁的方法（電子情報処理組織を使用する方法その他の情報通信の技術を利用する方法であって主務省令で定めるものをいう。）により不特定多数の者が提供を受けることができる状態に置く措置として主務省令で定めるものをとることができる。この場合においては、財務諸表等を、第三項の規定により備え置き、公衆の縦覧に供したものとみなす。
（利益及び損失の処理）
第九十四条　機構は、毎事業年度、損益計算において利益を生じたときは、前事業年度から繰り越した損失を埋め、なお残余があるときは、その残余の額は、積立金として整理しなければならない。
2　機構は、毎事業年度、損益計算において損失を生じたときは、前項の規定による積立金を減額して整理し、なお不足があるときは、その不足額は、繰越欠損金として整理しなければならない。
3　機構は、予算をもって定める額に限り、第一項の規定による積立金を第八十七条の業務に要する費用に充てることができる。

（借入金）
第九十五条　機構は、その業務に要する費用に充てるため必要な場合において、主務大臣の認可を受けて、短期借入金をすることができる。
2　前項の規定による短期借入金は、当該事業年度内に償還しなければならない。ただし、資金の不足のため償還することができないときは、その償還することができない金額に限り、主務大臣の認可を受けて、これを借り換えることができる。
3　前項ただし書の規定により借り換えた短期借入金は、一年以内に償還しなければならない。
4　主務大臣は、第一項及び第二項の認可をしようとするときは、あらかじめ、財務大臣に協議しなければならない。
5　機構は、長期借入金及び債券発行をすることができない。
（交付金）
第九十六条　政府は、予算の範囲内において、機構に対し、その業務に要する費用に相当する金額を交付するものとする。
（余裕金の運用）
第九十七条　機構は、次の方法によるほか、業務上の余裕金を運用してはならない。
一　国債その他主務大臣の指定する有価証券の保有
二　主務大臣の指定する金融機関への預金
三　その他主務省令で定める方法
（主務省令への委任）
第九十八条　この法律に定めるもののほか、この節の規定の実施に関し必要な事項は、主務省令で定める。

第七節　監督

（監督）
第九十九条　機構は、主務大臣が監督する。
2　主務大臣は、この法律を施行するため必要があると認めるときは、機構に対し、その業務に関して監督上必要な命令をすることができる。
（報告及び検査）
第百条　主務大臣は、この法律を施行するため必要があると認めるときは、機構に対しその業務に関し報告をさせ、又は当該職員に機構の事務所に立ち入り、帳簿、書類その他の物件を検査させることができる。
2　第十三条第二項の規定は前項の規定による立入検査について、同条第三項の規定は前項の規定による権限について、それぞれ準用する。

第八節　補則

（定款の変更）
第百一条　機構の定款の変更は、主務大臣の認可を受けなければ、その効力を生じない。
（解散）
第百二条　機構は、解散した場合において、その債務を弁済してなお残余財産があるときは、これを各出資者に対し、その出資額を限度として分配するものとする。
2　前項に規定するもののほか、機構の解散については、別に法律で定める。

第四章　雑則

（主務大臣等）
第百三条　この法律における主務大臣は、法務大臣及び厚生労働大臣とする。
2　この法律における主務省令は、主務大臣の発する命令とする。

（権限の委任等）

第百四条　主務大臣は、政令で定めるところにより、第三十五条第一項の規定による報告の徴収、帳簿書類の提出若しくは提示の命令、出頭の命令、質問又は立入検査（第四十条第三項から第五項までの規定を施行するために行うものに限る。）（次項及び次条において「報告徴収等」という。）の権限の一部を国土交通大臣に委任することができる。

2　国土交通大臣は、前項の規定による委任に基づき、報告徴収等を行ったときは、速やかに、その結果について主務大臣に報告するものとする。

3　国土交通大臣は、政令で定めるところにより、第一項の規定により委任された権限を地方運輸局長に委任することができる。

4　前項の規定により地方運輸局長に委任された権限は、政令で定めるところにより、運輸支局長又は地方運輸局、運輸監理部若しくは運輸支局の事務所の長に委任することができる。

5　この法律に規定する主務大臣の権限（第一項の規定により国土交通大臣に委任されたものを除く。）は、主務省令で定めるところにより、地方支分部局の長に委任することができる。

（職権の行使）

第百五条　主務大臣は、報告徴収等に関する事務について、第三十五条第一項に規定する当該主務大臣の職員の職権を労働基準監督官に行わせることができる。

2　国土交通大臣は、主務大臣の権限が前条第一項の規定により国土交通大臣に委任された場合には、報告徴収等に関する事務について、第三十五条第一項に規定する当該主務大臣の職員の職権を船員労務官に行わせることができる。

（国等の連携）

第百六条　国、地方公共団体及び機構は、技能実習が円滑に行われるよう、必要な情報交換を行うことその他相互の密接な連携の確保に努めるものとする。

2　機構は、前項に規定する連携のため、主務大臣に対し、主務大臣の権限の行使に関して必要な情報の提供を行わなければならない。

（主務省令への委任）

第百七条　この法律に定めるもののほか、この法律の規定の実施に関し必要な事項は、主務省令で定める。

第五章　罰則

第百八条　第四十六条の規定に違反した者は、一年以上十年以下の懲役又は二十万円以上三百万円以下の罰金に処する。

第百九条　次の各号のいずれかに該当する者は、一年以下の懲役又は百万円以下の罰金に処する。

一　第二十三条第一項の規定に違反して実習監理を行った者

二　偽りその他不正の行為により、第二十三条第一項の許可、第三十一条第二項の規定による許可の有効期間の更新又は第三十二条第一項の変更の許可を受けた者

三　第三十七条第三項の規定による処分に違反した場合におけるその違反行為をした監理団体の役員又は職員

四　第三十八条の規定に違反した場合におけるその違反行為をした監理団体の役員又は職員

第百十条　第四十四条、第五十四条第四項、第五十六条第四項又は第八十条（第八十六条及び第八十八条第二項において準用する場合を含む。）の規定に違反した者は、一年以下の懲役又は五十万円以下の罰金に処する。

第百十一条　次の各号のいずれかに該当する者は、六月以下の懲役又は三十万円以下の罰金に処する。

一　第十五条第一項の規定による処分に違反した者

二　第二十八条第一項の規定に違反した場合におけるその違反行為をした監理団体の役員又は職員

三　第三十六条第一項の規定による処分に違反した場合におけるその違反行為をした監理団体の役員又は職員

四　第四十七条の規定に違反した者

五　第四十八条第一項の規定に違反して、技能実習生の意思に反して技能実習生の旅券又は在留カードを保管した者

六　第四十八条第二項の規定に違反して、技能実習生に対し、解雇その他の労働関係上の不利益又は制裁金の徴収その他の財産上の不利益を示して、技能実習が行われる時間以外における他の者との通信若しくは面談又は外出の全部又は一部を禁止する旨を告知した者

七　第四十九条第二項の規定に違反した者

第百十二条　次の各号のいずれかに該当する者は、三十万円以下の罰金に処する。

一　第十三条第一項又は第三十五条第一項の規定による報告若しくは帳簿書類の提出若しくは提示をせず、若しくは虚偽の報告若しくは虚偽の帳簿書類の提出若しくは提示をし、又はこれらの規定による質問に対して答弁をせず、若しくは虚偽の答弁をし、若しくはこれらの規定による検査を拒み、妨げ、若しくは忌避した者

二　第十七条の規定による届出をせず、又は虚偽の届出をした者

三　第十九条第一項の規定による届出をせず、又は虚偽の届出をした者

四　第十九条第二項の規定による通知をせず、又は虚偽の通知をした者

五　第二十条の規定に違反して帳簿書類を作成せず、若しくは事業所に備えて置かず、又は虚偽の帳簿書類を作成した者

六　第二十三条第二項（第三十一条第五項及び第三十二条第二項において準用する場合を含む。）に規定する申請書又は第二十三条第三項（第三十一条第五項及び第三十二条第二項において準用する場合を含む。）に規定する書類であって虚偽の記載のあるものを提出した者

七　第三十二条第三項の規定による届出をせず、若しくは虚偽の届出をし、又は同項に規定する書類であって虚偽の記載のあるものを提出した場合におけるその違反行為をした監理団体の役員又は職員

八　第三十三条第一項の規定による届出をせず、又は虚偽の届出をした場合におけるその違反行為をした監理団体の役員又は職員

九　第三十四条第一項の規定による届出をしないで、又は虚偽の届出をして、監理事業を廃止し、又はその全部若しくは一部を休止した場合におけるその違反行為をした監理団体の役員又は職員

十　第四十条第一項の規定に違反した場合におけるその違反行為をした監理団体の役員又は職員

十一　第四十一条の規定に違反して帳簿書類を作成せず、若しくは事業所に備えて置かず、又は虚偽の帳簿書類を作成した場合におけるその違反行為をした監理団体の役員又は職員

十二　第百条第一項の規定による報告をせず、若しくは虚偽の報告をし、又は同項の規定による検査を拒み、妨げ、若しくは忌避した場合におけるその違反行為をした機構の役員又は職員

第百十三条　法人の代表者又は法人若しくは人の代理人、使用人その他の従業者が、その法人又は人の業務に関して、第百八条、第百九条、第百十条（第四十四条に係る部分に限る。）、第百十一条及び前条（第十二号を除く。）の違反行為をしたときは、行為者を罰するほか、その法人又は人に対しても、各本条の罰金刑を科する。

第百十四条　次の各号のいずれかに該当する場合には、その違反行為をした機構の役員は、二十万円以下の過料に処する。

一　第三章の規定により主務大臣の認可又は承認を受けなければならない場合において、その認可又は承認を受けなかったとき。

二　第六十二条第一項の規定による政令に違反して登記することを怠ったとき。

三　第八十七条に規定する業務以外の業務を行ったとき。

四　第九十三条第三項の規定に違反して、書類を備え置かず、又は縦覧に供しなかったとき。

五　第九十七条の規定に違反して業務上の余裕金を運用したとき。

六　第九十九条第二項の規定による主務大臣の命令に違反したとき。

第百十五条　第六十一条第二項の規定に違反した者は、二十万円以下の過料に処する。

附　則

（施行期日）

第一条　この法律は、公布の日から起算して一年を超えない範囲内において政令で定める日から施行する。ただし、第一章、第三章、第百三条、第百六条、第百七条、第百十条（第八十条（第八十六条及び第八十八条第二項において準用する場合を含む。）に係る部分に限る。）、第百十二条（第十二号に係る部分に限る。）、第百十四条及び第百十五条の規定並びに附則第五条から第九条まで、第十一条、第十四条から第十七条まで、第十八条（登録免許税法（昭和四十二年法律第三十五号）別表第三の改正規定に限る。）、第二十条から第二十三条まで及び第二十六条の規定は、公布の日から施行する。

（検討）

第二条　政府は、この法律の施行後五年を目途として、この法律の施行の状況を勘案し、必要があると認めるときは、この法律の規定について検討を加え、その結果に基づいて所要の措置を講ずるものとする。

（技能実習に関する経過措置）

第三条　附則第十三条第一項の規定によりなお従前の例によることとされた附則第十二条の規定による改正前の出入国管理及び難民認定法（以下「旧入管法」という。）別表第一の二の表の技能実習の在留資格をもって在留する者が行う活動は、技能実習に該当しないものとする。

2　前項に規定する者又はこの法律の施行の日（以下「施行日」という。）前に旧入管法別表第一の二の表の技能実習の在留資格をもって在留していた者（同項に規定する者を除く。）その他これに準ずるものとして主務大臣が適当と認める者（以下この条及び次条において「旧技能実習在留資格者等」という。）が第一号企業単独型技能実習に相当するものとして主務省令で定めるものを修了した場合においては、第二条第二項第二号の規定の適用については、当分の間、同号中「第一号企業単独型技能実習」とあるのは、「附則第三条第二項の主務省令で定めるもの」とする。

3　旧技能実習在留資格者等が第二号企業単独型技能実習に相当するものとして主務省令で定めるものを修了した場合においては、第二条第二項第三号の規定の適用については、当分の間、同号中「第二号企業単独型技能実習」とあるのは、「附則第三条第三項の主務省令で定めるもの」とする。

4　旧技能実習在留資格者等が第一号団体監理型技能実習に相当するものとして主務省令で定めるものを修了した場合においては、第二条第四項第二号の規定の適用については、当分の間、同号中「第一号団体監理型技能実習」とあるのは、「附則第三条第四項の主務省令で定めるもの」とする。

5　旧技能実習在留資格者等が第二号団体監理型技能実習に相当するものとして主務省令で定めるものを修了した場合においては、第二条第四項第三号の規定の適用については、当分の間、同号中「第二号団体監理型技能実習」とあるのは、「附則第三条第五項の主務省令で定めるもの」とする。

（技能実習計画の認定の基準に関する経過措置）

第四条　旧技能実習在留資格者等を雇用する者又は雇用しようとする者が、当該旧技能実習在留資格者等に係る技能実習計画（第一号企業単独型技能実習又は第一号団体監理型技能実習に係るものを除く。）を作成し、当該技能実習計画について第八条第一項の認定の申請をした場合においては、第九条の規定の適用については、当分の間、同条第四号中「第一号企業単独型技能実習又は第一号団体監理型技能実習に係る技能実習計画」とあるのは「附則第三条第二項に規定する旧技能実習在留資格者等が行う活動に係る主務省令で定める計画（以下この号において「相当技能実習計画」という。）」と、「第二号企業単独型技能実習又は第二号団体監理型技能実習に係る技能実習計画」とあるのは「相当技能実習計画」と、同条第十一号中「技能実習生に技能実習」とあるのは「技能実習生（技能実習に相当するもの（附則第三条第二項の主務省令で定めるもの、同条第三項の主務省令で定めるもの、同条第四項の主務省令で定めるもの及び同条第五項の主務省令で定めるものをいう。以下この号において同じ。）を行う同条第二項に規定する旧技能実習在留資格者等を含む。）に技能実習（技能実習に相当するものを含む。）」とする。

（外国人技能実習機構に関する経過措置）

第五条　この法律の施行の際現にその名称中に外国人技能実習機構という文字を用いている者については、第六十一条第二項の規定は、第三章の規定の施行後六月間は、適用しない。

第六条　機構の最初の事業年度は、第九十一条の規定にかかわらず、その成立の日に始まり、その後最初の三月三十一日に終わるものとする。

第七条　機構の最初の事業年度の予算及び事業計画については、第九十二条第一項中「当該事業年度の開始前に」とあるのは、「機構の成立後遅滞なく」とする。

（施行前の準備）

第八条　第八条第一項の認定及び第二十三条第一項の許可の手続は、施行日前においても行うことができる。この場合において、主務大臣は、第十二条及び第二十四条の規定の例により、機構に、認定事務又は調査の全部又は一部を行わせることができる。

2　第二十三条第一項の許可の手続を施行日前に行う場合において、厚生労働大臣は、同条第六項の規定の例により、労働政策審議会の意見を聴くことができる。

3　第二十三条第一項の許可の手続に係る申請書又はこれに添付すべき書類であって虚偽の記載のあるものを提出した者は、三十万円以下の罰金に処する。

4　法人の代表者又は法人若しくは人の代理人、使用人その他の従業者が、その法人又は人の業務に関して、前項の違反行為をしたときは、行為者を罰するほか、その法人又は人に対しても、同項の罰金刑を科する。

（国立国会図書館法の一部改正）

第九条　国立国会図書館法（昭和二十三年法律第五号）の一部を次のように改正する。

別表第一沖縄振興開発金融公庫の項の次に次のように加える。

外国人技能実習機構	外国人の技能実習の適正な実施及び技能実習生の保護に関する法律（平成二十八年法律第八十九号）

（風俗営業等の規制及び業務の適正化等に関する法律の一部改正）

第十条　風俗営業等の規制及び業務の適正化等に関する法律（昭和二十三年法律第百二十二号）の一部を次のように改正する。

第四条第一項第二号に次のように加える。

ワ　外国人の技能実習の適正な実施及び技能実習生の保護に関する法律（平成二十八年法律第八十九号）第百八条の罪

（地方税法の一部改正）

第十一条　地方税法（昭和二十五年法律第二百二十六号）の一部を次のように改正する。

第七十二条の五第一項第七号中「日本勤労者住宅協会」を「外国人技能実習機構、日本勤労者住宅協会」に改める。

（出入国管理及び難民認定法の一部改正）

第十二条　出入国管理及び難民認定法の一部を次のように改正する。

第二条の二第一項及び第二項中「又は第二号イ」を「、第二号イ若しくはロ又は第三号イ」に改める。

第七条第一項第二号中「及び技能実習の項の下欄第二号」を削る。

第二十条第一項中「又は技能実習の在留資格（同表の技能実習の項の下欄第二号イ又はロに係るものに限る。）」を削る。

第二十条の二の見出し中「在留資格」を「高度専門職の在留資格」に改め、同条第一項を次のように改める。

高度専門職の在留資格（別表第一の二の表の高度専門職の項の下欄第二号に係るものに限る。）への変更は、前条第一項の規定にかかわらず、高度専門職の在留資格（同表の高度専門職の項の下欄第一号イからハまでに係るものに限る。）をもつて本邦に在留していた外国人でなければ受けることができない。

第二十条の二第二項中「前項各号に掲げる在留資格」を「高度専門職の在留資格（別表第一の二の表の高度専門職の項の下欄第二号に係るものに限る。）」に改める。

別表第一の二の表技能実習の項下欄第一号イ及びロを次のように改める。

イ　外国人の技能実習の適正な実施及び技能実習生の保護に関する法律（平成二十八年法律第八十九号。以下「技能実習法」という。）第八条第一項の認定（技能実習法第十一条第一項の規定による変更の認定があつたときは、その変更後のもの。以下同じ。）を受けた技能実習法第八条第一項に規定する技能実習計画（技能実習法第二条第二項第一号に規定する第一号企業単独型技能実習に係るものに限る。）に基づいて、講習を受け、及び技能、技術又は知識（以下「技能等」という。）に係る業務に従事する活動

ロ　技能実習法第八条第一項の認定を受けた同項に規定する技能実習計画（技能実習法第二条第四項第一号に規定する第一号団体監理型技能実習に係るものに限る。）に基づいて、講習を受け、及び技能等に係る業務に従事する活動

別表第一の二の表技能実習の項下欄第二号イ及びロを次のように改める。

イ　技能実習法第八条第一項の認定を受けた同項に規定する技能実習計画（技能実習法第二条第二項第二号に規定する第二号企業単独型技能実習に係るものに限る。）に基づいて技能等を要する業務に従事する活動

ロ　技能実習法第八条第一項の認定を受けた同項に規定する技能実習計画（技能実習法第二条第四項第二号に規定する第二号団体監理型技能実習に係るものに限る。）に基づいて技能等を要する業務に従事する活動

別表第一の二の表技能実習の項の下欄に次の一号を加える。

三　次のイ又はロのいずれかに該当する活動

イ　技能実習法第八条第一項の認定を受けた同項に規定する技能実習計画（技能実習法第二条第二項第三号に規定する第三号企業単独型技能実習に係るものに限る。）に基づいて技能等を要する業務に従事する活動

ロ　技能実習法第八条第一項の認定を受けた同項に規定する技能実習計画（技能実習法第二条第四項第三号に規定する第三号団体監理型技能実習に係るものに限る。）に基づいて技能等を要する業務に従事する活動

（出入国管理及び難民認定法の一部改正に伴う経過措置）

第十三条　この法律の施行の際現に旧入管法別表第一の二の表の技能実習の在留資格をもって本邦に在留する者並びに第三項第一号及び第四項の規定によりなお従前の例によることとされる場合における旧入管法第三章第一節又は第二節の規定による上陸許可の証印又は許可（在留資格の決定を伴うものに限る。）を受けて在留する者の在留資格及び在留期間については、なお従前の例による。ただし、旧入管法第二十条の二第一項第二号に掲げる在留資格への変更及び在留期間の更新については、この限りでない。

2　前項ただし書の規定にかかわらず、この法律の施行前にされた、次に掲げる申請についての処分については、なお従前の例による。

一　旧入管法別表第一の二の表の技能実習の在留資格（同表の技能実習の項の下欄第一号イ又はロに係るものに限る。）をもって本邦に在留する者（当該在留資格に伴う在留期間が施行日から起算して三月を経過する日までの間に満了する者に限る。）からされた旧入管法第二十条第二項の規定による旧入管法第二十条の二第一項第二号に掲げる在留資格への変更の申請であって、この法律の施行の際、旧入管法第二十条第三項の規定による許可をするかどうかの処分がされていないもの

二　旧入管法別表第一の二の表の技能実習の在留資格をもって本邦に在留する者（当該在留資格に伴う在留期間が施行日から起算して三月を経過する日までの間に満了する者に限る。）からされた旧入管法第二十一条第二項の規定による在留期間の更新の申請であって、この法律の施行の際、同条第三項の規定による許可をするかどうかの処分がされていないもの

3　この法律の施行前にされた、次に掲げる申請についての処分については、なお従前の例による。

一　本邦において旧入管法別表第一の二の表の技能実習の項の下欄第一号イ又はロに掲げる活動（以下この条において「旧技能実習第一号活動」という。）を行おうとする外国人からされた旧入管法第六条第二項の上陸の申請であって、この法律の施行の際、旧入管法第三章第一節の規定による上陸許可の証印をするかどうかの処分がされていないもの

二　本邦において旧技能実習第一号活動を行おうとする外国人（施行日から起算して三月を経過する日までに本邦に上陸しようとする者に限る。）からされた旧入管法第七条の二第一項の規定による証明書の交付の申請であって、この法律の施行の際、交付をするかどうかの処分がされていないもの

4　施行日前に本邦において旧技能実習第一号活動を行おうとして旧入管法第七条の二第一項の規定による証明書の交付を受けた者及び前項第二号の規定によりなお従前の例によることとされる場合における同条第一項の規定による証明書の交付を受けた者から施行日以後にされた前条の規定による改正後の出入国管理及び難民認定法第六条第二項の上陸の申請に対する処分については、施行日（前項第二号の規定によりなお従前の例によることとされる場合における旧入管法第七条の二第一項の規定により証明書の交付を受けた者にあっては、当該交付の日）から三月を経過する日までの間は、なお従前の例による。

（行政事件訴訟法の一部改正）

第十四条　行政事件訴訟法（昭和三十七年法律第百三十九号）の一部を次のように改正する。

別表沖縄振興開発金融公庫の項の次に次のように加える。

外国人技能実習機構	外国人の技能実習の適正な実施及び技能実習生の保護に関する法律（平成二十八年法律第八十九号）

（所得税法の一部改正）

第十五条　所得税法（昭和四十年法律第三十三号）の一部を次のように改正する。

別表第一沖縄振興開発金融公庫の項の次に次のように加える。

外国人技能実習機構	外国人の技能実習の適正な実施及び技能実習生の保護に関する法律（平成二十八年法律第八十九号）

（法人税法の一部改正）

第十六条　法人税法（昭和四十年法律第三十四号）の一部を次のように改正する。

別表第二医療法人（医療法第四十二条の二第一項（社会医療法人）に規定する社会医療法人に限る。）の項の次に次のように加える。

外国人技能実習機構	外国人の技能実習の適正な実施及び技能実習生の保護に関する法律（平成二十八年法律第八十九号）

（印紙税法の一部改正）

第十七条　印紙税法（昭和四十二年法律第二十三号）の一部を次のように改正する。

別表第三国立研究開発法人海洋研究開発機構法（平成十五年法律第九十五号）第十七条第三号（業務の範囲）の業務に関する文書の項の次に次のように加える。

外国人の技能実習の適正な実施及び技能実習生の保護に関する法律（平成二十八年法律第八十九号）第八十七条第一号及び第六号（同条第一号の業務に係る業務に限る。）（業務の範囲）の業務に関する文書	外国人技能実習機構

（登録免許税法の一部改正）

第十八条 登録免許税法の一部を次のように改正する。

別表第一中第六十二号を削り、第六十三号を第六十二号とし、同号の次に次のように加える。

六十三 外国人の技能実習に係る監理団体の許可又は事業の区分の変更の許可		
外国人の技能実習の適正な実施及び技能実習生の保護に関する法律（平成二十八年法律第八十九号）第二十三条第一項（監理団体の許可）の監理団体の許可（更新の許可を除く。）又は同法第三十二条第一項（変更の許可等）の規定による変更の許可（同法第二十三条第一項第一号に掲げる一般監理事業への事業の区分の変更に係るものに限る。）	許可件数	一件につき一万五千円

別表第三中一の三の項を一の四の項とし、一の二の項を一の三の項とし、一の項を一の二の項とし、同項の前に次のように加える。

一 外国人技能実習機構	外国人の技能実習の適正な実施及び技能実習生の保護に関する法律	事務所用建物（専ら自己の事務所の用に供する建物をいう。以下同じ。）の所有権の取得登記又は当該建物の敷地の用に供する土地の権利の取得登記	第三欄の登記に該当するものであることを証する財務省令で定める書類の添付があるものに限る。

別表第三の二の項中「（専ら自己の事務所の用に供する建物をいう。以下同じ。）」を削る。

（住民基本台帳法の一部改正）

第十九条 住民基本台帳法（昭和四十二年法律第八十一号）の一部を次のように改正する。

別表第一の四十の項の次に次のように加える。

四十の二 法務省、厚生労働省又は外国人技能実習機構	外国人の技能実習の適正な実施及び技能実習生の保護に関する法律（平成二十八年法律第八十九号）による同法第八条第一項若しくは第十一条第一項の技能実習計画の認定、同法第二十三条第一項若しくは第三十二条第一項の許可、同法第三十一条第二項の更新又は同法第三十二条第三項の届出に関する事務であつて総務省令で定めるもの

（消費税法の一部改正）

第二十条 消費税法（昭和六十三年法律第百八号）の一部を次のように改正する。

別表第三第一号の表沖縄振興開発金融公庫の項の次に次のように加える。

外国人技能実習機構	外国人の技能実習の適正な実施及び技能実習生の保護に関する法律（平成二十八年法律第八十九号）

（独立行政法人等の保有する情報の公開に関する法律の一部改正）

第二十一条 独立行政法人等の保有する情報の公開に関する法律（平成十三年法律第百四十号）の一部を次のように改正する。

別表第一沖縄振興開発金融公庫の項の次に次のように加える。

外国人技能実習機構	外国人の技能実習の適正な実施及び技能実習生の保護に関する法律（平成二十八年法律第八十九号）

（独立行政法人等の保有する個人情報の保護に関する法律の一部改正）

第二十二条 独立行政法人等の保有する個人情報の保護に関する法律（平成十五年法律第五十九号）の一部を次のように改正する。

別表沖縄振興開発金融公庫の項の次に次のように加える。

外国人技能実習機構	外国人の技能実習の適正な実施及び技能実習生の保護に関する法律（平成二十八年法律第八十九号）

（公文書等の管理に関する法律の一部改正）

第二十三条 公文書等の管理に関する法律（平成二十一年法律第六十六号）の一部を次のように改正する。

別表第一沖縄振興開発金融公庫の項の次に次のように加える。

外国人技能実習機構	外国人の技能実習の適正な実施及び技能実習生の保護に関する法律（平成二十八年法律第八十九号）

（厚生労働省設置法の一部改正）

第二十四条 厚生労働省設置法（平成十一年法律第九十七号）の一部を次のように改正する。

第九条第一項第四号中「職業能力開発促進法」の下に「、外国人の技能実習の適正な実施及び技能実習生の保護に関する法律（平成二十八年法律第八十九号）」を加える。

（罰則に関する経過措置）

第二十五条 この法律の施行前にした行為及びこの法律の規定によりなお従前の例によることとされる場合におけるこの法律の施行後にした行為に対する罰則の適用については、なお従前の例による。

（政令への委任）

第二十六条 この附則に規定するもののほか、この法律の施行に伴い必要な経過措置（罰則に関する経過措置を含む。）は、政令で定める。

内閣総理大臣 安倍 晋三
総務大臣 山本 早苗
法務大臣 金田 勝年
財務大臣 麻生 太郎
厚生労働大臣 塩崎 恭久
国土交通大臣 石井 啓一

四　最近一〇年間の難民関係判例集

1. はじめに

「判例時報」、「判例タイムズ」新聞記事などから見つけた難民関係の判例を要約した。重要な判例を見逃しているかも知れない。平成一八年以来の二三件の判決を取り上げて、要約してみた。

法務省入国管理局を相手に、難民であるのに、難民と認定しなかったのはおかしい、というものや、法務大臣の特別在留許可を与えよ、と日本に在留している外国人が原告となって訴訟を起こすのである。

原告がどの国籍か分類すると次のようである。

1　ミャンマー八件（一八—五、一九—二、一九—三、二〇—一、二一—一、二一—二、二二—二、二二—三）
2　中国四件（一八—一、一八—二、一八—四、二〇—二）
3　イラン二件（一八—三、二三—一）
3　ペルー二件（二二—一、二五—一）
3　ネパール二件（二八—二、二八—三）
4　バングラデシュ一件（一九—一）
4　エチオピア一件（二三—四）
4　アンゴラ一件（二六—一）
4　ボリビア一件（二六—二）
4　ウガンダ一件（二八—一）

二〇一五年九月末の時点で、日本政府に難民認定を申請した人は、約五二六〇人である。

二〇一四年、申請者の国別内訳によると、一位ネパール一二九三人、二位トルコ八四五人、三位スリランカ四八五人、四位ミャンマー四三四人、五位ベトナム二九四人である（日経二〇一五年一二月八日夕刊、鳳山太成、木寺もも子記者による）。

●平成一八年（二〇〇六年）

一八―一

東京地裁平成一八年三月二八日判決（平成一七年（行ウ）第七九号、上陸許可取消処分取消等請求事件、判時一九五二号七九頁、判タ一二三六号一二六頁）

（1）原告甲虎国は、昭和六二年（一九八七年）、中華人民共和国（以下「中国」という）黒竜江省において、いずれも中国国籍の甲龍国、甲秋玲の間に生まれ、実妹として平成元年（一九八九年）に生まれた甲春玲がいる。

平成八年一二月二九日、九歳の原告は、父母、妹とともに、上海から新東京国際空港に到着し、東京入国管理局成田空港支局入国審査官に対し、外国人入国記録の渡航目的の欄に「定居（定住）」日本滞在予定期間の欄に「一年」と記載して上陸申請を行い、同入国審査官から、出入国管理及び難民認定法（以下、「法」という）別表第一に規定する在留資格「定住者」及び在留期間「一年」とする上陸許可の証印を受け、日本に上陸した。なお、父、甲龍国は、中国残留日本人であって、すでに、日本に帰国していた乙山昭子の子であるとして、在留資格認定証明書の交付を受け、日本人配偶者等の在留資格の認定を受けて上陸許可を受けた。

原告は、平成九年一二月一〇日、法務大臣に在留期間更新許可申請を行い、法務大臣は、同月二二日、在留期間一年として許可した。

原告は、平成一〇年一一月二七日、法務大臣に在留期間更新許可申請を行い、法務大臣は同年一二月九日、在留期間を一年としてこれを許可した。

原告は、平成一一年一二月三日、法務大臣に在留期間更新許可申請を行い、法務大臣は平成一二年一月二五日、在留期間を三年として、これを許可した。

原告は、平成一三年六月一一日、法務大臣に対し再入国許可申請をし、法務大臣は、同日これを一回限り有効なものとして許可した。原告は、平成一三年六月二九日、新潟空港から中国ハルピンに向け、再入国許可による出国をした。

ところが、約八年間経過した平成一六年一一月一日、被告東京入国管理局入国審査官は、甲龍国と乙山昭子との間に親子関係が存在せず、原告ら一家は、乙山昭子との血縁関係を偽装して上陸・在留していたとして、各許可処分を取り消して原告に告知するとともに、在留期間更新などの申請を終止した。

原告は、被告東京入国管理局入国審査官から本件各上陸許可取消処分を受け、その後、被告東京入国管理局入国審査官から、法二四条二号（不法上陸）に該当する旨の認定を受け、次に、東京入国管理局特別審理官から同認定に誤りがない旨の判定を受け、さらに、法務大臣から権限の委任を受けた被告東京入国管理局長から平成一六年一二月二〇日付け法四九条一項に基づく異議の申出には理由がない旨の裁決（以下、「本件裁決」という）を受け、被告東京入国管理局主任審査官から、平成一七年一月二八日付けでした退去強制令書の発付処分（以下、「本件退令処分」という）を受けたため、不法上陸当時九歳であった原告は、不法上陸について帰責性がなく、かつ、原告は、九歳から日本において教育を受けており、日本での教育を継続する必要があること等を理由に、本件各上陸許可取消処分はその必要性を欠く違法があり、また、在留特別許可を付与すべきであるにもかかわらずこれを認めなかった本件裁決は違法であり、それを前提とする本件退令処分も違法であるなどと主張して、①被告東京管理局入国審査官に対しては本件各上陸許可取消処分の各取消しを、②被告東京入国管理局長に対しては、本件裁決の取消しを、③被告東京入国管理局主任審査官に対しては、本件退令処分の取消しを、それぞれ求める訴訟を提起した。

東京地裁民事第三八部の菅野博之裁判長は、ア、原告が日本に不法上陸、不法滞在したことについて、原告に何らの責任はないこと、イ、責任を問えない場合に退去強制事由があっても類型的に日本にとって好ましくない者ということはできない、入国後の生活、学習等の実績、国外退去させられる不利益を軽視できないこと、ウ、原告は、小学校二年生から高校一年の約八年間、日本語を勉強、習得し、日本社会に溶け込んで、まじめな生活を送っている。エ、他方、中国で生活することは学習面で非常な困難である、オ、原告は一七歳で、自分の将来について考えている、カ、本件裁決当時、原告はアルバイトで多少の収入がある、原告とその妹は、その在留について支援者が多数おり、この支援も期待できる。こういう理由で、原告に在留特別許可を付与しないとする被告東京入国管理局長の判断は、全く事実の基礎を欠くことが明らかであるか、又は社会通念上著しく妥当性を欠くことが明らかで、裁量権の範囲の逸脱又は濫用に当たる、従って本件裁決は違法である（②）。

本件裁決が違法であれば、これに従った本件退去強制令書発付処分も違法で、取消しを免れない（③）。

こうして、父母に連れられて九歳の時に日本に不法入国し、その後、約八年間日本において教育を受けていた原告について、在留特別許可を付与しなかった東京入国管理局長の裁決及び東京入国管理局主任審査官の退去強制令書発付処分が違法である、として取り消された。

［判決主文］

1　本件訴えのうち、被告東京入国管理局入国審査官が原告に対して平成一六年一一月一日付けでした平成八年一二月二九日付け上陸許可及び平成一三年八月一〇日付け上陸許可の各取消処分の取消しを求める訴えをいずれも却下する。

2　被告東京入国管理局長が原告に対して平成一六年一二月二〇日付けでした出入国管理及び難民認定法四九条一項に基づく異議の申出には理由がない旨の裁決を取り消す。

3　被告東京入国管理局主任審査官が原告に対して平成一七年一月二八日付けでした退去強制令書発付処分を取り消す。

4　（省略）

コメント　この事件の原告の妹が起こした裁判は、次の一八―二の事件で、父母兄妹の名前（仮名）は同じにした。

一八―二

東京地裁平成一八年七月一九日判決（平成一七年（行ウ）第八〇号、上陸許可取消処分取消等請求事件、判タ一三〇一号一三〇頁）

（1）原告甲春玲は、平成元年（一九八九年）七月、中華人民共和国黒竜江省で、父甲龍国、母甲秋玲との間の長女として出生した中国籍の女性である。なお、兄、長男の甲虎国（一九八七年六月生）がいる。

平成八年一二月二九日、七歳の原告は父母、兄とともに、上海から新東京国際空港に到着し、東京入国管理局成田空港支局入国審査官に対し、外国人入国記録の渡航目的の欄に「定居（定住）」日本滞在予定期間の欄に「一年」と記載して上陸申請を行い、同入国審査官から、出入国管理及び難民認定法（以下、「法」という）別表第一に規定する在留資格「定住者」及び在留期間「一年」とする上陸許可の証印を受け、日本に上陸した。なお、父甲龍国は中国残留日本人であって、すでに日本に帰国していた乙山昭子の子であるとして、在留資格認定証明書の交付を受け、日本人配偶者等の在留資格の認定を受けて上陸許可を受けた。

原告は、平成九年、一〇年、一一年…と在留期間の更新をし、平成一三年には中国のハルピンにいき、再入国許可による出入国をした。

原告は、平成一四年一一月一九日、法務大臣に対し、在留期間更新許可申請をした。

平成一六年一一月一日、被告東京入国管理局入国審査官は、甲龍国と乙山昭子との間に親子関係が存在せず、原告ら一家は、乙山昭子との血縁関係を偽装して上陸・在留していたとして、各許可処分を取り消して、原告に告知するとともに、在留期間更新などの申請を終止した。

（2）東京入国管理局入国警備官は、平成一六年四月二一日、原告を法二四条二号（不法上陸）該当容疑で立件した。

東京入国管理局入国警備官は、平成一六年一一月一日、原告について違反調査を行い、その結果、原告が、法二四条二号（不法上陸）に該当すると疑うに足りる相当の理由があるとして、同月一六日、被告東京入国管理局主任審査官から収容令書の発付を受け、同月一九日、同令書を執行するとともに、原告を法二四条二号該当容疑者として、東京入国管理局入国審査官に引き渡した。同日、被告主任審査官は、原告に仮放免許可を与えた。

（3）被告東京入国管理局入国審査官は、平成一六年一一月一九日、原告について違反審査をし、その結果、法二四条二号に該当する旨の認定を行い、原告にこれを通知したところ、原告は、同日、口頭審理を請求した。

（4）東京入国管理局特別審理官は、平成一六年一二月三日、原告について口頭審理を行い、その結果、同日、東京高裁入国管理局入国審査官による上記（3）の認定は誤りがない旨判定し、原告にこれを通知したところ、原告は、同日、法務大臣に対し、異議の申出をした。

（5）被告東京入国管理局長は、平成一六年一二月二〇日、原告に対し、法四九条一項に基づく原告の異議の申出は理由がない旨の裁決をし、同裁決の通知を受けた被告主任審査官は、平成一七年一月二八日、原告に同裁決を通知するとともに、退去強制令書の発付処分（以下、「本件退令発付処分」という）を行い、同日、被告主任審査官は、原告に仮放免許可を与えた。

（6）原告の父・甲龍国、母・甲秋玲及び兄・甲虎国に対しても、平成一六年一一月一日、それぞれの上陸許可が取り消され、退去強制手続きが進められ、父に対して、平成一六年一二月二〇日、母及び兄に対しても、平成一七年一月二八日、それぞれ退去強制令書の発付処分がされた。

兄・甲虎国は、即日仮放免許可が与えられた。甲虎国は、上陸許可取消処分、法四九条一項に基づく異議の申出に理由がない旨の裁決及び退去強制令書の発付処分の各取消を求めて、訴えを提起した。

父・甲龍国、母・甲秋玲は収容所に収容され、平成一七年三月ないし四月に仮放免許可を得て出所したあと、同年五月一五日、原告と甲虎国を日本に残し帰国した。

（7）原告の訴訟提起。

平成一七年、原告は、次のこと、（2）被告入国審査官が上陸許可を取り消したこと、（4）被告東京入国管理局長が、異議の申出に理由がない旨の裁決をしたこと、（5）被告主任審査官が平成一七年一月二八日、本件退令発付処分をそれぞれ行ったが、原告に、法五〇条の在留特別許可を付与しないでした本件裁決には、裁量権の範囲の逸脱又は濫用がある、その取消を求めるとともに本件上陸許可取消処分及び本件退令発付処分も違法であるとして、その各取消を求め、訴えた。

東京地裁民事第二部の大門匡裁判長は、次のような判決を下した。

［判決主文］

1　被告東京入国管理局長が平成一六年一二月二〇日付けで、原告に対してした出入国管理及び難民認定法四九条一項に基づく原告の異議の申出は、理由がない旨の裁決を取り消す。

2　被告東京入国管理局主任審査官が平成一七年一月二八日付けで原告に対してした退去強制令書発付処分を取り消す。

3　原告のその余の請求に係る訴えをいずれも却下する。

4　省略（訴訟費用）。

この判決主文には直接表現されていないが、（来日時七歳、処分時一五歳の外国人女子に対し、在留特別許可を付与しないでなされた出入国管理及び難民認定法四九条一項に基づく異議の申出は理由がない旨の裁決には、裁量権の範囲の逸脱又はその濫用があって違法である）として、同裁決及びこれに基づく退去強制令書発付処分が取り消された。

コメント　判決文によれば、原告と兄は里親に委託されたこと、原告は、学業成績は中程度だが評判がよく、教諭によって「甲さん兄妹の在留を求める会」が結成され、嘆願書が東京入国管理局に提出されている。

一八—三

最高裁平成一八年一〇月五日判決（平成一七年（行ヒ）第三九五号、退去強制令書発付処分取消請求事件、上告棄却、一審東京地裁平成一七年二月三日判決平成一四年（行ウ）第七七号、二審東京高裁平成一七年（行コ）第五六号、平成一七年九月一四日判決、判時一九五二号六九頁）

（1）上告人は、イラン・イスラム共和国の国籍を有する外国人である。

平成二年一二月一二日、在留資格を短期滞在とし、在留期間一五日とする上陸許可を受けて、日本に上陸し、在留期間の更新又は在留資格の変更を申請せず、在留期間の満了日を超えて、日本に残留した。

（2）平成一三年七月三〇日、上告人は、不法残留の容疑で逮捕され、起訴され、平成一三年九月二六日、東京地裁で有罪判決を受け、同日、収容令書の執行を受け、同年一〇月一八日、東京入国管理局入国審査官により、出入国管理及び難民認定法（平成一三年法律第一三六号による改正前のもの。以下、「法」という）二四条四号ロに該当するとの認定を受けた。

上告人は、東京入国管理局特別審理官に対し口頭審理を請求したが、口頭審理によっても同認定に誤りはないとの判定を受けた。

上告人は、被上告人法務大臣に対し、法四九条一項に基づき、異議の申出をした。

この異議の申出に際し、上告人は、法二四条四号ロに該当すること自体について争っていない。また、日本に上陸以来、難民認定の申請手続きを採ろうとした形跡はない。

（3）被上告人法務大臣は、平成一三年一一月一六日、上告人の異議の申出が理由がない旨の裁決（以下、「本件裁決」という）をし、その通知を受けた被上告人東京入国管理局主任審査官は、本件裁決を上告人に告知するとともに、上告人に対し退去強制令書を発付した。本件裁決に当たり、出入国管理及び難民認定法施行規則（平成一三年法務省令第七六号による改正前のもの。以下、「規則」という。）四三条所定の裁決書は作成されなかった。

（4）上告人は、平成一四年六月二七日、難民認定申請をしたが、被上告人法務大臣は、不認定とする処分をし、平成一五年三月三日付けで上告人に通知した。また、被上告人法務大臣は、上記処分につき、上告人がした異議の申出には理由がない旨の決定を行い、同年七月三一日付けで上告人に通知した。

平成一四年、上告人は不法残留を理由として、退去強制令書発付処分を受けた外国人であるが、同処分に先立って被上告人法務大臣がした出入国管理及び難民認定法四九条三項に基づく裁決につき裁決書が作成されていないという違法があるなどと主張して、同裁決及び同処分の取消を求めて訴えた。

最高裁の横尾和子、甲斐中辰夫、島田仁郎、才口千晴の各裁判官は、法務大臣が出入国管理及び難民認定法四九条三項所定の裁決をするに当たり、裁決書を作成しなかったことが、同裁決及びその後の退去強制令書発付処分を取り消すべき違法事由に当たらないとした。

泉徳治裁判長は、反対意見で、法務大臣の裁決は在留特別許可を付与するかどうかを含め、容疑者を強制退去させる最終決定としてその法的利益に極めて重大な影響を及ぼす処分であるから、それに関する裁決書の不作成は取消事由に当たると解すべきである、とした。

コメント

在留期間が過ぎている外国人については、在留期間を経過して日本に残留していることなどを退去強制事由として定め、退去強制事由がある外国人については、入国管理局主任審査官が発付する退去強制令書に基づき送還する。この退去強制令書の発付について、行政不服審査法の適用が除外されている。

出入国管理及び難民認定法は、退去強制令書の発付について、三つの段階を用意する。

一段階は、入国警備官から容疑者の引き渡しを受けた入国審査官による審査。

二段階は、これに不服がある場合に行われる特別審理官による口頭審理。

三段階は、さらに不服がある場合、法務大臣に対する異議の申出である。法四九条三項は、法務大臣は、異議の申出が理由があるかどうかを裁決することを定めている。

法務大臣は、①異議の申出に理由がある、と裁決できる。②異議の申出に理由がない、と裁決できる。③異議の申出に理由がないが、特別に在留を許可すべき事情があると認めるときは、その者に特別在留許可することができ、異議の申出が理由がある旨の裁決とみなされる（法五〇条）。

上告人であるイラン人は、在留期間一五日であったが、約一〇年日本に滞在し、不法残留が発覚してから、争って最高裁判決まで約五年間、日本に滞在できたことになる。

一八―四

大阪地裁平成一八年一一月二日判決（平成一八年（行ウ）第二九号退去強制令書発付処分取消請求事件、判タ一二三四号六八頁）

原告は、中華人民共和国の国籍を有する者である。

原告は、平成一七年一〇月一〇日、下関港において、広島入国管理局入国審査官から「短期滞在（一五日間）」の上陸許可を受けて日本に上陸した。

原告は、平成一七年一〇月一八日、支払用カード電磁的記録不正作出原料準備被疑事件により逮捕され、平成一七年一〇月二〇日にこの件で勾留され、同年一一月八日、大阪地方検察庁検察官により嫌疑不十分による不起訴処分がなされて釈放された。

原告は、この勾留の間、在留期間の更新又は変更を受けることなく、上記在留期限である平成一七年一〇月二五日を超えて日本に残留した。
（1）大阪入国管理局入国警備官は、原告について、出入国管理及び難民認定法（以下、「法」という）二四条四号ロ（不法残留）に該当すると疑うに足りる相当の理由があるとして、平成一七年一一月七日、大阪入国管理局主任審査官から収容令書の発付を受けた上で、同月八日、大阪入国管理局茨木分室において、同収容令書を執行し、原告を入国者収容所西日本入国管理センターに収容した。
（2）大阪入国管理局入国警備官は、平成一七年一一月七日、原告について、法二四条四号ロ違反容疑で違反調査を実施し、原告を大阪入国管理局審査官に引き渡した。

(3) 大阪入国管理局入国審査官北川隆司は、同年一一月九日、原告について違反調査を行い、原告が法二四条四号ロに該当する旨、認定し、原告に対し、これを通知したところ、原告は、同年一一月九日、その認定に服し、口頭審理の請求をしないで、帰国することを希望した。

(4) 大阪入国管理局主任審査官は、原告が上記認定に服し、口頭審理放棄書に署名したことから、同年一一月九日、退去強制令書を発付した。

(5) 大阪入国管理局入国警備官は、同年一一月一〇日、西日本入国管理センターにおいてこれを執行し、原告を引き続き同センターに収容した。

(6) 大阪入国管理局の入国警備官は、同年一一月一八日、本件処分の執行として、原告を大阪入国管理局関西空港支局に移送し、同日、上海に向けて送還した。

平成一八年、原告は、(大阪入国管理局主任審査官が平成一七年一一月九日付けで原告に対してなした退去強制令書発付処分を取り消す)との請求を求めて、国(法務大臣長瀬甚遠、処分行政庁：大阪入国管理局主任審査官)に対し、訴えを提起した。

原告は、法一条及び四七条を根拠として、口頭審理請求権の告知の段階において、口頭審理請求権の告知のみならず、退去強制に伴う上陸拒否期間の発生の効果を説明し、口頭審理、特別審理官の判定、異議の申出を前提とする在留特別許可制度があることなど、口頭審理請求権を行使するか否かを決定するのに十分な判断ができるだけの情報を中国語で原告に説明する義務がある、と主張した。

裁判所は、上陸拒否期間の告知について、法の上で、告知を義務づける明文の規定はない、口頭審理の請求は、容疑者が法二四条所定の退去強制事由に該当するとした入国審査官の認定に異議がある場合の不服申立の請求であり、上陸拒否期間如何によって認定に対する異議の有無が決まる関係ではない、入国審査官には上記期間の告知義務はない、など制度について、詳細に説明した。
大阪地裁第七民事部の廣谷章雄裁判長は、原告に対する口頭審理請求権の告知は、原告の母国語である中国語によって適法になされており、原告が主張するような違法はない、として、原告の請求を棄却した。

コメント　この大阪地裁判決は、口頭審理請求権の告知の際、国はどこまで説明義務があるか、ということである。口頭審理請求権の告知に際し、在留特別許可の制度の説明をする義務があるか否かについては、福岡地裁平成四年三月二六日判決（判時一四三六号二二頁。判タ七八七号一三七頁）がある。なお、中華人民共和国では、同様の事案において、日本人に対し、日本語で、どのような説明がなされるのであろうか。

一八―五

東京地裁平成一八年一一月一七日判決（平成一六年（行ウ）第四五九号、退去強制令書発付処分無効確認請求事件（第一事件）、平成一八年（行ウ）第三〇八号、難民の認定をしない処分取消等請求事件（第二事件）、判タ一二六二号八四頁）

原告は、昭和四一年（一九六六年）、ミャンマーにおいて出生したミャンマー国籍の男性である。平成三年（一九九一年）三月三一日、タイのバンコクから新東京国際空港に到着し、他人名義の偽造旅券で日本に上陸し、日本で不法に滞在していたが、平成一五年一一月一七日、出入国管理及び難民認定法（平成一六年法律第七三号による改正前の法律）違反容疑で、現行犯逮捕された。

平成一六年一月二二日、東京地裁において、出入国管理及び難民認定法（平成一六年法律第七三号による改正前の法律）（以下、「法」という）七〇条二項違反により、執行猶予付有罪判決を言い渡された。

被告東京入国管理局主任審査官は、平成一六年一月二三日、原告に関する退去強制手続において、原告が不法入国に該当する（法二四条一号）旨認定したが、原告は同認定に服して口頭審理を請求しない旨記載の口頭審理放棄書に署名したので、原告に対し、平成一六年一月二六日、退去強制令書を発付した。

平成一六年年一〇月一九日、原告は東京入国管理局主任審査官を被告として、本件退令処分が違法無効である旨の確認を求める訴えを提起した（第一事件）。

原告は、平成一六年二月一七日、法務大臣に対し、難民の申請をした。

法務大臣は、原告に対し、平成一八年一月二五日、難民の認定をしない旨の処分（以下、「本件不認定処分」という）をし、法務大臣から権限の委任を受けた東京入国管理局長は、原告に対し、平成一八年一月三〇日、在留を特別に許可しない旨の処分（以下、「本件不許可処分」という）をした。

原告は、平成一八年六月二六日、国を被告として、本件不認定処分及び本件不許可処分が違法であるとして、その取消を求める訴え（第二事件）を起こし、第一事件と併合された。

東京地裁民事第三八部の杉原則彦裁判長は、原告のミャンマー国内、タイ、日本での活動を詳しく調べ、ミャンマーの母親との電話で、「原告はいつ帰ってくるかとM1（治安警察か）が聞いてきたから帰るな」といわれたこと、「ミャンマー大使館からトラベルドキュメントの発行を受けた」ことなどを認定、原告は、ミャンマーの民主化を推し進めるという政治的意見を理由として、ミャンマー政府から迫害を受けるおそれがあるという十分に理由のある恐怖を有していると認定し、難民に当たるとした。

また、難民であることを看過して行われた退去強制令書発付処分は、「当然無効と解するのが相当である」と判断し、本件退令処分が無効であると確認し、本件不認定処分及び本件不許可処分のいずれも取り消した。

コメント　原告は、平成三年から平成一六年頃まで日本で働き、収入の中から毎月約三〇〇米ドルをABSDFに送金し、平成八年頃以降、ミャンマーにいる母、長姉の家族、次兄、次姉の生活費として、毎月五万円から七万円送金したとあるが、日本でどういう職に就いていたのであろうか。二〇一五年一一月の総選挙で、アウン・サン・スー・チー氏の国民民主連盟（NLD）が圧勝した。この事件の原告は、帰国しただろうか。

ミャンマーでは、多数派のビルマ族と少数民族の衝突が続くが、二〇一一年の民政移管後、政権との和平交渉で、八勢力とは停戦に応じたが一〇以上の勢力とはまだ戦闘が続いている、といわれる（日経二〇一六年八月二〇日松井基一、山田周平記者）。

●平成一九年（二〇〇七年）

一九―一

東京地裁平成一九年二月二日判決（平成一七年（行ウ）第一一四号、退去強制令書発付処分取消等請求事件（第一事件）、平成一七年（行ウ）第一一五号難民不認定処分無効確認請求事件（第二事件）判タ一二六八号一三九頁）

原告は、エーク・ドイティンという、一九七二年七月、バングラデシュ人民共和国で生まれた、同国の国籍を有する男性である。バングラデシュ南東部のチッタゴン丘陵地帯のジュマ民族の者である。

原告は、平成一四年七月一九日、マレーシアのクアラルンプールから航空機で成田国際空港に到着し、「短期滞在」の在留資格で在留期間を九〇日とする上陸許可で日本に上陸した。以後、在留期間の更新を受けたが、平成一六年一月一〇日、以降不法残留となった。

東京入国管理局警備官は、平成一六年一二月二日、違反調査を実施し、原告が出入国管理及び難民認定法（以下、「法」という）二四条四号ロ（不法残留）に該当すると疑うに足る相当の理由があるとして、同局主任審査官から発付を受けた収容令書を執行して原告を独特収容場に収容した上、同月三日、法二四条四号ロ該当容疑者として、原告を同局入国審査官に引き渡した。

東京入国管理局入国審査官は、同年一二月六日及び一四日、違反審査を実施し、同月一四日、原告が法二四条四号ロに該当すると認定し、これを原告に通知した。原告は、特別審理官に対し口頭審理を請求した。

東京入国管理局特別審理官は、平成一七年一月五日、口頭審理を実施、入国審査官の上記認定が誤りがないと判定し、これを原告に通知した。原告は、法四九条一項の規定により、被告法務大臣に対し異議を申し出た。被告法務大臣は同月二四日、原告からの上記異議の申出に理由がないとの裁決をした（以下、「本件裁決」という）。この通知を受けた被告主任審査官は同日、原告に本件裁決を通知し、バングラデシュを送還先とする退去強制令書を発付した（以下、「本件退令発付処分」）。

同局入国警備官は同日、この令書を執行して、原告を同局収容場に収容した。

原告は、平成一四年六月一日、入国者収容所東日本センターへ移収され、平成一八年二月二二日、仮放免された。

原告は、平成一四年九月一二日、東京入国管理局において、被告法務大臣に対し難民の認定を申請した（以下、「本件難民認定申請」という）。同局難民調査官は、平成一五年一月一四日、一七日、二一日の三日間、原告から事情を聴取した。

被告法務大臣は、平成一五年一一月一四日、本件難民申請について、次の理由で、難民の認定をしない処分をし、同年一二月四日、これを原告に通知した（以下「本件不認定処分」という）。「政治的意見」を理由に迫害を受けるおそれがあると申し立てているが、①一九九三年一〇月、身柄を拘束されたとする時以降、バングラデシュ政府から正常に旅券の発給を受け、合法的に出国している。②一九九七年一二月、バングラデシュ政府とジュマ民族の政治組織PCJSS（JSS）との間に和平協定が締結され、すでに難民の帰還や武装解除が進められている。③貴方に対する国家による保護が欠如しているとは認められない。④貴方が提出した告訴状は、記載内容にその信用性を疑わせる点が少なくない。従って、申立を裏付ける十分な証拠があると言い難く、難民の地位に関する条約第一条A（2）及び難民の地位に関する議定書第一条2に規定する難民とは認められない。

原告は平成一五年一二月四日、本件不認定処分につき、被告法務大臣に対し異議の申出をし、東京入国管理局難民調査官は平成一六年三月八日、原告から事情を聴取するなどの調査をした。

被告法務大臣は、平成一六年一一月一〇日、原告からの異議の申出に理由がないとの決定をし、同年一二月二日、これを原告に通知した。

原告は、平成一七年三月一八日、本件第一事件（本件裁決及び本件退令発付処分の各取消請求事件）及び第二事件（本件不認定処分の無効確認請求事件）の各訴えを提起した。

東京地裁民事第二部の大門匡裁判長は、原告がジュマ民族の者で、学生時代からジュマ民族のための政治活動に参加し指導者の地位にあったこと、先住民族内部の和平協定賛成派、反対派の対立抗争の激化に嫌気がさしたこと、原告自身も賛成派側団体関係者から襲撃を受けそうになったことから、二〇〇四年四月、所属団体を脱退したこと、その後も賛成派側団体関係者から襲撃を受ける危険を感じていた、と認定した。原告は、従姉が日本人と結婚していたので、そのつてで日本へ逃亡することを思い立ち、従姉とその夫に助力を求め、その夫が共同代表を務める日本のＮＧＯの研修に参加する名目で、二〇〇二年、バングラデシュを出国、その二カ月後、難民認定を申請したと認定した。

裁判長は、１国籍国政府から直接迫害を受けるおそれはないが、同国内の政治的団体関係者から迫害を受けるおそれがあり、かつ、同国政府から保護を受けられないため、「迫害を受けるおそれがあるという十分に理由のある恐怖を有する」として、難民に該当すると判断し、２難民の認定をしない処分が無効であることの確認請求を認容した。

コメント　原告の女性の「いとこ」が日本人男性と結婚していたため、日本に（逃亡）することを思いついた、ということが興味を引く。それにしても、ミャンマーと同じく、バングラデシュでも先住民族がいたり、あるいは高地に住む民族がいて、開発途上の政府との間に紛争があることは、双方にとって気の毒である。

一九―二

東京地裁平成一九年八月三一日判決（平成一五年（行ウ）第六四五号、難民の認定をしない処分取消請求事件、

平成一八年（行ウ）第一八九号、退去強制令書発付処分取消等請求事件、判タ一二七八号六九頁）

原告のテイン・ニイ・トンは、一九四四年四月、ミャンマーで生まれたミャンマー国籍をもつ女性、夫はミャンマーにいるようである。

原告は、平成一四年五月一一日、他人名義の航空券を使ってシンガポールから航空便で広島空港に到着し、広島入国管理局広島空港出張所入国審査官から在留資格「短期滞在」、在留期間九〇日の上陸許可を受け、日本に不法に入国した。

（1）平成一四年七月九日、東京入国管理局において、被告法務大臣に対し、難民の認定の申請を行った。被告法務大臣は、平成一五年二月一七日、原告の申請に対し、難民の認定をしない処分（以下、「本件不認定処分」という）をし、同年三月二五日、原告にこのことを通知した。

原告は、本件不認定処分を不服として、平成一五年三月二五日、被告法務大臣に異議の申出をした。被告法務大臣は、同年八月六日、原告の異議申出は理由がない旨の決定をし、同年九月八日、原告にこれを通知した。

原告は、本件不認定処分の取消を求めて、平成一五年一二月五日、訴えを起こした。これが、第一事件である。

法務大臣からその権限の委任を受けた東京入国管理局長は、平成一六年法律第七三号（以下、「法律七三号」という）附則七条、同法による改正後の法六一条の二の二第二項に基づき、平成一七年八月三一日、原告について、在留特別許可をしない処分（以下、「本件在特不許可処分」という）をし、同年一〇月二四日、原告にこれを告知した。

（2）東京入国管理局入国警備官は、平成一五年三月一二日、原告を法二四条一号（不法入国）該当容疑で立件し、平成一七年四月二一日、東京入国管理局主任審査官から収容令書の発付を受け、同年四月二八日、同令書を執行し、原告を東京入国管理局審査官に引き渡した。東京入国管理局主任審査官は、同日、原告を仮放免した。

東京入国管理局入国審査官は、平成一七年四月二八日、原告が法二四条一号に該当する旨の認定をし、原告にこれを通知し、原告は同日、特別審理官による口頭審理を請求した。東京入国管理局特別審理官は、平成一七年七月一一日、原告について口頭審理を実施し、同日、入国審査官の認定は誤りがない旨の判定を行い、原告にこれを通知し、原告は同日、法務大臣に対し、法四九条一項に基づく異議の申出をした。

法務大臣から権限の委任を受けた東京入国管理局長は、平成一七年八月三一日、原告の異議の申出は理由がない旨の裁決（以下、「本件裁決」という）をし、その通知を受けた東京入国管理局主任審査官は、同年一〇月二四日、原告にこれを告知するとともに、原告に対し、送還先をミャンマーとする退去強制令書の発付処分（以下「本件退令発付処分」という）をした。

東京入国管理局入国警備官は、平成一七年一〇月二四日、本件退令発付処分に係る退去強制令書を執行して、原告を東京入国管理局収容場に収容した。東京入国管理局主任審査官は、同年一一月一一日、原告を仮放免した。

原告は、本件裁決及び本件退令発付処分の取消を求めて、平成一八年四月二四日、訴えを起こした。これが第二事件である。

東京地裁では、①難民の認定をしない処分、すなわち本件不認定処分、②本件裁決及び③本件退令発付処分の適法性が争われた。まず、その前提として、原告の難民該当性が争われた。

原告は、ミャンマーの第一工業省に勤務する公務員であったが一九八八年の民主化運動の頃、職場に結成された職員組合の書記長であったこと、デモ、ハンストを指導し、ミャンマー軍情報局（Ｍ１）に身柄を拘束され、職場を解雇されたこと、同年、軍事クーデターのあと政党の中央執行委員に就いたこと、同政党から立候補した夫の選挙活動をしたこと、政治囚の家族や学生運動への支援をしたこと、来日後も日本にあるミャンマーの民主化団体に加入し、反政府デモ等に参加したと述べた。

被告法務大臣は、難民該当性の判断は、申請者の提出した資料に基づいて行われ、難民であることの立証責任は、申請者が負うものである。一定の事実関係の存在を積極的に認定した上で、その旨の処分をするのではない。申請者が主張する難民であることを基礎づける事実関係について、証拠関係を総合してもこれを立証する具体的な証拠がないと判断して、その旨の処分をするのである。そうすると、難民であると認める具体的根拠がない旨を記載すれば、理由付記として十分であると主張した。

東京地裁民事第三部の定塚誠裁判長は、次の主文の判決を下した。

「1、東京入国管理局長が原告に対し、平成一七年八月三一日付け（告知は同年一〇月二四日）でした原告の出入国管理及び難民認定法四九条一項に基づく異議の申出は理由がない旨の裁決を取り消す。

2、東京入国管理局主任審査官が原告に対し、平成一七年一〇月二四日付けでした退去強制得令書発付処分を取り消す。

3、原告のその余の請求を棄却する。（以下略）」

裁判所は、原告の難民該当性について、本件不認定処分時（平成一五年二月一七日）においては、ミャンマー政府が原告を迫害の対象としていたとは認められないとし、難民該当性を否定した。

しかし、本件裁定時（平成一七年八月三一日）においては、原告がNLD-LA日本支部の会計担当の執行役員として、序列第七位の地位にあることから、ミャンマー政府が原告を迫害の対象とする現実的な危険性は否定しがたいとして、難民性を肯定した。

出入国管理及び難民認定法五三条三項は、退去強制を受ける者が送還される国には難民条約三三条一項に規定する領域の属する国を含まないものとする、と定めていることから、退去強制手続に関する同法四九条一項の異議の申出に対する法務大臣の裁決において、当該外国人を誤って難民条約三三条一項に規定する領域の属する国に送還しないように、送還時において、その者が難民に該当するかどうか、その送還先は難民条約三三条一項が規定する「当該難民の生命又は自由が脅威にさらされる領域ではないか」について判断しなければならないと解すべきであるとする。

従って、当該外国人の難民該当性を看過し、送還先について、同法五三条三項、難民条約三三条一項に違反する誤った判断をした場合、当該裁決は、違法になるとした。

本件裁決は、原告の難民該当性についての判断を誤り、送還先の判断を誤った違法な処分であるとし、本件裁決を前提とする本件退去発付処分も違法な処分であるとした。

コメント

この判決に拠れば、日本に入国し、その時点では、「難民」に該当しなかった者が、日本に在留している間に本国の政権を打倒する運動を行い、本国政府からマークされる存在になれば「難民」となり、日本に定住しやすくなる。日本政府は、その者の反政府活動の自粛を求めるべきであろうか。それとも日本政府もその者と同じく、その者の本国の政権が打倒されるべきだと考えれば放置すべきであろうか。また、続々と「難民」予備軍が日本に入国することは考えられないか。

一九―三

大阪地裁平成一九年一一月二一日判決（平成一七年（行ウ）第五四号、難民不認定処分取消等請求事件、判タ一二七三号一三九頁）

原告のテイン・ニイ・トンは、一九五六年生まれのミャンマー国籍をもつ者で、一九八二年八月一一日、平成元年法律第七九号による改正前の入国管理法（以下、旧法）四条一項六号の二所定の在留資格「本邦の公私の機関により受け入れられて産業上の技術又は技能を習得しようとする者」（入管法別表第一の四所定の在留資格「研修」に相当する。以下「在留資格四―一―六―二」という）、在留資格六カ月の上陸許可を得、日本に上陸した。

原告は、貿易会社等で働いていたが、一九八七年六月一五日、日本人女性甲野花子と結婚した。

原告は、同年七月九日、在留期間の更新の申請をし、同月一〇日に不許可になったが、旧法四条一項一六号所定の在留資格「前各号に規定する者を除くほか、法務省令で特に定める者」のうち「日本人の配偶者又は子」（入管法別表第二所定の在留資格「日本人の配偶者等」に相当する。以下「在留資格四―一―一六―一」という）及び在留期間一年の在留特別許可を受け、一九八八年（昭和六三年）九月一九日には、在留期間を一年とする在留期間更新の許可を受けた。原告は、平成四年四月九日、平成六年九月二二日、平成九年一一月七日、いずれも在留期間を三年とする在留期間更新の許可を得た。

ところが、原告の妻甲野花子が行方不明になった。

原告は、平成一〇年五月から約二年間、日本人である乙山太郎と同居した。

原告は、①平成一一年四月一四日、神戸簡裁において、窃盗罪で懲役一年、執行猶予三年、②同年一〇月一四日神戸地裁で、窃盗罪により懲役一年、執行猶予四年の判決を受け、それぞれ確定した。

原告は、平成一二年（二〇〇〇年）一〇月一二日、在留期間の更新の申請をしたが、平成一三年三月三〇日から配偶者の実態がないため、最終の在留期限平成一二年一〇月一四日を超えて日本に不法に在留することになった。

原告は、平成一三年二月一六日、神戸地裁で窃盗罪で懲役一年の実刑判決を言い渡され、同年三月三日、同判決は確定し、執行猶予が取り消された前二犯の刑と併せて、神戸刑務所に服役した。

服役中に退去強制令書の発付を受けた原告は、仮出獄と同時に入国管理局に収容された。

大阪入国管理局神戸支局入国警備官は、平成一四年五月三〇日及び同年六月二五日、原告について、出入国管理及び難民認定法二四条四号ロ（不法残留）該当容疑で違反調査を行った。

大阪入国管理局神戸支局入国審査官は、平成一四年九月五日、原告に対する調査を行い、原告が出入国管理及び難民認定法二四条四号ロ（不法残留）に該当する旨の認定を行った。

原告は口頭審理を要求し、神戸支局特別審理官は、同年一〇月八日、口頭審理を実施した上、入国審査官の前記認定に誤りがない旨の判定をした。

原告は同日、法務大臣へ異議の申出をし、その際、不服の理由として、おおむねミャンマー政府は自分にとって危険であり、帰国すれば刑務所に入れられるから、妻が帰ってきたら一緒に日本で暮らしたい、と英語で記載した。

法務大臣から権限の委任を受けた大阪入国管理局長は、平成一五年六月二五日付けで、原告の異議の申出は理由がない旨の裁決を行い、神戸支局主任審査官へ通知した。同審査官は、同月三〇日付けで、原告に上記裁決を告知し、退去強制令書を発付した。

神戸支局入国警備官は、同年七月二日、神戸刑務所から仮出獄の許可を経て出所する原告に対し、上記令書を執行して原告を神戸支局収容場に収容し、同月二五日、原告を西日本入国管理センターに移送した。

原告は、平成一五年七月七日、法務大臣に対し、西日本入国管理センターにおいて、難民申請をした。法務大臣は難民不認定処分を行い、異議の申出を棄却した。

原告は、難民不認定処分の取消等を請求して、国を訴えた。

原告は、ウ・ヌー元首相（一九六二年、軍事クーデタで政権を追われた）やウ・タント元国連事務総長と親戚であること、父が本国で、逮捕・監禁等を受けたこと、自分は反政府活動をし、反体制派学生を支援したため政治的意見その他を理由とする迫害のおそれがあるなどと主張した。

大阪地裁第二民事部西川知一郎裁判長は、難民条約にいう「特定の社会的集団の構成員であること」の意義は、人種、宗教、国籍及び政治的意見と同程度に人格や自己同一性と密接に関連している、その帰属を変更することが著しく困難であるといえるような社会的集団の構成員であることを指すものと解すべきところ、申請者（原告）が出身国の政権と敵対的な有力な一族に属しているという事実はこれに該当するとしたが、ミャンマーにおける政治情勢やこれと原告の一族との関わりを詳細に認定し、１ウ・タントの親族である事実は、特段迫害の理由になるとまでは言えない。２原告の家族のうち、反体制活動に参加し、そのため迫害を受け、国外に逃れた者もいるが、ミャンマー国内で生活している者もいる。３原告自身、軍事政権で正規の旅券の発給をうけ、一九八七年まで計二回の出入国を繰り返している。４ウ・ヌー自身も、恩赦で一九八〇年にはミャンマーへの入国が許されている等の理由を挙げて、原告の一族が包括的に軍事政権から敵視されているとまでは言えない、難民条約にいう「特定の社会的集団」に該当しない、原告は難民には当たらない、とした。

コメント　ミャンマーで、ウ・ヌーやウ・タントの一族であればいわゆる名門で、中国でいう「太子党」「紅二代」に当たると思うが、むしろ迫害を受けそうだ、というのが興味を引く。近年、イスラム教徒であるロヒンギャ族が迫害を受け、日本に約一〇〇名が第三国定住で滞在しているという。

●平成二〇年（二〇〇八年）

二〇—一

東京地裁平成二〇年一月一六日判決（平成一八年（行ウ）第四〇九号（第一事件）・四一五号（第二事件）難民の認定をしない処分取消等請求事件、判時一九九八号三〇頁）

ミャンマー連邦（以下、「ミャンマー」という）国籍を有し、日本で入籍した原告A・B（原告夫）と原告C・D（原告妻）は、法務大臣に対して、政治的意見等を理由にミャンマー政府から迫害を受けるおそれがある旨主張して、難民認定の申請をしたが、法務大臣は、これを認めず、難民不認定処分をうけた。さらに、在留を特別に許可しない処分、出入国管理及び難民認定法（以下、「法」という。平成一六年法律第七三条による改正前のものを「改正前法」という）四九条一項に基づく異議の申出に理由がない旨の裁決及び退去強制令書発付処分を受けた。

原告夫と原告妻は、国を相手に、上記難民不認定処分は原告らの難民該当性に関する認定、判断を誤ったものであり、違法である旨主張して、上記難民不認定処分の取消をそれぞれ求めると共に、原告らが難民である以上、上記在留を特別に許可しない処分、上記裁決及び上記退去強制令書発付処分もいずれも違法である旨主張し、これら各処分の取消を求めた。

東京地裁民事三部の定塚誠裁判長は、原告の請求をすべて認容した。

裁判長は、原告が深夜、歩いてミャンマーとタイの国境を超えて不法に出国したことは、まさに異常事態であるとし、それ相応の重篤な背景事情があると考えるのが自然であるとし、原告夫の供述を吟味した上で、信用できる旨の判断をした。

コメント　原告は、一九—三と同じくミャンマー国籍である。裁判官が、ミャンマー国の政治情勢に詳しいか、あるいは関心が深い場合、難民に対して同情的である場合、難民認定が得られやすいのではないだろうか。

二〇―二

大阪高裁平成二〇年五月二八日判決（平成一九年（行コ）第一二七号。特別在留許可不許可処分取消等請求控訴事件、判時二〇二四号三頁。一審、大阪地裁平成一九年一一月一四日判決（平成一七年（行ウ）第四七号、判時二〇二四号八頁）

X1とX2は夫婦で、その子が一九八八年生まれ、八歳のX3で、いずれも中華人民共和国の国籍を有する。Xらは一九九六年（平成八年）一二月一八日、船で神戸港に到着した。原告X1は、大阪入国管理局神戸支局神戸港出張所入国審査官から在留資格を定住者、在留期間を一年間とする上陸許可を受けて日本に上陸した。

X2は、同日、大阪入国管理局神戸支局神戸港出張所入国審査官に対して、「戊梅子」名義の中国旅券を示して上陸申請をし、在留資格を定住者、在留期間を一年間とする上陸許可を受けて日本に上陸した。

X3は、同日、大阪入国管理局神戸支局神戸港出張所入国審査官から、在留資格を定住者、在留期間を一年間とする上陸許可を受けて上陸した。

原告Xらは、一年間の在留期間の更新許可を得て、日本に滞在した。

原告Xらは、平成一四年一一月二五日、法務大臣へ、それぞれ在留期間の更新許可申請をしたが、大阪入国管理局は、平成一五年一〇月二九日、原告X2が日本人の子として出生した者の実子でないことが判明したとして、原告らの上記申請について、不許可処分をした。この不許可処分は、原告らが転居したため到達しなかったが、平成一六年一一月四日、大阪入国管理局入国警備官によって摘発され、Xらに対し、不法入国（出入国管理及び難民認定法二四条二号（平成一六年法律第七三号による改正前））に該当するとされ、Xらはこの認定に対し、口頭審理の請求、さらに異議の申出が行われたが、同年一二月二二日、法務大臣から委任を受けた大阪入国管理局長により、同異議の申出は、理由がない旨の裁決がなされ、同年一二月二八日、大阪入国管理局主任審査官により、Xらに対する退去強制令書が発付された。

Xらは、1大阪入国管理局長が平成一六年一二月二二日付けで、各原告に対してした出入国管理及び難民認定法四九条一項による異議の申出が理由がない旨の各裁決をいずれも取り消す、２大阪入国管理局主任審査官が平成一六年一二月二八日付けで各原告に対してした各退去強制令書発付処分をいずれも取り消すことを請求した。

大阪地裁は、原告らの請求をいずれも棄却した。

大阪高裁民事六部の渡邊安一裁判長は、一審判決の一部を取消、X1、及びX2の控訴を棄却した。ただ、X3に対する本件裁決及び退去強制令書発付処分をいずれも取り消した。

コメント　日本に上陸後、約八年後に在留資格を偽っていたことが発覚した中国人夫婦であるが、未成年の子はそのような事情を全く知らず、また、この子が日本語能力があり、学業成績が良いことが一審判決を変更させた。一八―一、一八―二と同じく、日本人帰国子女の子と偽って入国し、後に発覚したケースである。入国時八歳のX3は、この大阪高裁判決時、二〇歳になっている。

●平成二一年（二〇〇九年）

二一―一

東京高裁平成二一年四月一五日判決（平成二〇年（行コ）第三三四号。難民の認定をしない処分取消等（第一事件）・在留特別許可をしない処分無効確認（第二事件）請求控訴事件、判時二〇六七号二三頁）

原告は、ミャンマー連邦の国籍を有する男性である。日本への上陸許可期限が経過した後も日本に残留し、１東京入国管理局に難民の認定申請をし、法務大臣から難民の認定をしない旨の処分を受け、２法務大臣から権限の委任を受けた東京入国管理局長から、出入国管理及び難民認定法（以下、「法」という）六一条の二の二第二項による在留特別許可をしない旨の処分を受け、３東京入国管理局入国審査官から法二四条六号（不法残留）に当たり、かつ、出国命令対象者に該当しない旨の認定を受け、東京入国管理局特別審理官から同認定に誤りがない旨の判定を受けた上、法務大臣から権限の委任を受けた東京入国管理局長から、法四九条一項に基づく原告・被控訴人の異議の申出は理由がない旨の裁決を受け、また、東京入国管理局主任審査官から退去強制令書発付処分を受けた。

原告・被控訴人は、ミャンマーで反政府的な楽曲を演奏する音楽団体のボーカリストとして活動し、反政府団体にも所属して反政府活動を行うなどしていたため、ミャンマーに帰国すれば迫害を受けるおそれがある旨主張し、上記難民の認定をしない旨の処分、上記裁決及び上記退去強制令書発付処分の取消しを求め（第一事件）、上記在留特別許可をしない旨の処分の無効確認を求め（第二事件）、訴えた。

一審東京地裁平成二〇年九月五日判決（平成一九年（行ウ）第四八五号ほか）は、原告・被控訴人は、帰国すれば本国政府から迫害を受けるおそれがある、難民に該当すると判断した。また、上記難民の認定しない旨の処分を取り消すとともに、上記在留特別許可をしない旨の処分の無効を確認し、上記退去強制令書の発付処分を取り消した。

ただ、原告・被控訴人が難民であることは上記裁決の違法事由には当たらないとして、上記裁決の取消を求める請求を棄却した。

敗訴部分を不服とする被告・控訴人（国）は、控訴した。

東京高裁民事五部の小林克巳裁判長は、原告・被控訴人は「本国政府が、被控訴人を危険視し、迫害の対象として関心を寄せるほどに、主導的、積極的な立場に立って反政府活動を行っていたとみることは困難というべきである」「被控訴人に迫害の恐怖を抱くような客観的事情が存在しているとは認められず、被控訴人を難民と認めることはできない」とした。

二審は、原告・被控訴人は、「もともと不法就労の目的で日本に不法残留」し、「自らの生活費を得るだけでなく、家族へも相当多額の送金を継続していた」「初めて反政府的な楽曲を演奏した後、一年足らずのうちに」「難民申請」をした、との事実認定をした。

コメント　一審が難民と認定し、二審が否定したケースである。音楽家として日本で働き、家族に送金していたという。

二一―二

東京高裁平成二一年五月二七日判決（各在留を特別に許可しない処分取消等、各難民の認定をしない処分取消等請求控訴事件、平成二〇年（行コ）第二〇四号、判時二〇六二号三三頁）

一九八八年、控訴人であるミャンマー人の女性X２は獣医大学の学生で、兄とともに反政府活動に加わった。X２は、同年八月一二日、軍情報部に連行され七日間身柄を拘束され、暴行を受け、反政府活動をしない旨の誓約書を書いて釈放された。同年九月、一八日、軍によるクーデターが起き、軍事政権が成立した。兄は、中国との国境地帯に逃げた。

X２は大学に復学し、一九九四年一月一八日、同じミャンマー人の男性X１と婚姻し、X２の親戚宅で同居していた。X１は一九九四年一〇月、ミャンマーを出国し、韓国に入国した。X２はタイを経て、偽造旅券で一九九七年韓国に入国し、二人はアンサン市内で同居した。

韓国で不法滞在者の取締が厳しくなったため、一九九九年一月、X１は日本に密航し、次いでX２は、入手した他人名義の偽造旅券で、同年一二月、日本に入国した。

二〇〇四年一月四日、X２へ、その父から二〇〇三年一二月三〇日付けの手紙が届けられた。それは、全ビルマ学生民主戦線（ABSDP）所属の兄がワインモーの刑務所に在監中で、懲役一四年の刑を宣告されたこと、警察は兄の書類や日記を持ち去り、X２の所在を探索中で、X２が本国に帰ると拘束される危険があることを知らせるものであった。

同年三月八日、X１、X２は東京入国管理局に対して、本国において反政府の政治活動を行ったため、本国では迫害されるおそれが十分にあると主張し、出入国管理及び難民認定法に基づいた難民認定及び特別在留許可の申請を行った。いずれも認められず、退去強制令書発付処分を受けた。

X１、X２は各処分の取消を求めて行政訴訟を提起した。

東京地裁は平成二〇年三月二八日、X１、X２夫婦のいずれも難民に該当しない、との判決を下し、すべての請求を却下又は棄却した。

東京高裁民事一七部の南敏文裁判長は、妻X2について、難民であるとの認定をし、夫X1は難民認定できなくても特別在留許可を与えるべきであるとし、その処分の取消を命じた。東京高裁は、妻X2の供述がほぼ一貫し、父からの手紙、兄に対する判決書などの物証があり、二審の裁判官はそれを採用した。

コメント　一審が難民と認めず、二審が難民と認めたケースである。

●平成二二年（二〇一〇年）

二二―一

東京地裁平成二二年一月二二日判決（退去強制令書発付処分取消等請求事件（第一～第四事件）、平成二〇年（行ウ）第六〇一号・六一七号・六一八号・六一九号、判時二〇八八号七〇頁）

ペルー共和国の国籍を有する男性X11は平成三年、同じペルー国籍の女性X22は平成四年、それぞれ偽造旅券を利用し、日系人と偽り短期滞在の在留資格を取得し、日本へ不法入国し、X1とX22は日本で結婚した。平成五年に長男X33が、平成九年長女X44が生まれ、平穏に日本で暮らした。

平成一九年、X22が出入国管理及び難民認定法（以下、「法」）違反容疑で逮捕され、不法入国・不法滞在の事実が判明した。X1、X22は法二四条一号（不法入国）、X33、X44は法二四条七号に該当し、かつ、出国命令対象者に該当しない旨の認定を受けた。

Xらは、右認定にそれぞれ口頭審理の請求、異議の申出をしたが、平成二〇年、東京入国管理局長から異議の申出に理由がない、との裁決を受けた。東京入国管理局横浜支局主任審査官から退去強制令書発付処分を受けた。

Xらは、右各裁決及び右退去強制令書発付処分の取消を求め訴訟に及んだ。

東京地裁民事三八部杉原則彦裁判長は、X11、X22及び裁決時一一歳であった長女X44の各請求は、認容した。

裁決時、一四歳で、その後、脳腫瘍が発見された長男X３３について なされた在留特別許可をしないという判断は、裁量権の範囲を逸脱したものであるとして、X３に対する裁決及び退去強制令書発付処分は取り消した。

コメント 東京地裁の判断を是とすべきであろうか。事件になった事例は、偽造旅券などにより不法入国し、日本で子供が生まれ、既成事実が積み重なった頃、偽造旅券等が発覚し、子供については日本に残すべきだという判決が多い気がする。

二二―二

東京地裁平成二二年二月五日判決（難民の認定をしない処分等取消等請求事件、平成二〇年（行ウ）第七一三号、判タ一三三三号一二一頁）

ミャンマー連邦の国籍を有する男性Xは、平成一四年七月頃、他人名義の旅券で日本に上陸した。平成一八年二月、「出入国管理及び難民認定法」（以下、「法」）違反容疑で現行犯逮捕され、有罪判決を受けたのち同年四月、法二四条一号に該当する旨の認定を受け、口頭審理の請求を放棄したことから退去強制令書発付処分を受けた。

Xは東日本入国管理センターに入所中、難民認定申請をした。平成一八年一一月、法務大臣は難民の認定をしない処分（難民不認定処分）をした。

東京入国管理局長から法六一条の2の2第二項に基づく在留特別許可をしない旨の処分を受け、退去強制令書発付処分を受けた。

Xは、本件不認定処分の取消、本件在留特別許可の不許可処分及び本件退去強制令書発付処分の各無効確認等を求めて提訴した。

東京地裁民事三八部の杉原則彦裁判長は、Xは少数民族チン族出身で、ミャンマー国軍に所属したこと、国軍の方針を批判し、逮捕、拘束されたこと等を認定し、仮にXがミャンマーに帰国すれば、上記活動を理由に迫害を受けるおそれが高いとし、「難民」に該当するとした。そこで、難民の認定をしない処分が違法とされ、そのことから退去強制令書発付処分及び法六一条の二の二第二項による在留特別許可をしない旨の処分を無効とした。

コメント　裁判官が、難民と認定したケースである。

二二—三

東京地裁平成二二年六月八日判決（平成二一年（行ウ）第一四四号、難民の認定をしない処分取消等請求事件、判タ一三五四号九八頁）

ミャンマー国籍を有するチン民族の外国人について、「難民」であるとの認定がなされて在留特別の許可をしない、などの処分が取り消された事例である。

原告は、平成一五年一〇月四日、タイのバンコクから成田空港に到着し、在留資格を短期滞在、在留期間九〇日とする上陸許可で日本に上陸した。

原告は、平成一七年二月二五日、法務大臣へ難民認定申請を行った。法務大臣は平成一九年七月三日、難民の認定をしない処分をし、同月一九日、原告に通知した。

平成二〇年九月二九日、東京入国管理局は原告について調査し、出入国管理及び難民認定法（以下、「法」）二四条四号ロに該当するに足る相当の理由があるとして、原告を東京入国管理局収容場に収容し、法二四条四号ロに該当するとして、東京入国管理局入国審査官に引き渡した。

東京地裁民事第三部の八木一洋裁判長は、原告がミャンマーの少数民族チン民族に当たるとした上で、原告が専門学校在籍中、反政府組織チン民族戦線（CNF）の支援活動をし、ミャンマー軍情報部の職員から取調べを受けたこと、専門学校卒業後、国民民主連盟（NLD）に加入し活動したこと、ミャンマー軍情報部職員から取調べを受けたこと、原告が日本へ上陸後、CNFの元職員がミャンマー政府当局者へ、原告の行ったCNF支援活動について供述したことなどの事実認定をし、この事実認定を前提として、原告は出入国管理及び難民認定法二条三号の二並びに難民条約一条及び難民議定書一条にいう「難民」に該当するとして、難民の認定をしない処分等を取り消した。

コメント　裁判所は、ミャンマーのチン族について、難民であると判断した。

二三—四

東京地裁平成二二年一〇月一日判決（平成二一年（行ウ）第一三二号、難民不認可処分取消等請求事件、判タ一三六二号七三頁）

原告は、一九八一年生まれのエチオピアの国籍を有する女性である。二〇〇七年七月五日、成田空港に到着し、渡航目的を「親族訪問」とし上陸の申請をしたが、上陸のための条件に適合しない旨の認定を受け、日本からの退去を命ぜられた。原告はこれに従わず、出入国管理及び難民認定法（以下、「法」という）二四条五号の二（不退去による不法残留）に当たるとの認定、同認定に誤りはない旨の判定及びこれに対する異議の申出に理由がない旨の裁決を受けた。原告は、上記のとおり、上陸のための条件に適合しない旨の認定を受けて、同日中に難民認定申請をしたが、法務大臣は難民の認定をしない処分を行った。また東京入国管理局長は、原告へ法六一条の二の二第二項に基づく在留特別許可をしない旨の処分をした。原告は、また、退去強制令書発付処分を受けた。

原告は、平成二一年（二〇〇九年）、本件不認定処分の取消、本件在留特別許可の不許可処分及び本件退去強制令書発付処分の各無効確認等を求めて、訴訟を提起した。

東京地裁民事第三八部の杉原則彦裁判長は、原告がエチオピア政府又は与党から弾圧を受けている野党の党員として反政府活動に加わり、二度にわたり逮捕され、二回目の逮捕にかかる嫌疑（騒乱に参加した罪）について、終局判決を受ける前の保釈中の身分で日本に渡航するに至ったとの事実認定をし、（エチオピア政府から不当な拘束や刑罰等の迫害を受けるおそれがあるという十分に理由のある恐怖を有している）と認めるのが相当であり、「難民」に当たるとし、本件不認定処分は取り消されるべきであるとした。

また、難民であることを考慮せずにされた在留特別許可をしない旨の処分及び退去強制令書発付処分が無効であるとされた。

コメント この事件では、原告が出国時に鞄の底に忍ばせて持ち出した野党の党員証、同党の議長名義の書簡、警察からの召喚状、保釈保証金の受領証等が提出され、原告の主張を裏付ける証拠資料が揃っていた。

●平成二三年（二〇一一年）

二三―一

東京高裁平成二三年五月一一日判決（平成二二年（行コ）第二〇六号、各退去強制令書発付処分取消等請求控訴事件、判時二一五七号三頁、一審、東京地裁平成二二年四月二八日判決（平成二〇年（行ウ）第四八四号ほか、判時二一五七号八頁）

日本に不法残留したイラン・イスラム共和国の国籍を有する母及びその未成年の子のうち、母の兄とその日本人妻と養子縁組し、養父母と同居している子についてされた在留特別許可をしないという判断は、裁量権の範囲を逸脱したものとして、子に対する裁決及び退去強制令書発付処分が取り消された事例である。

X１（母親）はイラン国籍の女性で、X２（長女）はその実子である。

Xらは、平成一六年、短期滞在の在留資格で日本に入国した。平成一七年三月、東京入国管理局長から在留期間更新不許可処分を受けた後も日本に不法残留した。

平成二〇年二月、出入国及び難民認定法四七条三項及び四八条八項に基づき、同法二四条四号ロ（不法残留）に該当し、かつ、出国命令該当者に該当しない旨の認定及び同認定は誤りはない旨の判定を受け、同法四九条三項に基づき、同条一項に基づく異議の申し出は理由がない旨の裁決を受け、同条六項に基づき、東京入国管理局主任審査官から、退去強制令書の発付処分を受けた。

Xらは、本件各裁決は、裁量権逸脱又は裁量権の範囲の逸脱又は濫用により違法である等の理由で、本件各令処分の取消を求めて訴えた。

一審は、請求棄却した。

この二審では、X1（母）の兄は松戸市の病院の産婦人科医で、日本人の妻もいて、この夫妻とX2は養子縁組し、養父母と同居していることを重視し、加藤新太郎裁判長は、子についてされた在留特別許可をしないという判断は、裁量権の範囲を逸脱したものとして、子に対する裁決及び退去強制令書発付処分を取り消した。

コメント　イラン人の優秀な伯父が居てよかった。

●平成二五年（二〇一三年）

二五―一

大阪高裁平成二五年一二月二〇日判決　平成二五年（行ウ）第一三号、退去強制令書発付処分等取消控訴事件、判時二二三八号三頁）

ペルー国籍の男（X1）は、平成五年、在留資格を「短期滞在」、在留期間九〇日とする上陸許可を受けて日本に入国し、ペルー国籍のその妻（X2）は、平成七年、在留資格を「短期滞在」、在留期間九〇日で日本に入国し、次男（X3）、長女（X4）子供二人が生まれた。平成二二年、摘発された。

原告Xらは、次男X3は本件裁決時満七歳で、日本に生まれ、小学校に在学中、X1は約一七年間、妻X2は約一五年間、平穏に日本で在留している、などと主張し、本件各裁決及び本件各退去強制令書発付処分の取消を求めた。

一審大阪地裁平成二四年一二月一九日判決は、Xらに在留特別許可を付与しなかった法務大臣の権限委任を受けた大阪入国管理局長の判断に裁量権の逸脱・濫用は認められないとし、Xらの請求をいずれも棄却した。

大阪高裁の山下郁夫裁判長は、原判決を取り消した。

「日本で出生し、裁決時に満七歳で小学校在学中であった子、裁決時まで約一七年間（父）及び約一五年間日本に在留していた両親を含むペルー国籍の外国人家族四名に対し、在留特別許可を付与しないでされた出入国管理及び難民認定法四九条一項に基づく異議の申出は理由がない」旨の裁決には、裁量権の範囲の逸脱又はその濫用があって違法であるとして、同裁決及びこれに基づく退去強制発付処分を取り消した

コメント　二三―五、二一―二と同じく、二審の高裁において、難民へ有利な判決が下された。

●平成二六年（二〇一四年）

二六―一

東京地裁平成二六年四月一五日判決（平成二五年（行ウ）第三三号、難民不認定処分取消等請求事件、判タ一四〇九号三三六頁）

アンゴラ国籍を有する外国人に対して、法務大臣がした難民の認定をしない処分の取消請求が認容された事例である。

難民であることを考慮せずにされた在留特別許可をしない旨の処分及び退去強制令書発付処分が無効とされた事例である。

原告は、アンゴラの中で飛び地に位置するカビンダの独立を訴える政治活動家で、国家安全保障罪の容疑でアンゴラ政府治安当局により逮捕された者で、「難民」にあたると主張し、平成二一年八月二一日、法務大臣は難民の認定をしない処分をし、異議申立、再度の難民申請ののち平成二五年一月二三日、この訴訟を提起した。増田稔裁判長は、原告の供述に信用性が認められるとして、原告の主張におおむね沿う形で事実認定をした。

コメント

行政庁よりも裁判所が、難民に対し有利な判断を行った。

法務省の担当官は、カビンダの独立を訴える政治活動家と主張しても物証はなく、また、現地に出張することもなく、本人が帰国されたら迫害を受けると述べても確信は持てなかったと思われる。

コメント

アンゴラはアフリカ南西部にある共和国で、ポルトガルの植民地であった。

二六―二

東京地裁平成二六年五月三〇日判決（平成二五（行ウ）第三二四号・三四七号～三四九号、判時二三四〇号四四頁、判タ一四一三号二二六頁）

退去強制令書発付取消等請求事件である。

第一事件原告X1は、ボリビア人の女性で、虚偽の身分事項で偽装結婚し、平成一一年、内容虚偽の旅券で日本に不法入国した。X1は、その祖母（日本人の二女としてボリビアで出生した女性）が平成一二年一二月に日本の戸籍に入籍したことから、同日以降、日系三世の立場にあった。X1は、平成一一年、日系三世のボリビア人男性で定住者の在留資格を有するAと同居した。次に述べるように、三人の子どもを生んだ。

第二事件原告X2は、ボリビア人で、X1の長男。

第三事件原告X3は、ボリビア人で、X1の長女。

第四事件原告X4は、ボリビア人で、X1の二女である。

X1は、一九九三年一二月一〇日、ボリビアで虚偽の身分事項（生年月日を一九七〇年五月※日とするもの）により、日本人の配偶者等の在留資格をもつ外国人であるCと偽装結婚して、一九九九年五月一一日、真実と異なる生年月日（一九七〇年五月※日）が記載された内容虚偽の旅券を所持して名古屋空港に到着、名古屋入国管理局名古屋空港出張所入国管理官から、出入国管理及び難民認定法所定の在留資格を「定住者」、在留期間「一年」とする上陸許可の証印を受け、日本に不法入国した。

平成一八年三月※日、X1とAとの子として、X2が生まれた。

平成一九年六月※日、X1とAとの子として、X3が生まれた。

平成二四年二月※日、X1とAとの子として、X4が生まれた。

いずれも不法残留である。

XらはAの稼働収入で家計を維持した。Xらは、出入国管理及び難民認定法所定の退去強制事由に該当する、出国命令対象者に該当しない旨の認定を受けた。Xらは、口頭審理を要求し、更に異議の申し出をした。

東京入国管理局長が、出入国管理及び難民認定法四九条一項に基づく異議の申し出は理由がない旨の裁決をするに当たり、ボリビア人である母及び本邦で出生した幼年の子らに特別に在留を許可すべき事情があるとはいえないと判断した。

東京地裁民事三三部の谷口豊裁判長は、このことにつき、裁量権の範囲を逸脱した違法があるとした。

子らの父は日系三世であるから当該子らは定住者の資格を取得しうる立場にあり、入管当局の示唆を受けて本国において父との法的な親子関係の確定の手続きを進めていた。その完了を待たずに上記判断をしたことは、社会通念上著しく妥当性を欠く。母親に関する判断について、重要な前提を誤ったものとなるなどから、裁量権の範囲逸脱の違法があるとし、1東京入国管理局長の異議の申し出に理由がない旨の裁決をいずれも取り消し、2東京入国管理局主任審査官が原告らに対してした退去強制令書発付処分をいずれも取り消した。

コメント

東京入国管理局長の判断は、理解できる。

ボリビア多民族国（通称ボリビア）は南アメリカの内陸にある国で、人口約九八六万人が面積約一一〇万平方キロメートル、日本の約三・三倍の広い土地に住む。一八二五年、スペインから独立し、現在もスペイン語が使われる。

●平成二八年（二〇一六年）

二八―一

名古屋高裁平成二八年七月一三日判決

愛知県豊田市に滞在するネパール国籍の男性（四五歳）は、難民であると申請したが、名古屋地裁は、請求を棄却した。

控訴審でも男性は、ネパール共産党毛沢東派への入党を強要され、身の危険を感じて日本に逃れてきたと主張した。国は、難民保護は、国家による迫害を想定していると主張、私人や特定の集団による場合は、「政府が放置、助長している特別な事情が必要」であると主張した。

名古屋高裁の藤山雅行裁判長は、一審判決を破棄し、男性の説明に変遷があるが、「主要部分は一貫し、政治情勢と照らし信用できる」とし、日本に入国後も「迫害を受けるおそれがある」、難民であると認定、国の不認定処分を取り消した。

コメント　国は上告せず、判決は確定した。

日経二〇一六年一〇月三一日田原和政編集委員は、国の難民審査の運用のあり方に一石を投じた格好と述べている。

二八―二

名古屋高裁平成二八年七月二八日判決（平成二八年（行コ）第一九号難民不認定処分等取消請求控訴事件）

控訴人ウガンダ国籍の女性（四一歳）は、出入国管理及び難民認定法六一条の二第一項に基づき、難民認定の申請を行ったところ、平成二三年一月一一日付けで、法務大臣から難民の認定をしない旨の処分を受け、同月二七日付けで、法務大臣から権限の委任を受けた名古屋入国管理局長から同法六一条の二の二第二項による在留特別許可をしない旨の処分を受け、同日付けで、名古屋入国管理局主任審査官からウガンダ共和国を送還先とする退去強制書発付処分を受けた。

控訴人は、上記各処分は、控訴人の難民該当性の判断を誤ってなされた違法なものであると主張し、その取り消しを求めた。

名古屋高裁民事第三部の揖斐潔裁判長は、女性が野党の指導的立場でなくても、ウガンダ政府が、当該野党の党員一般に迫害行為を行っていることからすれば、女性は「迫害のおそれ」があるとして、女性が難民に該当するとした。

名古屋地裁では、女性は、ウガンダ国政府から弾圧を受けている野党FDC党員であるが、党の「指導的立場」ではないとして、国の不認定処分を適法としていた。

コメント　女性は、二〇〇九年一一月に、最初の難民認定の申請をしている。ウガンダは、東アフリカにあり、ケニア、タンザニア、ルワンダに隣接した内陸国である。イギリスの植民地であった。現在もイギリス連邦加盟国。

二八―三

名古屋高裁平成二八年九月七日判決

愛知県内に住むネパール人男性（五九歳）は、毛沢東派による迫害への恐怖から二〇〇二年に来日、二〇一一年に難民申請をしたが、国は同年に不認定処分をした。二〇一四年、男性は、国の処分の取消しを求めて、名古屋地裁に提訴したが請求を棄却するとの判決が出た。

男性は、控訴し、「不認定処分の当時、毛沢東派の暴力的活動は解消されておらず、帰国すれば迫害されるおそれがある」などの主張を行った。

名古屋高裁藤山雅行裁判長は、男性が、本国で生活していた当時、政府と激しく対立していたネパール共産党毛沢東派から寄付や食事を要求されたり、「殺すぞ」などと脅されていた事実を認定し、「男性がネパールに戻れば迫害を受ける恐れがあると考えることには合理性があった」とし、一審判決を破棄し、不認定処分の取り消しを言い渡した。

コメント　平成二八年一〇月二八日、法務大臣は、平成二八年一月以降、一〇月二八日までに難民不認定処分の取り消しを求める訴えに対し、言い渡された判決は五八件であり、そのうち、原告の主張を認め、難民不認定処分が取り消されたのは、三件であると述べた。

直近五年間、平成二四年以降、難民不認定処分の取り消しを求める訴えに足し、言い渡された判決は計三一五件で、そのうち難民不認定処分が取り消された件数は、平成一四年四件、平成二五年一件、平成二六年、一件、平成二七年二件、平成二八年三件（筆者注、ここに掲げた二八―一、二八―二、二八―三）の計一一件であると述べた。法務省ホームページによる。

五　難民問題資料集

●一般的な解説書

宮崎繁樹「出入国管理」三省堂・一九七〇年

東大法共闘編「告発・入管体制」亜紀書房・一九七一年

ロベール・サロモン、林瑞枝訳「難民」白水社・一九七九年

吹浦忠正「難民――世界と日本」日本教育新聞社・一九八九年

本間　浩「難民問題とは何か」岩波書店・一九九〇年

加藤節・宮島喬「難民」東京大学出版会・一九九四年

緒方貞子「私の仕事」草思社・二〇〇二年

久郷ポンナレット「虹色の空〈カンボジア虐殺〉を超えて一九七五―二〇〇九」春秋社・二〇〇九年

山瀬恵子（もと相談員）「多文化社会への夜明け――インドシナ難民定住者からの学び」二〇一二年五月（自費出版）

三橋貴明「日本人のための日本国が消える！移民亡国論」徳間書店・二〇一四年

西尾幹二責任編集、関岡英之・河添恵子・坂東忠信・三橋貴明・河合雅司「中国人国家ニッポンの誕生」ビジネス社・二〇一四年

安田浩一「ルポ 差別と貧困の外国人労働者」光文社・二〇一〇年初版一刷、二〇一四年一二月二五日初版二刷

久郷ポンナレット・久郷真輝「19歳の小学生――学校へ行けてよかった」メディアランド・二〇一五年

森千香子「排除と抵抗の郊外――フランス〈移民〉集住地域の形成と変容」東京大学出版会・二〇一六年

墓田　桂「難民問題」中央公論社・二〇一六年

※なお、井口泰「外国人労働者新時代」(二〇〇一年・ちくま新書)は、直接、難民を主題にしていないが、外国人労働者の受け入れ、技能実習制度について、有益な文献である。著者は、労働省の外国人雇用対策課長から関西学院大学教授に転じた方である。

●具体的裁判、判例等、法律関係の書籍

児玉晃一編「難民判例集」現代人文社・二〇〇四年
山神進「激変の時代――我が国と難民問題　昨日・今日・明日、付・最新難民認定判例要旨集」日本加除出版株式会社・二〇〇七年
渡邊彰悟・大橋毅・関聡介・児玉晃一編「日本における難民訴訟の発展と現在――伊藤和夫 弁護士在職五〇周年祝賀論集」現代人文社・二〇一〇年
中西優一郎「外国人雇用の実務」同文館出版株式会社・二〇一四年
編集代表渡邊彰悟・杉本大輔「難民勝訴判決20選」信山社・二〇一五年

●インドシナ難民定住問題に関係した書籍

遠藤聡「ベトナム戦争を考える」明石書店・二〇〇五年
　ベトナム難民とインドシナ難民を区別する。
インドシナ三国の難民は、異なる要因、背景があったが、一九七五年一二月九日の国連総会で、「インドシナ難民」に対する人道的援護を国連難民高等弁務官事務所へ命ずる決議を採択したため、これにより、インドシナ三国からの難民は、難民条約による難民認定審査を受けずとも、すべて難民とみなされることになった。
在日インドシナ流民に連帯する市民の会編「流民――悲しみはメコンに流して」論創社・一九八〇年
内閣官房インドシナ難民対策連絡調整会議事務局「インドシナ難民の現状と国内援護」一九八〇年一〇月

行政管理庁行政監察局「難民行政監察結果報告書」一九八二年七月
行政管理庁「難民行政監察結果に基づく勧告」一九八二年七月
外務省難民問題対策室「国際救援センターにおける難民の精神状況と施設の管理体制に関する調査」一九八四年三月
日本国際社会事業団「我が国におけるインドシナ難民の定住実態調査報告」（外務省委託調査）一九八五年三月
内閣官房インドシナ難民対策連絡調整会議事務局「インドシナ難民の現状と我が国の対応」一九八六年一月
アジア福祉教育財団難民事業本部「広報誌・ていじゅう」一九八六年二月創刊〜二〇〇九年三月一二七号休刊
法務省入国管理局難民認定室「本邦定住インドシナ難民実態調査報告」一九八七年八月
トラン・ゴク・ラン、構成・吹浦忠正「ベトナム難民少女の十年」中公文庫・一九九二年二月
内閣官房インドシナ難民対策連絡調整会議事務局「インドシナ難民の現状と我が国の対応」一九九二年四月
アジア福祉教育財団難民事業本部「インドシナ難民の定住状況調査報告」一九九三年三月
アジア福祉教育財団難民事業本部「大村難民一時レセプションセンター一三年史」一九九五年七月
アジア福祉教育財団難民事業本部「姫路定住促進センター一六年誌――日本で最初のインドシナ難民定住促進の役割を終えて」一九九六年八月
アジア福祉教育財団難民事業本部「インドシナ難民定住者の阪神・淡路大震災による被害状況調査報告書」一九九六年九月
内閣官房インドシナ難民対策連絡調整会議事務局「インドシナ難民の定住の現状と定住促進に関する今後の課題」一九九七年三月
アジア福祉教育財団難民事業本部「大和定住促進センター一八年誌――インドシナ難民の日本定住支援センターの軌跡」一九九八年三月
アジア福祉教育財団難民事業本部「難民 私たちの難民問題 セミナー報告書」一九九九年八月

東京財団研究推進部「日本の難民・避難民の受け入れあり方に関する研究」二〇〇五年六月
アジア福祉教育財団難民事業本部「国際救援センターのあゆみ──難民受入二三年間の軌跡」二〇〇六年三月
内閣官房インドシナ難民対策連絡調整会議事務局「インドシナ難民の受入れの歩みと展望──難民受入から二〇年」一九九七年三月
国際移住機関（ＩＯＭ）「日本におけるベトナム難民定住者（女性）についての適応調査」二〇〇八年二月
かながわ国際交流財団「外国人コミュニティ調査報告書２」二〇一三年二月

●日本語教育関係

アジア福祉教育財団難民事業本部「インドシナ難民に対する日本語教育20年の軌跡」二〇〇〇年三月
アジア福祉教育財団難民事業本部姫路定住促進センター日本語講師室「インドシナ難民──日本語教育16年史」
アジア福祉教育財団難民事業本部「国際救援センターにおけるインドシナ難民等に対する日本語教育調査研究」二〇〇六年三月

●論文

私の手元にある難民に関する論文を年代順に並べてみる。重要な論文が抜けているかもしれない。私の論文で、本書に収録したものは、掲載していない。

なお、アジア福祉教育財団が発行する機関誌「愛」、同財団難民事業本部が発行した「ＩＲ月報」などにも多数の論文が掲載されている。

○一九六三年

小田滋「亡命者保護の立法」ジュリスト二八二号四一頁

○一九七一年

関野昭一「出入国管理法制の運用上の問題点」ジュリスト四八三号一六頁
尾吹善人「外国人の基本的人権」ジュリスト四八三号二二頁
小高剛「出入国管理における法務大臣の裁量権の問題点」ジュリスト四八三号二六頁
原田尚彦「退去強制に対する仮救済の問題点」ジュリスト四八三号三四頁
川島慶雄「政治難民と出入国管理法案」ジュリスト四八三号三九頁
岡田照彦「入管制度の比較法的検討」ジュリスト四八三号四七頁
資料・出入国管理法案（第六五国会提出）

○一九七四年

横田耕一「在留外国人の政治活動の自由」法学セミナー一九七四年一二月号六六頁

○一九七六年

倉田保雄「亡命鎖国日本の収支決算書――その莫大な投資効果を考えて即刻再検討せよ」中央公論一九七六年一二月号二二五頁

○一九八一年

黒木忠正「インドシナ難民と国内対策（一）」外人登録二六七号二頁（一九八一年四月）
黒木忠正「インドシナ難民と国内対策（二）」外人登録二六八号一頁（一九八一年五月）
黒木忠正「インドシナ難民と国内対策（三）」外人登録二六九号一頁（一九八一年六月）
黒木忠正「インドシナ難民と国内対策（四）」外人登録二七〇号一頁（一九八一年七月）
西尾珪子「三ヶ月の日本語教育」国際交流二八号二八頁（一九八一年七月）
山本達雄「出入国管理令の一部を改正する法律」法律のひろば昭和五六年八月号二四頁

○一九八二年

本間浩「政治亡命――難民と政治亡命（1）」世界と日本五一二号（昭和五七年一月二五日号）七頁

本間浩「政治亡命―条約上の難民とは（2）」世界と日本五一三号（昭和五七年二月一日号）
本間浩「政治亡命―亡命者受入れ制度（3）」世界と日本五一四号（昭和五七年二月八日号）
本間浩「政治亡命―西独での実験結果（4）」世界と日本五一五号（昭和五七年二月一五日号）
本間浩「政治亡命―亡命者の政治活動（5）」世界と日本五一六号（昭和五七年二月二二日号）
本間浩「政治亡命―恒常的な大量難民（6）」世界と日本五一七号（昭和五七年三月一日号）
本間浩「政治亡命―日本の役割（7）」世界と日本五一七号（昭和五七年三月八日号）
斎賀富美子「難民の保護の充実」時の法令一一三八号（昭和五七年三月二三日号）五頁

○一九八三年

色摩力夫「インドシナ難民対策の現状と課題」ジュリスト七八一号三四頁

○一九九八年

松本基子「地球（ここ）が我が家―難民問題に視点をおいて」皇學館大学社会福祉学部紀要第一号一一九頁
（一九九八年一二月）

○二〇〇二年

関聰介「日本の難民認定制度の現状と課題」自由と正義二〇〇二年八月号六八頁
本間浩「先進国の難民認定制度―ドイツの認定制度における先決的決定過程までを中心にして」自由と正義
二〇〇二年八月号八〇頁
新垣修「新たな難民認定制度の確立―フェアネスを基調として」自由と正義二〇〇二年八月号八八頁

○二〇〇三年

本間浩「ドイツにおける難民保護と難民庇護手続法」外国の立法二一六号六六頁。

○二〇〇四年

岡村美保子「フランスの難民等の庇護に関する法律」外国の立法二二一号一一五頁

岡村美保子「フランスの難民認定制度」レファレンス二〇〇四年七号八〇頁

〇二〇一〇年

小川昂子「難民認定申請者への生活保護費の打ち切り」部落解放六三〇号（五月増刊）一一四頁

〇二〇一一年

国立国会図書館（岩田陽子）「我が国の難民認定制度の現状と論点」調査と情報七一〇号一頁

〇二〇一二年

小畑郁「入管法二〇〇九年改正と日本移民政策の『転換』――特集の趣旨説明に代えて」法律時報八四巻一二号（二〇一二年一一月号）四頁

明石純一「日本の『移民政策』の変遷における二〇〇九年入管法改正」法律時報八四巻一二号（二〇一二年一一月号）一〇頁

近藤敦「国際比較のなかの日本の移民法制」法律時報八四巻一二号（二〇一二年一一月号）一六頁

石川えり「日本における難民定住受け入れの現状と問題点」法律時報八四巻一二号（二〇一二年一一月号）二三頁

阿部浩己「外国人の定住受入れ――安全保障化と人権保障の交錯」法律時報八四巻一二号（二〇一二年一一月号）二八頁

鄭　栄桓「入管法改定と再入国許可制度の再編――『みなし再入国許可』制度と在日朝鮮人」法律時報八四巻一二号（二〇一二年一一月号）三四頁

西山慶一「外国人住民を編入した住民票制度――その問題点と今後の課題」法律時報八四巻一二号（二〇一二年一一月号）三九頁

宮地基「個人の日本国内への入国と居住を保障する憲法原理を求めて」法律時報八四巻一二号（二〇一二年一一月号）四六頁

○二〇一四年

高橋典史「宗教組織によるインドシナ難民支援事業の展開——立正佼成会を事例に」宗教と社会貢献四巻一号一頁（二〇一四年一月）。高橋典史は、東洋大学社会学部准教授

＊本稿作成に当たっては、アジア福祉教育財団難民事業本部の森永兼一氏の御世話になった。

あとがき

1 奥野誠亮先生は、平成二八年一一月一六日午前、広尾のアジア福祉教育財団の名誉会長室へ、いつものように出勤されようとして、自宅で倒れられ永眠された。一〇三歳であられた。
私共は、今年の一二月四日の「日本定住難民とのつどい」には当然、ご出席になられ、私共と活発に議論を楽しまれるであろうと思っていた。私は、本書に述べたように、シリア難民を少数、受け入れてはどうでしょうか、と具申するつもりであった。

二〇〇五年五月、九二歳の先生を、久留米大学福岡サテライトにお招きし、「次代の国民へ、国会議員生活四〇年」という演題で講演していただいたこともあった。

奥野誠亮先生は、頭脳明晰、論理に強く、毅然とした人であられた。信義に厚く、弱者に優しい情の政治家でもあられた。

インドシナ難民へ慈父のような愛情を注いだ方であられた。

平成二八年一二月一二日、自由民主党・アジア福祉教育財団・奥野家による合同の「奥野誠亮先生・お別れの会」では、安倍晋三首相、綿貫民輔元衆議院議長、石原信雄元官房副長官らが弔辞を述べられた。

先生のご冥福を祈る次第である。

2 本稿を校正中、「出入国管理及び難民認定法の一部を改正する法律」及び「外国人実習の適正な実施及び技能実習生の保護に関する法律」が公布された。

3 難民認定を求めて日本に入国した外国人、技能実習生へ日本語教育が十分になされることを希望したい。
一一月二七日、産経新聞によると、平成二七年一年間の外国人刑法犯が、①ベトナム人二五五六件、②中国人二三九〇件、③ブラジル人一二八二件であった。ベトナム人の刑法犯が中国人刑法犯を初めて超えた。

凶悪犯（殺人、強盗、放火、強姦）の総数一四二件の内、ベトナム人三四件と最も多い。
ベトナム、カンボジア、ラオスのインドシナ難民の受入事業に関わった者としては、ベトナム人の「逞しさ」を評価するだけに残念でならない。

4　一二月七日、厚生労働省が、二〇一六年九月分の生活保護所帯数は、一六三万六九〇二世帯で、過去最多であると発表した。前月比二六六世帯増加した。
外国人の国別の生活保護世帯数を知りたい。

大家　重夫
二〇一六年一二月一二日

判例索引

■著者紹介

大家　重夫（おおいえ　しげお）

1934年生まれ、福岡県出身。京大法卒、旧文部省に27年間勤務、文化庁著作権課課長補佐、著作権調査官等を経て1988年から22年間、久留米大学法学部教授。現在、久留米大学名誉教授。株式会社インタークロスIT企業法務研究所客員研究員（〒100-0014　東京都千代田区永田町2丁目17-17　アイオス永田町717号室）

主要著書

「肖像権」新日本法規・1979年5月
「ニッポン著作権物語」出版開発社・1981年5月
「最新　肖像権関係判例集」ぎょうせい・1989年4月
「最新　企業秘密ノウハウ関係判例集」（河野愛氏と共編）ぎょうせい・1989年5月
「宗教関係判例集成」第一書房・全10巻・1994年7月
「最新　著作権関係判例集」（共編）ぎょうせい・全10巻・1995年5月
「改訂版ニッポン著作権物語」青山社・1999年1月
「タイプフェイスの法的保護と著作権」成文堂・2000年8月
「著作権を確立した人々──福沢諭吉先生、水野錬太郎博士、プラーゲ博士…第2版」成文堂・2004年4月
「唱歌『コヒノボリ』『チューリップ』と著作権──国文学者藤村作と長女近藤宮子とその時代」全音楽譜出版社・2004年9月
「肖像権　改訂新版」太田出版・2011年8月
「著作権文献・資料目録（2010）」（黒澤節男氏と共編）著作権情報センター・2012年3月
「美術作家の著作権──その現状と展望」（福王寺一彦氏と共著）里文出版・2014年2月
「ウルトラマンと著作権──海外利用権・円谷プロ・ソムポート・ユーエム社」（上松盛明氏と共編）青山社・2014年12月
「インターネット判例要約集」青山社・2015年12月

表紙絵：三軌会　森田一男

シリア難民とインドシナ難民　──インドシナ難民受入事業の思い出

2017年1月27日　第1刷発行

著　者　大家　重夫　
発行者　池上　淳
発行所　株式会社　**青山社**
〒252-0333　神奈川県相模原市南区東大沼2-21-4
TEL　042-765-6460（代）　FAX　042-701-8611
振替口座　00200-6-28265　ISBN　978-4-88359-347-7
URL　http://www.seizansha.co.jp　E-mail　info@seizansha.co.jp

印刷・製本　モリモト印刷株式会社

ウルトラマンと著作権

―海外利用権・円谷プロ・ソムポート・ユーエム社

編著：
ユーエム株式会社 代表取締役社長 上松盛明
久留米大学名誉教授　大家重夫

A5 版・第 1 版 535 頁、第 2 版 545 頁
2015 年 2月 23 日　第 2 版発行
定価 : 本体 4,500 円＋税
ISBN 978 - 4 - 88359 - 328 - 6

円谷プロには何故円谷一族がいないのか、ウルトラマン海外利用権をめぐり、日本国、タイ王国、中国でどのような裁判が行われたか。判決文を収集、丹念に追跡、解説する。

第Ⅰ部　意見と解説
ウルトラマンと裁判と私(円谷英明)
タイ王国人ソムポート氏と円谷プロと私(上松盛明)
ウルトラマンと著作権 (大家重夫)
ウルトラマン海外利用権事件を中心とする裁判について(大家重夫)
第Ⅱ部　ウルトラマン海外利用権事件判例集 - 大家重夫編
日本国／タイ王国／中華人民共和国
第Ⅲ部　資料–上松盛明・大家重夫編
(1)1976(昭和 51)年契約書
(2)1996(平成 8)年ソムポート・サンゲンチャイあて円谷一夫書簡
(3)ソムポート氏からユーエム株式会社への権利譲渡証書
(4)ウルトラマン関係年表

株式会社　**青 山 社**
〒 252-0333　神奈川県相模原市南区東大沼 2-21-4
TEL　042-765-6460 (代)　　FAX　042-701-8611
URL　http://www.seizansha.co.jp　　E-mail　info@seizansha.co.jp

インターネット判例要約集

—附・日本著作権法の概要と最近の判例

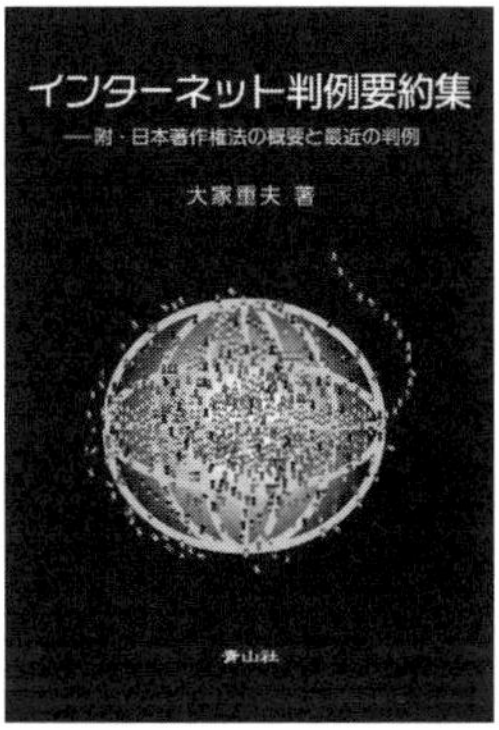

著者：
久留米大学名誉教授　大家重夫
(株)インタークロスIT企業法務研究所 客員研究員

A5版・542頁
2015年 12月20日　第1版発行
定価：本体2,800円＋税
ISBN 978 - 4 - 88359 - 341 - 5

世界中のコンピュータを接続するという通信網の「インターネット」が一般に普及し始めて約20年になる。インターネットは、必需品になった。インターネット上で、誹謗中傷されたり、著作物を無断で使用されたり、インターネットをめぐるトラブルが多く発生している。 検索サイトの表示差止めを求める「忘れられる権利」があるか、という事件もある。
本書は、インターネットに関する事件の判決135件を年代順に集め、これを要約し、編集したものである。

第1部　インターネット判例要約集
　イスラム教徒情報流出事件(東京高裁平成27年4月15日判決)
　為替相場情報無断コピー事件(東京地裁平成27年4月24日判決)
　「食べログ」サイト事件(札幌地裁平成26年9月4日判決)
　塗装屋口コミランキング事件(東京地裁平成26年10月15日判決)
　自炊事件(知財高裁平成26年10月22日判決)
　マンガ家佐藤秀峰事件(東京地裁平成25年7月16日判決)
　中村うさぎ「狂人失格」事件(大阪地裁堺支部平成25年5月20日判決)
第2部　資料
　インターネットに関する法律及び参考文献を掲載した。
附録　日本著作権法の概要と最近の判例を掲載した。

株式会社　**青 山 社**
〒252-0333　神奈川県相模原市南区東大沼2-21-4
TEL　042-765-6460（代）　FAX　042-701-8611
URL　http://www.seizansha.co.jp　E-mail　info@seizansha.co.jp